教育部人文社科基金项目(09YJC770028)成果
2020年西南政法大学引进人才科研项目(2020-XZRCXM002)成果
本书出版系由西南政法大学马克思主义理论学科建设经费资助

旧 市场

新因素

商路变迁与西北区域经济
非均衡发展（1851—1949）

谢 亮 著

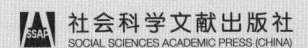

社会科学文献出版社
SOCIAL SCIENCES ACADEMIC PRESS (CHINA)

图书在版编目(CIP)数据

旧市场　新因素：商路变迁与西北区域经济非均衡发展：1851—1949 / 谢亮著. -- 北京：社会科学文献出版社，2023.5

ISBN 978-7-5228-1806-1

Ⅰ.①旧… Ⅱ.①谢… Ⅲ.①区域经济发展－经济史－西北地区－1851-1949 Ⅳ.①F129.6

中国国家版本馆 CIP 数据核字(2023)第 088295 号

旧市场　新因素：商路变迁与西北区域经济非均衡发展（1851—1949）

著　　者 / 谢　亮

出 版 人 / 王利民
责任编辑 / 郑彦宁
责任印制 / 王京美

出　　版 / 社会科学文献出版社·历史学分社（010）59367256
　　　　　地址：北京市北三环中路甲 29 号院华龙大厦　邮编：100029
　　　　　网址：www.ssap.com.cn

发　　行 / 社会科学文献出版社（010）59367028

印　　装 / 三河市龙林印务有限公司

规　　格 / 开　本：787mm×1092mm 1/16
　　　　　印　张：18　字　数：296 千字

版　　次 / 2023 年 5 月第 1 版　2023 年 5 月第 1 次印刷

书　　号 / ISBN 978-7-5228-1806-1

定　　价 / 128.00 元

读者服务电话：4008918866

版权所有 翻印必究

目 录

绪 论 ………………………………………………………………… 1

第一章 近代西北商路演变 ……………………………………… 11
第一节 西北市场的商路：以城市和商道要津为中心 ……… 11
第二节 西北市场与中原、华北市场的商路 ………………… 20
第三节 西北市场与西南市场的商路 ………………………… 24
第四节 西北市场与长江中下游市场的商路 ………………… 30
第五节 西北市场与境外市场的商路 ………………………… 34

第二章 西北商路兴衰原因 ……………………………………… 40
第一节 西北传统商路形成原因 ……………………………… 40
第二节 开埠通商 ……………………………………………… 56
第三节 商人市场开拓 ………………………………………… 83
第四节 交通地理格局变化 …………………………………… 101

第三章 商路兴衰与西北市场变动 ……………………………… 124
第一节 西北商路区域商品化生产 …………………………… 124
第二节 西北市场结构变动 …………………………………… 143
第三节 西北商路要素市场初步发育 ………………………… 181

第四章 商路兴衰与商人市场行为、资本组织形式演进 …… 196
第一节 商人构成 ……………………………………………… 196
第二节 商人市场行为与资本组织形式演进 ………………… 213

1

第三节　非正式制度艰难演进：以习俗、思想观念为中心 ……… 229
　　第四节　市场竞争视野下的陕商解体 ……………………………… 236

第五章　商路兴衰与西北区域经济非均衡发展 ……………………… 253
　　第一节　西北商品化生产非均衡发展 ……………………………… 253
　　第二节　西北区域经济发展内生动力生成的地区差异 …………… 257

结　语 …………………………………………………………………… 268

参考文献 ………………………………………………………………… 270

后　记 …………………………………………………………………… 285

绪　论

一　问题缘起

商路变迁关涉商品市场变动及区域经济非均衡发展，三者间的互动关系演进是近代西北区域经济史研究必须面对的重要命题。开埠通商后，"近代"因素又成为影响西北商路变迁诸多因素中的至关重要者。由此，三者间互动关系演进呈现出新的历史镜像。

学界于此命题的研究在一些论著中有所涉及，却鲜见专著加以深度讨论，又因西北商路变迁的资料难以系统收集。由此，深度分析"商路变迁与近代西北商品市场变动和区域经济非均衡发展之关系"即成为近代西北区域经济史研究中亟待深挖的课题。尤需指出，学界过往研究商品市场变动多以江南、华北为样本，讨论其何以形成与发展，以及与区域经济发展之关系。但是，无论是宏观论述抑或个案考察，西北地区都不是此类研究的主要讨论对象。

历史地看，商路兴衰和市场变动的互动关系演进于近代西北区域经济非均衡发展有重要影响。西北区域内、外市场互动关系变化关联于商路兴衰。商路变迁影响区域商品市场变动，使区域内外商品流向、流量和商品结构发生变化，由此，区域内外商品化生产差异程度亦随之加大，并成为进一步引发商品市场交换扩大的重要原因。特别是，开埠通商使商品流通条件发生显著改变，更使得西北区域内不同地区的经济发展条件随之变化，区域经济发展非均衡性、多歧性现象亦更明显。综上而论，可发现，在地区生产力发展水平和商品化生产程度未有显著变化的条件下，分析商路变迁与市场变动的互动关系或当是探究后发展地区社会经济非均衡性、多歧性发展问题的关键切入点。

针对上述命题，学界既有研究多以生产力发展水平、商品化生产程度

旧市场　新因素：商路变迁与西北区域经济非均衡发展（1851—1949）

差异，以及区域市场内、外部需求变化等为视角加以讨论。这类研究为深入讨论此命题奠定了重要基础，提供了方法论借鉴，但对于西北区域经济史研究而言，其局限亦客观存在，即既未能较系统地呈现前述因素与商路变迁、西北商品市场变动之关系，又无法清楚阐述此关系对西北区域经济非均衡发展的重要影响。究其原因，主要有如下三点。

第一，前述所论生产力发展水平、商品化生产程度差异和区域市场内、外部需求变化等因素客观存在，它们本就关乎区域市场的商品流向、数量及由此产生的市场体系变动。在商品化生产程度、生产力水平和习俗观念方面，西北与其他区域市场的显著差异客观存在，若过度依赖前述因素作为方法论支撑，研究很难避免重复论证的嫌疑。若将商品市场变动条件更多地开放出其他内容，如强调商品生产、贸易条件的根本改变以及商品生产和市场销售等的时间、空间变化，那么，受方法论影响，既有研究的一些结论难免有大而化之的嫌疑。

第二，承续前论，若商路变迁及其商贸活动盛衰是西北市场变动的重要内容，那么，导致商路经济辐射区域的商品生产和贸易条件发生改变的原因是什么？尤在开埠通商后，西北商路经济辐射区域的商品生产和贸易条件加速改变，与西北市场变动有何关系？更需追问者，此类因素对商路市场体系的空间、市场级序结构和商品结构变动有何影响，它们对区域内外要素商品流动变化有何影响，要素商品流动变化作为市场变动的重要内容与区域经济发展又是何关系？

第三，若商品生产、流通条件变化是影响商路商贸兴衰的重要原因，亦是市场变动、区域经济变迁的重要内容，那么，商路变迁导致区域市场体系变动的具体内容和结果是什么？可追问者，既然商路变迁是多种因素共同作用的结果，它与近代西北区域经济非均衡发展有何关系？此类因素在区域市场变动中的具体呈现是什么？

显然，过往研究无法一一回应前述追问。有鉴于此，以上述追问为线索，深度讨论"非均衡发展中的商路变迁与近代西北市场变动之关系"将是本书重点着力之处。对此命题的探究必将助益于形成对近代西北区域经济发展的内在机理的更客观的认识。

二　学术史综述

关于西北市场的研究近年来渐成学界热点。事实上，早在20世纪30年代，各类考察、投资和兴办实业活动开展，西北区域史研究发展曾出现一次高潮；50年代以后，西北区域史研究日趋系统。在经历了一阵学术沉寂后，从20世纪80年代至今，对西北区域史的研究重新兴起，尤其在20世纪90年代后，取得了较多成果，西北区域经济史研究领域亦被拓展，涉及民族贸易、地区间商品经济发展和商品市场变动等诸方面。其中，商路变迁与市场变动、经济发展之关系一直是近代西北区域经济史研究的难点问题，目下所及，鲜见讨论西北商路变迁与市场变动及区域经济非均衡发展关系的系统论著。总体而论，笔者以为学界近年来于此问题研究堪称精要者，可叙述如下。

1. "商业贸易"视野下的近代西北及其与其他区域市场的商贸问题

此类研究常关注一些重要商品如皮毛、茶叶、粮食、丝绸等在西北区域内外的贸易状况，[①] 亦注重分析开埠通商引起的商品生产、贸易条件改变对区域市场变动的影响，其中典型者，如胡铁球对近代西北皮毛贸易与甘宁青区域社会变迁的关系做了较细致的讨论，黄正林对近代西北皮毛贸易产地市场进行了详细梳理，樊如森等将近代西北畜牧贸易外向化发展归因于开埠通商的刺激。[②] 在"商业贸易"视野下凸显开埠通商的影响，是

[①] 参见范金民《清代江南与新疆地区的丝绸贸易（上）》，《新疆大学学报》1988年第4期；喇琼飞《民国时期的回族皮毛生意》，《宁夏大学学报》1989年第2期；〔美〕詹姆斯·艾·米尔沃德《1880—1909年回族商人与中国边境地区的羊毛贸易》，李占魁译，《甘肃民族研究》1989年第4期；张正明《明代北方边镇粮食市场的形成》，《史学集刊》1992年第3期；风良《清代进行丝绸与马匹交易的新疆城市》，《中国历史地理论丛》1994年第1期；陶德臣《晋商与西北茶叶贸易》，《安徽史学》1997年第3期；渠占辉《近代中国西北地区的羊毛出口贸易》，《南开学报》2004年第3期；钟银梅《近代甘宁青地区的皮毛贸易》，硕士学位论文，宁夏大学，2005；钟银梅《近代甘宁青皮毛贸易中的回族商人》，《回族研究》2009年第4期。

[②] 参见胡铁球《近代西北皮毛贸易与社会变迁》，《近代史研究》2007年第4期；胡铁球《近代青海羊毛对外输出量考述》，《青海社会科学》2007年第2期；黄正林《近代西北皮毛产地及流通市场研究》，《史学月刊》2007年第3期；吴松弟、樊如森《天津开埠对腹地经济变迁的影响》，《史学月刊》2004年第9期；樊如森《开埠通商与西北畜牧业的外向化》，《云南大学学报》2006年第6期；樊如森《天津开埠后的皮毛运销系统》，《中国历史地理论丛》2001年第1期。

学界近年来于西北区域经济史研究的主要着力点之一。因关注开埠通商的影响，研究者在对西北商路茶叶贸易探讨的过程中虽承认传统的茶马互市的历史影响，但更强调山陕和湖湘茶商与俄国茶商的非公平市场竞争的重要作用。[①] 相较于对前论重要流通商品的研究，学界对瓷器、京广洋杂货和洋货在西北商路市场的销售及其对商路变迁影响的论述多散见于各类著述，难成体系，且此类研究多把商品依随商路流通当作讨论西北区域商品市场变动的事实前提。分省区或专题性的通史性著作中所涉商贸活动与市场史的研究亦是此领域的重要学术成果。[②]

由此可见，此类研究多着眼于重要商品的生产及贸易状况的演进。虽有部分在讨论近代西北地区与英、俄等国往来关系时，对西北区域贸易多有涉及，但是并未着意凸显商品流通路线演变与西北市场变动间的关系，也未能较好地揭示商路贸易兴衰与市场空间分布和市场交易行为变化的联系。总体而论，此类研究显示出近代西北区域市场商品品种结构日益丰富，商品远距离贸易有相应增长，也凸显了英、俄等殖民势力对近代西北经济发展的侵害。[③]

2. 关注近代西北地区商品交易地理空间演变

关注商品交易地理空间演变是近年来西北区域经济史研究的新变化。此类研究着眼于商业市镇和乡村市场演进，凸显出二者与西北商品经济发

[①] 参见陶德臣《俄商侵袭西北茶市与清政府的对策》，《农业考古》1998年第4期；郭蕴深《论新疆地区的中俄茶叶贸易》，《中国边疆史地研究》1995年第4期。

[②] 如魏明理主编《中国近代西北开发史》，甘肃人民出版社，1993；李刚《陕西商人研究》，陕西人民出版社，2005；田培栋《陕西社会经济史》，三秦出版社，2007。

[③] 参见殷晴《古代新疆商业的发展及商人的活动》，《西北民族研究》1989年第2期；高占福《回族商业经济的历史变迁与发展》，《宁夏社会科学》1994年第4期；潘志平《清季新疆商业贸易》，《西域研究》1995年第3期；马平《近代甘青川康边藏区与内地贸易的回族中间商》，《回族研究》1996年第4期；阎东凯《近代中俄贸易格局的转变及新疆市场与内地市场的分离》，《陕西师范大学学报》2000年第2期；黄强《晚清陕西与湖北双边贸易研究——以陕西为中心》，硕士学位论文，陕西师范大学，2002；许建英《试论杨增新时期英国和中国新疆间的贸易（1912—1928）》，《近代史研究》2004年第5期；周泓《盛世才及国民党统治时期新疆对苏联的贸易关系》，《西南民族大学学报》2004年第12期；许建英《金树仁时期英国和中国新疆之间的贸易（1928—1933）》，《西域研究》2006年第1期；刘卓《新疆的内地商人研究——以晚清、民国为中心》，博士学位论文，复旦大学，2006；黄正林《黄河上游区域农村经济研究（1644—1949）》，博士学位论文，河北大学，2006；马安君《近代青海歇家与洋行关系初探》，《内蒙古社会科学》（汉文版）2007年第3期。

展的关联性。其所涉重点问题与商业史研究类似,但更强调交易市场演进状况,即多关涉经济地理演变,突出对西北商业市镇的地理空间分布、商品交易发展水平的讨论。① 对西北农村市场亦着墨较多。就研究对象的地理空间分布而言,又以新疆的北疆和陕甘宁青经济较发达地区为主,如黄正林讨论了甘宁青农村市场分布、构成形式、集期和交易半径及其与区域商品经济发展的关系。② 此外,还考察了相应市场层级关系的空间地理分布,试图探究历史时期的市场地理格局与当下西北市场网络的承继关系。此类研究对讨论商路变迁与近代西北市场变动关系具有借鉴意义,甚至可以说是西北商路变迁研究得以推进的学术基础之一。值得一提的是,部分研究者已在思考或提出商路兴衰与区域商品市场变动和区域经济发展间的互动关系演进问题,如魏丽英探讨了西北商路演变与地理格局的关系,靳瑞明等分析了商路的形成与近代甘宁青商业市镇地理分布的关系。③但是,此类研究或多将研究对象局限于一省或特定民族贸易区域,抑或仅描述市场地理空间分布状况,而对由此导致的商路变动语焉不详。若追问商品生产、流通的地理格局与商路兴衰是何关系,商路兴衰对前述事实的形成与发展乃至区域市场变动和经济非均衡发展有何影响,现有研究成果很难对此有较为系统的回应。而且,与"商业贸易"视野下的相关研究类似,此

---

① 参见程牧《清代西北城市的外贸与洋行》,《兰州学刊》1987年第3期;阚耀平《近代新疆城镇形态与布局模式》,《干旱区地理》2001年第4期;郑中伟《清代陕西市镇研究》,硕士学位论文,西北大学,2001;葛剑雄《从历史地理看西北城市化之路》,《毛泽东邓小平理论研究》2005年第4期;文璐《近代以来新疆通商口岸的开设与发展》,硕士学位论文,新疆大学,2005;樊如森《民国时期西北地区市场体系的构建》,《中国经济史研究》2006年第3期;张保见《民国时期青藏高原经济地理研究》,博士学位论文,四川大学,2006;黄正林《黄河上游区域农村经济研究(1644—1949)》;牛海桢、李晓英《近代包头商业城市的兴起及回族商人的作用》,《回族研究》2007年第1期;王婷梅《近代西北城镇的发展及制约因素》,《绥化学院学报》2008年第6期;董倩《明清青海商品经济与市场体系研究》,博士学位论文,华东师范大学,2008;王婷梅《近代甘宁青地区城市发展研究》,硕士学位论文,西北师范大学,2009;梁坤《民国时期甘肃城乡市场体系研究》,硕士学位论文,陕西师范大学,2009;王龙涛《清代北疆地区城镇市场(1759年—1911年)》,硕士学位论文,陕西师范大学,2009;雷琼《清至民国青海地区商贸市场专题研究》,硕士学位论文,陕西师范大学,2009。
② 参见黄正林《近代甘宁青农村市场研究》,《近代史研究》2004年第4期。
③ 参见魏丽英《论近代西北市场的地理格局与商路》,《甘肃社会科学》1996年第4期;靳瑞明《近代甘宁青商路与市镇分布研究》,硕士学位论文,兰州大学,2009;靳瑞明、宁宇《近代甘宁青商路分布探究》,《新学术》2009年第1期。

类研究亦偏重于强调"开埠通商"对市场变动产生的显著影响。

需指出，对丝绸之路盛衰的考察亦可视为与西北商路变迁相关的另类关注。

3. 考察西北交通运输业发展状况

交通运输条件和方式的改变是区域市场变动和区域经济发展的重要影响因素。对西北交通发展问题的讨论已是近代西北区域经济发展研究的主要内容之一，并为探究西北商路兴衰影响因素提供了重要基础。[①] 旧式交通运输在近代西北商路运输中仍发挥着重要作用，近代西北新式交通运输、邮传电讯业的兴办主要是在民国时期，相较而言，对商路兴衰的重要影响在近代前期以旧式交通运输为要。但是，总体而论，其主要是在交通史视角下展开讨论。在研究时段选择方面，此类研究主要分为两个部分：一是梳理历史时期西北区域内外的交通往来，分析诸如官路、驿站的建设和管理机制的演进状况；二是关注传统交通运输业在近代的演进和新式交通运输业的发展。就本书关注问题而言，鉴于西北近代交通运输业未有显著发展之事实，此类研究对交通如何影响区域市场商品尤其是要素商品的流向、流量，以及如何由此影响区域市场发展模式演进和区域经济发展的论述不够深入，而且，交通运输条件和方式的改变常被视为区域经济发展和市场变动的当然变量，并附以相应史实作为当然证据。

总之，上述研究都在不同程度上涉及西北商路兴衰的命题，关注商路兴衰对区域经济发展的影响亦成为部分研究思考的焦点问题。但是，分析不全面及缺乏历史连续性也是其显见局限。尤其是，鉴于区域社会生产力未有根本改变的条件下，现有研究不能说明商路兴衰于商品流向、流量、

---

① 相关研究诸如金峰《清代新疆西路台站》，《新疆大学学报》1980年第1、2期；李建国《简论近代甘肃的驿运业》，《甘肃社会科学》1995年第2期；潘志平《清代新疆的交通和邮传》，《中国边疆史地研究》1996年第2期；任军利《铁路与近代陕西的商品经济》，《宝鸡文理学院学报》1998年第2期；刘正美《抗战前的西北交通建设》，《民国档案》1999年第2期；刘文鹏《论清代新疆台站体系的兴衰》，《西域研究》2001年第4期；周泓《清末新疆通内外交通的反差》，《新疆大学学报》2002年第1期；王静《民国时期陇海铁路对咸阳城市化的影响》，《洛阳师范学院学报》2006年第1期；王永飞《民国时期西北地区交通建设与分布》，《中国历史地理论丛》2007年第4期；李建国《略论近代西北地区的陆路交通》，《历史档案》2008年第2期；石慧玺《透析抗战时期国民政府对西北及甘肃交通运输业的开发》，《开发研究》2008年第3期。

结构、价格、市场体系及不同区域生产商品化差异扩大等方面的影响。然而，这些要素间互动关系的变化恰恰是近代西北社会经济发展之重要内容，亦是近代中国非均衡发展加剧的经典历史镜像。

三 何以"西北"

本书所言的"西北"是指陕、甘、宁、青、新五省。其主要理据，一是依凭现在的区域行政概念界定和地理单元划分，将上述五省视作一个整体的地理单元已成共识；二是西北五省内部差异虽较大，但是从古至今的广泛经济联系——如历史时期一些重要商品在此区域内的广泛流通——已经在事实上将它们联结成相对统一的区域市场。

如前所述，鉴于学界过往对商品市场变动的研究多以江南、华北为样本，本书选取西北地区来讨论市场变动和区域经济非均衡发展问题，具有独特的样本价值。首先，就区域经济结构而言，即便在开埠通商后较长时段内，在西北地区，传统产业结构仍居主体地位。与沿海、沿江地区相比，其近代化发展水平虽然滞后，但是依然参与了全国市场和世界市场的商品流通。此种现象对讨论区域内外的商品流通与后发展地区市场变动和经济发展的关系具有重要学术价值。其次，西北地区经济发展水平不仅与其他区域差异较大，其内部差异也较明显。显见者，它囊括农牧经济区，涵盖社会经济发展差异明显的民族地区，商路兴衰与其内部不同区域经济增长条件的变化具有密切关系。商路变迁与近代西北市场变动的互动关系演进能成为呈现近代西北乃至近代中国社会经济发展非均衡性、多歧性之历史镜像。再次，西北商路影响区域，商品经济发展加速，市场发展模式转型的特征较突出。于此，学界经常论及的"江南模式"和有关华北板块的诸多论断是否同样适用于西北，就值得商榷。最后，就资料条件而言，近代以来多有相关人士和机构在西北商路区域进行考察、商贸和实业投资活动，留下较多调查材料，这使得本书的写作具备相应资料基础。需说明者，尽管在研究时段内，因缺乏长时段连续性的数据统计资料，本书对区域经济非均衡发展问题的讨论不能建基于以价格和市场供需均衡为核心命题的深度探究之上，但是，这并不影响本书基于前述文献资料而对此问题进行描述性呈现。前述文献资料是可信的，它能助益于得出符合历史实际的结论。

旧市场　新因素：商路变迁与西北区域经济非均衡发展（1851—1949）

1851年和1949年是本书所涉时段的上、下限。同时，为保持研究完整性和表述方便，部分问题的讨论中也涉及晚清之前，或利用了晚清前的文献资料。这主要基于以下几点考虑。首先，与沿海、沿江地区相比，西北社会发展因近代化因素嵌入而引起的迅即改变相对较弱，其社会发展的历史连续性特征相对突出，所以，西北晚清之前的一些文献资料记录的经济活动也可作为观察开埠通商后西北社会相应变化的主要依据之一。其次，1840年虽是中国近代史的开端，但是，1851年中俄通商章程签订才是近代外国经济势力渗透入西北的真正开始。最后，除尊重既有共识外，1949年被定为研究时段的下限还基于下述史实考量：受特定时代因素影响，20世纪30年代至抗战时期，西北地区曾出现过相对快速的经济发展，但是抗战结束后，区域外各类资本迅速撤离对西北经济发展的影响需要延后观察。故此，1851年和1949年被确定为研究时段的上、下限，这或能使本书提出的一些论断及其证明更符合历史实际。

四　核心概念与研究思路

1. 核心概念界定

商路。本书所言"商路"是指能将商品产地与销售市场串联起来的商品流通线路，它关涉区域内规模各异、层级不同的商贸活动集散地与市场。本书考察近代西北商路变迁，将参照但不局限于以历史地理学的方法和研究思路去考察其地理空间变化，并探究商品流向和流量、商贸活动及条件的变化对前述市场变动的影响。

市场变动和非均衡发展。市场，有广狭之分，它既可指商品交易所涉地理空间，也可强调其本是商品交换关系的总和。故而，基于既有资料和研究目标，本书讨论"市场变动"遵循学界研究的范式，即研究时段内西北商路所涉区域的商品生产、贸易条件变化和商品、商贸活动集散地或市场的变化，以及它们对区域经济发展的影响。对"非均衡发展"的讨论，同样基于既有资料和研究目标，且为与经济学中强调供给与需求变化导致市场变动的"均衡"概念相区别，本书所言"非均衡发展"是指西北不同区域商品化生产发展程度差异，以及西北与其他区域市场的此类差异所引起的社会经济发展的差序格局。因此，本书所论的市场变动既涉及商品市场（含要素商品市场）的价格波动，商品生产和流通条件的变化及其流向和流量，还涉及市场结构和体系的地理变迁。

2. 研究思路

本书所涉研究，有如下四个重难点。

第一，涉及近代西北市场变动的长时段的连续性数据统计资料较缺乏，因此，欲以商路变迁史实验证前述学理化概念，是本书必须克服的难点之一。

第二，凸显商路变迁于近代西北市场变动的重要影响。商路变迁本是近代西北市场变动的重要内容，因此，凸显其在西北市场变动中的重要性，并说明它与近代西北市场变动诸多表现的直接联系，是研究须突破的又一难点。

第三，商路变迁原因与市场变动的互动关系考察。考究商路变迁诸多原因本意在说明近代西北市场变动及其非均衡发展的重要内容。但难点在于：首先，对诸影响因素进行分析，可否说明何者居于主导地位，并说明它们对近代西北不同区域商品生产、流通的性质和发展水平的程度差异产生了何种影响；其次，如何既能说明商路变迁本身是其市场变动的诱因之一，又能反向准确分析商品市场发展的自身内在规律必然导致商路变迁？此间尤为关键者，是要阐述清楚开埠通商、社会习俗和思想观念变迁、政府政策变化等因素对商路变迁产生的影响。

第四，商路变迁与区域市场主要商品流向、流量和生产力布局调整。考察此重点内容，难点主要包括：首先，因较为准确、连续的数据统计资料相对有限，需要利用其他文献资料进行佐证，对不同商路间的商品流通量进行连续性的比较分析；其次，要通过分析商路变迁引起商品市场结构和体系变动、不同地区间社会生产商品化差异的加剧和商路变迁中商人及其组织变化，说明近代西北商品市场变动中的生产力布局调整。

承续前论，本书将以商路变迁和商品市场变动的互动关系演进为主要线索展开讨论。首先，考察其变动的过程，并比较不同时期主要商品流向、流量、结构的变化，阐述其引起的商品集散地变动导致的市场结构和体系变化对区域经济非均衡发展之影响。其次，分析导致商路变迁的诸多因素与商品市场变动的互动关系，重点说明前述因素与商品生产、流通的条件变化之关系及其为何必然导致商路变迁。商路变迁引起的要素市场价格变动和集聚方向变化不仅加速了内部生产力布局调整，亦加剧了其区域经济非均衡发展。同时，本书将考察社会习俗和思想观念变迁、政府政策供给与商人及其组织变化为何能引发商路变迁，又是如何加剧商品市场变动的。基于此，本书还将重点阐释前述三者在时空环境中的差异性与区域市场和区域经济非均衡发展之关系。

第一章　近代西北商路演变

承续历史传统，以主要城市和重要关口为节点并将其串联起来的商路，至近代仍是影响西北区域市场变动和经济发展的重要因素。它使西北成为一相对统一的区域商品市场和经济发展区域，促进了西北与外部区域经济联系的加强。基于表述方便，本章从区域内、外两个层次考察近代西北商路演变。

第一节　西北市场的商路：以城市和商道要津为中心

一　西北区域内商路与商贸活动

历史上，西北区域商路一度与官道重合。尤自明清始，国家重视官道建设，此时期西北商路发展较快，其中关键原因或在于区域内外经济联系的加强，以及传统国家为加强对西北地区的有效管治而着意于道路建设。所以，自明清起，乃至近代开埠通商后的较长时段内，官道与商路系统曾有较大重合，这也是西北商路的重要特点。其间，商人、商货借道官路，国家也于过往商货征收商税，皆是常事。例如，入清之后，为便于陕南茶叶输边，凤翔经宝鸡至秦州（天水）再达巩昌府（清代时，国家设茶马司于此）的陕甘新通道得以建成。"若汉中西川巩凤犹为孔道，至凉庆甘宁之墟……往来交易，莫不得其所欲。"[①]

事实上，近代新式交通未出现前，明清之际西北区域内的商路以主要城市、重要关口为节点串联而成的基本架构已成型。如在陕西，主要呈现为以长安等要津为中心的官商通用的商品流通大道（详见表1-1）。

---

① （明）张瀚：《松窗梦语·商贾记》，中华书局，1985。

表1-1 明清陕西以长安为中心的官商通用大道

	东西向东路干线（非俗称古丝路的东路）
中心城市或关口	长安→潼关→洛阳；汴城王家楼或孙家湾、武关、建忠驿（三原县城）
商贸活动	明清时西北市场的棉布、丝绸等来自江南、东南者较多。如明中叶前苏松诸府的"标布""俱走秦晋边诸路"。明代"陕西、河南二省，大同、宁夏等边，苏杭客货，皆由南北二河而上，至汴城王家楼或孙家湾起车至陕西省，或自南京大江至汉口，换船由襄阳府浙川县入武关至西安府"。也有经运河抵洛阳起旱入秦，过潼关至西安而连西北商路。此商路在陕西境内曾被用为南北驿路，即入潼关后，或沿西北干线经西安至甘州驿路，或经建忠驿北抵延安、榆林，入河套连北部商路达蒙古。潼关、西安、泾阳、三原是其商业中心
	东西向西北干线（"丝绸之路"主干线）
中心城市或关口	长安→彬县→长武→平凉→兰州→凉州→甘州→肃州→嘉峪关→新疆，或长安→彬县→长武→平凉→凉州→甘州→肃州→嘉峪关→新疆；阳关、哈密、巩昌府
商贸活动	清季陕甘虽分治，但国家用兵西北增多，尤在左宗棠收复新疆时，由西北干线入疆的北路得以开辟，即出阳关趋哈密，达迪化、伊犁的新官道。另外，为便于陕南茶叶输边，在清代，由凤翔经宝鸡至秦州再达巩昌府的陕甘新通道也得以开辟
	西南向西南干线
中心城市或关口	长安→凤翔→汉中→广元→成都，接西南商路
商贸活动	明清之际连接川陕冲衢的连云栈道被改造，"缘坡岭行，有缺处，以木续之如桥然"，成为"联舆并马，足当通衢"的官商大道。另外，秦巴山区开发，使陕南官道交通得到整治与拓展。这亦使由汉中至兴安（安康）再入白河的新官路得以开辟，陕南官路至此连接成网
	南北向北路干线
中心城市或关口	长安→周至→肤施→榆林（陕绥官道）
商贸活动	明清之际，尤在明代，因驻军粮饷转送，使从平凉到固原的新驿路得以修建；同时，政府还沿长城修建了从陕北皇甫川到宁夏前卫营的军事通道

资料来源：（明）黄汴：《一统路程图记·明代释路考·附录》，山西人民出版社，1982；（明）顾炎武：《读史方舆纪要》卷56，上海书店，1998；（明）王士性：《广志绎》卷5，中华书局，1981；李刚、刘向军：《试论明清陕西的商路建设》，《西北大学学报》1998年第2期。

表1-1显示，官路拓展与整治亦曾助益于商路发展。正如相关研究指出的，到近代之前，陕西已形成"以武关为正道，以潼关为孔道，以大庆关为隙道的商路网络新格局，并开始从以省会城市西安为中心的官路系统中独立出来，由此而促成了陕西明清以泾阳、三原为中心，以龙驹寨、凤

翔、汉中为坐标的市场网络结构的形成"。[1]

甘、宁、青三省间以主要城市或重要关口为联结点的商路架构的基本成型时间与陕西相近，而且，主要城市亦是相应区域市场的人员和商货集散中心（见表1-2）。三省形成了以兰州为中心的商路市场体系，兰州作为区域高级市场，以五条商路勾连全国市场，[2]"东通秦豫为东路，南达巴蜀为南路，北通宁夏、包头、归绥为北路，西通新疆、俄领地为口外，西南通青海、西藏为西路"。[3]

表1-2 近代之前甘、宁、青三省商路的中心城市与重要关口一览

中心城市与重要关口	商贸活动
兰州	宋金时期在兰州设置榷场进行贸易，明清乃至近代，其均是西北商贸中心之一
河州、临潭、临夏	三地属"河湟雄镇"。明代国家在河州设茶马司管理藏汉贸易，"河州之马如鸡豚之畜"。至清雍正朝裁撤此机构时，此地藏汉贸易仍行明制
银川、灵州	商贸繁盛不输兰州；至迟在明嘉靖之际，银川坊市交易已成规模，有定规，在府城之外亦形成了一批重要的地方性市场
石嘴子、贺兰山山口	河套商路中心城市。元明时此地有"马市""民市""月市""小市""私市"。清代在石嘴子设主簿管理蒙汉贸易
肃州、甘州、凉州	至清中前期肃州一直是商贸中心。"肃州城为西方商贾荟萃之地"
丹噶尔（湟源）、西宁、玉树结古镇	三地在宋夏时是蒙藏汉茶、马及青盐贸易中心，至清初已成区域市场中心。其中，湟源在明末以商贾渐集而成市，西宁是青藏入甘并勾连全国市场之门户，结古镇在清前期已成青海湖以南的商贸中心

资料来源：魏丽英：《论近代西北市场的地理格局与商路》，《甘肃社会科学》1996年第4期；（明）吴祯纂修《河州志·地理志·风俗》，临夏文化馆翻印，1985；（清）张金城等纂修《宁夏府志》，成文出版社，1969；（清）郭芳纂修《灵州志迹·市集》，成文出版社，1969；〔意〕利玛窦：《阿本笃访问契丹记》，《中西交通史料汇编》第1册，中华书局，1978，第435—436页。

而且，近代化交通未真正实现较大规模建设前，甘、宁、青三省于清季已基本成型的商路体系，亦奠定了其在近代时期商路路线的基本架构。其与陕西、新疆两省商路勾连，形成近代西北地区商路体系的基本格局（表1-3）。

---

[1] 李刚、刘向军：《试论明清陕西的商路建设》，《西北大学学报》1998年第2期。
[2] 谢亮：《近代西北商品市场变动中的回商与京兰商路——以皮毛贸易为中心》，《宁夏社会科学》2011年第1期。
[3] 王金绂：《西北地理》，立达书局，1932，第417—418页。

表1-3 近代甘宁青陆路商路一览

	东西向"长安—平凉—靖远—武威"北线
商贸中心或关口	长安→咸阳→宝鸡→陇县→平凉→六盘山（或固原）→靖远→景泰→武威→河西商路
路况	民初大段废为驼道。1930年分段整修后勉强可通大车、汽车

	东西向"长安—渭源—兰州—武威"中线
商贸中心或关口	长安→陇县→陇山→平凉→张家川→秦安→通渭→兰州→乌鞘岭→武威→河西商路
路况	古时为军需所用，通畅时间不多。近代此线为关中—甘肃孔道

	东西向"长安—陇西—河州—张掖"南线
商贸中心或关口	长安→宝鸡→安夷关→天水→甘谷→武山→陇西→渭源→临洮→河州→乐都（进藏要津）→扁都口→张掖→河西商路
路况	秦汉时此线成型，在近代仍为连接新疆等地与内地市场的通道

	东西向"长安—平凉—会宁—兰州"支线
商贸中心或关口	长安→乾县→彬县→窑店→泾川→平凉→六盘山→隆德→静宁→会宁→定西→兰州→河西商路或甘青川商路
路况	民国时的西兰公路即在此线路基础上修建，故此线路可谓西兰公路之雏形

	东西向"兰州—西宁"线
商贸中心或关口	兰州→河州→循化→西宁；兰州→永登→大通驿→西宁（或沿湟水、黄河而行，便捷却危险）
路况	1927年甘肃省政府修整兰州经永登至西宁的道路，能通行汽车，但路况较差

	南北向"长安—灵武"线
商贸中心或关口	长安→泾阳→淳化→旬邑→宁县→庆阳（今庆城）→环县→甜水堡→灵武→银川→内蒙古
路况	此线在秦汉时是长安通西域辅助线，民初被辟为大车道。1936年由国民政府和陕甘宁边区政府将其开辟为简易公路

	南北向"银川—天水"线
商贸中心或关口	银川→青铜峡→海原→固原→静宁→葫芦河谷→天水或甘陕青川商路
路况	宋代时西夏南下用兵主要路线，后被辟为商路，是银川到陇东的交通孔道

	南北向"甘肃—四川"线
商贸中心或关口	兰州→临洮→岷县→宕昌→武都→文县→入川；兰州→临洮→临潭→嘉门关→碌曲→玛曲→阿坝→成都
路况	古为用兵之道，路况差，清末民初不能通行大车，是陇南入川商道

资料来源：靳瑞明、宁宇：《近代甘宁青商路分布探究》，《新学术》2009年第1期。

表 1-3 所举是近代甘、宁、青三省间主要商业交通路线，它们分别勾连陕西、新疆、西藏、四川等，是商货流通乃至文化交流的孔道。其中，前三条线路在抵达武威、张掖后，又可经临泽、高台、酒泉、嘉峪关、玉门、安西、柳园至星星峡通新疆、中亚。因国民政府在抗战时需大量运输军需物资而拨款修整甘新公路以便通车，该商路遂成抗战时期中国外贸主要通道之一。

新疆通内地市场的商路在新疆境内向以古城（奇台）、迪化（乌鲁木齐）为商贸中心，有学者并称二者为乌鲁木齐古城区域市场，指出其成型当在乾隆二十年（1755）。[①] 长期以来，新疆境内商路皆以两地为中心向天山南北延展，并勾连境外中亚、南亚市场（见表 1-4）。

表 1-4 新疆境内以古城、迪化为中心的商路

北线	
路线	线路一：安西（属甘肃）→星星峡→哈密（宜禾县）→巴里坤→七角井→古城→迪化→奎屯→塔尔巴哈台，或乌鲁木齐→库尔喀喇乌苏、精河果子沟→伊犁 线路二：安西→星星峡→哈密→鄯善→吐鲁番→达坂→迪化
商贸活动	古城"绾毂其口，处四塞之地，其东自嘉峪关由哈密为一路，秦陇豫蜀商人多出焉，其东北自归化趋蒙古为一路，燕晋商人多出焉；自古城分运西北方向往科布多，为通前后营路，外蒙古人每岁一至，秋籴麦谷，并输毛裘皮革易增帛以归；又循天山而北为北路，取道绥来以达伊犁、塔城，循天山而南为南路，取道吐鲁番以达疏勒、和田。故古城商务于新疆为中枢，南北货悉自北转输，廛市之盛为边塞第一"（《新疆志稿·商务》），商业交通遍布天山南北
说明	"新疆南北两路，皆此（哈密）分途，天山横亘其中，故有南北祁连之称。……北路过达般则至巴里坤，即镇西府，附郭为宜禾县。凡赴古城、迪化、库尔喀喇乌苏、塔尔巴哈台、伊犁者，皆应取道于北。"肋巴塘、肋巴泉台分别是天山以东北、南两条商路的关键节点，北线即巴里坤至吐鲁番的商路
北线进入南线一	
路线	乌鲁木齐→达坂→吐鲁番→库车→阿克苏（古城→吐鲁番→库尔勒→南疆商路）
说明	"新疆南北两路，皆此（哈密）分达……其西南达吐鲁番，凡赴南之喀喇沙尔、库车、乌什、阿克苏、叶尔羌、和阗、喀什噶尔者，皆应取道于南。……惟别有小南路一条，亦通古城、乌鲁木齐，其路较近。盖有哈密西南行二百八十里之燎墩分途往北，即避北路达般之雪，又避南路十三间房之风，行人无不乐于由此过"，"顷闻小南路往来行人仍复不少"（《林则徐日记》）

---

① 魏丽英：《论近代西北市场的地理格局与商路》，《甘肃社会科学》1996 年第 4 期。

续表

北线进入南线二	
路线	线路一:"和阗草地"商路,由阿克苏南下沿和田河穿行至和阗 线路二:"克里雅"商路,由库车→特里木卡伦→库木洛→塔什肯→毕兰干→塔卡哈→麻扎→博斯坦→于阗
商贸活动	"和阗草地"商路鼎盛于汉唐,在清季商旅亦不绝于途;"克里雅"商路于道光年间尚通行
说明	由古城、迪化南下通南疆,连接库车、阿克苏两关键节点
北线进入南线三	
路线	由伊犁跨越天山沟谷经树窝到达喀什噶尔
说明	有裕勒都斯道、那拉特道、贡古鲁克道三条道路,皆系商民自行开辟 裕勒都斯道:伊犁→巩乃斯达坂→大裕勒都斯→小裕勒都斯→巴龙台→喀喇沙尔 那拉特道:伊犁→那拉特卡伦→达坂→铜厂河→库克纳克卡伦→库车 贡古鲁克道:伊犁→贡古鲁克达坂→贡古鲁克卡伦→乌什

注:[1]道光朝平定和卓骚乱时,清廷多次启用此商路。因叶尔羌台站受阻不能尽通文报,清廷在此路设12座临时台站,此路亦兼领驿路功能〔《清宣宗实录》卷102、174,咸丰五年(1855)刊本,中华书局,1985,第4—10、27—28页〕。另外,1830年,为抗击和卓玉素甫勾结境外浩罕势力入侵南疆,清廷命哈丰阿率军回击,亦经此道(《清宣宗实录》卷179,第48—49页)。清末在麻扎塔格探险的瑞典人斯文赫定记载,曾有超过百头牲畜规模的驼运商队经此往来南北(参潘志平《清代新疆的交通和邮传》,《中国边疆史地研究》1996年第2期)。

[2]此商路绕塔克拉玛干沙漠而行,路途艰险。经过库木洛→塔什肯→毕兰干→塔卡哈→麻扎→博斯坦,因此路段有牧民掘通水井可供取水。其中,沙雅尔即沙雅,特里木卡伦即沙雅塔里木,属沙雅尔。

[3]贡古鲁克道是乌什与哈萨间的商贸孔道。后因清政府禁止维吾尔族与哈萨克族间的直接商贸活动而废其商贸功能,专作清军行军路线。即清政府曾命令"不许夷民取道往来"(《清宣宗实录》卷142,第4—5页)。

资料来源:魏丽英:《论近代西北市场的地理格局与商路》,《甘肃社会科学》1996年第4期;王茜:《清代开发:对新疆民族分布格局与关系的影响分析》,《黑龙江民族丛刊》2009年第6期;(清)永保:《塔尔巴哈台事宜》,线装书局,2006;(清)袁大化等纂修《新疆图志·道路三》,民国12年(1923)铅印本;(清)林则徐:《林则徐日记》,海峡文艺出版社,2002,第546—547页;王龙涛:《清代北疆地区城镇市场(1759年—1911年)》,第11—12页;潘志平:《清代新疆的交通和邮传》,《中国边疆史地研究》1996年第2期。

需说明者,因用兵新疆,为解决后勤和公文、军令邮传之需,清代兴建大量台(驿)站。学界过往研究多未将其视为新疆境内商路构成部分。事实上,尽管台(驿)站体系曾一度废撤,但是,近代前后,台(驿)站留存部分亦因官吏走私商货或商人借道而具有商贸流通功能。据此,我们认为仍可视其为新疆境内商路体系的重要补充。其关键理据如下。

首先,台(驿)站体系重要节点多属于交通要冲或商路要津。换言之,新疆的台（驿）站体系与其境内商路往往呈重合之势（详见表1-5）。

其次，台（驿）站所处之地，官商贩卖货物，所在多有。而且，学者研究显示，官员贩货走私以谋利即是导致台站体系被破坏的重要原因之一。[①] 此间，在新疆的王公贵胄、将军大臣，甚至应差官兵，常向台（驿）站索要马匹或其他供应，以便贩运货物，以谋商利。这在嘉道后更是蔚然成风。例如：

> 近来年班来京者沿途售卖货物，络绎不绝，州县骤马不敷，票拿车马供应，甚至派拨民夫抬送，岁以为常，驿站不胜其扰。……驰驿官兵人等，竟至夹带行商，包驮客货，苛求规礼，多禀牛羊，劳扰追呼，动加鞭笞，种种恶习，实属不成事体。[②]

表1-5　清代新疆台（驿）站商贸略览

站名		商贸活动
北疆	巴里坤	"商货云集，当商、钱商以及百货商无不争先恐后，道光间颇称繁盛"（《镇西厅乡土志·古迹》），"山西、陕西、甘肃之商人辐辏已极"（《山神庙记·古迹·商》）
	古城（奇台）	"地方极大，极热闹，北路通蒙古台站，由张家口到京，从此直北去，蒙古食路全仗此间。口内人商贾聚集，与蒙古人交利极厚，口外茶商自归化城出来到此销售，即将米面各物返回北路，以济乌里雅苏台等地，关系最重。茶叶又运至南路回疆八城，获利尤重"，"想挣白银子，走趟古城子"（《东归日记》）
	迪化	"商民云集，与内地无异……繁华富庶，《东归日记》甲于关外"（《西域闻见录·新疆纪略上》）
	塔尔巴哈台、伊犁	清代允许伊犁和塔尔巴哈台与哈萨克直接"互市"，市场繁盛至近代而不衰
南疆	哈密	"商贾云集，百货俱备，居然一大都会"（《西域闻见录·新疆纪略上》）
	吐鲁番	渐成连接哈密与迪化的商业重镇、交通要冲
	阿克苏	"内地商民，外番贸易，鳞集星萃，衔市纷纭。每逢八栅尔会期，尘肩雨汗，货如雾拥"（《西域闻见录·新疆纪略下》）
	喀什噶尔	南疆中心市场，与"外番"互市，交易繁盛。"新旧二城并各乡庄贸易民人一千九百六十八名，年年续次来喀者约计数千人"（《喀什噶尔》卷1）

---

① 刘文鹏：《论清代台站体系的兴衰》，《西域研究》2001年第4期。
② （光绪）《钦定大清会典事例·驿禁》，宣统元年（1909）石印本。

旧市场　新因素：商路变迁与西北区域经济非均衡发展（1851—1949）

续表

站名		商贸活动
南疆	叶尔羌	"山、陕、江、浙之人，不辞险远，货贩其地"（《西域闻见录·新疆纪略下》）
	和阗	盛产和阗玉，乾隆朝经济开发加速。另"原蚕山茧极盛，所织绸绢、茧布极缜密，光实可贵"（《新疆志稿》卷2）

资料来源：高耀南、孙光祖：《镇西厅乡土志·古迹》，中央民族大学图书馆内部印行，1978；（清）方士淦：《东归日记》，中央民族大学图书馆内部印行，1983；（清）林则徐：《荷戈纪程·南疆勘垦日记》，中央民族大学图书馆内部印行，1983；（清）尼玛查：《西域闻见录》，乾隆四十二年（1777）刻本；〔俄〕库罗巴特金：《喀什噶尔》，商务印书馆，1982。

最后，左宗棠进军新疆平乱后，与曾主政新疆的刘锦棠都曾着手恢复新疆台（驿）站体系，亦积极推进相关商贸活动的恢复与拓展，使之沿台（驿）站体系展开。显见者，湖、湘、晋、陕、甘等省商人伴随左宗棠进疆，并在新疆形成"赶大营"商人群体，"是时，馈粮千里，转谷百万，师行所至则有随营商人奔走其后，军中牛酒之犒筐篚之颁，声色百伎之娱乐，一切取供于商，无行旅居送之烦，国不耗而囊足，民不劳而军赡"。① 其活跃之地后来仍是新疆商路的重要节点。其中，晋商活跃的新疆重要区域市场中心如古城、迪化、镇西、塔尔巴哈台、伊犁、叶尔羌等，即是左、刘重建新疆台（驿）站体系的重要节点。平乱之后，新疆此类市场中心商贸活动再度活跃，亦有内地商人在此地区开设商铺、钱庄等，向新疆贩售内地的茶、粮、布、盐、铁、煤、木材、药材等，还收购新疆的棉花、毛皮、瓜果等，进一步强化了内地与新疆的经济交往。以上又皆有助于新疆地区商路和区域商品市场体系拓展，提升了当地商品经济的发展层次。而且，内地商人在此类地区广泛开展商贸活动，也是促使部分城市由政治城市日渐加速向商业城市转变的重要原因。

二 青藏市场与新疆、漠北和内地市场的商路

甘、宁、青三省之青藏市场地处一独特的民族聚居区域，分别以西宁、湟源、结古为中心的河湟市场、丹噶尔市场、玉树结古市场共同构成一完整区域市场。以西宁、湟源为起点，向北行至大通、翻越祁连山至今

---

① 《乌鲁木齐杂诗》之注释，（清）纪昀：《纪文达公遗集》，兰州古籍书店，1990，第38页。

甘肃的民乐，再北行至肃州，便可与官路（"古丝路"）相接。此路线亦是青藏市场连接新疆和漠北市场的重要商路。在与内地市场联系方面，可由兰州→民和→西宁→湟中→湟源→海晏，沿青海湖入草地；或经由兰州→永靖→东乡→河州→循化→尖扎→贵德，入草地而远及玉树。经由以上商路节点的串联，青藏市场成为全国市场之重要组成部分。文献记载显示，肃州作为"西方商贾荟萃之地"，在明代已是重要区域市场中心。① 西宁府在宋夏之际即是西北地区重要的茶、马及青盐贸易中心，由明至清，更发展成为蒙藏、藏汉贸易的重要地方性中心市场。湟源在明末即因商贾聚集而成市，至清雍正时，其城郭建筑成型，此后的两百多年间，更成为"青藏地区畜牧业经济与内地经济产品交换的主要承担者"。②

经前述商路逆向而行，青藏市场之青海湖以南区域亦与新疆、漠北和内地市场建立起稳固的商贸通道。以结古为中心的区域市场在清前期已基本成型，并形成以商品交易地为支撑的商路体系。除结古外，因当地独特的区域文化，有固定开放时日且具有商货收集和交换功能的寺院型市场体系至迟在清中后期亦基本成型。③ 至近代，在此类市场中进行商品交易已成习俗。

另需指出，清中叶后甘青川民族交界地区商贸发展迅速，由此而形成的甘青川新月地带商路亦是青藏区域商品市场的重要组成部分。④ 在此商路体系中，甘肃河州，青海西宁、湟源，川西北的甘孜、阿坝成为此商路的节点或区域商货集散中心。特别是以河州为中心，往西北方向延伸经循化到西宁，或往南深入经临潭、松潘、阿坝到甘孜，恰好形成一半包围的

---

① 见〔意〕利玛窦《阿本笃访问契丹记》，《中西交通史料汇编》第1册，第444页。
② 魏丽英：《论近代西北市场的地理格局与商路》，《甘肃社会科学》1996年第4期。是文认为，丹噶尔市场的贸易活动在嘉道后向东北远达京津，向东南则入长江中下游的汉沪一带，向西北至天山北路，关中、中原更不必论。它是甘、青、藏三省与内地经济往来的中介市场。丹噶尔市场的持续发展促成青藏高原及甘南成为全国市场组成部分。
③ 参（清）康敷镕纂修《青海志》，成文出版社，1968。
④ 马平指出，甘、青、川三省交界地区，形成以甘肃河州（今临夏）为中心，向西北经循化到西宁，向南到临潭、松潘、阿坝以至甘孜这一半包围新月形民族商贸交易区。此新月地带有四条商路。甘青道北线：兰州→民和→西宁→湟中，入草地。甘青道南线：河州→循化→尖扎→贵德，入草地而远及玉树。甘川道：河州→夏河→洮河→迭部→松潘，入草地。甘康道：洮州→阿坝→色达→甘孜→石渠，入草地，此路亦可及玉树（见《近代甘青川康边藏区与内地贸易的回族中间商》，《回族研究》1996年第4期）。本书据此将相关商路统称为"甘青川新月地带商路"。

新月形贸易区域。此商路在阿坝、甘孜南下入成都而勾连西南市场（详见表1-7），在此不赘述。

第二节 西北市场与中原、华北市场的商路

西北市场与中原、华北市场之间的商贸联系既有陆路又有水路。经由商路，西北的特色商货亦进入中原、华北市场进行交易，反之亦然。从总体上看，开埠通商前，在陆路方面，双方主要是通过陕西与豫、晋两省商路，或经由"大北路""东路"商贸通道建立商贸联系；在水路方面，双方主要是通过黄河流域的水运体系建立商贸联系。

一 陆路商路

陆路方面，西北地区经长安（西安）至潼关，或至大荔，分别与山西、河南建立商贸联系。大庆关，即古津浦关，处大荔县东30里处，属此商路要津，自明清始，商贸活动尤为兴盛。同时，大庆关隔黄河与晋省蒲州相望，是晋商赴泾阳、三原的必经关口，也是商货由晋入秦的重要节点。明季，国家在此设局征收过往商货的商税。入清之后，此地商贸繁盛不减昔日，人口增加亦较明显，是万余居民皆事商贾的商业大镇。

长安至潼关连接晋、豫两省而至中原的商路上，潼关始终是孔道所在。入清之后至近代，潼关作为商业要津的地位虽一度下降，但仍是陕西与中原经济联系的关键。例如，晋省潞盐入秦尤其是入豫，仍多经潼关过洛南至龙驹寨，再经水运抵河南淅川。伴随商路体系联结成网，潼关成为经晋、豫而来的商货、人员入陕乃至进入西北市场的集散地。雍正四年（1726），潼关卫被扩境设县，管理过往行商、征收商税，此举亦可体现出潼关在此商道中的重要性。

表1-6 近代前后新疆与内地陆路商贸略览

	大北路
商路节点	北京出居庸关→宣化→张家口→归绥→土谢图汗部赛音乌苏→乌里雅苏台→科布多→古城

续表

大北路	
商贸活动	古城"地方极大，极热闹，北路通蒙古台站，由张家口到京，从此直北去。蒙古食路全仗此间。口内商贾聚集，与蒙古人交易利极厚，口内茶商从归化城出来到此销售，即将米面各物返回北路，以济乌里雅苏台等地，关系最重。茶叶又运至南路回疆八城，获利尤重"（《东归日记》）
说明	此路亦称驼路或大草地路。它经古城可西北行至科布多，沿天山北行可至伊犁、塔城，循天山南行取道吐鲁番以达疏勒、和阗。此外，在土谢图汗部赛音乌苏分途可北去库仑、恰克图，使华北市场与漠北之蒙古和俄罗斯市场建立联系。后此商路的重要性因外蒙古政局动荡而随之降低

东路	
商路节点	经陕甘商道由丝路旧道进入新疆，即西安→兰州→武威→酒泉→玉门→哈密
说明	此路亦称官路。它在进入哈密后西北向可经巴里坤，南向可经吐鲁番、达坂，至古城、迪化市场，也可在吐鲁番、达坂南下至南疆市场。另需说明者，外蒙古独立前，此路关卡甚多，运输商货耗时、费力、费钱。相较于大北路，其商货运输量要小得多，重要性远不如前者

二 水路商路

水路方面，双方主要通过黄河流域的水运体系建立商贸联系。

甘、宁、蒙三省交界之地，从以西宁为中心的河湟市场出发，沿湟水入兰州，接黄河水运之道，即构成甘京水路商道。此商道自湟水入兰州而经靖远、中卫、中宁、吴忠、银川（宁夏府）、石嘴山、乌海、巴彦卓尔、包头等节点，或南下晋省河曲、保德、兴县、临县碛口等地与华北黄河、汾河水路连接，或经包头、归化（呼和浩特）东南行至晋省大同，又或经包头东行至归化、张家口接华北商路，可形成勾连全国市场的商路体系。事实上，在清代，甘宁青市场与华北市场京津等地或经华北商路而与东北市场联系，除经大北路外，主要依赖于甘京水路商道。此段水路，"以兰州至宁夏段水势险，距兰州30里之大峡，有'煮人锅''大照壁'等处乱流滩，筏工时时以性命相搏，稍一不慎即货损人亡"。[①] 此段水路进入平缓路段的节点在今之银川。总体上，此段水路中兰州至包头一段通航期最长。入春季后，此段卡2000余里的水路全年可有8个月通航时间，即每年

---

① 魏丽英：《论近代西北市场的地理格局与商路》，《甘肃社会科学》1996年第4期。

3—10月均可通航。皮筏是此段商路运输工具中堪称特色者,用皮筏运输,来回一次需时三月。筏工被称为"筏子客",时人于此曾有言:"见兰州百姓于黄河中以牛皮混沌运米,最为便捷,虽惊涛骇浪中,从无倾覆之患。"①此商路直至近代仍在发挥重要作用。

此商路商旅往来频繁,商货流通繁盛。有清一代,自兰州起经此商路甚至可直达河南。兰州至银川段,木材曾是流通的大宗商品之一。"河自兰会北流,两岸层崖峭壁,河狭而水势湍急,商市庄宁山木而下者,日可行二百里,宁夏之宫室、厩署、桌楔之用多取材焉。"②经由包头等地接入华北商品市场后,商路亦具有商货运输量大和商业辐射范围广的显著特征,而且沿途转运商品多是输入西北的粮食、煤、铁,及棉布、绸绢、瓷器等手工业品与西北市场输出的农牧土特产品。这充分说明中原、华北市场与西北市场互补性较强。即如学人据光绪《山西通志》梳理出的那样:

> 每年秋季,从包头、宁夏等地沿黄河顺流而下的船只多达百余艘,所载货物大多为皮毛、粮食、碱面等,大多驶抵河曲、保德、兴县、临县的碛口等地推销后,转装煤炭、瓷器逆水而返,有的船只下达河津、万荣、风陵渡。其中途有壶口之天然险阻,需弃水登陆,旱地行船。凡通过的船只大多就地拍卖,不再返回。③

可见此商路一些城镇与地区的商业贸易深度依赖黄河水运。前已述及的兰州、银川等是如此,内蒙古的包头、归化,山西的保德和河曲的巡镇等亦是如此。例如,山西保德濒临黄河,被称为"水旱码头",据《保德州乡土志》记载:"保德州赖有黄河,北由包头,南去河南,输运便利,商多受其利益","有货船可载二万斤,由包头镇顺流而下,舟行至此,必用土人执舵,乃可平稳出峡,又有浑脱为筏,亦来自包头","商贾全赖河上水运"。④河曲县的巡镇,临黄河东岸,处明内长城脚下,《河曲县志》中记

---

① 《山西巡抚刘于义为筹划将口外之米以牛皮混沌运入内地事奏折》(乾隆八年十月十八日),《历史档案》1990年第3期。
② (清)张金城等纂修《宁夏府志·山川·黄河》。
③ 高春平主编《晋商与山西城镇化研究》,三晋出版社,2013,第130页。
④ (清)吴大猷纂修《保德州乡土志》,民国5年(1916)石印本。

此地在火车未通前，号称晋、陕、蒙三省交界的"水旱码头"，在此"商贾云集，埠产丰富，船篷满港，市人如潮"。① 临县湫水河与黄河交汇处的碛口镇，"京包铁路未通之前，碛口已形成水陆码头，为陕、甘、宁与晋西北物资集散之重镇。陕、甘、绥、蒙等地的物资都是通过黄河运达碛口，再用牲畜运到离石县吴城镇，再转运到汾阳、平遥、孝义等县，当时有'驮不尽的碛口，填不满的吴城'之说"。② 包头，原名包克图，南临黄河，是通外蒙古、西北的关口所在。自清嘉庆十四年（1809）建镇，其东、西、南、北分别勾连归化、巴彦卓尔、乌兰察布草原、伊克昭盟，自古即是中原与北方民族间的商贸要地。道光年间，黄河商道的货物集散码头因洪水冲淹，从托克托县的河口镇西迁至包头镇，更提升了包头作为商路节点的重要性。此间，来自西北甘、宁、青、新四省和华北或中原市场的皮毛、药材、粮食、棉布、绸绢、茶叶以及其他京广杂货等皆在此交易。③

经由黄河水道，豫、陕、晋、蒙交界之地的一些商业要津，即成为西北商路连接华北乃至中原商路，形成统一的全国市场体系的关键节点。这些商业要津商贸活动活跃、商品交易频繁，亦是西北与华北、中原市场紧密联系的体现。清代，黄河水道兰州至河南段可通航，其中，兰州至银川可视为航程第一段，入银川经由河套地区至河南是航程第二段。此间，三省或两省交界之地多赖黄河水道商货物资运输贩卖而兴盛。例如前述论及的晋省保德州，"赖有黄河，北由包头，南去河南，输运便利，商多受其利益"。④ 又如陕西的葭州，"市中布匹悉贩自晋地，而黄河一带更为利源，北通河套，南通汾平，盐粮之舟急于奔马"。⑤ 而且，部分黄河的重要支流亦是此商路体系的重要组成。如陕西的渭水，上溯可达周至以西，陕西韩城的煤炭经此而得以进入渭水沿岸商品市场，"（煤船）每数十百艘连尾上

---

① （清）金福增修《河曲县志》，同治十一年（1872）刻本。
② 胡宗虞修，吴命新等纂《临县志·集会》，民国6年（1917）铅印本。另按，据《临县志》记载，"碛口古代无古镇，清乾隆年间，河水泛滥，冲没县川南区之侯台镇及黄河东岸之曲峪镇，两镇商民大都移居碛口"，"黄河经县境二百余里，沿岸石壁峭崖，车行无路，皆羊肠小道，惟碛口为临之门户，有事必争其形胜"。
③ 鉴于开埠通商的影响，笔者以为包头商贸真正兴盛是在近代之后，特别是开埠通商后世界市场对西北皮毛等商品的需求急增成为其关键影响因素。至清光绪末年，包头城市人口已逾6万，商业分属九行十六社。与包头类似，此商路上的宁夏石嘴山亦属典型。
④ （清）吴大猷纂修《保德州乡土志·商务》。
⑤ （清）高珣修，（清）龚玉麟纂《葭州志·风俗·习尚》，嘉庆十五年（1810）刻本。

下，自达渭（水），至于长安、周至"。① 再如豫省之洛河，同属黄河水道之重要支流，宜阳县的韩城镇亦因经此水道的商货运输繁盛而成为四方辐辏之所，"为南北往来要路，通秦晋吴楚"。②

此外，在晋、陕、豫之间，于黄河水道的商贸运输，文献还有如下记载：

> 禹门口至潼关，水程三百余里，水势平漫，方舟扬帆安稳无虞，每舟载重可达四万余斤。由潼关西入渭河可至草滩，顺流可抵陕州，皆极平稳，故水夫呼禹门以上为山，河以下为平河或滩河、沙河，入渭为西河是也。行舟之期以四月至九月间为宜。水涸冰结则不能行矣。由包头所来之船只在圪针滩、船窝、三河口各处售卖，不能运上。小舟价银三四十两，大舟百余两，工质恶劣，亦宜改良者也。③

第三节 西北市场与西南市场的商路

从西北市场进入西南市场，乃至经此而进入华南市场，必经陕、甘。西北、西南两大市场间亦形成水旱兼顾的商路体系，包括甘青川民族交融地区的商路和陕甘间由陕南、汉中连接的川陕商路。需指出，传统国家为加强对边地的有效统治而加速修建、整治官路，是西北商路形成的重要历史原因。入清之后，秦巴山区开发加快，亦是西北、西南两大商路体系，尤其是川陕商路，以及经汉江、丹江水道而成的西北地区勾连长江流域市场的商路加速形成并发挥重要功能的原因之一。

一 西北与四川的商路

陕西、甘肃、青海分别与四川相接，西北农牧土特产品经商路入川即进入西南市场。西北入川商路主要包括甘青川民族交融地区的商路和陕甘

---

① （清）傅应奎纂修《韩城县志·物产》，嘉庆二十三年（1818）刻本。
② （清）谢应起修，（清）刘占卿等纂《宜阳县志·物产》，光绪七年（1881）刻本。
③ 宋伯鲁等修纂《续修陕西通志稿·兵防·河防》，民国23年（1934）铅印本。

间经由陕南、汉中的川陕商路,两路关键节点与四川地区的人员和商货往来,虽未必如西北与中原、华北市场的联系紧密,但是其作为区域商品集散地和交易中心,同样具有商货运输量较大和商业辐射范围较广的特征(见表1-7)。

表1-7 西北地区至四川的商路略览

	甘青川新月地带商路
商路节点	线路一:兰州→永靖→东乡→河州→循化→尖扎→贵德→湟中→西宁或青海涉藏地区市场 线路二:兰州→永靖→东乡→河州→洮州(临潭)→松潘→阿坝→色达→甘孜→石渠→玉树结古市场 线路三:兰州→永靖→东乡→河州→循化→尖扎→贵德→玉树结古市场 线路四:兰州→永靖→东乡→河州→甘康道,洮州(临潭)→阿坝→色达→甘孜→石渠→玉树结古市场
商贸活动	河州地处甘、青交界之地,是区域市场中心,是"河湟雄镇"。河州南部的土门关,是汉藏民族的分界线。明代,河州即设有茶马司,商贸繁盛。清雍正朝茶马司被裁撤,"商贸繁盛依旧",其时"(河州)全境周长五六百里,回多汉少,杂以番众"[1]
	川陕商路
商路节点	长安→周至→武功→扶风→岐山→凤翔→大散关→凤州(凤县)→留坝→武关驿→汉中→勉县→宁羌州府城(今宁强)→大安镇→黄坝驿→朝天驿→利州(广元)→剑阁→梓潼→成都(入川后又有金牛古道之说)
商贸活动	汉中是川陕或陕甘商路入蜀或反向入西北的关要,是陕陇商货交集转运地。明清之际汉中下辖南郑县被称为秦省第二大水旱码头,影响仅次于龙驹寨关口。"(明末)汉中已为商业转折重地,沿江帆樯逐渐云集,过街楼即系屯积货物之地,设有货栈多处,并有营业店铺,为往来船商相互交易之市场。"另载,汉江两岸"码头依江傍水,定名'兴隆街',东至过街楼,约一公里,店铺具全"。[2]至清末,汉中仍能实现"每年输出额为10万余两"[3]
说明	川陕商路入蜀在汉中分途有两条商道可行,即由汉中经南郑越米仓山入四川今之南江、巴中;或由汉中西向经勉县上溯略阳入甘肃武都(陇南市武都区)接白龙江水道入四川江油。 经汉中与关中乃至西北市场联系的大通道除经大散关的金牛古道外,还另有三条。一是子午(古)道,自秦即有,又因是向杨贵妃进献荔枝的必经之途,也称妃道。全长420公里,自长安北行,经子午镇北豆角村进入子午峪,在碾子坪北越秦岭中线,至西乡县南之子午镇,折西经洋县之城关镇到达汉中,再经南越巴山进入四川绵阳涪城区(可接金牛古道)。二是党骆通道,经洋县党口到周至的骆谷口。三是褒斜道,自汉中达眉县的斜峪。 需说明,首先,川陕商路经由大散关可向北接关西商业重镇凤翔;可向西经由宝鸡、秦州接皋兰的商路,也可经凤翔至灵台泾川去平凉而至河西商路或去宁夏的商路,从而使西北、西南市场勾连成片;亦可向东接通华北商路。其次,嘉陵江在陕西境内自略阳以下可通航,商货沿江而下可直至重庆,是陇南以及陕南入川的水运要道

续表

	甘川商路
商路节点	线路一：兰州→临洮→岷县→宕昌→武都→文县碧口镇→沿白龙江入嘉陵江水道→四川广元→成都 线路二：兰州→临洮→洮州（临潭）→嘉门关（土门关）→碌曲→玛曲→阿坝→成都
商贸活动	此商路接甘青川新月地带商路，使新月地带区域市场与西南市场连接成片。其中，夏河拉卜楞寺属区域中心市场，其规模、市场影响力虽逊于河州，但是"振四省之咽喉"，清至民国皆是"牧地货物输出之集合地，又是腹地货物输入之分散地"，[4]"商旅云集，为汉蒙藏回各民族往来贸易之中心，故蔚为西鄙一大市场"。[5] 洮州（临潭）"其俗重商善贾，汉回杂处，番夷往来，五方人民贸易者，络绎不绝。其土著以回民为多，无人不商"[6]

注：[1] 罗正钧：《左宗棠年谱》，岳麓书社，1983，第234页。按，同治陕甘回民起义后，大量回民逃亡、避难而聚居河州，回商在此艰辛开拓民族贸易，是促进河州商贸更上一层楼的重要原因之一。文献记载显示，八坊"为回民商务聚集之地，富甲省垣，居民三万余人，全系回族"（慕寿祺：《甘宁青史略·副编》卷31，兰州古籍书店，1991）。清末之时，南关"市面最盛，富商大贾群聚"。民国时期，八坊已是甘肃四大商镇之一（魏永理主编《中国西北近代开发史》，甘肃人民出版社，1993，第324页）。
[2] 李于一：《汉江水运和兴隆街的盛衰》，《汉中文史资料》第6辑，1988，第40页。
[3] 刘安国：《陕西交通挈要》上卷，中华书局，1985，第68页。
[4] 丁明德：《拉卜楞之商务》，《方志》1936年第3、4期。
[5] 高一涵：《拉卜楞寺一瞥》，《新西北》1941年第1、2期。
[6]（清）张彦笃修，包永昌纂《洮州厅志·城池》，成文出版社，1970。
资料来源：顾少白：《甘肃西南边区之畜牧》，《西北经济通讯》1942年第7期；（明）吴祯纂修《河州志·地理志·风俗》。

二 西北与西南的茶马古道商路

甘、青、川、陕四省边界通联之地，属茶马古道所经地。茶马古道商路是西北与西南市场商路的重要组成部分，更是两大市场得以拓展之依托。茶马古道的商贸活动非仅限于茶叶、马匹的运输和交易，其所涉地域亦非仅限于西南、西北茶马互市形成的商路。在西北、西南地区，广义的茶马古道实际涵盖内地与边疆民族地区之间因茶叶、粮食、布匹、马匹等商货流通和人员往来而兴的所有区域。历史时期，国家常于此类地区设茶马司等机构管理相关商贸活动。学界过往多关注青藏、川藏和滇藏之间的茶马古道，相对较少论及西北茶马古道的商贸活动，而这恰是讨论西北商路变迁必然关涉的重要内容。其中，甘肃陇南、甘南、临夏一带，是茶马互市的必经之地。由此或南下入川、陕，进而通内地主要市场；或向西入青、藏而将此两地与内地市场连成一体。此间的商路节点或重要关口是川甘、川陕商路及青唐（茶马互市）商路的重要组成部分。其要者可做如下概述。

1. 陇南与甘南的茶马互市商路

陇南与甘南的茶马互市商路亦是从长安出发经秦州的丝绸之路的重要组成部分。其中，陇南涵盖渭水以南的白龙江、白水江、西汉水流域，岷江水道与白龙江水道亦在此相连。在明代，陇南即为陕西布政司巩昌府所辖，是此商路区域中心市场。天水、康县（望关）、宕昌（宕昌县城→官亭镇→两河口）、武都、西和等关键节点构成此商路在甘肃境内的"骨架"，康县、宕昌又属连接汉、藏两地市场的必经之地。康县位于陕、甘、川三省交界之处，自古即是产茶之地。由这一要津，茶马贸易可北上秦州，继而西进并分路为北、西、东、南四线。北线：望关→平洛镇（中寨古镇→团庄龙凤桥→药铺沟三功桥）→太石→沿西汉水北上，经仇池山西侧→大桥→西汉水南岸峭壁，走渔洞峡古栈道→石桥→礼县县城→盐关，或由望关过平洛镇→越太石山过巩家山廊桥→西狭古栈道→成县→纸坊镇→石峡镇→沿石峡河北上→西和县城→石堡→长道镇（古长道县）→盐关。北线通天水，并接唐宋时期洮州、岷州至长安的商贸古道。① 西线：望关→佛崖→米仓山→安化→武都→两水→石门→角弓→沙湾→两河口→官亭→宕昌→岷县→临潭、卓尼，入甘南涉藏地区通青海市场。与北线一样，西线可接唐宋时期洮、岷二州至长安的商贸古道中的宕州—岷州段。② 东线（入陕）：望关→长坝→巩集→散关→白马关→大南峪→窑坪→木瓜园→略阳→汉中。南线（入川）：望关→长坝→黑马关→咀台（康县城关）→岸门口→三河坝→铜钱→阳坝→托河→燕子砭→南向入川。

---

① 此路由马务堡（今马坞乡）东南行至礼县，转向东北行经祁山堡、盐关到秦州。另外，此路在西和县的洛峪、石峡两河之间的仇池山、西高山分割，又别有东、西两途。

② 此商路商贸活动以晚明至清为盛。其南下可通茶马古道"川藏商路"。此路线中，两河口——岷江、白龙江的汇合处——属要津。在两河口，沿岷江河谷北行至官亭、宕昌、哈达铺后，可经迭藏河入岷县后再入卓尼，经甘南涉藏地区与整个青藏市场相通；东南行至阶州（武都），可南行通连"阴平（文县）古道"入川；东行至望关后再向南过康县入陕，或向东甘肃成、徽两县，可连陕、川两省商路；西行通西固（舟曲）后折向西北，可在峰贴峡入涉藏地区。

2. 阴平（文县）—西固（舟曲）古道

甘川之间以秦州（天水）为连接点的阴平（文县）—西固（舟曲）古道是川茶入甘线路，它在阴平分途，礼县、宕昌、武都、文县是其关键节点。此线路即天水→礼县→宕昌→武都→文县→经碧口镇入川→青川→平武→江油→绵阳→金牛古道→成都；或在文县东南行→丹堡、刘家坪→跨越摩天岭入川→平武→金牛古道。另外，甘、陕、川三省的茶马互市商路体系在四川还有松潘、汶川等关键节点。茶马互市中，川茶北向进入甘肃是经威州（汶川）沿岷江东岸北行至茂州（茂县）、松州（松潘①）后，分西、东两线入甘肃或接通西北商路。西线，即松洮路，具体路线为：由松潘西北行出黄胜关→沿包座河谷（今四川若尔盖县东部）→甘肃叠州（迭部）→洮州（临潭），在此分途，或西入草原，或北上经今朗木寺→拉仁关→博拉→河州→麻当→曲奥→土门关→老鸦关→接唐蕃古道→甘南、临夏、青海等地涉藏地区。在此线路，商货流通和人员往来又多走白龙江上游，溯白龙江西入草原或北上。东线，即松扶路，由松潘→甘松岭（弓杠岭）→扶州（九寨沟县），后分途，或沿白龙江→阴平（文县）→阶州（武都）→成州（成县），或由扶州西北行→宕州（宕昌）→岷州（岷县）。东线还可与其他几条茶马互市商路相连。

3. 甘、陕、川三省之间徽县、成县、两当商路

甘、陕、川三省之间的徽县、成县、两当商路，是经由望关的东线之外的又一商路通道。它由略阳沿嘉陵江北行→白水江镇→今徽县大河店乡→徽县火钴峪（今榆树乡）→今成县高桥乡→礼县（盐关）→秦州。在礼县，此线路与唐宋以来川茶进入甘、青涉藏地区的茶马互市商路走向近似。木皮岭、青泥岭、白水峡、嘉陵江一线属此线路的关要所在。② 此商

---

① 松潘即古松州，今属四川省西北阿坝藏族羌族自治州东部，为川、甘、青三省商货流通、人员往来的集散周转之地，更是兵家必争之地。自唐武德元年（618）始设置松州后，两宋因之，元代设松、潘、叠、宕、威、茂等处宣慰司，明代设松潘卫，入清之后被改为松潘厅。

② 严如熤《三省边防备览·栈道》记载："由兴州（略阳）经甘肃徽县、两当出凤县而至宝鸡、利州（广元）、兴州达凤翔之路也。唐宋以来，凤岭、紫柏、青桥在险，山石塞断。长安赴蜀者由凤翔趋两当、徽、成。明皇幸蜀但记河池（徽县）之逢迎，吴武安兄弟拒金亦在略阳、仙人关一路。"（西安交通大学出版社，2018）表明由凤翔、宝鸡过凤县、两当，穿徽县（青泥岭、虞关）抵略阳、利州的商路是自唐以来陕川间的重要通道。

路除在徽县北行外，还可南行或东行分别通连川、陕两省商路，即由徽县南行→木皮岭→白沙渡→青泥岭→水会渡（渡嘉陵江）→八渡沟→略阳县境→沿嘉陵江谷地入川，①或由徽县城东行→永宁→两当→扬店→凤县→宝鸡→凤翔，接"古丝绸之路"入陕西。

经前述梳理可发现，甘青川陕间的茶马古道商路是西北商路的重要构成部分，其促成了青藏、西北、西南三大市场交界处的新月地带相对完整的商品流通和人员往来市场网络的形成。此市场网络有助于内地与边疆民族地区的经济交流，有助于促进甘青川交界地带民族地区商品经济的良性发展。显然，除回商擅贾的历史传统外，得地理优势之便——如学者所言，历史上"尽管中国全国性的回族中心不存在，但地区性的中心是存在的，最主要的就是甘肃的河州和青海的西宁"②——更是回族商人能沟通藏汉贸易、推动区域经济发展的重要基础。此商路的重要节点与关口的商贸活动一度繁盛。如甘肃河州"全境周长五六百里，回多汉少，杂以番众"，③在甘青川地区对藏商贸中首屈一指。它居甘青交界之处，经州城南行数十公里过土门关便可入涉藏地区。咸同回民起义致战乱发生，大量回民于此聚居避乱，河州即成甘肃回族最主要聚居区。河州八坊镇"为回民商务聚集之地，富甲省垣，居民三万余人，全系回族"。④清末，八坊镇南关"市面最盛，富商大贾群聚"。⑤其后至民国时，八坊已位居甘肃四大商镇之一。⑥拉卜楞商贸规模及多元性虽不如河州，但是扼四省之咽喉，是安多地区长久不衰的商贸中心。清至民国，此地既是"牧地货物输出之集合地，又是腹地

---

① 此商路中的白沙渡→青泥岭→水会渡一线自唐代始即是甘蜀间路况较险峻的必经官道，也是"青泥古道"的一段。此段路程在北宋至和元年（1054）后渐废。因为北宋利州路转运使、主客郎中李虞卿主持修建白水路，使徽县（宋代称河池县）与长举县两地路途省减且较平缓。长举县今已不复存在，今徽县大河店与陕西白水江镇之间区域大致是其下辖行政区域。白水路有沟通南北交通之功效，它在宋、元、明、清四朝以至民国都是区域间商货、人员往来的重要通道，时至今日仍在发挥相应功能。
② 〔美〕默利尔·亨斯博格：《马步芳在青海（1931—1949）》，崔永红译，青海人民出版社，1994，第11页。
③ 罗正钧：《左宗棠年谱》，第234页。
④ 慕寿祺：《甘宁青史略·副编》卷31。
⑤ （清）张庭武修《河州采访事迹·历史》，宣统元年（1909）抄本。
⑥ 魏永理主编《中国西北近代开发史》，第324页。

货物输入之分散地"，①"商旅云集，为汉蒙藏回各民族往来贸易之中心，故蔚为西鄙一大市场"。②洮州是川、康商队进出涉藏地区又一必经之地。据《洮州厅志》记载，洮州汉回杂处，俗重商贾，番夷往来而致五方人民不绝于途，土著回民更是无人不商。另外，除皮毛、药材等土特商货外，甘南、川西北地区的木材输出亦经此商路。清代，洮州已是甘南木材集散中心，木材产品常经洮河接黄河水域而运至兰州市场。

从历史地理的关联性来看，青海以西宁、湟源（丹噶尔）为中心的河湟地区与河州本为一体，可统称"河湟地区"。此地向西、向南均是涉藏地区，是甘青川藏间的商路要津，西宁、湟中、湟源皆是此区的商贸中心地之一。如学者所论，清至民国，"价值最大的皮、绒、鹿茸、磨香、黄金以及羊毛的贸易都以西宁为集散地"，③"查西宁市口外之丹噶尔地方……距府城九十里路，通西藏，逼近青海，自移多巴市口于此，为汉土回民并远近番人暨蒙古往来贸易之所"。④

第四节 西北市场与长江中下游市场的商路

西北市场经由陕西而与两湖、长江中下游市场联系的商路包括陆路、水路。陆路方面，主要从长安（西安）出潼关至豫省洛阳，入汴梁之地接南北大运河。此道俗称东路干线，又因与历史上的官路体系有明显关联或重合而被称为官路。水路方面，从明中叶起，尤在清代后，经陕南汉江和丹江水系入两湖而连接东南乃至华南市场的商路商业价值凸显，甚至有取代陆路之趋势。经由潼关而出的商路，即便在火车开通后，仍具有不可替代的商业价值。同时，经关中与汉中之间的商路联络，关中市场亦与汉江、丹江水运商路连通。由此，西北市场与长江流域的东南、

---

① 丁明德：《拉卜楞之商务》，《方志》1936年第3、4期。
② 高一涵：《拉卜楞寺一瞥》，《新西北》1941年第1、2期。
③〔美〕默利尔·亨斯博格：《马步芳在青海（1931—1949）》，第11页。
④（清）杨应琚：《边口亟请添驻县佐以资治议》，《西宁府新志》，乾隆十二年（1747）石印本。

江南市场及经两湖南下的华南市场连接起来。需指出，陕南商路是水旱运输相接的，水、旱路的商货运输联动促成商路连接市场的功能得以发挥。

一　西北与长江中下游市场的水路商路

西北市场在陕西经汉江、丹江两大水系而形成勾连两湖乃至整个长江中下游市场的商路。其中，丹江发源于陕西；汉江属长江支流，是陕西第二大河流。清代，陕南秦巴山区开发，使经此水路的商货运输更加繁盛。有学者指出，"至少到乾隆时期，陕南汉江航路已为人们所熟悉"，"汉江水道的各支流水量亦十分丰盈，均具有航运价值。这些支流联系周围各州县，形成巨大的流域水运网络"。① 此水道横贯陕西汉中、安康两府，经十一州县，干流长达1500余里，形成以汉中和安康为中心的区域性市场。汉江、丹江两条商路是西北市场经两湖入长江流域乃至华南市场的重要通道，反之亦然（见表1-8）。

表1-8　西北与长江中下游市场水路商路一览

	汉江商路
商路节点	沔县→南郑→城固→洋县→西乡→石泉→汉阴→紫阳→安康→洵阳→白河→入鄂
商贸活动	"夏秋涨发，最畏跑沙。至沙（襄）阳以下，江阔水平，始无跑沙之患，自均州以上至洋县皆石滩，洋县以上、均州以下则沙滩矣"（《三省边防备览·水道》）
说明	汉江发端于陕西宁羌州（宁强）境内，流域内的各支流多可通航。其中，沔县乌咙江（褒河），"（船只）装运灰石，仅至褒城县下。自石门以上，小舟亦不能行矣"；西乡县子午河，"合洋县蒲溪、焦溪并五郎各小谷之水"，"夏秋可行小船"；洋川（木马河），"舟行由西河口溯流而上，可至西乡县城"；紫阳县任河，"由紫阳溯流至大竹沅三百六十里，可行数十石小船"，是川盐、杂货经陕而入西北的要道，光绪年间此处曾设厘局，额定征银14197两；岚皋县岚河，"小舟溯流而上，仅可行数十里"；安康黄杨河（黄洋河），"小舟仅可行二三十里"；洵阳县洵河、乾佑河、蜀河均入汉江，蜀河镇在清后期发展为著名商业市镇，山阳县漫川关号称水旱码头，清末于此处设厘局，年征收定额厘银870两。 另外，此商路在龙驹寨与通往丹江的商路相接

---

① 参见张萍《明清陕西商业地理研究》，博士学位论文，陕西师范大学，2004。

续表

	丹江商路
商路节点	长安→蓝田→黑龙口→商洛→丹凤→武关→商南（龙驹寨），连竹林关→丹江水路，接襄樊入两湖并连长江流域市场
商贸活动	龙驹寨是此路入鄂节点。有研究指出，明末，此路商业价值凸显，并呈现出"取代潼关成为东部商路主干线的趋势"。[1] 而且，此路在清代经整修，"遂使龙驹寨至西安的南路商运成为陕西与外界联系的主通道"。同光之际此路商贸"益臻繁盛"，商业地位跃居潼关道之上。咸丰年间此路"厘金岁额曾达银15万两，居全陕之冠"[2]
说明	此路在龙驹寨分作两途通汉江商路，龙驹寨是此路中长江流域市场和西北市场的商货水旱分运关节点。即，在此经商州越秦岭至蓝田到达西安，或自此经商洛转潼关入西安与西北商路相连。 明中叶前，"龙驹寨虽当水旱之中，古无商税，即丹水东接襄樊，月儿潭下昔有大石横阻，故或小舟间之，水少落潭即滞"。此后，以"万启中，大水忽没潭石"，汉江连丹江的商货运输通航条件大为改善，"襄阳由汉江溯流而上，虽经二千里而可以大船装载，需用水脚无多"[3]

注：[1] 李刚、刘向军：《试论明清陕西的商路建设》，《西北大学学报》1998年第2期。该文引徐霞客记述"龙驹寨，寨东去武关九十里，西向商州，即陕西简道，马骡商货，不让潼关道中"，并指出："潼关道的商务地位虽有所下降，但仍是陕西与中原经济联系的重要孔道，特别是山西运往河南的潞盐，由潼关用骡驮或人力肩挑经洛南运至龙驹寨，然后装船运往河南淅川一带，使潼关商道与南部商路联络成网，相互促进。……清廷于雍正四年（1726）在潼关卫的基础上，扩境设县，任官治事，也从侧面反映了潼关商道经济地位的增强。"

[2] 丹凤县志编纂委员会：《丹凤县志》，陕西人民出版社，1994，第54页。乾隆十三年（1748），商州知州许维汉时三年，主持疏通龙驹寨至竹林关航道，丹江上下游航运因之连通一气。乾隆十年蓝田至商州300余里商路因陕西巡抚陈宏谋捐资，得以"凿山煅石，遂成大道驮桥，通行商旅往来如织，呼曰'陈公路'"[（清）王廷伊纂修《续修商县志稿·人物志》，陕西商县地方志编纂委员会内部印行，1987]。

[3]（清）王廷伊纂修《续修商县志稿·食货志》。

二 陕南开发与商路拓展

汉江水运可谓自古发达。由明至清，陕南开发加速促进该区域人口倍增，区域经济发展进步迅速。其时，为促进商贸发展，改善道路运输，一些地方官员如陕西巡抚陈宏谋、商州知州许维汉积极主持修整商路，促使与汉江、丹江相连的陕南商路得以拓展。汉江商路商贸活动繁盛，加之其支流多可通航，颇利于形成以汉江、丹江主干道为核心，地跨陕、川、甘、鄂、豫五省的区域性市场。① 未通火车前，汉江商路商贸活动较繁盛即得益于水运较陆运便捷且成本低的优势。或正因有汉江商路支撑，当时陕南商品经济发展水平一度不输关中，甚至胜过陕北。商贸活动繁盛，众多商业集镇沿汉江分布，州县之间商品交换频度高、范围广。晚清之际，清廷在此区域设置较多厘局，对来往商货征税，其中汉江支流任河发源于四川境内，通航条件良好，是川盐、杂货北上入陕进而流向西北市场的孔道。光绪年间，清政府于任河设厘局，额定征银14197两，此征收额使此局被列为中等厘卡。② 据此观之，此商路商贸活动繁盛，商品交易规模较大。得益于汉江水运商路，洵阳蜀河镇成为商货进出地并发展成汉江流域著名商业市镇，山阳县漫川关同样成为汉江水运商路上重要的"水旱码头"。清末，清政府亦在漫川关设厘局，额定征银870两，属下等厘局。③ 略阳经由白水河通嘉陵江流域，既接汉江商路，又可通嘉陵江流域而接四川市场，经过略阳的商货流通量较大，商贸活动频繁，略阳成为连接陕、甘、川三省商路的门户之一。清末于此处设厘局，额定征银11972两，属中等厘局。

经前述商路连接，西北市场与长江中下游市场即连通一体，商货流通和人员往来更加频繁。这类情势亦与厘金征收情况所反映一致。经商路勾连，关中能沟通西北、西南与东南数省市场，形成跨区域的市场网络，明人张瀚曾言："关中之地，当九州三分之一，而人众不过什一；量其富厚什居其二，间阎贫窭，甚于他省，而生理殷繁，则贾人所聚也。"④ 又据文

---

① 陕南汉江水运发达，流域内众多支流皆可通航。经过支流串联，嘉陵江、丹江、汉江构成通航网络，也形成商品流通的商路市场体系。例如，嘉陵江在陕南流程不长，除主干道外，其支流安乐河、广平河、白水江（河）多可通航。在宁羌州境内嘉陵江流程80里。此段水域，水量较大且流速较平缓，载重达数吨的木船可全年通航。夏季发水季节，此段航运更是畅通无阻。沿此段航行可上溯至略阳境内，"水运之便为州境第一"。另外，安乐河、广平河皆可行船或木筏。安乐河流程亦有80里，在八海河以下可通航至嘉陵江。广平河流程60里，在鱼笒坝以下入嘉陵江〔（清）陈邑分修，黎彩彰纂《宁羌州乡土志·地理·水志》，民国26年（1937）铅印本〕。白水河亦可通航，是略阳南北交通要道。略阳境内南北多山，县城治所居群山之间，西临嘉陵江。作为商路关键节点，商货和人员可在略阳溯流而通白水河入甘肃，"顺流而下则由阳平出关入蜀，经广元、蓬州、定远以通大江"〔陕西清理财政局编辑《陕西全省财政说明书·岁入部·厘金》，宣统元年（1909）排印本〕。
② 陕西清理财政局编辑《陕西全省财政说明书·岁入部·厘金》。
③ 陕西清理财政局编辑《陕西全省财政说明书·岁入部·厘金》。
④ （明）张瀚：《松窗梦语·商贾记》。

献记载，清末陕西厘金征收，"初议坐贾与行商并征，坐厘除北山延、榆、绥、鄜四府州属免办外，余皆责成地方官查抽、报解"，但因"各处市面萧条，收数无几，未及数年，复酌量减免"，宣统之际仅凤、岐、眉、泾、蒲、韩六县征坐商厘金，岁仅收银 4000 多两。然而，"坐厘衰而行厘独盛，盖以界连五省，地当冲要，转输多而商旅众故矣"。① 这类记载反映出陕南商路商贸活动繁盛状况，显示以商路为纽带而形成的跨省区域商业中心对西北区域经济发展起到关键促进作用。进而，我们可以认为，商路作用的充分发挥是西北市场形成"商业中心—商业城镇—农村市场"的市场级序结构的重要基础。

第五节　西北市场与境外市场的商路

有研究认为，19 世纪前"西北边贸的对象主要是蒙古、哈萨克、浩罕等邻境民族，依然保持着以中国为主导的丝路贸易的古老、纯朴传统"，并且，"十九世纪以前的西北边贸繁荣，是建立在丝路贸易历史传统和亚洲腹地区域经济自身要求上的。邻近各国经济的依赖性和互补性使得西北边贸具备了互惠平等的性质，从而也给边境带来了经济上的繁荣和政治上的安定"。② 在此，本书更愿意强调，新疆境内基于丝路贸易通道形成的南、北两线商路是西北市场连通境外市场的重要基础。时至近代，俄、英两国在中亚、南亚的地缘政治竞争对前此商路商贸活动亦产生了重要影响。

一　西北市场与俄国、中亚、西亚、南亚市场的商路

丝路古道经由新疆境内南、北两线连接中亚、南亚和西亚，是近代之前西北商路沟通境外市场的主要通道。南、北两线于疏勒（喀什噶尔）交会，其中，商队走南线者为多。北线从长安出发经河西走廊→敦煌西→罗布泊之楼兰→焉耆→龟兹→库尔勒→塔里木河流域→疏勒；南线于楼兰分途，从楼兰→精绝→扜弥→于阗→皮山→莎车→英吉莎→疏勒。两道会合

---

① 陕西清理财政局编辑《陕西全省财政说明书·岁入部·厘金》。
② 李明伟：《中苏西北边境贸易历史与现状研究》，《甘肃社会科学》1989 年第 4 期。

之后，越帕米尔高原连接境外，可远至葱岭以西的中亚、印度、波斯，然后经此联通欧洲。就区域商贸往来的地域层级而言，疏勒自古即是区域商贸中心。《汉书·西域传》载，其地"有市列，西当大月氏、大宛、康居道也"。① 然而，丝路贸易衰落，该商路重要性也随之下降。

自19世纪始，国际地缘政治形势动荡，俄、英在中亚、西亚和中国新疆的争夺加剧，亦对西北地区与俄国、中亚、南亚之间的商路变迁与商贸活动产生了重要影响。显著者，俄国以蛮力并吞哈萨克、浩罕、布哈拉、希瓦四汗国和塔什干地区后，经此而与俄国连通的商路商贸活动急剧增加。其后，英国为与俄争夺新疆而整治、重启南亚与西藏乃至整个西北之间的商路，尽管后者的商贸活动明显弱于前者。自此，西北市场通过连接境外商路而进行的商贸活动开始带有殖民侵略特征。此类商贸活动又与不平等条约体系作为制度因素的嵌入相关，这亦是对西北商路变迁影响较著的因素。其中，因不平等条约的签订，伊犁、塔城、阿尔泰、迪化、喀什、乌什、叶尔羌、库伦、乌里雅苏台、科布多、张家口、肃州、嘉峪关陆续成为面向俄商俄货开放的口岸。

总体而论，清前期，新疆对外商贸主要沿天山南路展开，其商路基本沿河谷、山口而行。② 近代之际，在英、俄争夺中亚、西亚、新疆加剧的背景下，西北市场经新疆境内南、北两线连接南亚、西亚和中亚市场的商贸活动日渐活跃，其中通南亚重点线路包括列城线路、吉尔吉特线路和奇特拉尔线路。伊犁、塔城、喀什噶尔、喀什、叶尔羌、乌什是此条商路的关键节点。俄国侵袭伊犁后，新疆连通境外的商贸活动日渐增多，亦使西疆伊犁、塔城的商业重要性开始凸显。需指出，列城线路、吉尔吉特线路和奇特拉尔线路的南线大体沿塔里木盆地边缘而行，这亦与沿塔里木盆地分行的古丝绸商路多有重合（见表1-9）。

表1-9 新疆连接南亚、俄国、中亚的商路

通南亚商路一：列城线路	
商路节点	喀什噶尔→叶尔羌（莎车）→列城→斯普林纳嘎尔→拉瓦尔品第

---

① 按，大宛、康居即费尔干纳、撒马尔罕。
② 潘志平：《清代新疆的交通和邮传》，《中国边疆史地研究》1996年第2期。

续表

	通南亚商路一：列城线路
说明	南向由叶尔羌至八（拉）达克山、坎巨提（特），越帕米尔高原。其中，由叶尔羌或库库雅尔卡伦和王喇里克卡伦、奇灵卡伦、桑株卡伦外出后至赛图拉可通退摆特、巴勒提、坎巨提（特）等。[1] 由喀什噶尔南行至塔什库尔干有两条交通线，两线古代即存但或非商路，一即经止乌帕喇特卡伦（乌帕尔）沿盖孜河至塔什库尔干，另一即出依克孜牙"通外夷及布鲁特要路"[2]
	通南亚商路二：吉尔吉特线路
商路节点	喀什噶尔→吉尔吉特→布尔孜亦→斯普林纳嘎尔→拉瓦尔品第
说明	东南向从叶尔羌经克什米尔至印度。其中，经叶尔羌外出西南行或南行的商路以塔什库尔干和赛图拉（叶得拉）为节点
	通南亚商路三：奇特拉尔线路
商路节点	喀什噶尔→瓦罕→奇特拉尔→查克达拉→白沙瓦
说明	此路另有一支线为奇特拉尔→喀什噶尔→瓦罕→奇特拉尔→白沙瓦
	通往俄国、中亚商路
商路节点	库尔勒或阿克苏→伊犁 线路一：自库尔勒越天山沿巩乃斯河到固勒扎（伊宁），进维尔纳 线路二：由阿克苏逾天山沿巩乃斯河到固勒扎，抵维尔纳 线路三：由阿克苏经乌什至喀拉库尔，沿特克斯河进固勒扎，到维尔纳 线路四：由喀什噶尔分经图尔噶特和帖烈克山口越帕米尔，入纳伦要塞，抵维尔纳或塔什干 线路五：由喀什噶尔越帕米尔至费尔干盆地，入原浩罕汗国境内
说明	南疆西向连接境外的两条商路，一是自库尔勒、阿克苏至伊犁西出，另一是由喀什噶尔越帕米尔至中亚
	通中亚商路
商路节点	线路一：由喀什噶尔越帕米尔至中亚 ①由喀什噶尔北行→图舒克塔什卡伦→恰克马克→托允多拜[3]→图鲁噶尔特山口→阿尔帕西行→乌支根→费尔干纳之安集延 ②由喀什噶尔西行→明约洛卡伦→喀浪圭卡伦→堪朱干→鄂克苏鲁尔→伊根→托海巴什西北行→铁叶卡哩克达坂→鄂什→费尔干纳之安集延 由喀什噶尔西行的线路是费尔干纳与喀什噶尔间路况最好的驼路，它在托海巴什有连通阿赖谷地、帕米尔、巴达克山的支路 线路二：由乌什至中亚塔什干等 ①由乌什城西行→巴什雅哈玛卡伦→溯托什干河→阿克赛→阿尔帕→费尔干纳 ②由乌什城西北行→沙图卡伦→溯别迭水→别迭里山口→布鲁特牧地→塔什干等地[4]

注：[1] 英人称赛图拉为 Shahidula。库库雅尔卡伦即柯克亚，奇灵卡伦即克里阳，桑株卡伦即康克尔，退摆特即拉达克。在此商路中，沿库库雅尔卡伦、王喇里克卡伦而行即与新藏公路重合。同时，此商路亦因季节不同而有线路变化，即冬春、夏秋两时段分行奇灵卡伦、桑株卡伦而至赛图拉。

36

续表

[2]《清宣宗实录》卷146，第12—15页。塔什库尔干即帕米尔之色勒库尔，经此而行的交通线与今日中巴国际公路多有重合。依克孜牙（英吉沙尔乌鲁克卡伦）居丝路商道的南端，丝路贸易衰落之后的很长时间内，至少是在有清一代，此地的重要性并未凸显。

[3] 托允多拜即喀什通吉尔吉斯斯坦的商贸口岸吐尔尕特。

[4] 巴什雅哈玛卡伦即巴依阿克玛，沙图卡伦即雅满苏，布鲁特牧地即柯尔克孜地区。

资料来源：许建英：《金树仁时期英国和中国新疆之间的贸易（1928—1933）》，《西域研究》2006年第1期；周泓：《清末新疆通内外交通的反差》，《新疆大学学报》2002年第1期；潘志平：《清代新疆的交通和邮传》，《中国边疆史地研究》1996年第2期。

二 英俄纷争于商路商贸活动的影响

时至近代，俄国和英国觊觎新疆，尤其是俄国对新疆的侵占，使西北外连境外市场的商路商贸情形发生显著变化，如由库尔勒或阿克苏至伊犁西出而连通俄国和中亚的商路，与新疆通英属印度商路的商贸活动形成竞争情势。加之，中央政府和新疆地方政府在这一时期边贸管理能力和政策取向有所变动，新疆市场一度呈现出与内地分离的趋势。"俄国侵占伊犁后，由于政治环境的变化，西疆在天山北部的涉外交通，较天山南部更具有特别意义。"而且，为打通俄国与新疆的商贸通道，1868—1876年，俄国曾先后派出四个使团，考察以伊宁为中心连接俄国和新疆的俄新交通线路。这表明"商业和战争活动，标示了这个时期尤其是其天山南部涉外交通路线的范围和走向"。[①] 此外，俄国借助土西铁路通车，促使新疆与俄国商路的商货流通量加速超越新疆与英属印度商路的商货流通量（表1-10）。

表1-10 近代前后俄国（苏联）与新疆商贸情形举例

时间	商品结构	商贸情形
1697	从华进口布匹、茶叶等，对华出口毛皮	对华输出皮货超过240000卢布
1728—1775		通过恰克图，对华进出口年均8000000卢布。恰克图关税占俄国关税38.5%，纯利润3500000卢布
1893	从华进口矿产、羊毛、皮张、生丝、棉花、牲畜、茶叶，对华出口呢绒、毛织物、皮革、金属制品、火柴、白糖、鸦片	该年俄对新疆贸易出口额占其对华贸易出口额的74.3%。俄与新疆贸易总额5828600卢布，是1851年二者间贸易金额742000卢布的近8倍。其中，俄货出口额3036000卢布，是1851年的13.3倍

---

① 周泓：《清末新疆通内外交通的反差》，《新疆大学学报》2002年第1期。

旧市场　新因素：商路变迁与西北区域经济非均衡发展（1851—1949）

续表

时间	商品结构	商贸情形
备注：19世纪90年代俄商、俄货遍布新疆，基本无其他外货。据统计，此期新疆地区俄商有2493户10600人（不含数量众多的无护照者）。俄商或操控大宗物资进出口，或以小商贩收购土货和贩售俄货，在西北形成庞大的商贸网络。典型者，这一时期，俄商使华茶倒灌入内地市场，垄断经由西北陆路对欧洲的茶叶贸易和对蒙古的砖茶贸易		
1840—1906		仅唐努乌梁地区，俄中贸易额1840年仅10000卢布，1906年已达2000000卢布，增长200倍
1924—1928	从新疆进口矿产、羊毛、皮张、生丝、棉花、牲畜等，出口工业品	1924年苏联通过新疆与中国进出口总额25258000卢布，俄货出口11056000卢布。1926年新疆牲畜、细毛皮向苏联的出口额分别为544000、1319000卢布。1928年新疆向苏联出口羊毛、棉花、皮革分别达6504000、2724000、187000卢布，新疆进口苏联工业品棉布、砂糖、金属制品、磁器和玻璃制品、火柴、石油分别达7041000、602000、1065000、290000、193000、199000卢布
备注：同期中俄西北边贸由出超变为入超。其中，1924、1929、1932年三年分别入超2888000、2270000、3390000卢布		
1929—1932	从新疆进口矿产、羊毛、皮张、生丝、棉花、牲畜等，出口工业品	1929—1930年，苏联进口新疆羊毛、棉花分别达8000000、1900000（金）卢布；苏联纺织品出口新疆达9000000（金）卢布。1932年，苏联输入新疆商品总值为12305000（金）卢布
备注：同期，新疆羊毛、棉花入天津口岸分别仅2300000、36000元；天津口岸输入新疆市场的呢绒、丝棉织品仅608000元		

资料来源：〔法〕葛斯顿·加恩：《早期中俄关系史》，商务印书馆，1961，第42页；〔俄〕齐赫文斯基：《中国近代史》，北京师范大学历史系、北京大学历史系、北京大学俄语系翻译小组译，三联书店，1974，第68页；〔俄〕斯拉德科夫斯基：《中国对外经济关系简史》，财政经济出版社，1956，第78页；李明伟：《中苏西北边境贸易历史与现状研究》，《甘肃社会科学》1989年第4期；姚贤镐编《中国近代对外贸易史资料》，中华书局，1965，第300页。

本书认为，西北与俄国的商贸史发展似可分为三个阶段。1709—1797年是第一阶段。此间，俄国颁布布赫塔尔明斯克与中国西北间的通商条例，并设置海关，以西伯利亚、奥伦堡、锡尔河和新西伯利亚为节点串联与西北的带有殖民侵略色彩的商贸路线。塞米巴拉金斯克、布赫塔尔明斯克、彼德罗巴甫洛夫斯克、特洛依茨克、奥伦堡等是俄商向西北输出呢绒、皮革和金属制品、鸦片，及进口中国茶叶的主要基地。尤其在1729年，俄国于恰克图构筑要塞——既连通华北又勾连西北，即串联成完整的对华贸易商路体系。19世纪中叶至苏联成立是第二阶段。此期,俄国凭蛮力侵占中国西北大片领土并操纵外蒙古独立,且尤其注重以不平等条约体系巩固其与中国西北的商路体系。伊犁、塔城、阿尔泰、乌鲁木齐、喀什、乌什、叶尔羌、库伦、乌里雅苏台、科布多、张家口、肃州、兰州陆续开埠通商。第三阶段是苏联成立至1949年。此期,苏联仍承袭俄国侵略中国西北之谋划,在西北掠夺工业原材料,输出工业品。杨增新、金树仁、盛世才、吴忠信先后主政新疆,新疆市场与内地一度出现分离趋势。抗战军兴和国民政府治理西北边疆后,新疆市场与内地的政治、经济、文化联系重新加强。

第二章　西北商路兴衰原因

商路变迁是西北区域市场变动和经济发展的重要内容。需明确者，导致西北商路兴衰不定的原因是多方面的。开埠通商、地缘政治变化、政府政策变化与西北区域商品化生产演变所形成的互动，都是近代西北商路变迁的制度性影响因素，甚至塑造了西北市场演变的制度环境。

第一节　西北传统商路形成原因

除历史传统因素外，区域人口和城镇分布、农牧经济的互补性、区域开发加速及自然地理因素都是影响西北传统商路形成的重要因素。还需指出，近代前后，前述因素亦恰是加剧西北商品市场变动的重要原因。

一　区域人口和城镇分布

商路经过区域的城镇，尤其是商路的重要节点，往往也是区域人口集中地。人口总量和发展水平是衡量区域社会经济发展状况，以及城镇经济规模大小的主要指标之一。城镇规模大小、人口密度更深度关联于西北区域市场体系和层次构成。

如明清之际，以商路为支撑，陕西已形成"以泾阳、三原为中心，以龙驹寨、凤翔、汉中为坐标的市场网络结构"。[①] 泾阳是关中人口规模较大的县。文献记载，此地"平畴旷野，村落相连，有河渠之饶，有岩寨之险，而青北一带尤为膏壤，每夏秋间，烟膴云垄，禾麦盈阡"。[②] 入清之后，泾阳作为区域商品市场中心，是"湖茶、兰烟、甘宁皮货麇集之地，

[①] 李刚、刘向军：《试论明清陕西的商路建设》，《西北大学学报》1998年第2期。
[②] （清）陈梦雷等：《古今图书集成·方舆汇编·职方典》，中华书局，1984。

成为沟通南北货物装制转运之枢纽"。① 泾阳城内"百货云集，商贾络绎"，"肆店连衢"，② 人们热衷商贸而轻视农耕，时人亦称其为关陇一大都会。③

关中商贸重镇三原毗连泾阳，属四方辐辏之地，居交通要冲，是渭北区域商货、人员会集中心，交通便利。作为区域市场中心，它长期是陕西布匹、药材等大宗商贸物资的集散地和区域金融中心。未通铁路前，在三原，每岁药材买卖金额可达20万两之多，④ 布匹交易能达千万之巨；⑤ 甘宁青三省"标银"每年汇至三原者更是过千超万。时至近代，三原商贸物资交易总额亦曾达到年均2000万元以上。⑥而且，三原在明代已号为"小长安"，入清之后其繁盛状况犹胜于明，时人有"宁要三原，不要长安"的说法。三原城内南关是商贸中心，店铺相连达百余家之多，销售四方商货，交易不分晓昏。⑦ 三原城外许多乡镇亦属商业中心。例如，三原县东、西、南、北的林堡、秦堡、张村、线马堡，商业皆较发达；三原县北门到泾阳的鲁桥镇一带，沿途各村市场亦相当发达。⑧

人丁繁衍和社会经济的发展，是区域间商人贩卖和运输物资的客观基础。以泾阳为例，有研究显示，同治回民起义前，"地当秦陇商贸孔道，富商大贾皆囤聚于泾阳一带"，"道光时，该县人口已增加到193200人，其中商民占32500人，县城大约原集着十万人"；⑨ 关中人口已达800万之多。⑩ 道光、咸丰时期，较落后的陕北，人口也已有176万人，畜牧业亦有较大发展。清末至民国时期，羊毛和毛皮粗加工制品已成当地向外输出的主要商贸物资。据载，1907年，定边县官绅商民遂集股开设织毛公所，"本土年产羊毛二十余万斤，尽为洋行收买，公所之设，以裁绒毯、织毛

---

① 泾阳县商业局：《泾阳县商业志》，1985，第19页。
② （清）葛晨等纂修《泾阳县志·市镇》，乾隆四十三年（1778）刻本。
③ 见（清）刘古愚（刘光蕡）《烟霞草堂文集》卷3，三秦出版社，1994。
④ 陕西实业考察团：《陕西实业考察》，陇海铁路管理局，1933，第427页。
⑤ 刘安国：《陕西交迪挈要》卜卷，第10页。
⑥ 刘迈：《西安围城诗注》，陕西人民出版社，1992，第29页。
⑦ （清）焦云龙修，（清）贺瑞麟纂《三原县新志·建置》，光绪六年（1880）刊本。
⑧ 马长寿主编《同治年间陕西省回民起义历史调查记录》，陕西人民出版社，1993，第239页。
⑨ 田培栋：《陕西社会经济史》，第322—323页。
⑩ 学界多认为，同治回民起义引发的动乱及此后西北地区长期的战乱、匪患、灾荒导致西北人口总量急剧下降，到20世纪50年代前，西北人口才逐渐恢复至同治回民之乱以前的水平。田培栋认为，关中人口大量减少主要发生在同治元年至宣统时期（参《陕西社会经济史》）。

褐为入手,以开通风气,为挽回利权"。①神木、榆林、延安官绅商民均有此类举措。这些又为陕西商路商贸活动的恢复及其向华北市场和蒙古市场的拓展奠定了重要基础。

表2-1 延安以南各县大宗货物输入输出一览 (1932)

县名	大宗输出		大宗输入	
	品名	备考	品名	备考
宜君	生牛皮	年五百至千余张,销耀县、三原、白水县	杂货	自西安、山西输入
中部	黑、白羊毛	年约一千五百斤,销绛州、同州、朝邑	布匹、杂货	自西安、山西输入,年总值三四千元
洛川	粮食	销邻县	布匹、杂货	自西安、山西输入
富县	羊毛	由龙门过黄河销绛州	杂货	自西安、山西输入
甘泉	羊毛		布匹、杂货、麦	布匹、杂货自西安、山西输入,麦自洛川、富县输入
宜川	羊毛、毡、药材	大部分由晋转售天津,另一部分南销	布匹、杂货	自绛州输入
肤施	绒衫、绿袜、绒毯、牛羊皮、羊毛、粮食	多销往关中地区	布匹、杂货	多由山西输入
		由山西转销天津		
		南销洛川,北销安边		

资料来源:陕西实业考察团:《陕西实业考察》,第428页。

再如,西北经汉中连接东南和西南市场的商路的形成,即与明清时期陕南秦巴山区开发加速和人口快速发展密切相关。以汉中府人口变化为据,明末清初时,汉中人口大量减少,再次大量增加则是在陕南开发加速之后。②事实上,清乾隆至道光,陕南人口大量增加,商路必经地如南郑、城固、洋县、沔县等人口增加更为迅速。这亦为经此商路而开展的商贸活动的再度繁盛奠定了坚实的人口和社会经济发展基础。据嘉庆《汉南续修

---

① 田培栋:《陕西社会经济史》,第322—323页。
② 康熙三十二年(1693)汉中府人口较明嘉靖时减少一半。其时,汉中府人丁108665人,兴安府人丁27738人,商州人丁15147人。田培栋认为,汉中府此时人口至少有25万人(《陕西社会经济史》,第541—542页)。

府志》记载:

> 郡属土著不多……所云老民,不过元、明、国初。若新民则数十年内侨寓成家,南、褒、城、洋、沔平坝之中,老民尚多,南北两山及西、凤、宁、略、定之属,则老民十只二三,余均新民矣。新民两湖最多,川民亦多,次湖籍,安徽、两广次之,则河南、贵州间亦有之。①

《三省边防备览》中对陕南兴安直隶州的人口增加情形则有如下记载:

> 自乾隆三十七、八年以后,则川、楚间有歉收处所,穷民就食前来,旋即栖谷依崖,开垦度日,而河南、江西、安徽等处贫民,亦多携家室来此该处垦荒,络绎不绝,是以近年户口骤增至数十万。②

是故,若无陕南人口增加,秦巴山区开发和经此而开展商路商贸活动则不可想象。而商州作为商路必经地,其在道光朝时,"山地为川楚客民开垦殆尽,年岁丰收可以足食,州东龙驹寨为水陆要冲,商贾辐辏,舟骑络绎"。③

区域人口和城镇分布因素于西北商路体系形成之关键作用,不仅在西北农耕经济区凸显,在西北商路出商州后的河西走廊、青藏市场和新疆等畜牧或农牧交替的经济区亦尤为明显。相关研究表明,1820年新疆人口共计110.5万人,商路必经地的重要城镇人口即占其绝大部分。其时,和阗、叶尔羌、喀什噶尔、阿克苏的人口分计11.9万人、11.9万人、31万人、7.1万人,共计61.9万人;乌鲁木齐、伊犁人口分计21.1万人、13万人,共计34.1万人。④ 以上史实充分说明区域人口和城镇分布于西北商路体系的形成具有关键影响。

---

① (清) 严如熤:《汉南续修府志·风俗·山内风土》,嘉庆十七年(1812)刻本。
② (清) 严如熤:《三省边防备览·艺文·兴安升府疏》。
③ 田培栋:《陕西社会经济史》,第543页。
④ 曹树基:《中国人口史》卷5《清时期》,复旦大学出版社,2001,第445—446页。按,有学者认为,从清后期开始,因应于时间延续,"北疆新增城镇数量逐渐增多,密度越来越大;民国时期,北疆城市数量与南疆城市数量大致相等"(党瑜:《论历史时期西北地区农业经济开发》,《陕西师范大学学报》2001年第2期)。

二 农牧经济互补性

历史地看，从茶马互市开始，西北地区特别是西北民族地区与中原市场的商品交换即带有显见的农牧经济互补特征（见表2-2、2-3）。

表2-2 光绪二十九年十月至三十二年陕境汉江流域商货出境简计

货名	产地	销路	卖价	出境数量	用途	备注
牛皮	兴汉府各属县	汉口转销外洋	汉口每百斤26两	3802捆	极广	大、小捆各60张
羊皮	兴汉府各属县	汉口转销外洋	汉口每百斤37两	1765捆	皮衣	每捆300张，系山羊皮，较粗糙
桐油	安康、白河最多，石泉、洵阳次之	汉口、山东周家口	汉口每百斤8两	41060篓	油船及家具	200斤为一篓
漆油	安康、洵阳、白河	汉口转销外洋	汉口每百斤8两	22587包	烛、洋胰	500斤为大包，250斤为小包
生漆	兴汉各属皆产，平利较多	东南各省及外洋	汉口每百斤50两	5099桶	油漆木器	大、中、小桶分别为270、160、90斤
生丝	兴汉各属	南阳府、镇江、外洋	汉口每百斤3两	49666斤	汴绸、纺绸	此地还产柞丝，亦销南阳府，织屈绸，每年价2.5两
麻	安康、紫阳、石泉	广东汕头	河口每百斤约11两	57259捆	绳、夏布	片麻一捆60斤，丝麻一捆120斤
茶	紫阳	襄阳、安陆等	襄阳每百斤约24两	324242斤	饮料	此地茶大部分销秦陇，其数量约当四五倍于出白河局
鸦片	南郑黄官岭、城固、西乡	汉口、湖北	湖北每百两值25两	2472018两	麻醉品	此地产品销山西最多，次销河南，销湖北最少
木耳	兴汉府各属，城固为大庄	汉口、上海及东南各省，并销外洋	河口百斤28—50两	22070包	食用	最贵者为白色，称银耳，每斤10两。次者桂花耳，黄色，每斤2—3两
姜黄	城固	直隶、河南、山东各省	河口每包价3.7—4两	22657包	掺于神香及黄烟之中	200斤为一包。此地还产生姜，行销甘、新及内蒙古，获利甚多

续表

货名	产地	销路	卖价	出境数量	用途	备注
药材	兴汉各属，平利县所出较多	汉口转销东南各省，并由香港运销外洋	贵贱不等	29524包	药用	有300斤为一包，也有重至600斤为一包
皮纸	洵阳、白河、安康	汉口	5—7两	161970块	包裹货物	银封纸30刀为一块，每刀95张；簍纸60刀为一块，每刀百张
火纸	白河、洵阳	河南、湖北	百块12—16两	402632块	引火	细者1400张为一块，粗者1000张为一块
草绳	洵阳、白河等	安陆、汉口	条重4斤50文，捆重20余斤300文	1026625条 275564捆	捆扎棉花药材	以龙须草编制
构皮；构瓤	白河、洵阳、安康	河口、汉口	百斤1.8两；百斤4两	12637捆	造纸	180斤为一捆；100斤为一捆
竹牌；木牌	兴安、紫阳、洵阳等地	河口	每挂80—140两；每挂120—220两	659挂	纸、竹器、盖房木料	大挂长7—10丈，宽5—7丈；中挂长5—7丈，宽3—5丈；小挂长3—5丈，宽2—3丈

资料来源：田培栋：《陕西社会经济史》，第622—624页。

表2-3 民族地区市场商品举要

区域商品市场	输入商品	输出商品	备注
青海西宁市场	松茶、茧绸、茯茶、青蓝市布、纸张、黄烟、彩缎、瓷器、官布、棉花、斜布、色粗布、青盐、清油、酒、糖类、面粉、挂面、纸烟、铜器、马鞍、枪支、腰刀、针线等	"甘省地处蒙番，民间多事畜牧，故所产土货以羊牛、皮张为大宗"；[1] "兽皮、羊毛被集中到西宁，然后由陆路运至兰州"[2]	所引资料是20世纪30—40年代时人涉藏地区调查所得。现有一些研究强调，畜牧、药材和其他土特产品是内地与涉藏地区等民族地区贸易的主要物资。输入民族地区的手工业品或其他洋广杂货等多是从西北以外区域市场引进的。此种贸易的下述特点值得注意：一些商品如面粉、黄烟、青盐、清油、酒、挂面等[4]常由邻近地区提供，这表明西北区域经济的自我发展能力有相应提升
甘肃拉卜楞市场		"羊毛始终占输出总额的第一位，皮张占输出总值的第二位。"[3] 羊毛、狐皮、白羔皮、羔叉皮、猞猁皮、狼皮、羊皮、獭皮、黑羔皮、獾皮、狗皮、熟羊羔皮、马、牛、羊、羊肠子、蘑菇、酥油、鹿茸、麝香、羊油、牛油、蕨麻等	

续表

区域商品市场	输入商品	输出商品	备注
青海果洛市场		牲畜、皮毛、鹿茸、麝香、贝母等药材，以及酥油、羊肠、食盐、沙金	木材也是民族地区市场输出的重要商品。例如，甘南洮州（临潭）在清代是重要木材集散地，大量木材被以木筏的形式经洮河和黄河水道运往兰州市场
新疆区域市场	绸缎、布匹、茶、纸、瓷器、漆器、竹木等	棉布、棉花、玉石、玉器、羚羊角、贝母、甘草、铜制品、葡萄干、瓜果、畜产品等	丝绸、布匹、茶叶等是内地输入新疆市场的主要大宗商货。近代以来，俄货进入新疆市场过程中，部分俄国棉布亦经此进入内地市场

注：[1] 甘肃清理财政局编辑《甘肃清理财政说明书》四编（下），宣统元年（1909）排印本。

[2] 汤逸人：《西北皮毛业之现状及其前途》，《建国月刊》1936 年第 6 期。

[3] 党诚恩、陈宝生主编《甘肃民族贸易史稿》，甘肃人民出版社，1988，第 55 页。

[4] 一般认为，边疆民族地区市场自内地其他市场输入的商品中，大部分工业制成品和日用品的产地较远，常来自传统农耕地区或近代经济较发达的内地市场，如丝绸产于苏杭，布匹与日用品产于天津，瓷器产于江西景德镇。但近代以来，此种情况实有相应改变。参马平《近代甘青川藏区与内地贸易的回族商》，《回族研究》1996 年第 4 期。

资料来源：李式金：《拉卜楞之商业》，《方志》1936 年第 3、4 期；绳景信：《果洛及阿瓦行记》，《边政公论》1945 年第 4—8 期；吴景敖：《川青边界果洛诸部之探讨》，《新中华》1944 年第 2 期。

由上可见，边疆地区、民族地区与内地市场交换的商品种类主要是畜牧产品、毛皮、药材、粮食、纺织品和其他手工业品、日用品等。这些交换商品的数量巨大、品种丰富，反映出农牧经济区和农耕经济区客观存在的商品交换需求。这也正是西北商路市场体系得以形成的客观基础。

三　区域经济开发加速

区域经济开发加速为商贸物资交换增多奠定了基础，更是西北商路形成的重要保障。关键者，区域经济发展使区域内商贸中心形成并成为串联商路市场体系的节点。明清至近代，关中经济区进一步发展，陕南、河西走廊和新疆区域经济带开发加速，加之城镇布局调整，人口等生产要素资源聚集，经济作物种植和畜牧产品市场供给增加，皆为西北商路市场体系的发展提供助力。

清乾隆朝后，陕南尤其是秦巴山区开发加速。此间，陕南人口显著增加，手工业、商业迅速发展，经济作物种植面积和产量增长迅速。以粮食——传统商品交换中一直是大宗物资之一——为例，有研究认为，"清代陕南秦巴山区的开发，农业生产技术得到改进与提高。……粮食种植品种的改良与合理化……一年两熟种植制度在农业生产条件较好的区域得到推广与普及"，这些使得"陕南地区高产作物品种的引种也大大满足了本地居民的粮食供给，汉中盆地与安康月河盆地一年两熟，粮食复种指数高，大量余粮可以外运"。① 又如棉花，陕西在宋元时就多有棉花种植。明代，棉花、棉布是朝廷在陕西征收的重要物资。清乾隆之后，陕西棉花种植和棉布加工除在关中经济区迅速发展外，最突出的表现是陕南棉花种植显著增加。陕南棉花和棉纺织品虽仍大量依赖关中市场供给，但是，县志记载显示，陕南汉中府、兴安府、商州三区已是产棉之地；《古今图书集成·方舆汇编·职方典》的"货属"一条亦显示，汉中、兴安是棉花产地。清乾隆以后，陕南开发进程加快，人口大量增多，衣食住行产品的市场需求随之增加，陕南棉花种植面积亦明显扩大。南郑、城固、沔县、略阳、石泉等地县志均有出产棉花的记载，且其商品化生产程度在开埠通商后又有显著提升。再如，随着陕南开发加速，油料作物等经济作物种植面积亦迅速扩大。清代，芝麻在陕南已被普遍种植，核桃、蓖麻、椒、菜籽、漆籽、杏仁等亦在商州等地被普遍培育。而且，陕南地区榨油技术有较大提升，榨出的各类油料不仅供给本地民众食用，也是商路市场体系中重要的商贸流通物资。② 民国21年（1932）陕西实业考察团在陕南州县所做实地调查（表2-4）恰能折射出下述事实，即在陕南商品市场中，芸苔、芝麻这类油料作物及其加工产品已是区域性流通的重要商贸物资。

---

① 张萍：《明清陕西商业地理研究》，第31页。另外，时人记载，稻、麦两熟的耕作制度在清嘉庆和道光时已是陕南河谷平原地带农业的主流耕种制度〔（清）严如熤：《三省边防备览·民食》〕。
② 陕南出产核桃油、桐籽油、芝麻油、菜籽油、黄豆油、蓖麻油、烟籽油等各类油料。（光绪）《镇安县乡土志》卷下《物产》记载所榨油料，"各以其子榨成，惟桐子、蓖麻、烟子油不可食"。

旧市场　新因素：商路变迁与西北区域经济非均衡发展（1851—1949）

表2-4　陕南部分县厅芸苔、芝麻年产统计

州县	年产芸苔	年产芝麻
南郑县	90000余石（约166.4万斤）	9000余石
城固县	9120担	450担
汉阴县	7000担	
安康		24100担
褒城		494230斤

资料来源：陕西实业考察团：《陕西实业考察·农林》各县农产物统计表。

从明季至清，纸张是国家在陕西征解的重要对象，更是西北商路市场中重要的流通物资。造纸业是手工业的重要构成，也是支撑区域经济发展的重要产业。陕西造纸业生产最初多聚集于关中的凤翔、蒲城、华州三地，三地的纸张"不仅供应本县及其周围数县，而且北销陕北及沿边各州县，东销晋豫，西销甘肃等地"。在凤翔，至民国年间，传统造纸业衰落之势虽难避免，但是此地"每年产纸尚有二百万刀，清代当逾此数"。[①] 秦巴山区造纸原料丰富，清中期开发之后，陕南造纸业迅速发展，汉中、兴安二府和商州下属州县皆有纸厂，其中，较著名且属商路经济带的有西乡、定远、洋县、略阳、安康、紫阳、砖坪等。上述州县生产纸张除供给本地，多经商路销往外地。文献于此记载，"驮负秦陇道，船运郧襄市"，运销甘、陇、豫、鄂。[②]

自明清始，尤在清代，陕北、陕南和关中的陶瓷业已有普遍发展。三地之中，关中陶瓷烧制历史最为久远，三地陶瓷产品亦是本地市场乃至西北商路市场流通的重要物资。与造纸业类似，一批传统意义上的陶瓷产业聚集区逐渐形成。在关中，除同官（铜川）的黄堡镇、陈炉镇以耀州瓷显名外，蒲城庆兴村、澄城县长润镇亦是关中著名陶瓷产地。陈炉镇"在县东南三十里。住民八百余户，星布于半山间，为邑巨镇。镇民俱业陶，而以农为副业。陶场南北三里，东西绵延五里，炉火杂陈，彻夜明朗，故有'炉山不夜'之称，为同官'八景'之一"，其陶瓷产品"行销关中东部

[①] 张萍：《明清陕西商业地理研究》，第52页。
[②] （清）严如熤：《三省边防备览·山货》。另按，陕南纸张种类较多，圆边纸、毛边纸、黄表纸等是其要者。

48

各州县以及陇东、晋南、豫西等地"。① 时至民国，该镇陶瓷生产及市场销售仍有发展。如民国 30 年（1941）调查显示，陈炉镇每年陶瓷产品出窑数量仍较巨大（见表 2-5）。此等情形在长润镇亦有。该县县志记载，长润镇制瓷、制砂器者（即手工作坊）在清后期仍分别有 40 余家和 20 余家，年产瓷器 220 多万件、砂器 1 万多件，"行销澄城、郃阳、大荔、朝邑、二华一带"。②陕北的一般州县也多有陶瓷生产，洛川、怀远（横山县）、榆林是较著名者。陕南陶瓷生产历史虽不如关中久远，但自明代始，尤在清中晚期之后，随着秦巴山区开发加快，外地陶瓷匠人不断集聚于此，使此地陶瓷产业迅速发展，陕南逐渐出现一些较有名的陶瓷产品，如西乡白河峡白陶、兴安府乌陶、汉阴蒲溪镇龙门红陶，以及商州龙驹寨、洛南、镇安陶瓷等。据《西乡县志》记载，清末民初之际，西乡白河峡的白陶仍能年产陶瓷约 3000 窑，除 30 窑粗窑供给本地市场，其余多通过商路行销汉中、安康、汉阴、石泉等地。③

表 2-5　陈炉镇瓷窑产量统计（1941）

名称	全年所烧窑数	每窑产量	每窑价值	说明
黑窑	33 个	1200 件	1300 元	出品为酒樽、笔罐、茶壶、茶杯及大、小罐子并小物品
瓮窑	98 个	1450 件	1500 元	出品为瓮及大、小盆
碗窑	207 个	40200 件	3350 元	出品为大、小碗和碟

资料来源：（清）袁文观纂修《同官县志》卷 12《工商志》，乾隆三十年（1765）刻本。

畜牧业、农业、林业等经济产品的养殖种植及其加工业的发展，使畜

---

① 张萍：《明清陕西商业地理研究》，第 55 页。
② 澄城县地方志编纂委员会：《澄城县志·工业志》，陕西人民出版社，1991，第 78 页。
③ 西乡县地方志编纂委员会：《西乡县志·工业志》，陕西人民出版社，1991，第 87 页。按，学者考证显示，西乡陶瓷生产约肇端于道光，县城以东金洋堰是西乡最早的陶瓷生产地。汉阴蒲溪镇龙门红陶坛罐窑场发端于湘省移民段氏家族开办的手工作坊。它始创于乾嘉，生产规模在清末民初不断扩大，有龙门、南窑、涧池沟、卞家沟、三清观、寇家沟、沐浴河、观寺河、长坝梁、堰坪渭溪等十四处分坊，陶瓷除供给本地市场外，还行销安康、石泉、宁陕、镇安（陈良学：《湖广移民与陕南开发》，三秦出版社，1998）。商州龙驹寨陶瓷烧制始于清顺治，产品行销周围数县。洛南陶瓷生产始于嘉庆末年，年产量从万余件提升至道光至光绪年间高峰之际的 4 万余件，从商州、官坡、龙驹寨扩展至陕南各州县销售（王启敏：《洛南陶瓷业的历史概况及其发展前景》，《商洛文史》1985 年第 3 期；陈良学：《湖广移民与陕南开发》）。

旧市场　新因素：商路变迁与西北区域经济非均衡发展（1851—1949）

牧产品和农林土特产品成为西北商路的重要流通物资。以皮毛加工业为例，自明清至近代，陕北、关中各州县皮毛加工业均快速发展，[①] 西安、泾阳、同州亦成为西北商路市场的皮毛加工、贸易中心。

关中的皮毛运售和加工历史久远，久负盛名。张瀚《松窗梦语》于此有下述记载："西北之利，莫大于绒褐毡裘，而关中为最。有张姓者，世以畜牧为业，以万羊称，其畜牧为西北饶，富甲于秦。"[②] 曹昭《格古要论》亦言："普罗，出西蕃及陕西、甘肃，亦有绒毛织者，阔一尺许，与酒海刺相似，却不紧厚，其价亦低。"[③] 明季，朝廷在陕西开设官办织造局，[④] 皮毛加工产品不敷其所需，故而还在民间大量征解皮毛及其加工产品。入清之后，关中皮毛运售和加工业的商品化生产比例大幅提高。区域各府州县制毡、织毯等产业更为普及。西安府的泾阳、同州府的羌白是关中著名的皮毛加工和销售中心，其皮毛商货生产属于扩大性商品生产。尤其是泾阳、三原作为区域商品中心市场，依托商路转运而发展成为整个西北地区皮毛商货交换、加工中心。同州府之邰阳制毡较为出名。毡毯和毛绒制品自乾隆年间起即为邰阳地方特产，是其对外输出的特色商品。邰阳出产的绒帽在清中后期冠销陕西全境，又远销川、滇两省，"（同治时）其绒率购自榆林府及山西归化城一带，而设工作场于邰阳者凡十七家，以四川成都、嘉定、重庆等处为行销地"。[⑤] 大荔以织绒、制衣著称，"织绒、裁制衣服，特别轻暖。羊毛编小儿袜裤、毛缠、毛毡，亦适用可售"。[⑥] 从根本上讲，关中皮毛加工业迅速发展与商路体系扩展导致商品销售市场扩大密切相关。如羌白镇商贾"率多鬻皮为业"，道光时，每年春夏之交，

[①] 学界既有共识，在西北，此类商品生产和交换虽有较显著发展，却也带有自给性生产的特征。本书认为，从明清至近代，陕北和关中皮毛加工业，尤其是陕北皮毛加工业自给性确较明显，其属传统工艺，大规模远距离销售有限，羊绒、羊毛仍多作为原料输出，但是，商品交换比例提高而加速其商品化生产现象亦属客观事实。在西安、泾阳，这类皮毛和畜牧产品集散、加工尤其具有商品经济生产扩大的特征。
[②] （明）张瀚：《松窗梦语·商贾纪》。
[③] （明）曹昭撰，（明）王佐补《新增格古要论》卷8，中国书店，1987。
[④] 明代，官府在西安多设置官办织造机构。明弘治、嘉靖、万历年间，朝廷即于西安"创造织房"，"令织造各色彩桩绒跳"（田培栋：《明清时代陕西社会经济史》，首都师范大学出版社，2000，第206页）
[⑤] （清）萧钟秀：《邰阳乡土志·物产》，光绪三十二年（1906）石印本。
[⑥] （清）聂雨润等修纂《续修大荔县旧志存稿·土地志·物产》，民国26年（1937）排印本。

四方商贾多云集于此进行皮货交易；至清末，大荔皮毛加工业仍繁盛不衰，"商贩之皮货，惟同州硝水泡熟者，则较他处所制者逾格轻软鲜柔，此乃水性关系，一货而工商兼需，故同城羌镇以造皮驰誉者，自昔已然。熊志谓今不逮古，然以水土制造所宜，此业迄今终未湮没"。①

皮毛加工和销售中心的形成与商路市场体系发展密切相关的显见逻辑是：关中皮毛加工业发展依赖于商路原料供给和销售市场扩展。仍以羌白镇皮货加工业为例，其所需"老羊皮产于本省西安、延安、鄜州（富县）。羔子皮即古殺羊皮并狐皮，产于甘肃河州、西宁，狐皮本省产之不多。平毛皮产于西番，由西宁进口，兔皮产于四川"。② 事实上，不仅羌白镇如此，泾阳皮货加工和贩售亦同。泾阳地处商路要津，未通火车前，它与三原一直是西北商路体系的节点城市，是陕西甚至是西北地区的区域商业中心。在泾阳，"东乡一带皮毛工匠甚多"，"县城内百货云集，商贾络绎，借泾水以熟皮张，故皮行甲于他邑，每于二三月起至八九月止，皮工齐聚其间者不下万人"。③ "皮货有猞猁、狼、狐、羊之属，多产甘肃、西宁、洮、岷等属，运往湖广、江浙、汴、蜀处销售。"④

清乾嘉之后，羊毛制毡业在陕北各州县多有发展。其中，著名者则当数榆林、神木、定边等沿边各县；延长、洛川、安塞、延川、宜川等州县，皮毛产品和羊毛制毡亦是当地出产的大宗商贸物资。在陕北社会经济发展水平较高的宜川，羊毛制毡业是当地主要手工业，毡是当地市场交换的重要商品。自清中后期始，其羊毛制口袋、毡毯、毡帽、毡鞋、毡袜等，大量行销晋省及本省府州各县。榆林本自产羊毛、绒毛，当地还有"搔羊"的惯例，即在每年三四月份外出蒙地或榆林之外的各乡村收购羊

---

① （清）聂雨润等修纂《续修大荔县旧志存稿·土地志·物产》。
② 佚名：《大荔县乡土志·物产·商务》，光绪三十二年（1906）修。按，大荔羌白镇加工皮货是以羊皮为主要原料，其余则多以狐皮、兔皮、羔羊皮等为主。羌白镇皮货加工和售卖当以清中期最为鼎盛，近代以后其皮货产业受洋商、洋货冲击较大。光绪年间，大荔皮货加工和销售年产值能达30万两银，加工和售卖产品"除销行本省外，皆运往上海及各省销行"。
③ （清）卢坤：《秦疆治略·泾阳县》，成文出版社，1970。
④ 陕西清理财政局编辑《陕西全省财政说明书·岁入部·厘金》。按，泾阳属商路要津，陕北亦是其皮货原料来源地——量较其余来源地相对少。清后期陕北榆林等地羔皮主要是通过陆路商路贩运至泾阳后再经商路体系销售。清后期，泾阳皮货加工规模较大，"原有作坊数十家，约计每年皮货成本有十七八万两"。

旧市场　新因素：商路变迁与西北区域经济非均衡发展（1851—1949）

毛、绒毛。至民国之时，其毛毡、绒毡经陕北商路运至西安销售者每年可达数千块，出产的此两类产品号称"陕省之冠"。① 神木县羊羔皮、狐皮、牛皮靴出产较多，且以行销远近地区而出名。② 羊毛、羊绒是定边首要大宗输出物资，尤在近代，定边羊毛不仅北出经蒙绥的大商道而进入天津市场，亦能南下经西安市场进入其他商路市场体系。此地年产黑羊绒四五千斤，黑羊毛三万余斤，白羊毛"岁约出二十万斤"。在清后期，为改变定边羊毛、羊绒仅以原材料输出的商业劣势地位，挽回民族利权，定边绅商集资筹股创办织毛公所，并附设艺徒学堂，"织成毯褐，工精料实，质美色鲜，开创之初，出货尚少，而行销甚畅"，但终"因资本不足，不能购置机器"，③ 商业竞争亦未实现预期目标。概言之，以上文献记载表明，产业发展既是区域经济发展的重要内容，也是西北商路市场能进行商贸物资交换的关键。

大宗物资市场供给极大增加表明区域经济发展是商路市场体系拓展的关键，与之相近，河西走廊和新疆的区域经济开发亦是商路市场体系拓展的重要表现。土地开垦、人口和城镇的数量增加即此间最突出反映。

河西走廊是控制西北边疆的孔道。历朝历代，国家都重视对河西走廊的治理与开发。有清一代，朝廷开发河西走廊的力度有所加强，其区域经济继续发展。清初，国家在疏勒河、党河流域实行移民开垦政策。自乾隆年间用兵一统天山南北后，为巩固新边疆，朝廷对新疆实行"屯垦开发，以边养边"的经营策略。④ 此政策最初多出于军事安边之考虑，如时任陕甘总督黄廷桂为倡导屯垦奏言："口外各营兵粮，最关紧要。而新疆，距内地较远，需费实繁。惟有相度形势，将设屯田之处，次第举行，庶兵与食具足，而于国亦不致糜费。"⑤ 至嘉庆时，仅敦煌即有 12 万余亩耕地被

---

① 佚名：《榆林县乡土志·物产》，成文出版社，1970。
② 佚名：《神木县乡土志·物产·货属》，成文出版社，1970。
③ （清）吴命新修《定边县乡土志》，光绪三十二年（1906）抄本。
④ 清自乾隆用兵使天山南北一统后，为强化对新疆的有效管辖，政府依北重南轻的布防指导原则将新疆边防防御管辖地作两大地区，即设置乌里雅苏台定边左副将军管辖额尔齐斯河东北（今阿尔泰的大部分地区）；设伊犁将军作为最高军政长官管辖其余地区，即从额尔齐斯河西南起，东、西、南、北分别至哈密、帕米尔高原、巴尔喀什湖和昆仑山脉的广阔地区。
⑤ 乾隆二十一年十月二十八日黄廷桂奏，见《宫中档乾隆朝奏折》，台北故宫博物院藏。

开垦。① 此举确有助于保障国家对新疆的有效治理和管辖。其时，大量移民被集中于新疆进行屯垦，②屯田多在天山南北的商路要津，如天山北路的巴里坤、古城、乌鲁木齐、库尔喀喇乌苏、晶河、伊犁、塔尔巴哈台等，南疆主要有哈密、吐鲁番、喀喇沙尔、乌什、阿克苏等，八旗屯田则主要在伊犁地区。③ 经此开发，新疆区域经济发展水平迅速提升，为南、北疆商路所经地带的经济发展奠定了坚实的物质基础。

区域开发使天山南北人丁兴旺，商贸日渐繁盛。有研究表明，清季用兵新疆实现天山南北一统之时，当地约有人丁30万，但是，从乾隆四十二年至道光时，人口由约60万增长到不少于110万，增幅明显高于内地。④ 区域经济开发也促进了粮食产量增加。粮食在当地市场作为大宗物资，价格变动亦随之加剧。如纪昀有言：

> 天下粮价之贱，无逾乌鲁木齐者。每车载市斛二石，每石抵京斛二石五斗，价止一金，而一金又止折制钱七百文，故载麦盈车不能得钱三贯。其昌吉、特纳格尔等处，市斛一石，仅索银七钱，尚往往不售。⑤

总之，区域经济开发加速商路市场演变，使商路在新疆等地进一步拓展。如哈密、吐鲁番等地市面"商贾云集、百货俱备"，颇显繁荣。⑥

---

① 有学者认为清代河西走廊经济发展水平有限，甚至未及唐代。清后期河西地区经济水平因社会动荡和生产技术落后而更加衰落（赵永复：《历史时期河西走廊的农牧业变迁》，《历史地理》，上海人民出版社，1986）。还有研究指出："西北地区的农业经济开发，往往同激烈的军事斗争紧密相联，军事斗争的胜利为农业经济的开发提供良好的环境，农业经济的发展又巩固了军事斗争的胜利成果。"（党瑜：《论历史时期西北地区农业经济的开发》，《陕西师范大学学报》2001年第2期）
② 清代国家在新疆推行民屯、军屯、八旗屯田、边屯等多种屯垦方式以巩固边疆。在初期，来自陕甘的移民多集中于北疆。移民屯垦带来新生产技术，使人口增加，生产方式改变，经济发展水平大幅提升。因此，在新疆形成伊犁和迪化等军政经中心，许多新城镇因处于天山北麓一带而兴起，这对新疆境内商路的形成有关键支撑作用。
③ 党瑜：《论历史时期西北地区农业经济的开发》，《陕西师范大学学报》2001年第2期。南疆屯田规模唯吐鲁番地区最大，其余地区的屯田规模和经济发展水平较北疆相对较低。
④ 党瑜：《论历史时期西北地区农业经济的开发》，《陕西师范大学学报》2001年第2期。
⑤ （清）纪昀：《纪晓岚全集》卷2，大象出版社，2019，第156页。
⑥ （清）尼玛查：《西域闻见录·新疆纪略上》。

四 自然地理因素

商路要津的形成往往以相对较好的自然地理环境为基础，区域内自然条件对西北商路的形成与发展就显得尤为关键。

历史上，西北城镇多集军、政、经、商中心于一体，其中一些城镇在一定时段内以军事、政治功能居主导地位。从总体上看，随着时间推移，尤其是区域经济发展，西北城镇的经济和商贸职能愈发突出。有研究认为，新疆有两种形式的历史城镇，"一种是影响全区域的大城镇，如乌鲁木齐、伊犁、喀什噶尔等；另一种是县城以下的自然镇，它仅在小区域的范围内具有这些功能，如吉木萨尔的三台镇等。在民国的后期，县治以上管理机构所在地的城镇逐渐取代小城镇的功能，拥有了区域性城镇的经济功能和商业功能"。[①]

就自然地理因素而言，河流沿岸、自然绿洲地带等常是商路所经之地和城镇分布之地。"绿洲空间分布形态，就直接影响了城镇布局的地域形态，从而迫使人们只能将城镇布局在相对狭窄的地域范围内。"[②] 在河西走廊和新疆实施屯垦等区域经济开发举措，提高了地区的土地承载力，为新兴城镇的形成创造了条件。在近代新式交通工具未普及之前，河流水道分布作为一个关键影响因素，在很大程度上决定了西北商路的空间布局形态。西北地区城镇的治所亦多是水资源有保障的地区。在新疆，此类城镇就占到新疆城市总量的半数以上，例如乌鲁木齐、伊犁、喀什噶尔、和田等均是依河而成。

在兰州以东的广大西北区域，如关中，优越的自然地理条件是其一系列重要商业中心城镇得以形成的关键。西北商路在兰州以东广大区域多有水旱相接的特点，促使商路联结市场的功能得以充分发挥。例如，西北市场在陕西经由汉江、丹江两大水系而建立起勾连长江中下游区域市场的重要商货运输通道；在川甘经陇南和甘南的商路体系中，尤其是在陇南，商路所经之地即囊括渭水以南的白龙江、白水江、西汉水等重要水道，使渭水流域与长江流域之间的商品流通畅通无阻，并形成一巨大的市场体系。

[①] 阚耀平：《近代新疆城镇形态与布局模式》，《干旱区地理》2001 年第 4 期。
[②] 阚耀平：《近代新疆城镇形态与布局模式》，《干旱区地理》2001 年第 4 期。

勾连黄河的重要支流也成为西北商路的重要组成部分。例如，陕西渭水可上溯周至以西，陕西韩城的煤炭经此而进入渭水沿岸市场。在周至，煤船"每数十百艘连尾上下，自达渭（水），至于长安、周至"。① 又如，洛河属黄河水道之重要支流，宜阳县韩城镇亦因经此水道的商货运输繁盛而成"四方辐辏之所"，"为南北往来要路，通秦、晋、吴、楚"。② 再如，甘、宁、（内）蒙三省交界之地，从以西宁、湟源为中心的河湟市场沿湟水东出兰州接黄河水道，即形成甘京水路这一重要商路。在晋、陕、豫之间，于黄河水运，文献有如下记载：

> 禹门口至潼关，水程三百余里，水势平漫，方舟扬帆安稳无虞，每舟载重可达四万余斤。由潼关西入渭河可至草滩，顺流可抵陕州，皆极平稳，故水夫呼禹门以上为山，河以下为平河或滩河、沙河，入渭为西河是也。行舟之期以四月至九月间为宜。水涸冰结则不能行矣。由包头所来之船只在圪针滩、船窝、三河口各处售卖，不能运上。小舟价银三四十两，大舟百余两，工质恶劣，亦宜改良者也。③

此外，在前述孔道常形成久负盛名的商路关口，亦能说明自然地理因素于传统西北商路的形成与演进有重要影响。例如，大庆关自明清始即属秦晋商路的要津。大庆关即古津浦关，在大荔县东30里，与蒲州相望，是晋商过黄河赴泾阳、三原的必经之地，自古即是晋省商货、人员入陕的重要通道。明正德年间政府即在此设局稽征商税。入清之后，此地商贸繁盛依旧不减。文献记载称此地风物佳美，聚集人口三千七百余家，且多殷实，是万余居民皆事商贾之业的大镇。④ 又如，汉江属长江水系，是长江最大的一条支流。清代陕南秦巴山区开发加速，经此水路的商货运输更加繁盛。史料记载，在此商路上，商州"山地为川楚客民开垦殆尽，年岁丰收可以足食，州东龙驹寨水陆要冲，商贾辐辏，舟骑络绎"。⑤

---

① （清）傅应奎纂修《韩城县志·物产》。
② （清）谢应起修，刘占卿等纂《宜阳县志·物产》。
③ 宋伯鲁等修纂《续修陕西通志·兵防·河防》。
④ （明）韩邦奇：《苑洛集》卷6，乾隆十六年（1751）刻本。
⑤ （清）卢坤：《秦疆治略·商州直隶州》。

旧市场　新因素：商路变迁与西北区域经济非均衡发展（1851—1949）

第二节　开埠通商

一　地缘政治变化与西北商路变迁

时至近代，中国被裹挟入资本主义世界市场体系，从根本上重塑了西北商路演变的外部环境。此间，西北商路重要商业城镇或要津被辟为通商口岸，其对商路商贸状况变动之影响，与商路经济带及西北区域经济发展动力机制演进密切相关。

若暂不纠结各要素边际效应命题讨论，且鉴于要素流动本属特殊商品流动之客观事实，则社会环境就是区域市场变动乃至区域经济发展中各要素之功能得以发挥的重要影响因素。若此，则政治形势变化对近代西北商路及其商贸状况变化有关键影响，是加剧近代西北区域商品市场变动及区域经济非均衡发展的重要外部性因素。在此，笔者试图将"基本社会环境"作为"经济发展理论中所讨论的外部性命题"的关联内容，引入有关近代西北商路及市场变动问题的讨论——批评其缺陷或唯在前此假定下更有意义。为表述方便，笔者对其时政治形势变化的分析将从国内、国外两个层面进行。其中，笔者认为俄国及其一系列动作是加剧西北商路变动的关键国外因素。[①]

（一）不平等条约体系与西北商路口岸开放

开埠通商后，政治形势变化对中国商品市场变动的突出影响主要表现在其重新塑造了市场的制度环境。[②] 西北商路市场演变亦不能自外于此制度环境的变化，其主要表现如下。

其一，西北商路一些重要商贸流通中心被开辟成通商口岸。这类通商口

[①] 参谢亮《政治形势与近代西北商路的商贸活动变迁——以苏俄因素为中心》，《湖南工程学院学报》2012年第4期。

[②] 据笔者研究，"开埠通商后，不平等条约体系解构了包括华北市场在内的整个中国商品市场原有的制度性环境。于此，需强调者，这也是区域市场被深度裹挟进世界资本主义市场体系后必然而至的影响。它加剧了市场变动。一方面，列强依靠强权确立了有利于洋商的市场制度安排；另一方面，华商却大多受制于旧市场制度体系的约束。同时，为获利，一些华商又托庇于有利于洋商的新市场制度体系"（谢亮：《社会"自生秩序"的中国经济史镜像：华北棉布市场变动原因研究（1867—1937）》，世界图书出版公司，2012，第196页）。

岸主要集中于新疆、甘肃两省，又以新疆为多。此皆根因于列强侵略中国西部边疆及由此而引起的地缘政治变化。稍详而论，在西北，以1851年中俄签订《中俄伊犁塔尔巴哈台通商章程》为时间分界点，经1881年中俄在圣彼得堡签订（伊犁）《改订条约》及《改订陆路通商章程》和附件《俄商前往中国贸易过界卡伦单》，至19世纪90年代，主要商路城镇如伊犁、塔尔巴哈台、喀什噶尔、迪化、古城、哈密、吐鲁番、肃州（酒泉）、嘉峪关、科布多（今吉尔格朗图）、乌里雅苏台（今扎布哈朗特）等相继开埠通商，一系列动作对西北商路及其商贸活动演变有着重要影响。在中央还能对边疆地区实行相对有效治理的时期，新疆市场与内地市场的联系主要依赖"大北路"和"东路"。但是，俄国操纵外蒙古独立后，此情形随之一变。伴随俄国对新疆侵袭加深，新疆市场一度呈现出与内地市场相分离的趋势。

其二，不平等条约体系有利于洋商、洋货进入西北商路市场体系。例如，俄国强压晚清政府将商路城镇开辟为通商口岸，攫取一系列商贸特权：①俄商在新疆贸易"暂不纳税"；②两国沿全境边界各百里内任便贸易，均不纳税；③俄商往肃州贸易，仅纳入口正税的三分之二；④俄国在设领之伊犁、塔城、喀什噶尔、吐鲁番等地建贸易圈；⑤全面开放陆路通往中国边境的35个口岸，其中新疆境内共12处。

上述条款使中国自东北到西北的边境门户悉数洞开。早在咸丰初年，沙俄已通过《中俄伊犁塔尔巴哈台通商章程》攫取在伊犁、塔尔巴哈台两地建贸易圈之特权。《改订条约》签订后，沙俄除在塔城北郊重建贸易圈外，还在伊犁宁远城东北郊、喀什噶尔回城北关吐曼河一带依凭蛮力强建侨民区。1895年，其又将原拟设于吐鲁番的领事馆强行移驻省城迪化，在迪化城南关外兴建贸易圈。贸易圈成为俄货的零售市场、批发地、中转站，以及俄商收购新疆土产之集中地。有研究指出，贸易圈的存在使俄国得以将其经济侵略有组织地从边境地区扩张到天山南、北两路的腹地和全疆各个角落。[①] 新疆亦成为俄货倾销的免税区。由此而至者，俄商深入天山南、北商路的各商镇中心大肆收购皮毛等土特商品并贩卖俄货。除俄商外，英国商人等洋商亦利用不平等条约所获特权大量进入新疆市场，贩卖洋货，收购土货（见表2-6、2-7）。

[①] 见厉声《新疆对苏（俄）贸易史（1600—1990）》，新疆人民出版社，1993。

表2-6 晚清新疆四道的洋商统计

	俄国商民		英国商民		其他外国商民	
	户数	人数	户数	人数	户数	人数
镇迪道	77户	935人	6户	6人		3人
伊塔道	1760户	7294人				43人
阿克苏道	86户	469人	28户	72人		
喀什噶尔道	523户	1234人	1261户	3037人		
合计	2446户	9932人	1295户	3115人		46人

说明：原表合计栏数据分别是2446、9977、695、4410、49，依原表似计算有误，故本书据相应数据加以更正。

表2-7 晚清俄、英商在南疆的土货收购

收购商	货种	1903年	1904年	1905年	1906年
英商	羊毛	9.9万斤	9.8万斤	9.99万斤	9.7万斤
俄商	牛皮	0.77万斤	0.78万斤	0.69万斤	0.79万斤
俄商	马皮	0.13万斤	0.155万斤	0.125万斤	0.14万斤
俄商	老羊皮	5.66万斤	5.60万斤	6.01万斤	5.93万斤
俄商	羔羊皮	0.55万斤	0.56万斤	0.58万斤	0.54万斤

资料来源：佚名：《库车州乡土志》，民国元年（1912）抄本；（清）袁大化等纂修《新疆图志·交涉卷》；潘志平：《清季俄英殖民主义势力对新疆的经济侵略》，《中国边疆史地研究》1995年第3期。

其三，不平等条约体系及其支撑下的贸易，破坏了商路市场原有制度体系的完整性和相对有效性，在客观上造成对新制度的需要。[①] 新旧市场制度演进给西北商路变迁带来深刻影响。一方面，洋商依靠不平等条约体系攫取商贸特权，解构了传统国家的商路管理制度体系的相对有效性；另一方面，不平等条约体系的存在，洋货输入和洋商势力进入及其伴生的市场竞争加剧，使西北商路与内地市场的紧密关联发生变化。

首先，俄国操纵外蒙古独立，导致新疆联系华北市场的"大北路"急

---

① 笔者赞同下述学术观点，并认为其对应事实在西北商路亦有体现，即不平等条约体系使得中国原有商品市场的内在结构，尤其是相应制度关系如政府与市场的关系出现结构性的调整。"一方面，不平等条约体系破坏了市场原有制度体系的完整性，降低了政府管理市场行政能力的有效性和依靠原有制度体系约束商人行为的能力，急剧缩减政府管理市场的边界"，"另一方面，此结构性矛盾，又要求政府供给市场发展所必需的新制度"（谢亮：《社会"自生秩序"的中国经济史镜像：华北棉布市场变动原因研究（1867—1937）》，第196页）。

剧衰落。从清康乾至外蒙古独立前,"大北路"上的恰克图、库伦、扎萨克图汗、归化、科布多本是内地市场沟通蒙古、新疆市场的必经之地,也一直是商人、商货的集散中心。尤其是,科布多、乌里雅苏台不仅是蒙古、汉和中、俄贸易的商贸中心,而于此南下西行是新疆经蒙古与内地贸易的大通道。① 但是,外蒙古独立后,"大北路"商贸繁盛状况即告结束。因"大北路"必经外蒙古,外蒙古独立后便与沙俄一道打压华商,例如,外蒙古对华商征收歧视性关税,禁止其在外蒙古涉足金融业和从事自由贸易等。"大北路"商贸条件遂被根本改变。应指出,俄商虽早在19世纪中叶依凭不平等条约攫取了在华贸易免税特权,但直至一战前,其对外蒙古贸易并未有显著进展。其根因之一是,因有掌控中东铁路和海参崴(今符拉迪沃斯托克)港口之便利,俄对华贸易的重点是中国之东三省,而并未足够重视与外蒙古之间的贸易。在日俄战争中失败后,俄国便被迫将其与中国边疆地区的贸易重点转向内蒙古和新疆。② 其后,俄国进一步宰制外蒙古经济、政治事务。至此,相较于俄商的垄断地位,中国商人和英美商人已基本退出蒙古市场。③ 作

---

① 外蒙古未独立之前,内地运往蒙古和新疆的商贸物资多经"大北路"而行。商路孔道所在亦是商货、商人会集之处。如在归化,运往蒙古和新疆的砖茶、糖和五金制品等均来自内地。其中,砖茶多产自安徽祁门和湖北羊楼洞,自汉口转运者达5万多箱;山西潞安、孟县和定襄的以农用机具和生活用品为主的金属制品,输入归化约50万斤;年输入糖约为120万斤。"双盛公""义成昌"等著名汉商商号,每年从天津运糖到归化销往蒙古和新疆(见 *The Chinese Economic Monthly*, 1926, p. 144)。
② 梁占辉:《20世纪前期俄(苏)蒙贸易及其对中国的影响》,《历史教学》2001年第11期。
③ 一个突出表现是,内地华商、英美洋商在"大北路"必经的蒙古市场的人数及经此而向内地甚或向海外市场出口的皮毛商品流通量急速下降。例如,仅1926—1927年,汉商在外蒙古破产者达60余家。1923—1926年外蒙古商品经内地出口值尚能维持年均250万海关两以上,但是1926—1930年则逐年递减,最后三年年均出口值仅57484海关两。同时,内地商人收购外蒙古羊毛和骆驼毛比重急速下降。这最能凸显"大北路"商路如何急速衰败。因为,即便在1921年的特殊时期,内地华商尚能在外蒙古内外贸易中居主导地位。但是,1924年,此类比重内地华商仅占47.9%,英美洋商占17.8%,外蒙古商人占17.8%,苏俄商人占14.4%。1928年,外蒙古和苏俄贸易公司、商号(组织)占比迅即提升至89.5%。英美洋商基本退出外蒙古畜毛市场,内地华商只占很小份额。另外,与1912年以前相比,外蒙古牲畜产品1923—1926年间经内地出口者减少75%。再以归化为例,外蒙古独立前,归化城有30余家大汉商,400多家中小汉商,专事与外蒙古、新疆的贸易。清末,大盛魁、元盛德和天义德是归化最大三家商号,资本均在100万以上,它们在外蒙古均设有多处分号。俄商在整个蒙古地区商号最多时仅40余家(彭传勇:《20世纪20年代苏联在外蒙古的贸易活动及影响——以苏联国家进出口贸易管理局西伯利亚部的活动为中心》,《西伯利亚研究》2008年第6期)。

为勾连内地与新疆市场的重要通道，"大北路"贸易条件更加恶化，其商贸地位亦就此急速衰落。

其次，俄国将与中国边疆地区贸易的重点转向内蒙古和新疆的同时，亦与英国争夺新疆、中亚地区的贸易份额，使"东路"与内地市场的联系功能一度弱化。随着"大北路"商贸活动衰落，"东路"的商贸功能由此凸显。秦、陇、湘、鄂、豫、蜀商人多从此路进入新疆市场，商贸流通和人员往来亦强化了内地与新疆的联系。新疆境内一些商业城镇的兴起也有助于西北商路市场体系的拓展与完善，如南疆的叶尔羌、喀什噶尔、阿克苏、库车等，北疆的乌鲁木齐、伊犁等，渐成商业中心。此类商业城镇依凭"东路"形成勾连内地与新疆乃至中亚、西亚和南亚的商业网络。但是，时至近代俄、英争夺新疆、中亚之际，受不平等条约体系塑造的市场环境影响，"东路"新疆段与内地市场联系的功能一度被弱化。其标志性时间节点是1851年，是年中俄签订《中俄伊犁塔尔巴哈台通商章程》，清政府开始向沙俄开放陆地通商口岸。以数据为证（详见表2-8）。

表2-8 十月革命前新疆与沙俄间部分经贸数额统计

单位：万卢布

年份	贸易额	年份	贸易额	年份	贸易额
1850	74.15	1899	1109	1908	1798
1884	210	1901	1293	1913	1831.8
1895	759.3	1905	1541	1914	2525.8

资料来源：厉声：《新疆对苏（俄）贸易史（1600—1990）》，第139—140页。

从表2-8可知，19世纪50年代后，新疆对俄原本非常有限的贸易额开始逐年增长。此增长在20世纪初的前15年达到鼎盛，贸易额年均1500万卢布左右，1914年更是提升至2525.8万卢布。随后的苏俄时期，俄与新疆贸易关系的加强在客观上仍继续削弱了新疆商路与内地市场的紧密联系，"东路"商贸功能继续弱化的趋势未减。[①] 这一时期，新疆与苏俄商贸

---

① 需指出，苏俄虽在形式上废除了一些对华不平等贸易条款，并在抗战时期主要基于自身战略需要对中国给予帮助，但是，其图谋把新疆纳入势力范围以分裂中国亦是事实。因此，除十月革命前后短暂的特殊时期外，苏俄对新疆的贸易很大程度上仍具有不平等特征。

物资的流向和流量变化能于此论断提供史实根据（见表2-9、2-10）。

表2-9 新疆向苏俄出口的部分物资数据统计（1926、1928）

货币：卢布

年份	出口商品	金额	年份	出口商品	金额
1926	牲畜	544000	1928	羊毛	6504000
				棉花	2724000
				皮革	187000
				棉布	7041000
	细毛皮	1319000		砂糖	602000
				金属制品	1065000
				瓷器、玻璃器	290000
				火柴	193000
				石油	199000

资料来源：李明伟：《中苏西北边境贸易的历史与现状研究》，《甘肃社会科学》1989年第4期。

表2-10 新疆部分商品进、出口来源地统计（1929—1930）

年份	商品	进、出口地	贸易额
1929—1930	羊毛	出口苏俄	8000000金卢布
		运入天津	2300000元
	棉花	出口苏俄	1900000金卢布
		运入天津	36000元
	纺织品	自苏进口	9000000金卢布
		自天津输入呢绒、丝棉织品	608000元

资料来源：李明伟：《中苏西北边境贸易的历史与现状研究》，《甘肃社会科学》1989年第4期。

由上可见，新疆与苏俄贸易，前者多出口原料、进口工业品；后者基于利己性边贸政策，进口矿产、羊毛、皮张、棉花等，大量出口工业制成品、消费品。19世纪以来形成的掠夺性经济秩序并未得到实质性改变。而且，此种不平等贸易亦使我国西北边贸由历来之出超变为入超。与此同时，新疆与内地市场贸易额急剧萎缩之事实，说明联系二者间的商路的功能已急速弱化。需指出，十月革命后的短暂特殊时期，俄国影响的暂时性削弱，使"东路"新疆段与内地相对削弱的商贸联系有重新恢复之趋势。

旧市场　新因素：商路变迁与西北区域经济非均衡发展（1851—1949）

内地华商和在华欧美洋商主要经"东路"，从京、津、沪等地至迪化（乌鲁木齐）而进入新疆市场。例如，自1918年起，欧美商品开始出现在新疆市场，新疆土特商品亦由此反向经内地输往欧美国际市场。甚至出现英商在天津设有专门经营对新疆贸易的公司。1924年之前，新疆和欧美市场间的贸易额不断增加。经"东路"勾连内地商路后，新疆土特商品运往内地市场或经内地市场销往欧美等外洋市场，其商品价值额迅速增加。如，1922年，仅从伊宁就有价值60000乌鲁木齐银两的商品销往天津等地；1923年，仅美国商行就有价值720000乌鲁木齐银两的皮毛运往天津；1924年，欧美商行在新疆兴办肠衣加工厂。①然而，苏俄在1924年后迅速重返新疆市场，这种趋势被强行中断。

另需说明者，"东路"甘肃段，肃州（酒泉）、嘉峪关亦因不平等条约而被迫开埠通商，俄商依凭贸易特权经"东路"甘肃段销俄货于内地，获利颇丰。有研究显示，至19世纪末，内地经"东路"甘肃段通过新疆与俄国的贸易已基本停止，但是，新疆与沙俄的地区性商贸活动仍在继续发展。因此，除短暂的十月革命前后的特殊时期外，"东路"新疆段已失去在昔日中俄贸易中的西部通道之功能。而且，俄国工业品专供新疆市场，多不向内地运输，并在新疆市场同英国货物和内地国货竞争。②如，茶叶曾长期是中国对俄贸易的主要大宗物资，但是在20世纪初，由于俄商走私，出现"俄茶倒灌"现象。总之，此期新疆与内地贸易额下降迅速，与苏俄贸易额却总体上呈增长趋势。

（二）抗战时期"东路"勾连内地功能增强

俄国进入中亚、新疆而引起的地缘政治形势变化，是"东路"勾连内地市场之商路功能弱化的重要原因。又因抗战时期中国西北国际通道建设和政府试图有效控制边疆的政治考量，"东路"商贸状况于此时期出现一定程度"复兴"。抗战背景下，西北抗战物资运输国际大通道在中国境内部分多与"东路"重叠；加之，为弥补公路运输能力不足，利用旧驿道的驿运再次兴起，因此这一时期，"东路"这类特殊商贸活动相对活跃，与

---

① 〔俄〕奥·布克施泰因：《苏联与新疆的贸易（1913—1926）》，《国外中国近代史研究》第8辑，中国社会科学出版社，1985，第308—309页。
② 阎东凯：《近代中俄贸易格局的转变及新疆市场与内地市场的分离》，《陕西师范大学学报》2000年第2期。

内地市场的联系随之相对增强。① 据统计，从1937年冬天首批苏联援华物资直运兰州起，到1938年夏天，约有6000多吨物资经"东路"新疆段运往甘肃、陕西、四川及至抗战前线。② 同时，中国为抵偿苏俄援华物资而大量出口的矿产品亦经此输往苏俄。民国资源委员会国外贸易事务所的相关报告显示，1941年3月在哈密交货后，同年年底向苏俄"共交矿品24批，计划交钨砂525.5470吨，锡品157.3156吨"。1942年，"计全年交出钨砂1501.7663吨，锡品15.4249吨，汞品1115罐（依每罐34.474公斤，合计净重38.4385吨），合计交出矿品总吨量1555.6297吨，较上年度之682.8626吨，增加1倍有余"。1943年，"西北（猩猩峡）交货量：（甲）钨砂：2786.5619公吨（净重）。（乙）锡品：10.1293公吨（净重）。（丙）汞品：1.5169公吨（净重）。以上合计净重2798.2081公吨"。③ 其他文献亦可证实"东路"此种特殊商贸的活跃度。例如，有研究指出，自1937年10月至1939年2月中旬，在此国际通道上，苏俄转运援华物资的火车在5640列以上，汽车在5260辆以上。④

"东路"商贸活动的活跃促进驿运重兴，⑤ 亦再次强化"东路"勾连

---

① 中苏陆路运输线是抗战时期——主要是1937年后——西北国际交通线主干。它由土西铁路的阿拉木图站起，经新疆霍尔果斯口岸，沿天山北侧，越七角井山口、河西走廊抵兰州。此通道全长2925公里。其中，苏俄境内230公里，在中国境内主要是民国南京政府专门为此而兴修的长达2695公里的兰新公路。其间，此通道运输的大宗商贸物资主要是苏俄售华军需物资和为抵扣苏俄物资而进行易货贸易的商品。初期，苏俄将物资运至甘肃境内，1939年3月后，苏俄只将物资运至星星峡（后又改在哈密），再由国营西北公路局的车辆转运。
② 杨再明、赵德刚主编《新疆公路交通史》第1册，人民交通出版社，1992，第192页。
③ 孟宪章主编《中苏贸易史资料》，中国对外经济贸易出版社，1991，第513—514页。
④ 罗志刚：《中苏外交关系研究》，武汉大学出版社，1999，第143页。
⑤ 为弥补运输工具的不足，加之西南国际通道受阻，国民政府于1938年10月在重庆召开水陆交通运输会议，决定利用人力、畜力辅助运输，并责成交通部拟具驿运计划及组织纲要。交通部于1939年元旦在重庆设立了驮运管理所，统筹管理人力、畜力运输事宜。甘肃省政府根据国政府指示，在兰州、张掖、酒泉设置省车驮管埋局办事处，管埋驿运。兰新车驮运所（设在兰州）经营兰州至星星峡线之间的甘新驿运。7月15日，军事委员会运输会议决定，撤销8个车驮运所，在交通部下设驿运总管理处。凡与国际运输有关路线称为驿运干线，由交通部驿运总管理处主管；省内驿运路线称为支线，归地方（省级交通机关）主管。太平洋战争爆发后，滇缅国际公路受到威胁，交通部鉴于新疆与印、苏接壤，有开辟国际陆路交通的便利条件，拟在新疆设驿运管理分处，受交通部驿运总管理处及新疆省政府共同领导。8月，该机构正式成立，顾耕野任分处长。此机构计划负责办理新印、新苏之间的国际陆路驿运事宜（参杨再明、赵德刚主编《新疆公路交通史》第1册，第195页）。

旧市场　新因素：商路变迁与西北区域经济非均衡发展（1851—1949）

内地市场的功能。在利用旧驿道进行商贸物资运输的线路中，甘新线和新疆线与境外商路相通，与"东路"重合度较高。国民政府将其视为中央干线。1944年，属中央干线者，"计有川陕、川黔、川滇、甘新、新疆五线"。①"甘新线"甘肃段全长1906公里，经天水穿兰州至星星峡；"甘新线"新疆段全长2013公里，接星星峡穿迪化至伊宁后可与境内苏俄援华物资运输线路相通。②在此类通道上，大量物资，除用中型轰炸机运输外，大部由汽车运至新疆迪化后，以成千匹骆驼组成众多驼运分队，"从迪化经过哈密运往兰州"，③"行经河西走廊、新疆以迄苏俄之路上，驼马络绎不绝"。④其时，"新疆预备了3500头骆驼，2000辆大车，5000头骡子，40辆汽车"。⑤此通道上兰州至星星峡段路况较差，"此段人烟稀少……惟以民间工具特多，运夫驮兽颇能刻苦……所运物资，皆系由苏联进口之国防器材，西运出口物资则多羊毛、钨砂等，运量可称各线之冠"。⑥

但是，苏德战争爆发后，苏俄开始减少甚至最终停止了对华援助，至1947年，此种特殊形式的商贸活动基本结束。至于新印驿道（商路）路线计划，在滇缅公路恢复通车后，国民政府亦将其暂时搁置。⑦"东路"商贸活动再度衰弱。

（三）俄英争夺新疆等地使西北商路的境外部分一度活跃

如前所论，新疆通往南亚并连接西亚的商路主要有三条，即列城线路、吉尔吉特线路和奇特拉尔线路。此三条商路因古丝路贸易衰落而势弱。但是，时至近代，英国与俄国为控制新疆和西亚而展开竞争，相关商路商贸活动亦因此而再度重启，其商贸状况也随英、俄间竞争情势变化而变化。

---

① 中国第二历史档案馆编《中华民国史档案资料汇编》第5辑第2编《财政经济》（10），江苏古籍出版社，1997，第165页。
② 中国第二历史档案馆编《中华民国史档案资料汇编》第5辑第2编《财政经济》（10），第165页。
③ 王佳贵主编《盟国军援与新疆》，新疆人民出版社，1992，第17页。
④ 洪喜美：《抗战时期西北之驿运》，《国史馆馆刊》复刊第8期，1990，第137页。
⑤ 杜重远：《到新疆去（19）》，《抗战》1938年第48期。
⑥ 中国第二历史档案馆编《中华民国史档案资料汇编》第5辑第2编《财政经济》（10），第442页。
⑦ 侯风云：《抗日战争时期的西北国际交通线》，《江苏社会科学》2005年第4期。

1851年中俄签订《中俄伊犁塔尔巴哈台通商章程》后，英国不仅借此要求利益均沾，其同俄国在新疆和西亚的商贸竞争亦随之加剧。为与俄国竞争，英国在新疆着力创造较稳定的商贸环境，攫取了领事裁判权和英（印）商品在新疆销售的免税特权。民国前期，通过三条商路，英国与新疆商贸额基本稳定在250万卢比左右。① 英俄间的争夺，虽一度因双方于1907年签订《俄国和英国之间关于波斯、阿富汗和西藏问题的专约》而渐趋平缓，但是，受政治形势变化影响，二者间的贸易竞争始终存在。俄国因爆发十月革命而暂时性地退出新疆市场后，英（印）与新疆的商贸额曾达其历史峰值。但当苏俄重返新疆市场后，加之其有掌控土西铁路——能联通西伯利亚铁路——之优势，遂在与英国的竞争中重新占据上风。故而，此期俄属中亚地区与伊犁、迪化、塔城、阿山之间的商路贸易活动再度活跃，英（印）则恰好与之相反（见表2–11）。

表2–11 英（印）与新疆部分年度贸易额统计

年度	贸易额	备注
1917—1926	年均530多万卢比	19世纪60年代至20世纪20年代末英（印）与新贸易中，如1917—1927年之情势可谓少见。1928年后，英新贸易又回到1917年前的状态，保持在250万卢比左右
1927	320多万卢比	
1928	200多万卢比	

资料来源：许建英：《试论杨增新时期英国和中国新疆间的贸易（1912—1928）》，《近代史研究》2004年第5期。

综上所述，可发现，英俄竞争形势对新疆经由商路与南亚、中亚的商贸活动具有重要影响。需指出，在抗战特殊时期，国民政府原计划假道苏俄土西铁路而打通新疆与中亚的商路，后因苏俄反对而未能实施。因此，国民政府亦有再利用新疆至南亚（主要是印度）商路办驿运的举措，但

---

① 此间，英国驻喀什噶尔（疏勒）总领事马继业于英（印）与新疆间商贸活动的再度活跃用力不少，尽管此类商贸活动不乏侵略性特征。他曾采取诸多举措，例如，在其推动下，印度北部边疆地区克什米尔及此地诸邦间的交通、税收建设，乃至沿途旅店设立，皆由英（印）政府重新整饬，商贸环境得以改善。再如，他在列城推动建立饲料和运输基地，设法使从列城经喀喇昆仑山口至新疆皮山的商路保持畅通；通过控制坎巨堤（特），确保经此到新疆的商路的安全。

是，其总体成效有限。①

总之，政治形势变化对"大北路"和"东路"商贸发展具有重要影响，且突出地表现为此间的商品流量、流向变化。这势必对近代西北区域市场变动和区域经济发展中的生产要素流动产生影响。此影响不仅是近代西北商路区域市场变动的关键原因，亦是加剧其区域经济非均衡发展的外部因素。而对政治形势变化对近代西北商路商贸变动的影响语焉不详甚至直接忽视，正是过往此命题研究中的显见不足。

二 国家对西北边疆的治理与西北商路商贸兴衰

近代以后，尽管西北边疆治理常因国家和社会处于发展转型特定时期而力有未逮，成效亦未能悉数彰显，但是，国家在西北边疆的治理中逐步实施的政治、经济举措对西北商路商贸活动开展及区域经济发展皆产生了重要影响。

（一）边疆治理促使西北商路同内地市场联系增强

巩固和治理边疆促进西北商路与各区域之间的经济联系增强，巩固了西北商路——尤其是边疆民族地区的商路——与内地商路的联系，为全国统一市场体系的形成和巩固奠定了重要基础。于此，国家用兵新疆和新疆建省之事实堪称典型。

自乾隆二十四年（1759）天山南北一统之后，新疆巩固统一多民族国家的战略地位日益凸显。为此，国家在新疆发展商业、矿冶、手工业，屯垦开发，兴修水利，设置交通驿站，这些有目的、有组织和有计划的政府行为，在客观上对新疆商路拓展产生了深刻影响。就此而论，政府行为应是致使新疆连接内地的商路发生演变的关键因素。因为，在开发新疆过程中，国家相应机构（如军机处）直接统筹管理新疆开发事务，地方官员积极执行国家政策，彰显出国家对新疆开发的重视，由此而产生的财力、物

---

① 此种贸易形式自1944年起正式实施，前后持续两年有余。1944年夏，由中国设在印度狄布鲁伽的印伊运输处副处长陆振轩负责的首批美援物资起运，从今克什米尔的斯利那加到列城、叶城后，再由西北公路局派汽车内运。其后，第二、三批美援物资陆续运输，至次年年底共运进汽车轮胎4444套、军需署布匹782包、经济部装油袋588件、电讯总局呢料63捆5850件，动用驮马3000余匹和牦牛若干（杨再明、赵德刚主编《新疆公路交通史》第1册，第199页）。

力和人力资源供给势必引起相应生产要素和商品在西北商路市场流向和流量的变化。区域经济开发对西北商路区域商品化生产发展产生重要影响，尤其是国家在新疆添设边卡、设置驻军和屯垦戍边[①]，不仅为商路拓展提供其所需的公共治安保障，也有助于促进商路相应区域经济生产能力的提升。正如学者就清朝在新疆实施开发政策所论：

> 及时完成屯垦方式从兵屯向民屯的转移，改变了新疆历史上由中央政府主持的农业开发多限于兵屯国有土地经营，兵进屯设，兵退屯撤，不能与当地形成紧密生产联系；而土著居民自发的农业生产因缺乏政权力量的支持和引导，发展维艰。由于坚持以民垦为主的开发方向，清代新疆由政府主持各种屯垦能够不断转化为当地以经济需求为原动力的民间农业生产，保证了清代新疆农业生产能力持续稳定的上升发展。[②]

事实上，"清代新疆开发是以农业为主的全方位开发"，"农业生产比重的大幅度上升以及在北牧南农局面的被打破等因素的影响下，新疆工、商、行、牧各业都呈现出兴盛活跃的局面，社会经济的整体水平有了明显

[①] 按，除在政治和军事上设治所和驻军外，清代经营新疆的重要措施便是推行"屯垦开发，以边养边"政策。初期，清廷主要实行军屯，以解决军需后勤供应。乾隆用兵后，屯垦有军屯、民屯、回屯、商屯、犯屯，嘉庆时又有旗屯。相较而言，民屯效果最著。另按，清代用兵新疆一统天山南北，并在其后的治理中兴办了旗屯和回屯。《新疆识略》的相关记载显示，满洲八旗兵最初并不屯田，但是，随着旗兵人口增加，口粮供应困难，旗屯逐渐开展。旗屯最初主要是驻防伊犁四营八旗兵即锡伯营、索伦营、察哈尔营、厄鲁特营为解决口粮供给困难，使用清政府供给的籽种和耕畜，自耕自食。"锡伯、索伦、察哈尔、厄鲁特四营除照例支给饷银外，所有口粮俱系自耕自食。"四营的屯田之中成效最著者当属锡伯营。例如，此营在伊犁耗时七年（1802—1808）修建第一条引伊犁河水灌溉的察布查尔大渠，为其后在此地的屯田打下了重要基础。有研究甚至认为，阡陌相连、村落相望的繁盛景象出现于伊犁原野是自此开始的（王茜：《清代开发：对新疆民族分布格局与关系的影响分析》，《黑龙江民族丛刊》2009 年第 6 期）。嘉庆九年（1804），伊犁将军松筠奏议扩展旗屯，他以为"应照锡伯营八旗屯种之制，按名分给地亩，各令自耕自食"[（清）王廷楷、（清）祁韵士：《西陲总统事略·旗屯》，中国书店，2010]。回屯主要是指清政府迁移维吾尔农民到南、北疆屯垦土地以实边，伊犁亦因此而成为回屯发展较典型、完备的地区。需强调者，为提升回屯功效，在清代，国家专设阿奇木伯克管辖回屯事务。

[②] 华立：《清代新疆农业开发史》，黑龙江教育出版社，1998，第 290 页。

旧市场　新因素：商路变迁与西北区域经济非均衡发展（1851—1949）

提高","当地经济生活和地方风貌都发生重大变化，社会经济结构开始进入一个更高的层次"。[1] 新疆开发对其商路中心商业城镇的形成的主要影响可做如下概述。

第一，本书前述已论，商业城镇形成与发展依赖于区域经济开发和区域间商路商贸活动的增强。换言之，国家实行屯垦戍边，开发新疆的政治、经济举措，使新疆"农桑辐辏，阡陌成群"。加之，像新疆巡抚刘锦棠施行的整治驿亭以通商路的举措，使日渐成型的以商业城镇为中心的商路贸易网络被建构于区域经济发展和商路交通繁盛的基础之上。在新疆，人口的聚集定居使南、北疆均形成了一批商业城镇，如南疆的叶尔羌、喀什噶尔、阿克苏、库车等，北疆的迪化、古城、巴里坤、伊犁等。正是以此类商业城镇为经济辐射中心，遍布天山南北的商路活动网络才得以不断拓展。人口的聚集定居依赖于农业开发提供粮食，反过来亦直接促进工、商、矿、牧业的兴起。例如，国家调集掌握冶炼技术的工匠进疆，在迪化、伊犁等处设置打造铁制农具的铁厂，不仅提升了新疆商业城镇的冶炼技术，也密切了内地市场与新疆市场的联系。在劳动力生产要素流动方面，在新疆，"方今承平日久，生齿滋繁，关内之民连袂接袗来者益众"，他们聚集于新疆，"辟草莱，长子孙，百无一反"。[2] 人口聚集在本质上即是劳动力生产要素的流动，随之而继者则是其他生产要素和商品的流通。因为，人口聚集必将产生商品消费需求，而且，劳动力生产要素聚集于商路经济带重要城镇或地区，从事屯垦和开发，这势必在整体上增加社会产品或商品的总供给。于此之显见证据是，屯垦不仅使新疆商路经济带各民族交错杂居，[3] 亦是促进商路经济带区域经济发展的重要基础。据史料记载，嘉庆时，伊犁将军松筠组织八旗屯垦，于惠远城东伊犁河北疏导长达170里的通惠渠，灌溉良田达数万亩

---

[1] 王茜：《清代开发：对新疆民族分布格局与关系的影响分析》，《黑龙江民族丛刊》2009年第6期。

[2] （清）袁大化等纂修《新疆图志·实业·农》。有研究认为，清代为开发新疆实行屯垦戍边和移民实边政策。此间，汉、蒙古、满、锡伯、达斡尔等族多有人员移民新疆，这丰富了新疆地区民族构成（王茜：《清代开发：对新疆民族分布格局与关系的影响分析》，《黑龙江民族丛刊》2009年第6期）。

[3] 杨琰：《清季新疆屯田对当地少数民族人口的影响》，《中央民族大学学报》2002年第1期。

之多。① 阿克苏办事大臣阿桂在南疆兴办回屯，至乾隆二十六年（1761）时，南疆商路必经之地的叶尔羌、喀什噶尔、阿克苏、乌什等地的区域经济均因回屯的出现而迅速发展。② 在回屯发展最为显著的伊犁，作为商路必经之地，伊犁河北、南两岸的固尔扎、察罕乌苏、霍尔果斯、霍吉集尔、海努克、奇特木等地开垦土地不断增加，人口不断聚集，社会产品或商品总供给亦随之不断增加。例如，乾隆三十八年至五十年（1773—1785），伊犁伊勒图将军兴办回屯所交粮食由96000石增至100000石。移民屯垦则使伊犁出现"荷锸如云，土地日辟，时和岁稔，稌黍盈余"③ 的繁盛景象。

就商路④的商贸活动而言，在迪化经由国家"筑城集，置郡县，开屯田，列兵防"，⑤ 数年经营之后，"字号店铺，鳞次栉比，市衢敞宽，人民辐辏。茶寮酒肆，优伶歌童，工艺技巧之人，无一不备。繁华富庶，甲于关外"。⑥ 在古城，来自内地和新疆的"商货悉自此转移，廛市之盛，为边塞第一"。⑦ 镇西府之巴里坤属新疆与内地往来必经之地，是商路中心商镇，经由数年开发，镇西府即"当驰道之冲，关中商人所聚会，粟麦山积，牛马用谷量"。⑧ 另据《新疆图志》记载："伊犁九城，惠远最大。广衢容五轨，地极边，诸夷会焉。每岁布鲁特人驱牛羊十万及哈喇明镜等物入城，互市易砖茶缯布以归。西方行贾者以所有易所鲜，恒多奇羡，民用繁富。"⑨

此外，内地与新疆或新疆本域内的商品交换展现的农牧经济互换和农耕手工业经济与畜牧经济互补的特征更说明，二者间密切的经济联系

---

① （清）祁韵士：《西陲要略》，西泠印社，2004，第96—98页。
② （清）祁韵士：《西陲要略》，第96—98页。
③ （清）傅恒等：《钦定皇舆西域图志·屯政一》，乾隆二十一年（1756）刻本。
④ 近代前后，新疆勾连内地市场商路以东路为主干线，自嘉峪关经哈密为一路，秦、陇、湘、鄂、豫、蜀商人多行此路；自古城分道西北行至科布多接大北路，平津和外蒙古商人沿此商路而行，蒙古商人多在秋季于此以畜牧产品交换麦谷、缯帛，沿天山北行至伊犁、塔城，或经由吐鲁番南下至疏勒、和阗。
⑤ （清）王廷楷、（清）祁韵士：《西陲总统事略·乌鲁木齐所属事略》。
⑥ （清）尼玛查：《西域闻见录·新疆纪略上》。
⑦ （清）袁大化等纂修《新疆图志·实业二·商》。
⑧ （清）袁大化等纂修《新疆图志·实业二·商》。
⑨ （清）袁大化等纂修《新疆图志·实业二·商》。

旧市场　新因素：商路变迁与西北区域经济非均衡发展（1851—1949）

是此区域商路形成的内在原因之一。例如，绸、缎、茶、纸、瓷器、漆器、竹木等是内地销往新疆的主要商品，而棉花、玉石、玉器、羚羊角、贝母、甘草、铜制品、瓜果、畜产品等是新疆销往内地的主要土特商货。同样，各民族间，如维吾尔族、乌孜别克族商人常远行至塔吉克、柯尔克孜、蒙古、哈萨克等族的聚居区，以粮食、棉布等交换畜产品。① 另据文献记载："蒲犁厅主要产羊和牦牛，每年外销羊数千只，牦牛数百头，牛、羊毛数万斤。"② 官府所需的一些物资也多从哈萨克族、柯尔克孜族牧民处购买，"哈萨克、布鲁特人复岁驱驼、马、牛、羊市现缯驼载而去"。③

第二，国家治理边疆举措促进新疆商路经济带生产技术的提升。

首先，人口的增加和聚集，加之农、牧民族间经济生活联系密切，生产技术交流日益频繁，促进区域生产技术提升，为保障社会生产总供给奠定了基础。史料记载，在清代，塔吉克族人与柯尔克孜族牧民、维吾尔族农民交流牲畜放养、畜产品加工技术和农业生产技能，前两者还从维吾尔族商人处购买土曼、犁铧、镰刀等生产用具和生活用品，并在塔格敦巴什、帕米尔等地繁殖大尾绵羊和牦牛等。④ 除此之外，有研究考证出哈萨克族为帮助北疆木垒、奇台、新源、尼勒克等地的乌孜别克族，而将其牧场无偿让予后者，而且，后者中的许多人亦在前者的帮助下由从事商业转而专事畜牧业。⑤

其次，政府官员扶助边疆地区提升生产技术。例如，左宗棠"精选员吏，设蚕桑局于疏勒城，招致吴越蚕工、织工四十余人授民以育种、饲养、分薄、刀簇、煮蚕、缫丝、轧花、染彩诸艺"，其治下的蚕桑局于东南运 10 万株桑苗，授当地农民以种桑技术。⑥ 当强调者，左宗棠此

---

① 王茜：《清代开发：对新疆民族分布格局与关系的影响分析》，《黑龙江民族丛刊》2009 年第 6 期。
② （清）袁大化等纂修《新疆图志·实业二·商》。
③ （清）袁大化等纂修《新疆图志·实业二·商》。
④ 《塔吉克族简史》编写组：《塔吉克族简史》，新疆人民出版社，1982，第 20 页。按，此处的塔吉克族主要是指清代蒲犁北部的塔吉克族。
⑤ 王茜：《清代开发：对新疆民族分布格局与关系的影响分析》，《黑龙江民族丛刊》2009 年第 6 期。
⑥ （清）袁大化等纂修《新疆图志·实业一·蚕》。

举本质上体现的是持续的政府行为。再如，新疆布政使王树楠为振兴蚕桑，在1907年派成员赵贵考察南疆商路必经的八城，提出政府于振兴蚕桑当有"设局、度地、考工、栽桑、择种、制器、选丝和程功"等相应举措或技术扶助。①所到之处，每每于市集、巴扎之时，"陈列蚕具，纵民聚观，为之讲解方法，论说利弊，举器以知物，即物以陈理，口述而指画"。②地方政府依此而行，极大地促进了当地蚕桑业的发展，"比户业蚕，桑萌遍野"。由此，"（当地）习其业者众，而英俄商人颇有运我茧丝出口者，则成效亦稍稍著矣"。③此期，南疆蚕丝产量亦由30万斤提高至70多万斤，产量提高一倍有余。④

（二）边疆治理与西北商路变迁制度环境重塑

国家治理西北边疆的政策逐步实施，亦重塑了西北商路变迁的制度环境。特别是，就商路变迁及其商贸活动开展必需的制度性保障而言，国家的政策供给突出地体现为下述事实。

第一，若仅从清代用兵新疆之后而论，国家移民实边，加强新疆台（驿）站体系建设和西北地区包括驿路在内的道路整治，及至南京国民政府在抗战时期强化西北交通建设，这些举措既有助于加强以西安、兰州、乌鲁木齐为核心的交通网络建设，巩固它们在西北商路中的市场地位，又提升了西北商路的通行能力。

第二，被迫开埠通商后，在西北商路经济区域，国家逐渐转变传统的限制商贸活动或试图将西北民族地区商贸活动纳入国家管控的做法，改为实行逐步支持和引导相关商贸活动的政策。例如，当俄国侵略势力深入新疆各地时，清政府逐渐改变其传统的禁止哈萨克族和维吾尔族商人进行直接贸易的政策。再如，在西北用兵之后和规复新疆的过程中，一些开明地方官员如刘锦棠实行招商进疆政策；伊犁将军长庚眼见俄商侵夺我国利权，在1908年针对"俄茶倒灌"现象，在新疆以官商合办形式筹办伊塔茶务有限公司。

此外，若以晚清洋务运动为分界点可以发现，除屯垦开荒、发展农业

---

① （清）袁大化等纂修《新疆图志·实业一·蚕》。
② （清）袁大化等纂修《新疆图志·实业一·蚕》。
③ （清）袁大化等纂修《新疆图志·实业一·蚕》。
④ 曾问吾：《中国经营西域史》，商务印书馆，1934，第733页。

等举措外，左宗棠等将近代机器产业引入西北实为西北近代化转型之肇端。经历"庚子变乱"的切肤之痛后，进入"新政"时期，主政西北的地方官员中的开明之士，承续自洋务运动、戊戌维新以来的开发西北的各类主张，继续在西北实施引进近代机器设备和生产技术、开发西北资源的经济政策——以发展工矿业和其他民用工业为重点，进行交通、电讯等近代化基础设施建设，甚至派遣留学生以培育技术人才。自此，西北商路商贸活动开展乃至西北区域经济发展被"注入了前所未有的新的推动因素，从而使之具有清代前期那种完全封建生产力范畴内开发活动所不具备的新特点"。①

第三，入民国后，虽有军阀混战，国家并未真正统一，但是，西北孱弱的近代化转型仍在缓慢继续。西北近代机器工业较大规模兴办和依托特色资源的产业的进一步发展皆在此期。除却固有的政治考量之外，国家此期在西北的开发举措更多地带有改变西北贫穷落后局面和促进区域经济发展的考量。尤其抗战前后，国家实行西北开发计划，使西安、兰州、乌鲁木齐、西宁、银川等市场的近代产业中心和商业中心功能凸显。这也奠定了西北商路市场实现近代化转型的关键基础。

第四，国家管理商路商贸活动政策举措的实施，既重塑了西北商路市场制度体系，又加快了传统国家与商路市场变动关系的结构性调整。

一方面，因应于时代环境显著变化，开埠通商和不平等条约体系的出现已在事实上解构了西北商路市场传统制度体系的完整性，并急剧地弱化了国家管理商路商贸活动的行政能力的相对有效性和依靠原有制度体系约束商人行为的能力。例如，随着"俄茶倒灌"现象日渐，不仅俄商可以依凭不平等条约体系赋予的商贸特权在西北商路沿线恣意地销售本应专供俄国市场的华茶，而且，"中国奸商冒领俄票，倚恃护符影射者亦有之"，②这表明仅依凭传统治理方式已不可能限制或管控商人经销商品范围和商业活动的区域。

另一方面，前此事实的发生又要求国家因应商路市场演变供给新制

---

① 马汝珩、成崇德主编《清代边疆开发》（上），山西人民出版社，1998，第64页。
② 《新疆茶务公司办法折》，《商务官报》第8期，1908年。

度。因而，从晚清兴办洋务和施行新政直至民国，从中央到西北地方政府渐次设立管理近代工商业的专门职能机构，颁行近代意义上的新法令和章程，推动商会设立，统一西北商路市场原本复杂多样的货币，促进其金融业的近代化转型。以上诸项又成为西北商路及其商贸活动演变的新制度基础。而且，此类举措内含的近代化转型趋向也规定了西北商路市场的发展方向，意味着西北商路市场开始建构以近代法制为核心的制度体系，并使实现市场发展模式的近代化转型有了可能。这种可能——政府管理商贸活动机构的职能专门化及其行为受法令制约——也应视为西北商路市场发展模式转型的主要标志之一。

然而，至为可惜者，此种可能的发展趋势最终却因政府此类政策的不可持续性而未成为事实。国家治理边疆方式仍带有较强烈的传统色彩，常是政治考量多于经济考量，并受特定时代背景的影响。故而，西北商路区域经济发展一度蓬勃向上之势终因资金、技术和人才的缺乏而备受打击。

以税收为例，近代之前，清廷对商税曾在较长时段内实行轻减政策。国家在治理西北边疆时，于西北商路商贸活动也建立了较完备的商税征收制度。有研究显示，清廷在新疆曾长时间以实物形式对维吾尔族征收少量税收，民屯垦荒者可以粮食为主要纳税完课内容。除此之外，清代新疆财税来源主要是"官方贸易、投资及汉族商人那征收的税款、租金，强迫商人捐输"，[①] 以及内地的协饷支持。国家在较长时段内在新疆实行轻税政策，文献对此多有记载。据《清高宗实录》，"商贾牧养人等……皆以本色折纳。此外又有商人金铜税，园户果税。边界贸易回人，征税十分之一。外来贸易之人，征税二十分之一"。[②] 又据乾隆二十七年新疆办事大臣额礼等向朝廷呈供的奏折，在迪化，国家对民众开办商铺征税是依头、二、三等税率按月分别计征 3 钱、2 钱、1 钱。[③] 新疆建省后，为计征商税，国家于商路要津设局。其中，设总局于迪化，1902—1903 年设分局于哈密、古城、绥来、阿克苏、吐鲁番、玛喇巴城、喀什噶尔、莎车、伊犁、

---

① 王龙涛：《清代北疆地区城镇市场（1759年—1911年）》，第32页。
② 《清高宗实录》卷593，中华书局，1986，第599页。
③ （清）袁大化等纂修《新疆图志·赋税二》。

塔城、库车、温宿、巴楚、和阗等。① 另外，新疆建省后，国家还创设商总制度管理商路商贸活动。②

时至近代，政府财政压力骤显，清末协饷制度功能渐废，病商、残商、祸民的厘金制度即属显见事实。如1909年陕西设31处厘局且总计征收厘金达银468894两之巨。③ 再如，新疆叛乱平定后，商路商贸活动渐渐重新活跃，但是，地方大员仿行内地征收厘金惯例，在商路要津设卡征收：

> 嘉庆以来逆回张格尔、金相印等煽乱，全疆商务不能畅行者数十年。光绪初年渐臻底定，商贩四集。钦差大臣以饷源不济，仿照各省百货厘捐抽收厘，其税见于光绪六年四月十七日筹办新疆善后事宜折中，云厘税一项就各局册报计之，自四年秋至五年夏，不足一年已收银十八万有奇，亦称入款大宗。④

光绪十九年、二十八年、三十三年，新疆征收税银分别为60000多两、90876两、77314.5两——光绪十九年新疆曾因短时期内不征收华商货税而使税银征收降至34800多两，其余年份征收数额则与前述二十八年、三十三年相差不多。⑤ 民国时，军阀割据西北，西北商路商贸活动遂因苛捐杂

---

① 按，此类机构主要负责征收商路市场商货落地税收。其中，迪化总局征经由商路而来的外地商货的落地税；哈密分局负责由大草地商路而来的商货的落地税；古城分局负责连接由新疆中路商路而来的商货的落地税；绥来分局后因伊犁、塔城分局的设立而被裁撤，它主要征收由伊塔商路而来的商货的落地税；阿克苏分局主要征收新疆南八城商货的落地税；吐鲁番分局征收本地商路区域的土货税；玛喇巴城分局征收由新疆西四城商路而来的商货的落地税；喀什噶尔、莎车分局负责征收南疆商路商货的落地税；塔城分局征收经由伊塔商路而行的商货的落地税；库车、温宿、巴楚、和阗四局在南疆负责征过境商货的落地税。
② 按，新疆建省后，清廷在较长时段内对商路商贸活动管理仍采取传统政策，即除商业活动必需的行政管理事务外，国家常委托民商自行管理其他商贸活动，并协助商税征收。此背景下，新疆的商总制度主要是因应新疆建省前后内地商帮大举入疆而创设的。例如，在乌鲁木齐市场，国家允许内地商帮和本省商帮"各举商总一，名为官商合一之计。……设立商总，所以通商情、尽商利也"［（清）袁大化等纂修《新疆图志·赋税二》］。
③ 宋伯鲁等修纂《续修陕西通志稿·征榷》。
④ （清）袁大化等纂修《新疆图志·赋税二》。
⑤ 王龙涛：《清代北疆地区城镇市场（1759年—1911年）》，第32页。

税繁多而呈萎缩之势。例如，青海一度实行以羊毛折税的政策，抗战时期马家军阀更借统制之名而意图垄断皮毛贸易。捐税繁苛之下，甘、青两省一度出现"商人裹足不前，蒙藏各地，货物囤积，无法销售，年积月累，多被腐化。虽蒙藏人极廉价出售，而商人咸曰捐税繁苛，无力收买"的现象，蒙藏各地则"守货待毙"。[1] 综上事实显示：政策的不可持续性使国家治理西北边疆未能达成其初原目标，实际执行过程中的诸多走样亦对西北商路变迁及商贸活动演变有重要影响。

三 市场需求变动与西北商路兴衰：以皮毛贸易为中心

开埠通商后，中国被裹挟入世界市场体系，也使西北商路市场的结构发生重大变化。显见者，经商路外销商品销售市场急剧扩大。因应于外部市场需求变化，特别是世界市场需求变化，西北皮毛贸易大规模兴起，西北商路市场输出、输入商品结构，尤其是商品输出结构——牲畜（主要是马、羊、牛及其皮毛产品）、药材及其他土特产品——被显著改变。皮毛产品成为商路主要大宗输出商品，皮毛产品输出路线在客观上亦成为西北商货运输的主要通道。

强调皮毛产品输出路线是西北商路商货运输主要通道是基于下述事实。

首先，开埠通商后，皮毛产品成为西北商路对外运输的主要大宗商品之一。渠占辉根据海关统计认为"西北羊毛出口始兴于19世纪80年代中期"。[2] 民国学人亦提出，"一八八一年汇丰银行在天津开设支店，是为中国羊毛开始交易之时。其翌年，一外商派店员在张家口收买羊毛，因在当时此地实为羊毛交易中心故也，于是又在其地开设代理店。一八八三年黄河北岸包头设分行。一八八五年在宁夏设分行。于是中国商人见有利可图，乃群起竞卖竞买。至一八九〇年又有二三外商从事羊毛交易，而又扩大营业，于是西北之羊毛，每年出产甚巨"。[3]（见表2-12）

---

[1] 李自发：《青海之蒙藏问题及其补救方针》，《新青海》1933年第12期。
[2] 渠占辉：《近代中国西北地区的羊毛出口贸易》，《南开学报》2004年第3期。该文视1885年是西北羊毛大规模出口的开端。
[3] 自强：《中国羊毛之探讨（续）》，《新青海》1934年第11期。

表2-12　19世纪部分年份天津口岸西北羊毛输入量统计

单位：担

年份	输入量	年份	输入量
1861	1804	1880	703
1866	946	1885	19747
1873	339	1890	80679
1878	5641		

资料来源：王怀远：《旧中国时期天津的对外贸易》，《北国春秋》1960年第1期。

从表2-12可知，以1885年为分界，此前，西北羊毛输入天津口岸，年均在6000担以下，可谓非大规模输出；1885年，输出量剧增至19747担，1890年提高至80679担，是1885年的4倍多。其后的20世纪初至抗战前，西北羊毛输出已成西北主要经济来源之一，输出量日增。于此，文献记载："天津为中国羊毛出口之第一港口，现今中国青海、甘肃、蒙古及北方各省之羊毛，大半由此出口，每年约四十六万九千担左右，可见其盛况。然羊毛之数量，亦因内外经济情形而不等，在欧战前六年间，平均约三十三万担，战争爆发后之四年，平均约四十六万担，其后五六年间，以至最近平均约三十五万担左右。"[1]此则记录，时人认为未必尽合事实，其理据是近代中国羊毛出口峰值是在1919—1929年，此期多半年份年出口量都超过45万担，而非是前引文献所言的一战时期；但是，80%的出口羊毛出自西北确属事实。[2]时人还言："抗战前，由西北输出皮革，平均每年约在八百三十四万余张，羊毛约在三千三百万斤，其数值颇有可观。七七事变以来，就甘宁青三省羊毛一项而论，每年亦在一千五百万斤左右。"[3]

其次，皮毛产品的运输多通过西北与长江流域乃至东南、华北市场间的商路。此系运输线路亦是内地商贸物资销往西北的主要运输线路。因此，商路商品输出结构和商品流通量，以及流通商品结构、流向和流量的变化，即是西北市场商品输出基本情况的反映，由此可看出商路变迁在近

---

[1] 自强：《中国羊毛之探讨（续）》，《新青海》1934年第12期。
[2] 罗麟藻：《毛业与西北》，《开发西北》1934第5期。
[3] 朱桦：《促进固海羊毛生产事业刍议》，《新西北月刊》1940年第3期。

代西北商品市场变动中的重要性因何得以提升。

勾连内地市场方面，前论已证，明清以来，尤在火车未通前，"大北路"、甘京商路或经秦、晋、豫之间，或经陕南汉中的商道，一直是西北商路连接中原、华北、长江流域及东南市场的重要通道。沿途转运商货主要是内地的粮食、布匹、茶叶、瓷器、生产用具等和西北输往内地的畜牧和土特产品等。其中，皮毛产品比例并不占大头。但是，时至近代，"大北路"商贸活动衰败后，连接包头、张家口的甘京商路因皮毛等产品贸易迅速繁盛，而且，陕北盛产的皮毛产品也常北向取道宁夏或接蒙绥而经由甘京商路从天津口岸出口。华、洋商人从西北甘青之地收购皮毛商货，经西宁、兰州聚集，再经甘京商路转运天津口岸出口，或经甘、青、川间的商路通道，尤其是经洮州、河州接天水至西安后南下陕南汉中商路以通长江流域而达东南市场，从上海口岸出口。两相比较，勾连华北的商路的运输量要高于后者，商贸产品运输记录能为此提供显见史实根据。

包头号称"水旱码头"，经此西去河套可接黄河水道，亦可南下接山西而通汾黄水道，是甘京商路和"大北路"必经地，也是内地和西北商货交换集散中心。尤在平绥铁路通车直至抗战前，其商贸物资集散中心的功能尤为突出。产自绥远与宁、甘、青等地的皮毛等土特商品，几乎都经此而转运至天津及内地；内地及外洋出产各种日用品和工业品亦经此销往西北。其间，包头作为西北与内地的商品中转枢纽，即"因为水陆交通之总汇，而成为蒙、甘、新、青、宁夏等地货物吐出之巨口"，"凡新疆、青海、甘肃等省之皮毛，阿拉善旗、古兰泰之食盐，额济纳、鄂尔多斯、乌兰察布盟西南部之牲畜皮毛与农产，多依黄河舟运至此起卸，再由火车远销绥、察、平津"；[1] "大约西进（来）货物的70%，由这里经铁路转运到京、津地区"。[2] 故时人认为，"凡由内地运往西北各处之零整杂货及由西北各处赴运内地之皮毛、约材等货，均以包头为起卸转运之中枢"。[3]

---

[1] 黄奋生编《蒙藏新志》，中华书局，1938，第57—58页。
[2] 马廷诰：《包头交通运输业梗概》，《包头文史资料选编》第5辑，1984，第101—102页。
[3] 铁道部财务司调查科：《包宁线包临段经济调查报告书》（1931年5月）。

表2-13 1922—1932年包头主要输出商品价值及毛皮产品占比情况

货币单位：包平银　数量单位：万两

年份	1922	1923	1924	1925	1926	1927	1928	1929	1930	1931	1932	总值
毛类	610	550	551	475	426	807	1118	1512	1920	719	195	8883
皮类	73	55	63	59	50	102	159	188	173	50	16	988
粮类	177	158	159	179	130	123	126	131	82	97	103	1465
药类	56	46	45	65	63	101	114	102	123	83	69	867
总计	916	809	818	778	669	1133	1517	1933	2298	949	383	12203
毛皮类比重	75%	75%	75%	69%	71%	80%	84%	88%	91%	81%	55%	81%

说明：本表数据引自《张家口包头在西北经济地理上的重要性》，《西北建设》（一），秦孝仪主编《革命文献·抗战前国家建设史料》第88辑，台北"中央"文物供应社，1981，第503—511页。该文的《包头最近十年皮毛状况表》《包头最近十年药材状况表》《包头最近十年粮食状况表》详细列举1922—1932年包头皮、毛、药材、粮食等主要输出商品数量及价格。本表据其每年皮、毛、药材、粮食等输出各类商品数量乘以当年各类商品均价得出总值；再把皮毛价值除以总价值，得出其在主要输出商品中所占比例。前述商品，作者原采用不同货币单位。皮类、毛类、药类是包平银，粮类是大洋，大洋币值略低于包平银。为统计方便，计算总值时暂视大洋、包平银币值相同。

资料来源：胡铁球：《近代西北皮毛贸易与社会变迁》，《近代史研究》2007年第4期。

勾连境外市场方面，西北地区与英（印）、俄间贸易的主要商品构成演变亦与前述所论现象类同。鉴于不平等条约对近代中俄西北边贸活动演变有关键影响属客观事实，并依据不平等条约实施情况，可将中俄在西北的边贸发展史划分为沙俄、苏俄两大时期，沙俄时期又可以签订《中俄伊犁塔尔巴哈台通商章程》为分界点。有研究显示，从中俄新疆贸易中的早期非法阶段至1851年前后属相对常态贸易阶段，中方对俄输出商品的首要大宗物资渐从丝绸、棉布转变为茶叶、皮毛产品等；此后，尤在1881年《中俄伊犁条约》签订后，首要大宗物资由茶叶演变为皮毛产品、棉花、生丝等。[①] 苏俄时期此商品输出结构亦基本未变。又，晚清之际，伊犁宁远（固尔札）是中俄在新疆的商贸中心之一。中国收复伊犁后，俄商依然凭借不平等条约赋予的商贸特权把持当地商业，双方商贸交易中，皮毛产品即是俄商收购的重要大宗物资。恰如文献记载：

---

① 王少平：《中俄新疆贸易》，《史学集刊》1989年第4期。

"(在伊犁)皮毛每年经华人卖与俄商者一万四千普筒,经俄人卖归俄商者四万六千普筒,和华秤共重一百六十五万斤。"于此,尤需注意者,皮毛"非宁远一县所产,蒙哈各游牧所出实多,均运来汇总发售耳"。此外,"土药行销本地,亦有贩销他处者每年约共销二十余万,所有本地行销他处各项货物每年约三十万有奇(蒙哈各种人等均赴此间购货)。此系华商由关内并俄国运来之货,而俄商销数更当加倍"。[①] 有研究还显示:

> 光绪末年塔城运出商品买卖渐由俄商控制。牲畜在本境销行者,每岁马五百余匹,牛三百余头,羊两万余只。运出本境在俄国销行者,每岁马二千余匹,牛二千余头,羊七万余只(不与中国完税),并无自俄国运入本境销行者(蒙哈互售,并不收税,不在数内)……牛羊皮毛本境不甚销行,均因俄人收买运出本境,计每岁出口羊牛皮一百万张,羊驼毛一百一十余斤。……木材本境无人运办,均由俄人伐运,计每岁销行者大木七八百株,小椽三四千株,其自运该国销售者不可计数。[②]

苏俄时期与新疆的贸易,前此商品输出结构仍未有根本改变。以羊毛出口为例,1923—1930年新疆向苏俄出口羊毛数额从4800吨提升至6500吨,占苏俄从东方各国进口羊毛总数的三分之一。[③] 有研究显示,从19世纪末到20世纪初,甚至整个苏俄时期,因应于俄国工业化发展急需工业原料这一客观事实,皮毛和其他畜牧产品作为新疆向俄出口首要大宗商货的商品输出结构一直未有根本改变。这无疑显示出市场需求变化对商路变迁及其商贸活动演进有重要影响(见表2-14)。[④]

[①] (清)李方学修《宁远县乡土志·商务》,全国图书馆文献缩微复制中心,1990。
[②] (清)佚名修《塔城直隶厅乡土志·商务》,光绪三十四年(1908)抄本。另见王龙涛《清代北疆地区城镇市场(1759年—1911年)》,第50页。
[③] 李明伟:《中苏西北边疆贸易的历史与现状研究》,《甘肃社会科学》1989年第4期。
[④] 许建英:《试论杨增新时期英国和中国新疆间的贸易(1912—1928)》,《近代史研究》2004年第5期。

表 2-14　近代俄国与新疆贸易商品输入和输出结构一览

俄国向新疆出口的主要商品	俄国从新疆进口的主要商品	备注
金属、金属制品、洋布、蜡烛、火柴、糖、石油、调料、镜子、呢绒、牛（羊）皮、药材、纸、染料、牛胶、棉、丝线、玉石、蜂蜜、土布、鸡蛋、清油、裼裢布、帽子、干鲜果品、碱、靴鞋、成品烟、烟草、酒、马具、毡子、肥皂、玻璃、缝纫机、苜蓿籽、搪瓷器具、机器油、毯子、茶叶、麻绳等	各色毛皮、绸缎、瓷器、土布、裼裢布、口袋、马鬃（尾）、生丝、干鲜果品、药材、牛、羊、棉（丝）线、地毯、丝毯、毡子、棉花、皮帽、粮油、白矾、砖茶、烟叶、皮袄、桑皮纸、犁铧、羊肠子、麻绳、毛绳、煤炭、马、毡袜、坎土镘、红铜茶壶、夹帽、花椒等	十月革命后，苏俄出口新疆产品仍基本维持此前结构，砂糖、纺织品、硅酸盐、金属制品、石油产品、纸张、火柴和烟叶制品等持续增加[1]

注：[1]〔俄〕奥·布克施泰因：《苏联与新疆省的贸易（1913—1926 年）》，《国外中国近代史研究》第 8 辑，第 315 页。又见曾问吾《中国经营西域史》，第 700、703 页。

资料来源：厉声：《新疆对苏（俄）贸易史（1600—1990）》，第 149—151 页。

再次，学界研究认为，商路经济带区域经济发展，尤其是重要商业市镇兴衰更替，与商路变迁及其商贸活动兴衰密切相关。胡铁球在《近代西北皮毛贸易与社会变迁》一文中，通过梳理相关文献资料，为此论断提供了又一重要证据支持。① 此类史实亦证明市场需求变化是西北商路变迁及其商贸活动演进的重要原因之一。尽管应承认，西北皮毛贸易兴衰首先是多种因素——如天津开埠通商、京绥（张）铁路通车、市场需求尤其是国际市场需求变化，以及洋商深入西北收购皮毛产品——综合作用之结果，但是，上述诸因素中居首要者当是市场需求变化。于此可从两方面证明。

一方面，皮毛产品市场需求旺盛之际，即是西北商路区域社会总收入增加、商贸活动繁盛之时。据统计，1932 年，青海丹噶尔（湟源）、西宁市场皮毛产品分别占其对外输出商品价值总额的 75.47%、81.23%；1932—1934 年三年甘肃皮毛产品分别占其输出商品价值总额的 48.37%、43.08%、52.01%；1934 年，宁夏市场同类数据是 42.98%。② 另外，时人记载亦言

---

① 胡铁球：《近代西北皮毛贸易与社会变迁》，《近代史研究》2007 年第 4 期。
② 胡铁球：《近代西北皮毛贸易与社会变迁》，《近代史研究》2007 年第 4 期。该文较详细地统计了甘、宁、青三省皮毛输出数额，认为皮毛产品是近代西北对外输出首要大宗商货。其中，青海之丹噶尔市场光绪年间输入内地商货价值总计 45.05 万两白银，皮毛产品价值达 34 万两［（清）张庭武等修纂《丹噶尔厅志·商务出产类》，宣统元年（1909）排印本］。湟源一地年输出货物总值 79.77 万两白银，皮毛产品价值达 64.8 万两（周希武：《玉树调查记》，青海人民出版社，1986，第 142 页）。1932 年，西宁商品输出总额 2204680 元，皮毛产品价值合计 1593320 元（顾执中、陆诒：《到青海去》，商务印书馆，

皮毛产品是宁夏市场首要大宗输出商贸物资。①综上事实证明：皮毛产品市场需求增加是引发西北商路商贸出现一业兴则百业旺的根因之一。由此，沿黄河水系而成的皮毛集散转运中心——一批特色贸易商业城镇，如宁夏之石嘴山、吴忠、银川，甘肃之兰州、临潭、夏河、卓尼，青海之西宁等——顺势发展成为商路市场体系中的区域经济中心。

另一方面，与前述现象相对应者，市场需求萎缩，西北商路商贸活动则随之而衰，继之则是区域经济发展动力不足。正如前述所论，西北皮毛产品大规模对外贸易肇端于开埠通商后国际市场对西北皮毛产品需求显著增加，其衰亦根源于市场需求变化。导致此种变化的原因在于下述关键史实：1929—1931年国际金融危机爆发，汇价涨跌不定；抗战军兴；苛捐杂税繁重；官商暴虐和商人不良；等等。市场需求萎缩后，皮毛产品出口迅即下降甚至于几乎断绝，商路商贸活动衰废，致使西北商业乃至区域经济发展停滞不前。②导致市场需求变化的原因如下。

其一，法币未改革前，中国曾长期实行银本位制度。国际市场金银价格变动加剧导致汇率变化，必对皮毛产品市场需求变动产生重要影响。例如，在西北皮毛重要集散、转运中心——包头市场，汇价波动时，"包头各行业的兴衰无不依绒毛行行为为转移……外汇低落，皮毛上涨，地方活动；外汇上涨，出口货不快，皮毛疲落，地方滞塞"。③

其二，战争、国际金融危机共同作用，西北皮毛产品经天津口岸出口几乎断绝。全面抗战时期，天津沦陷后，国民政府曾禁止皮毛产品运至天津口岸。日本人的调查统计即将1938年西北皮毛产品经包头输入天津口岸

1934，第304—306页）。甘肃、宁夏缺少连续数据，仅有非鼎盛时期的1932—1934年皮毛产品输出数据；此间，甘肃皮毛产品输出额是7088670元、6640272元、10058197元（朱镜宙：《甘肃最近三年间贸易》，《开发西北》1935年第5期）。甘南皮毛产品主要集散地有临潭、夏河、卓尼三地，前两者输出百分比据推算是57.47%、92.15%（王志文：《甘肃省西南部边区考察记》，兰州古籍书店，1990，第387—399页）。20世纪30年代甘南之拉卜楞地区的调查显示，其在30年代初年输出皮毛产品价值占其总输出商品价值的71%（高长柱：《拉卜楞之近况及其开发意见》，《边疆问题论文集》，正中书局，1941，第441—442页）。

① 张其昀：《宁夏省人文地理志》，《资源委员会季刊》（西北专号）1942年第1期。
② 谢亮：《近代西北商品市场变动中的回商与京兰商路——以皮毛贸易为中心》，《宁夏社会科学》2011年第1期。
③ 渠自安口述，刘静山笔记《包头的钱行业》，《包头史料荟要》第5辑，第95页。

数量显著下降的原因归为"中国方面坚决禁止毛皮类输出从而使蒙疆的毛皮输入锐减"。① 西北皮毛产品市场需求一蹶不振，西北商路经济区域商贸活动亦随之衰败。诚如时人所言：

> 皮毛等项大宗货物，因国际发生经济恐慌，及东北事件发生波及平津以来，此间之此项大宗货物，凡昔日以平津为销售之尾间者，今则大受影响，各商店在平津一带订购之货款，既无现洋偿还，亦乏皮毛作抵，彼此交困，坐待穷迫，而有效之解决办法，尚不知从何说起，故商业的凋敝，将愈趋愈不堪了。②

其三，苛捐杂税繁重，以及官商暴虐和不良商人种种市场欺诈之举，亦致使皮毛贸易萎缩。如一些洋商、华商收购皮毛产品时故意克级压价；于苛捐杂税繁重和官商暴虐，典型者莫过于马家官商试图垄断皮毛贸易之举措。③ 官商如此经营，使甘宁青地区一度出现"商人裹足不前，蒙藏各地，货物囤积，无法消售，年积月累，多被腐化。虽蒙藏人极廉价出售，而商人咸曰捐税繁苛，无力收买"，而蒙藏各地则"守货待毙"。④

总之，经由前述时势变化，西北商路"一毛动百业兴"的繁盛局面遂告结束，⑤ 胡铁球更是认为西北商业、金融业由此几乎陷于瘫痪。民生因之窘困，亦可谓苦不堪言。这即如时人所记，宁夏八大商家随之开始衰败；⑥ 在甘、青两省，甘南皮毛滞销致使商业萧条，拉卜楞全境经济可以用"油尽灯枯"来形容；湟源、乐都两地银根拮据，商业衰败，商号倒闭者所在多是。⑦ 由此以观青海全省，其依赖皮毛贸易实现创收之牧民、商人皆因此而深陷困顿，凄苦情形不可言状，全省经济根基遂告不复存续。⑧

---

① 〔日〕中村信：《蒙疆经济》，《内蒙古史志资料选编》第9辑，1985，第199页。
② 顾执中、陆诒：《到青海去》，第308页。
③ 参谢亮《近代西北商品市场变动中的回商与京兰商路——以皮毛贸易为中心》，《宁夏社会科学》2011年第1期。
④ 李自发：《青海之蒙藏问题及其补救方针》，《新青海》1933年第12期。
⑤ 沈评整理《皮毛首户广恒西的六十年》，《包头史料荟要》第1辑，第147页。
⑥ 苗子安等口述，刘继云、徐世雄整理《宁夏八大商号》，《宁夏老字号》，宁夏人民出版社，1997，第9页。
⑦ 顾执中、陆诒：《到青海去》，第105、166、375、219页。
⑧ 张元彬：《一蹶不振的青海羊毛事业》，《新青海》1933年第9期。

民生凋敝和商贸困顿之惨景历历在目,此中根因却是"皮毛大跌之时……商业欲其振兴,货物欲其销畅,实为不可能事"。于此事实,1933 年前后青海进出商货数额变化足以证明。此年秋季,经由本区域外商路输入青海市场商货数额仅 500 余担,不及往昔正常年景 2000 余担输入量的四分之一。加之,货价狂跌,在本区域市场银根紧缺,民众购买力也疲敝不堪。①依赖皮毛产品贸易的西北商路区域,"各个畜产的集中地点,尤其是如西北的绥、包地区,及甘肃之海原、固原、平凉等地,发生了银根枯涩,金融奇窘的现象"。②

第三节　商人市场开拓

商人市场开拓是影响西北商路变迁及其商贸活动兴衰的重要因素之一。西北商路演进史表明商人此类行为有其深厚历史传统。不同历史时期,尤在开埠通商后,商人此类行为促进了商路市场体系拓展,影响商路重要市镇兴衰及商路市场的商品结构变动。开埠通商后,洋商东来更使此影响因素具有了新的时代特征与内涵。需指出,前述变化本是西北商品市场变动的重要内容。基于此,本节拟以西北茶市、皮毛贸易兴衰经历为据,论证商人市场开拓对近代西北商路演变及其商贸活动盛衰的影响。

一　商人"迁徙"与西北商路市场体系拓展

商人迁徙范围扩大促进商路市场体系——尤其是在民族地区——进一步拓展。就近代西北商路市场而言,商人迁徙在空间结构上体现为本地商人东出西进、内地商人西进以及洋商东来。

秦汉之际,内地商人已入西北市场从事各类商贸活动。历史文献于此亦多有记录。如《汉书·西域传》记载:"(内地商)驴畜负粮,须诸国禀食,得以自赡。国或贫小不能食,或桀黠不肯给,拥强汉之节,馁山谷之间,乞匄无所得,离一二旬则人畜弃捐旷野而不反。"③ 与之对应,西域

---

① 张得善:《淘金建设青海疑义》,《新青海》1934 年第 11 期。
② 紫东:《从近年来中国畜产品的国际贸易谈到西北畜产资源的现状》,《西北论衡》1940 年第 1 期。
③ 《汉书》,中华书局,2007。另见吕思勉《中国制度史》,上海三联书店,2009,第 47 页。

东来之商人因与使者混途而构成复杂，或使亦为商，其经年累月跋涉于中西交通线上，于东西商路贯通亦有贡献。"他们（使者）'相望于道。诸使外国一辈大者数百，少者百余人'，'一岁中使多者十余、少者五六辈，远者八九岁，近者数岁而反'。他们'私县官［赍］物，欲贱市以私其利外国'，一些'奉献者（使者）皆行贾贱人，欲通货市买，以献为名'。"①

西北商路兴衰与内地商人、西域商人、域外商人艰难的西出或东进密切相关。以唐宋分际可发现，明清时西北区域经济发展与商路开拓及其商贸活动兴衰已深度关联。其间，西北商人群体——以秦晋商人为主，他们东出东南或南下四川——亦渐成长，其迁徙范围的扩展是促成西北商路市场能与全国市场连通为一体的根因之一。② 以明清大宗商货——棉布在西北商路市场的销售为例。江南嘉定土布"商贾贩鬻……远至蓟、辽、山、陕"。③ 在华北，山东恩县土布由"布客采买，运往奉天、山西二处出售"。"（恩县）粗布，东运济南，西运至山西，俱系陆运，每岁数万匹"。④ 在中原，河南正阳陡沟细布行销山陕豫皖，在此产地市场，"商贾至者，每挟数千金，昧爽，则市上张灯设烛，骈肩累迹，负载而来，所谓布市，东达颖亳，西达山陕"。⑤ 河南孟县、孟津的布市，"自陕、甘以至边墙一带，远商云集，每日城镇市集，收布特多"，且"秦陇巨商终岁坐贩"。⑥

从清季至近代，时势急剧变化于商人市场开拓影响颇巨，但是，商人此风依然不减。此类事实堪称精要者即如清代两度用兵新疆完成天山南北一统时，内地商人入疆即成两次高潮，而两次高潮尤以左宗棠收复新疆之后，平津、燕赵、秦晋（陕甘）、川楚等地商人形成的蔚为大观的进疆高潮为最。就对商路变迁的影响而言，此现象折射出下述事实——入疆内地商人地域构成范围显著扩展，亦表明西北商路与内地商

---

① 吴顺发：《中国古代消费市场与贸易史》，武汉出版社，2011，第136页。
② 谢亮：《社会"自生秩序"的中国经济史镜像：华北棉布市场变动原因研究（1867—1937）》，第13—18页。
③ （明）韩浚修，（明）张应武纂《嘉定县志·田赋考（中）》，万历三十三年（1605）刊本。
④ （清）汪鸿孙修，（清）刘儒臣纂《恩县乡土志·物产·商务》，光绪三十四年（1908）刻本。
⑤ （清）彭良弼纂修《正阳县志·物产志》，嘉庆元年（1796）刻本。
⑥ （清）仇汝瑚修，（清）冯敏昌纂《孟县志·物产》，乾隆五十五年（1790）刻本；（清）赵擢彤、（清）宋缙等纂修《孟津县志·土产》，嘉庆二十一年（1816）刻本。

路联系更加紧密，商贸活动日趋繁兴。有研究指出，清季遍及天山南北的内地商人的数量、分布行业范围远超历史上任何时期。[1] 文献记载还显示，此期，商路中心如古城、迪化等，"燕商为最，晋商次之，秦陇又次之，豫蜀其末也，鄂则微矣"。[2] 内地商帮依商路各有分布且自成体系，他们在西北商路的市场竞争中各显实力，此亦是西北商品市场变动和市场竞争的重要内容之一。例如，在西北茶市，回商与京津商人、山陕商人、湖湘商人各据一隅。再如，在西北重要的茶叶转运市场——兰州茶市，"甘商旧分为东西二柜，东柜多籍隶山西、陕西，西柜则回民充之"。[3] 需强调者，1881年嘉峪关开埠通商，经兰州转运的茶叶更大量地输往俄国市场，以及在西北商路市场曾出现"俄茶倒灌"的现象，皆说明近代西北茶市既要通国内市场，又外联俄国市场。华茶输俄四条商路中，从汉口→汉江商道→西安→平凉→兰州→河西走廊→嘉峪关→新疆→俄国的商路可谓最为重要。[4]

尤应指出下述事实，即回商再度活跃更能折射出在西北本地商人重新崛起的过程中，其迁徙范围扩展对商路变迁及商路市场拓展有重要影响。有研究证明，回商足迹遍布四方与京兰商路重要性凸显密切相关，更是京兰商路市场体系深度拓展的重要推进力量。[5] 他们活跃于产地市场、转运市场和终端消费市场，其独特的中介作用使西北涉藏地区亦能与东部之天津、上海口岸实现商货流通。在商货进出西北的重要转运市场，如归绥、张家口、包头等地，回商的身影随处可见。在包头，回商被称为"西人"。时人记载："在大青山脚下，四时不断起着风沙，使得南国的人们投入了境界，即刻便会感到呼吸短促，鼻膜的生炎"，但是，"任你走到何地何时，不断的会听到'西人'的称呼，尤其是在交易场所或货栈里，总会提

---

[1] 潘志平：《清季新疆商业贸易》，《西域研究》1995年第3期。
[2] 杨赞绪：《开发新疆实业之管见》，《新疆简史》第3册，新疆人民出版社，1987，第41页。
[3] 《清史稿·食货志五》，中华书局，1977。
[4] （清）刘锦藻：《清朝续文献通考·征榷·榷茶》，浙江古籍出版社，2010。
[5] 谢亮：《近代西北商品市场变动中的回商与京兰商路——以皮毛贸易为中心》，《宁夏社会科学》2011年第1期。有研究认为，甘青川地区商路勾连华北或东南口岸的羊毛贸易中，回商作用明显。"在整个羊毛购销外运过程中，回族羊毛中间商人占据主导地位。在他们的精心组织下，带动了一大批人从事羊毛运销业——收购、择晒、打包、驮运、筏运。"（马平：《近代甘青川康边藏区与内地贸易的回族中间商》，《回族研究》1996年第4期）

旧市场　新因素：商路变迁与西北区域经济非均衡发展（1851—1949）

说道的"。①据统计，20世纪20—30年代，包头资本额在1万元以上的6家皮毛店中，回商居其四，即著名的"宝顺栈""德顺公""三义公""聚盛公"商号。②而且，回商在京、津、沪、汉等地出售皮毛和西北其他土产，回购棉布和其他京广洋杂货等，并于商路沿途设栈经营。如著名的"天成和"回商商号，除固定资产外，常备流动资金19万元，购置商货转运用骆驼200多峰，在吴忠、包头、归绥等处设转运货铺计200多间。③再如，在甘肃，依托西道堂发展而来的"天兴隆""天兴泰""天兴亨"等商号，构成旧城（临潭）最大的伊斯兰商业集团。它们在临潭和其他地方创设商号，坐地经商，经营多支商队往返汉、藏间，足迹近至甘、青、川、藏、西康等牧区及甘、青、川主要商业区，远至西安、包头、张家口、平、津、沪等地，④经营领域涉及布匹、畜产、粮食等。

除前述华商迁徙，洋商东来亦凸显了西北商路变迁所处特定时代背景。洋商此种迁徙也是促使西北商路市场体系连通国际市场的一种推动力量。他们主要经东部津、沪、汉口或西部边境口岸连接西北商路的通道进入西北市场。西北市场洋商地域构成多元，中亚、南亚、欧美商人皆有，俄、英等欧美商人是其主体。

西部边境方向，清廷用兵新疆平定准噶尔部、和卓部叛乱，并在伊犁、塔城重新开放与中亚通商互市后，边疆互市域外商人主要来自中亚、南亚，还有冒充中亚商人的俄商。清中叶前，中俄在西北地区的贸易常以中亚商人为中介，故此期间俄商在两地间的迁徙范围远不如开埠通商后。英（印）商人的情形亦是大同小异。俄、英对中亚、南亚的争夺加剧后，俄、英（印）商人亦直趋新疆，并经新疆商路深入西北腹地市场，西洋商货尤其是俄货——主要是呢绒、毛皮，后期也包括工业品——开始随之充斥于塔城、伊犁、阿克苏等商路中心市场。此类贸易之初期，尤在俄国工业化未真正大规模开展前，中国的布匹、丝绸、茶叶尚能借此商路逆向流

---

①　西人：《"西人"与包头》，《新青海》1937年第4期。
②　〔日〕幾志直方：《西北羊毛貿易と回教徒の役割》，东亚研究所，1940，第108—109页。
③　李凤藻：《天成和商号》，《宁夏文史资料》第17辑，宁夏人民出版社，1987。
④　西道堂商业运营实行经理负责制，每支商队或每一商号都由一经理负责经营，经理则向道堂总经理负责，按期汇报商队或商号经营状况。另外，西道堂创办商号15个，商队20个，其"天兴隆"商号在甘、青、川和张家口等地均设分号（张世海：《民国时期安多地区的回藏贸易》，《回族研究》1997年第2期）。

向域外市场，且销路尚好。其间，俄、英商人及官员是此贸易商路拓展的急先锋。相较而论，俄商经哈萨克草原直接沿天山进行渗透更方便快捷，英（印）商人经克什米尔、拉达克沿塔里木盆地进入新疆的商路则是山高路险，所以，较长时段内，西北商品市场，尤其是在皮毛、茶叶贸易中，俄商势力要远超英（印）商人。此间，以1797年俄国颁布《布赫塔尔明斯克通商条例》为标志，在连通俄境与塔城、伊犁的商路上，俄商活动显著增加。例如，1807年、1809年、1810年和1811年，俄商穆尔塔尔、涅尔平、亚佐夫分别从塞米巴拉金斯克和布赫塔尔明斯克组织商队前往塔城开展贸易。此种行为为众多俄商效仿，俄商在此商贸区的迁徙范围随之扩展。自此始，至开埠通商后，尤以1851年《中俄伊犁塔尔巴哈台通商章程》的签订为标志，在不平等条约体系的庇护下，俄商迁徙范围扩展至整个西北商路。① 清末，俄、英商人的势力已遍及天山南北。沿天山南、北商路分布——莎车、宁远、塔城、迪化、疏勒、和阗、于阗、绥定、英吉沙尔、温宿（县）等俄、英商人的集中分布地均是商路要津——是其在西

---

① 按，19世纪前，俄、英殖民势力与中国西部开展商贸，以中亚、南亚商人为中介。清中叶至开埠通商前，他们在中国西部边境商贸活动的迁徙范围逐渐扩展。如在俄未侵占西西伯利亚前，对沿贝加尔湖的东西伯利亚交通线基本不知。此故，1654年俄使巴伊科夫首次进北京是由额尔齐斯河经新疆北部穿越"大草地"商路（〔俄〕尼古拉·班蒂什-卡缅斯基：《俄中两国外交文献汇编》，商务印书馆，1982，第511页）。1728年中俄签约确定恰克图为对俄贸易口岸。清中叶前，国力尚能勉强应付西洋挑战，清廷对西部地区与中亚、南亚通商互市实行传统管理，未有显见重视。俄商要求在西部进行贸易亦因清廷认为有恰克图贸易通道而被多次拒绝。此间——尤在俄国未真正掌控中亚前——双方贸易多依靠中亚或哈萨克商人为中介，俄商亦多冒充中亚、哈萨克商人，或直接作为武装走私者。俄商成分复杂，商人、殖民官员和走私分子充斥其间。沙俄政府于此类活动多有助力，甚至其本身即是政府行为。例如，1797年俄国要求在霍尼迈拉呼卡伦通商，清理藩院则重申："俄罗斯恰克图贸易外，其霍尼迈拉呼卡伦俱不通商。"〔（清）何秋涛：《朔方备乘·考订俄罗斯佐领考》，光绪七年（1881）刊本〕同年，俄颁布《布赫塔尔明斯克通商条例》。1803年，俄又于布赫塔尔明斯克（靠近霍尼迈拉呼卡伦）自设海关，试图强化与中国西部尤其是新疆的贸易——一直未被清廷认可而处非法状态。从18世纪上半叶，俄沿额尔齐斯河设置向东扩展势力的据点，并串联成交通线路。至18世纪末，该线路由鄂木斯克、热列津斯克、雅梅舍夫斯克（1754年俄在此设海关）、斜米巴拉金斯克（1753年俄在此设海关）、乌宾斯克，乌斯季卡缅诺哥尔斯克连通塔尔巴哈台和布赫塔尔明斯克。此线路长1100俄里，因其军事功能日渐弱化而渐成俄国与新疆的通商路线。一些研究认为此是俄与新疆商贸的出发点或曰前哨（参潘志平《清季俄英殖民主义势力对新疆的经济侵略》，《中国边疆史地研究》1995年第3期）。

北势力范围的突出特点（见表 2-15）。①

表 2-15 1910 年新疆各府厅州县外国人居住统计

单位：户；人

地区	外国人寄住户	外国商人	地区	外国人寄住户	外国商人
迪化县	23	485	焉耆府	2	2
昌吉县	-	-	新平县		
呼图壁分县			婼羌县	5	13
绥来县		1	轮台县	2	3
阜康县	-	-	库车州	44	70
孚远县	3	3	乌什州	40	110
奇台	31	47	沙雅县	6	8
吐鲁番厅	19	33	疏勒府	11	25
鄯善县	1	1	疏附县	137	269
镇西厅	-	-	英吉沙尔厅	101	139
库尔喀喇乌苏厅	-	-	伽师县	13	13
哈密厅	2	7	莎车府	816	1433
绥定县	81	131	蒲梨府	2	1
宁远县	1224	509	巴楚州	18	27
精河厅	-	-	叶城县	21	35
塔城厅	37	500	皮山县	-	-
温宿府	6	6	和阗州	155	209
温宿县	49	127	洛甫县	-	-
柯坪分县	2	2	于阗县	64	182
拜城县	1				

资料来源：（清）袁大化等纂修《新疆图志·民政三、四》。

---

① 按，清末，洋商入新疆出现一次高潮。十月革命后，新疆洋商势力变化受新疆地方政府与苏俄或英人外交关系之影响甚大。总体而论，俄商在新疆势力强于英（印）商。英（印）商势力曾在十月革命前后的短暂时段内有迅速崛起之势。据统计，1910 年，天山南北 28 个府厅州县，甚至偏僻或穷困之地如柯坪、沙雅、婼羌等皆有洋商寄居。洋商分布于北疆者多于南疆，英、俄商人最多，商队规模亦大小不等，四五百人或一二百人有之，不及十人者亦有之。二者中属英籍或俄籍的南亚或中亚商人不在少数。需注意者，本地商人托庇于不平等条约体系或入外籍或冒充洋商者亦有之（参潘志平《清季俄英殖民主义势力对新疆的经济侵略》，《中国边疆史地研究》1995 年第 3 期）。

英（印）商于19世纪上半叶已开始觊觎中国西部边贸厚利，不甘居俄人之后。1821年英商非法入境退摆特（拉达克），意图在南疆商路中心叶尔羌、喀什噶尔非法从事商贸活动。英商要求在新疆进行边贸，清政府则托词英人"向在广东贸易，温都斯坦一带，并非伊国泊船口岸"而断然回绝英人此类要求。①《清宣宗实录》记载，1822年英商木尔齐喇普请求中国允许其在叶尔羌至布噶尔（布哈拉）一带通商。②自此始，至开埠通商后，与俄人类似，英（印）商人亦借助不平等条约体系的庇护——尤在苏俄十月革命前后——将其迁徙范围逐步扩展至整个西北。需说明者，除十月革命前后的短暂特殊时期，总体而论，在西北商路市场——尤以新疆商路为主——英（印）商势力相对弱于俄商。

东部方向，洋商东进西北的路线主要是"大草地路"、甘京（京兰）商路，以及从汉口经陕南入西安至河西走廊进入新疆的商路。另外，经陇海路入境陕西亦是洋商进入西北商路市场的重要路线。经前述线路，洋商深入西北腹地者所在多是。在包头、张家口、归绥、西安、兰州、银川这类区域商业中心，以及甘京商路诸如石嘴山、河州这类次级区域商货集散、转运中心，都有洋商入驻。例如，皮毛贸易兴起后，在"大草地路"商贸活动未衰败前，洋商与内地汉商入蒙古市场收购皮毛和销售洋货实属普遍。在甘京商路，1860年中俄续签《北京条约》后，据《清外务部商埠通商档》记载，到1902年时，此地经营皮毛贸易的俄、英、美、法等洋商达40余家。在包头，自1892年英商仁记洋行最先获准在此进行皮毛贸易后，即有俄、英、日、德商之数十家洋行进驻。在石嘴子，1879年，"天津英国洋行买办葛秃子首次到（宁夏）石嘴山'探险'，看到当地人将羊毛沤为粪土，即赊购四万斤运往天津销售而大发其财"。③自光绪朝

---

① 按，道光元年（1821），清廷仍是以传统观念和手段处理边境互市贸易事宜。此次通商请求，亦属英商非法潜入退摆特，同叶尔羌的阿奇木伯克递送通商要求。
② 《清宣宗实录》卷34，第21页。受资料所限，于英（印）殖民商人非法潜入新疆而力图打通英（印）与中国西部的边贸商路的确切时间、主要人物及商队和商贸规模，学界未有充分阐述。但是，一些材料仍能侧面证明他们不甘居俄商之后的种种"努力"。据载，鸦片战争期间，清廷在叶尔羌、和阗、喀什噶尔查获非法贩售鸦片值银10万两之巨。鸦片贩卖商主要是来自克什米尔、巴达克山、音底（印度）、安吉延的商人（参《清宣宗实录》卷329、卷330、卷332）。上述材料可以显示，此期英（印）商人对打通此商路确属不遗余力。
③ 吴忠礼：《宁夏近代历史纪年》，宁夏人民出版社，1985，第91页。

旧市场　新因素：商路变迁与西北区域经济非均衡发展（1851—1949）

起，专事皮毛贸易的洋行如"高林""仁记""新泰""天长仁""平和""聚立""明义""隆茂""瑞吉""兴隆"等亦相继入驻此地。①"各行专在甘、青一带收买皮毛，集中于此，待梳净后，包装，以骆驼或木船载赴包头。岁约皮百万张，毛三千万斤左右。"② 石嘴山亦因此而成西北商路重要的皮毛转运、集散中心和区域商业中心。偏远如甘肃河州，亦因皮毛贸易兴起而有洋行入驻。于洋商深入西北腹地之事实，或许亲历者的观察更能说明问题。例如，1844 年沙俄外交官发布报告称，从中国沿海贩运至喀什噶尔的英国商货已所在多有。洋商、洋货深入西北腹地的范围之广、程度之深由此可见一斑。③

二　商人市场拓展与西北商路市场及商品结构演变

商人迁徙范围显著扩展，势必影响西北商路市场变动及其商品结构变化，这亦是西北商品市场结构体系变动加剧的重要原因之一。

西北社会、经济发展在唐宋后较中、东部地区确属相对滞后。商贸方面，除传统的茶马互市，陕帮商人除外的私商贸易发展亦同样滞后。商人，尤其是外地商人深入西北腹地，或以坐商驻地设店经营，或以行商游走于各地。无论是贩卖粮食、土布、茶叶及洋广杂货，还是收购土特产品或进行其他商贸活动，商人于西北商业日趋繁盛和区域商品化生产程度逐步提升皆属关键影响因素。一些研究认为，西北本地商人和商业资本，尤

---

① 胡铁球：《近代西北皮毛贸易与社会变迁》，《近代史研究》2007 年第 4 期。
② 林竞：《西北丛编》上编，神州国光社，1931，第 73—74 页。
③ 参潘志平《清季俄英殖民主义势力对新疆的经济侵略》，《中国边疆史地研究》1995 年第 3 期。按，因企图垄断东方市场，1836 年，俄皇尼古拉一世训令以武力开辟新的道路。1844 年，俄外交部官员柳比莫夫乔装为商人，非法潜入塔尔巴哈台、伊犁两地探究俄商在新疆贸易情形，并在回国后手书报告一份。该报告坦言，英国商货已从中国沿海贩卖至新疆各地，为同英国竞争，俄国需与清政府谈判并使后者同意俄国强化与中国西部贸易关系的请求，尤其是必须同意俄商在伊犁、塔尔巴哈台和喀什噶尔贸易合法化。俄国此项通商要求，肇端于 1847—1848 年俄人佟正笏奉命向清政府要求在前此三地通商。于此，清廷既担忧俄居心叵测，又顾忌由此而致边境事端横生，最终同意于伊犁、塔尔巴哈台两处开放中俄贸易（《清宣宗实录》卷 443、卷 475，第 8—9、29—30 页）。1851 年签订《中俄伊犁塔尔巴哈台通商章程》，俄国由此获得在新疆贸易诸如免税等特权，在新疆的贸易亦因此获利甚丰。例如，此条约签订后，1854 年，俄货向新疆出口较 1851 年增至 3 倍。

其是陕帮商人于西北社会经济发展促动乏力，① 但是，前此论断忽视了下述事实，即中国社会近代化转型是一渐次的非均衡发展。从整体上看，时至近代及其后较长时段内，西北商路商贸活动仍具有显见的"过境贸易"特征，本地商人市场行为的传统色彩亦较浓厚。如陕帮商人将经商所得用于购田置地，偏好以发放高利贷获利。与之对比，江南商人热衷于投资纺织业等手工业，以助手工业生产技术提升，使手工业产品在市场竞争中能获得相较于西北土特产品的代差优势。

但是，一方面，唐宋后江南发展要快于西北，而且，官营手工业日渐衰败后，其对民间的技术溢出效应高于西北本是显见的制度和历史优势。同时，江南手工业品生产技术提升依赖于本地市场商品化生产程度的迅速提升，此商品化进程时至近代仍有较大发展。同时，江南手工业产品的商品化生产首先是以包括西北商路市场在内的其他远距离贸易为

---

① 稍详而论，其一，以关中商人为主的陕商于明季形成，他们行走于西北、江南及四川、云贵等地。需注意者，一方面，因陕、甘两省地理、文化和行政管理自有历史渊源，两省商人常合称陕甘商人。同时，以传统"西北"而论，秦、晋又被合称为秦晋商帮或山陕商帮。自明代起，尤其入清后，秦晋商人特别是晋商又常下江南采办商货售卖，支撑政府于西北边疆用兵所需，亦成西北与内地市场的商品交换之媒介，因此而获利甚巨。另一方面，西北民族地区蒙藏商人较少，信奉伊斯兰教的商人无论是在新疆，还是在甘、宁、青，皆被通称为回商。一些文献将哈萨克商人、布鲁特（维吾尔）商人单独另称。本书依据西北行政地理概念，将陕、甘、宁、青、新商人皆视为西北商人。其二，近代化转型未彻底实现前，西北地区此种转型较中、东部地区滞后，有研究认为以陕帮商人为代表的西北本地商人和商业资本于本区域社会经济发展促动乏力（张海鹏等：《中国十大商帮》，黄山书社，1993，第97、98页；戴鞍钢：《发展与落差——近代中国东西部经济发展进程比较研究（1840—1949）》，复旦大学出版社，2006，第414页；马敏：《官商之间》，天津人民出版社，1995，第107页；许涤新等主编《中国资本主义发展史》第3卷，人民出版社，1993，第251页）。此类论断的主要理据有如下几条。第一，相较于江南商人，西北商人投资于手工业生产者少，未能将手工业生产先进技术传入西北，以致本区域手工业生产落后。第二，商业资本较薄弱，商人组织化程度较低。于此，戴鞍钢、马敏在其论著中以西安此类旧事和西北绅商数据加以论证。如西安"百货业在1914年仅有坐商30家，摊商30家，从业人员190人，资本2万两。时至1935年陇海铁路由东向西通车至西安，很多输出入西北的货物在西安集散，1937年百货商方面增至150家，从业人员850人，资本41万元"［西安市工商局：《西安市私营百货业社会主义改造历史资料（1959年）》］。第三，在西北，产地市场常又是商品终端消费市场。同时，基于对西北商路商贸活动历史传统、事实的理解，如区域内外商品交换需以商路通道为媒介，本书认为将"过境贸易"视为长时段内西北商贸主要特征是妥当的。一些学者就陕西商业历史演进所做论断亦为本书赞同（参田培栋《陕西社会经济史》），并将其适用范围扩展至整个西北市场。

支撑的。西风东渐至西北境域后，无论是有官方背景的商人抑或私商都有投资近代工商业之举动。他们从自建会馆到组建商会，提升组织化程度，虽晚于中、东部商人，但是亦逐渐开始加入近代化转型过程中。他们的此类举动滞后于中、东部商人群体，当与其特定地理环境和近代中国渐次开放之事实紧密相关。另一方面，基于前此事实，秦晋商人贩卖茶叶、粮食及棉布等手工业产品亦可视为是商人闻市场先机而动。未有近代化转型之刺激前，其抑或是西北社会商品化生产发展的一种路径依赖。更何况，本地商人注重对贩卖商品进行加工，也有助于相关行业和领域生产技术的提升。如前论，同州、泾阳、三原这类商业或手工业中心，商人投资瓷器、茶叶和皮毛加工业的事实亦所在多有。加之，西北商贸既有显见的"过境贸易"特征，若无其他数量众多并散布于各地的大小商贩往来于产地市场和消费市场，大量商贸物资流通实不可实现。事实上，商路本就是勾连西北境内外一巨大市场体系，其各类商业中心内诸多有市场影响力的巨商富贾恰恰构成串联各类摊商小贩的市场网络。

表 2-16　1912 年西北各省绅商人数统计

省份	绅商人数（人）	省内占比（%）
陕西	116	0.53
甘肃	109	0.5
新疆	15	0.07

资料来源：马敏：《官商之间》，第 107 页。

基于前述事实，本书更愿意强调，本地商人及外地商人于西北商业日趋繁盛和区域商品化生产程度提升皆有不可埋没之功。

以陕商为例，他们于大宗商贸物资如粮食、茶、盐、布匹、皮毛、药材、烟草等土特产品之输入及输出确有重要贡献。布匹贸易方面，前论显示，明季泾阳、三原商人下东南采购布匹运至西北地区，向明之西北边境镇守军队行销。入清之后，三原商人因不能于东南设庄采购布匹，遂将布匹采购市场扩展至鄂之安陆、豫之赊旗等地，其行经商路即由汉江至老河口后抵商路中心泾阳、三原，进而通向西北商路市场。同治之际，陕商年购鄂布已高达 465 万匹。三原发展成西北商路市场体系中的布都，布匹贸易亦占其总贸易额的半壁江山。①就茶市而言，在西北，从茶马互市开始，茶叶一直是其输入的大宗商货。利之所在皆人之所趋，故而，明初，政府为垄断茶叶贸易，在西北商路中的秦州、洮州、河州等地设茶马司，对茶叶贸易实行专营。此种与民争利之举动于万历被破坏之后，政府即被迫开禁招商，给以茶引。由此，陕商日渐聚集于襄阳收购茶叶，将其运至区域商业中心三原，进而转销西北各地。终明一代，三原皆属西北茶叶转运、集散中心。入清之后，西北一统，清廷在甘肃设茶引，招商贩茶，陕商遂赴湖南收购茶叶贩销西北。于此类事实，1756年陕西巡抚陈宏谋即言："陕甘两省茶商，采办官茶，每年不下数十百万斤。皆于湖南安化县地方采买，而人情作伪，戥头银色，彼此剋减，此务取盈，各有争执，以致陕甘引商到楚办不前。"②此后，汉口茶市勃兴，陕商遂将经此采购的茶叶经汉江商道运至老河口后送抵泾阳、三原再加工，然后行销陕、甘、宁、青、新，乃至远售俄罗斯，"汉口之茶，来自湖南、江西、安徽，合本省所产。溯水以运于河南、陕西、青海、新疆，其输至俄罗斯者，皆砖茶也"。③茶叶贸易行走路线亦即商路所在。尤在左宗棠治理西北之际，湖湘商人因与左氏有乡谊之优势，大举进入西北茶市，两湖茶叶一度在西北茶市有一统之势。大宗商货贸易甚至在一定程度上决定了陕西商人的构成状况和商路中心所在。④

与关中经济区相比，甘宁青地区社会经济发展水平相对滞后。1936年庄泽宣视察西北所见："甘肃之一部分及青海之大部分居民犹滞留于游牧生活之中，不知货币之为用，仍在以货易货习惯之中。"⑤但是，时人所见更折射出下述事实：正是本地商人及外地商人深入西北腹地开展各类商贸活动，促进西北商品化生产扩展，西北市场与全国市场的联系加强。例如，1932年林鹏侠在青海所见：

境内实业既极幼稚，一切需用均仰给于省外。每年输入者，以

---

① 田培栋：《陕西社会经济史》，第491页。
② （清）陈宏谋：《培远堂全集·年谱》，道光十七年（1837）培远堂刊本。
③ 《清史稿·食货志五·茶法》。
④ （清）焦云龙修，（清）贺瑞麟纂《三原县新志·田赋》。
⑤ 陈赓雅：《西北视察记》，甘肃人民出版社，2002，第231页。

江、浙之杂货，陕、鄂之布匹，四重、汉口之绸缎，湖南、四川之砖茶等，均为大宗。其次为天津之海味，江西之瓷器，每年约在六百万之谱。输出商品，以毛皮、牲畜为大宗，年出羊毛千余石，羔皮、狐、貉等杂皮二百余万张，油（清油、猪油）、木（松、柏、榆、柳）、药材（麝香、鹿茸、大黄、红花、羚羊角）等次之。输出价值每年约千五六百万元。商业最盛之区，以西宁、湟源、玉树等处为中心。此外，北之都兰寺、南之结古寺（即玉树县境）为蒙番之集合所，一切货物先汇于此，然后再入湟源，是为青藏贸易之总枢纽。以故商业之盛，为全省冠。蒙番各地概无商店，只就上等蒙包番帐内为之，众多货物交易，银钱媒介物部多见也。①

另外，《青海志略》亦记载：

青海商业除西宁各县外，其余均为蒙番游牧之民，故其交易极为简单，以物易物，货币不甚适用，因其不辨银色之真伪及银两之轻重。汉人至其地采办货物，无物不收，即旅行之人，其饮食之料，驼运之价，亦须以货物为抵，予以银两，虽多给之，亦不收易。②

清宣统年间，在号称"（甘肃）全省商务之总汇"的兰州，商业发展水平亦不能与中、东部地区同类商业中心相提并论。1910年美国社会学家罗斯于兰州游历时称："城镇居民与农业总有割不断的联系，农忙季节，许多居民帮忙收割麦子，兰州的贸易就被迫停止三天。"③毫无疑问，商人的努力经营才是兰州维持商业地位的关键支撑。如有学人据《陇右纪实录》记载梳理出下述史实：

本处经商者多业烟行，外省人除山西粟商四家外，线业、布庄、杂货、木行，陕人居多。京货，直隶、陕人各居其半。绸缎，河南人

---

① 林鹏侠：《西北行》，甘肃人民出版社，2002，第26页。
② 许公武：《青海志略》，民国34年（1935）铅印本。
③ 〔美〕E.A.罗斯：《E.A.罗斯眼中的中国》，晓凯译，重庆出版社，2004，第193页。

居多。茶业分东、西、南三柜,南柜为湖南帮,东西柜为陕帮。当商三十余家,本处及山陕人相等,然资本甚微,过万金者绝少。市面贸易以银计算,惟官钱局发行银钱纸币,约计十余万。土产输出者水烟土药而外,别无他物。输入品为大布、茶叶、洋货、海菜、杂货,概由此脱卸分销各处者半,发运新疆者半。[①]

综上材料显示,甘宁青商品经济和私商贸易发展水平仍属落后,但是,这也更能说明,西北商货的输入和输出恰恰依赖于商人——包括外地商人——艰难的市场开拓。而且,外地商人已深入西北腹地,涉及商贸各行业与领域,他们在西北商路市场商贸活动中甚至占据市场主导地位。若没有商人市场拓展行为,西北与内地的巨量商货流通断不能实现,其与全国商品市场连成一体亦绝无可能。当注意者,此情况于新疆同样适用(见表2–17、2–18、2–19)。

表2–17 晚清昌吉商货内外销统计

品类	品名	总产量	总销量	本境销量	运出境 销量	运出境 销向	运出境 经商者
粮豆	小麦	10000余石	6000余石	3000余石	2700—2800石	省城	津商
	高粱	2400—2500石	2400—2500石	400—500石	1900—1950石	省城	津商
	粘米	600余石	600余石	200余石	400余石	省城	津商
	豌豆	3000余石	3000余石	1400—1500石	1500—1600石	省城	津商
	扁豆	350—400石	350余石	40—50石	300余石	省城	津商
	黄豆	200余石		60—70石	百数十石	省城	津商
经济作物	胡麻	2200余石		1000余石	1200余石	省城	津商
	菜籽	20—30石			20—30石	省城	津商
	烟叶	5万—6万斤		1.5万—1.6万斤	4万斤	省城	津商

---

① 戴鞍钢:《发展与落差——近代中国东西部经济发展进程比较研究(1840—1949)》,第414页。

续表

品类	品名	总产量	总销量	本境销量	运出境 销量	运出境 销向	运出境 经商者
经济作物	西瓜	5万—6万枚		1.3万—1.4万枚	4.5万—4.6万枚	省城	津商
	甜瓜	4万—5万枚		2万枚	2.6万—2.7万枚	省城	津商
	葡萄	200余担		80—90担	100余担	省城	津商
	桃	300余担			200余担	省城	津商
	苹果	400余担		100余担	200余担	省城	津商
肉畜类	羊	2000余只		1000余只	500—600只	省城	缠回商
	马	600余匹		500—600匹			
	牛	700余头		400 500头			
	猪	700—800只		200余只	500余只	省城、奇台	山陕甘商
	鸡	2000余只		1000余只	1000余只	省城	津商
	鸭	1000余只		300—400只	600—700只	省城	津商
	鱼	百十斤		百十斤			
	野鸡、兔	400—500只		400余只	250—260只	省城	津商
皮毛	生羊皮				700余张	俄国、省城	缠回商
	生牛皮			100余张	300余张	俄国、省城	缠回商
	生马皮			2000—3000张	30余张	俄国、省城	缠回商
	生狐皮	200余张			200余张	俄国、省城	缠回商
	老羊皮			700—800张			
	黄羊皮	10—20张		10—20张			
	大头羊皮	6—7张		6—7张			
	生虎、豹皮	2—3张			2—3张	省城、奇台	山陕甘商
	羊毛			8000—9000斤	3000—4000斤	俄国、省城	缠回商

续表

品类	品名	总产量	总销量	本境销量	运出境 销量	运出境 销向	经商者
燃料	煤	500余万斤	500余万斤	50余斤	360万斤 30万斤 30万斤 17万—18万斤 10万斤	省城 奇台 绥来 呼图壁 孚远	湖北商 绥来驮夫
制品	醋	6000—7000斤		6000—7000斤			
	麦糖、米糖	6000—7000斤		6000—7000斤			
	粉条	6000斤		5000—6000斤			
	豆腐	4000—5000斤		6000—7000斤			
	黄酒	千数百斤		千数百斤			
	烧酒	12500余斤		12500余斤			
	胡麻油、菜籽油	57203斤		37000余斤	2万余斤	省城	
	羊皮褥			40—50铺			
	羊皮袍袄			百数十件			
	羊皮裤			百余件			
	羊皮毡			百十铺			
	毡袜靴			60—70双			
	皮筋、条、笼头			600—700斤			
	牛皮靴			200余双			
药材	大黄	千数百斤			千数百斤	省城	川商
	苏梗	600—700斤			600—700斤	省城	川商
	薄荷	600余斤			600余斤	省城	川商
	玉竹	500—600斤			500—600斤	省城	川商
	甘草	千数百斤			千数百斤	省城	川商
	知母（贝）	300—400斤			300余斤	省城	川商
	贝母	800—900斤			800—900斤	省城	川商
	羌活	200—300斤			200—300斤	省城	川商
	柴胡	300余斤			300余斤	省城	川商
	党参	100—200斤			100—200斤	省城	川商

旧市场　新因素：商路变迁与西北区域经济非均衡发展（1851—1949）

续表

品类	品名	总产量	总销量	本境销量	运出境 销量	运出境 销向	经商者
药材	黄芪	400—500 斤			400—500 斤	省城	川商
	川芎	600—700 斤			600—700 斤	省城	川商
	虎骨	2—3 具		2—3 具			
	鹿茸			2—3 架	十数架	省城、奇台	山陕甘商
	鹿筋			十数付			

资料来源：潘志平：《清季新疆商业贸易》，《西域研究》1995 年第 3 期。

表 2-18　晚清于阗商货内外销统计

品类	品名	本境销量	运出境 销量	运出境 销向
粮	小麦	80000 余石	15000 余石	和阗、婼羌
	苞谷	90000 余石	20000 余石	和阗、婼羌
	各色杂粮	24000 余石		
经济作物	棉花	180000 余斤		
	胡麻油	20 余（万）斤		
	烟叶	20000 余斤	30000 余斤	和阗、喀什等处
	干果	40000 余斤	15000 余斤	敦煌
	杏仁	40000 余斤	30000 余斤	敦煌
	葡萄	150000 余斤	十余万斤	敦煌
肉畜皮毛	羊	60000 余只	50000 余只	和阗、婼羌
	牛	10000 余头		
	马	1000 余匹		
	驴	5000 余头		
	牦牛	2000 余头		
	骆驼	1000 余只		
	羔皮		30000 余张	喀什等处
	牛马皮		15000 余张	和阗、喀什等处
	狐、猞猁皮		3000 余张	省城
	羊毛		100 万余斤	专销俄商

续表

品类	品名	本境销量	运出境 销量	运出境 销向
制品	丝		4000余斤	专销俄商
	绸	800余匹	600余匹	省城
	土布	10000余匹	10000余匹	省城、敦煌
	皮纸	7000余万张		
	粗毛毡	20000余条		
	毛口袋	30000余条		
	皮帽	30000余顶		
	皮袍袄	30000余套		
	皮靴	40000余只		
	礞子石		50000斤	京城

资料来源：潘志平：《清季新疆商业贸易》，《西域研究》1995年第3期。

表2-19 晚清外地输入于阗、昌吉两地的商货统计

昌吉			于阗		
品种	数量	货源	品种	数量	货源
白盐	8000—9000石	迪化、达坂城	大米	1000余石	和阗
砖茶	700—800块	奇台官引	南茶	5000余块	甘省转运
棉花	10000余斤	吐鲁番	红铜	7000余斤	阿克苏
干葡萄、桃、杏、沙枣	各千余斤	吐鲁番	绸缎	合银2000余两	内地
烧酒	10000余斤	阜康	洋绒呢绸布	合银7000余两	俄国
鲜鱼	2000—3000斤	北亚	洋油、蜡	合银1000余两	俄国
酱菜	千余斤	绥来	洋铁	1000余万斤	俄国
酱油	2000余斤	省城			
山药	2000—3000斤	省城			
芝麻油	1500—1600斤	省城			
鲜百合	20余斤	省城			
老羊皮袍、袄	百数十件	省城			
羊皮裤	百十件	省城			
羔羊皮袍、马褂	各20—30件	库车			
红毡	60—70铺	库车			
牛皮靴、鞋	各百余双	库车			
香梨	30余箱	库车			

旧市场　新因素：商路变迁与西北区域经济非均衡发展（1851—1949）

续表

昌吉			于阗		
品种	数量	货源	品种	数量	货源
杏仁	400—500 斤	库车			
大布	600—700 匹	和阗			
绸	20—30 匹	和阗			
皮纸	千数百合	和阗			
裁绒毡	十数铺	和阗			
裁绒马鞯	20—30 片	和阗			

资料来源：潘志平：《清季新疆商业贸易》，《西域研究》1995 年第 3 期。

表 2-17—19 主要反映商业流通领域的史实。此种商业流通仍处于贩运贸易的发展阶段，其主要功能是"财物流通"。与内地商品经济近代化转型经历类似，开埠通商后新疆无法与俄、英商业资本相抗衡的重要原因之一，即其区域经济发展中扩大化商品化生产仍处于较低水平。但是，上文所论仍能证明下述判断可成立。①昌吉、于阗这类商路要津已是新疆商贸活动开展的重要基础。②两地商品入内地市场抑或远售俄境，皆与商人收购或贩卖商货密切相关。这证明商人迁徙范围扩大有助于西北商路市场体系拓展。③活跃于两地的津商、山陕甘商、川商以及俄商等，迁徙范围显著扩展，亦活跃于新疆全域商贸物资收购和贩运领域。可见商人迁徙范围扩展确能助益于地区商品流通和经济发展。④两地商品结构显示，除大量日用品外，粮食、布、茶叶、皮毛、药材等渐成市场的大宗商货。此外，生活、生产必需品贸易占据主导地位，并有较远距离的市场销售。这亦表明商人迁徙范围扩展是区域商品生产发展的重要条件之一。

另需说明者，商人——尤其是内地商人——于新疆商路市场土特商货收购和贩运中居市场主导地位，即便是在传统商业的重要领域，其亦有关键作用。以晋商在新疆之经营为例，其于明初就已甚为活跃，有主导甚至垄断西北贸易之势。入清之后，更兼有"皇商"称号，在清廷用兵新疆之际尾随军队大举进入。晋商活跃于新疆商贸活动各领域，如在驮运业，晋商即居龙头地位。他们从闽、皖、赣、湘等省贩茶至天山南北，以致新疆各族一度将其所贩茶叶称为"晋茶"，其在 19 世纪中叶前甚至有垄断新疆茶市之势。在金融领域，平遥票号在光绪之际于迪化设立"蔚丰厚""天成亨""协同庆"

三家分号。1913年9月《"天成亨"等14家票号存放实绩统计表》显示，三家迪化分号存放银数额分别达292800（无存款记录）、577900、111263两，[①]可见晋商已迅即"执新疆金融业之牛耳"。[②] 又如，左宗棠用兵新疆时，晋商票号接济西征军饷达800余万两。[③] 辛亥革命时期，国家政治形势剧变，"蔚丰厚"票号改组银行成功，一度于商路要津迪化、古城、伊犁、塔城、阿尔泰等广设分行，同俄之华俄道胜银行竞争，以卫国之利权。

前述事实再次说明，商人的市场开拓行为是支撑西北商贸活动乃至区域经济发展的重要基础。商人此类活动有助于拓展西北商路市场体系，促进各地商业繁盛，丰富市场商品结构；开埠通商后，洋商加入，使商路空间结构得到进一步拓展。诚然，在此亦需指出，官、洋商的诸多不当举措亦是此后西北商路及其商贸活动日渐衰败的根因之一。

第四节 交通地理格局变化

商路功能的发挥依赖于其交通运输，因此，交通运输条件、方式和运输能力是西北商路变迁——商路格局演变——的重要影响因素。以开埠通商为分界，此因素对西北商路变迁的影响可分为晚清前、晚清和民国时期三个阶段描述。需指出，传统时期商货运输往往借道官路（驿路），商路诸关键节点与之重合，即官路（驿路）是商货运输重要通道。所以，尽管

---

① 史若民：《票商兴衰史》，中国经济出版社，1992，第336页。
② 纪大椿主编《新疆历史词典》，新疆人民出版社，1993，第696页。
③ 史若民：《票商兴衰史》，第233页。外蒙古未独立前，晋商多经"大草地"商路尾随清军入疆，其在新疆经营堪称要者即驮业、茶叶、票号。未有近代运输之前，内地与新疆的商货物资运输大量依靠驮马，居于传统运输业龙头地位于其商业竞争优势获取具有显见之功。晋商于古城、归化、包头、张家口等多有此业经营。文献资料显示，晋商之中，清代对俄贸易之最大商行"大盛魁"在其顶峰之际，雇伙计六七千人，驮队骆驼将近2万头，行走于蒙古和新疆之乌鲁木齐、伊犁、塔城、库车等地，甚至远及中亚、俄国等地（《新疆通志·商业志·外贸志》编纂委员会、新疆档案馆：《新疆通志·商业志·外贸志》，《新疆商业外贸史料辑要》第1辑，新疆档案馆藏，1990）。晋商在古城有大小40家驮店，呼和浩特有"大盛魁""茂盛魁""德厚堂""福德堂"等驮店数十家。另外，票号在新疆最初除主要经营协饷外，还经营存、放款业务。光绪后期，晋商票号在迪化设立"蔚丰厚""天成亨""协同庆"三家分号，均属平遥帮票号。晚清，国家政治形势剧变，协饷断绝，票号业务大受影响，前论三家票号之中的"天成亨"和"协同庆"相继破产倒闭，唯"蔚丰厚"在改组为银行后继续在新疆市场打拼。

旧市场　新因素：商路变迁与西北区域经济非均衡发展（1851—1949）

官路运输与商路运输存在差别，但视国家建设或改进官路（驿路）运输体系是西北商路运输条件改善的原因也是妥当的。这即如一些学者所论："对商品流通的基础设施建设，或清廷中央下达设置命令，各级政府具体执行，如：修理桥梁、道路、河道、渡船、集、场、市等；或由民间提出要求，各地官府顺应民情而设立；或由民间自行建立，经朝廷批准。这些都表明清廷在商品流通的基础设施方面，有政策、有管理、有倡导，起到关键作用。"①

一　晚清之前交通条件改进与西北商路演变

晚清之前，受地理环境和运输工具——西北各地地貌条件差异大，传统陆路运输主要使用牛、骡、马、骆驼等，水路运输则使用木船、皮筏等；近代虽有铁路、公路和少量航空运输，运输量却不可过高估计——的影响，西北商路交通运输条件改善，突出表现为国家或地方官员整修或拓展交通道路及强化管理。例如，在已形成主要交通路线的基础上，明季，国家拓展从西安至甘州和榆林、长城沿线、西南入川的主要交通路线。入清后至未用兵新疆前，秦、晋、豫三省间通道，及经汉江、丹江勾连长江流域和东南市场的水道被地方官员加以整治。② 此类被整治的交通线路多涉商路要津，一些关口或因此而成商路必经地。例如，从西安经武关顺丹江而下至老河口、谷城、襄、樊到达汉口商路，由明至清，政府常主持整修商洛商道、"陈公"路③，整治汉江、丹江航道。又如，商州知州许维汉于1748年起，耗时三年主持疏通龙驹寨至竹林关航道。以上举措对此商路市场影响力最终不输从西安经潼关至汴城接运河的传统商路具有关键影响，此即文献记载的"马、骡商货，不让潼关道中"。④ 此商路中的龙驹寨（今商州）因此而成水旱码头，"（镇上）康衢数里，巨室千家，鸡鸣多未寝之人，午夜有可求之市"。⑤ 因为，航道整治后，汉江、丹江两水道可连通，自湖北等省而来的商货经龙驹

---

① 方行、经君健、魏金玉：《中国经济通史：清代经济卷》（中），经济日报出版社，2000，第1421—1422页。
② 张萍：《明清陕西商业地理研究》，第73—76页。
③ 1745年，蓝田至商州的商路因巡抚陈宏谋倡导捐资而被整修。经整修，商路得以"驮轿通行，商旅往来如织"，故"呼曰'陈公路'"。（清）罗文思纂修《续商州志·建置·桥道》，乾隆二十三年（1758）刻本。
④ （明）徐宏祖：《徐霞客游记·游太华山日记》，上海古籍出版社，1980。
⑤ （清）王廷伊纂修《续修商县志稿·食货·杂税》。

第二章 西北商路兴衰原因

寨接陆路运输而由商洛通道到达关中，亦可接通整个西北商路。此后，清政府在此商路设官马支路，设征税机构。龙驹寨在晚清同、光两朝益臻繁盛。咸丰时，此商路要津商货征收"厘金岁额曾达银15万两，居全陕之冠"，[①]但是，陇海铁路通车后，其厘金税额急剧下降，[②] 商贸活动大受影响。这表明交通运输条件改善对西北商路变迁有重要影响。

除前论驿路和官道整修，晚清之前，修建新疆台站体系亦是影响西北商路变迁的另一国家行为。尽管清廷此等行为首先是基于用兵新疆和其后有效治理之需，但是，前论已说明物资运输是新疆台站体系的重要功能，入疆及新疆境内的台站体系所经地多与西北商路关键商业城镇或关口重合。因此，传统国家此等行为自当是西北商路交通运输条件改善的重要原因和内容。事实上，一者，入疆有两大台站体系，即"自京城北回龙观站起，迤逦而西分两道，一达张家口，接阿尔泰军台以达北路文报。一沿边城逾山西、陕西、甘肃，出嘉峪关以达新疆驿传"。[③] 前者多与"大草地"商路密切关联；后者与途经陕西，东连秦晋、西通河西走廊的商路相连。综上所经关键节点，如归化→外蒙古→古城（奇台）路，或归化→甘肃→哈密路[④]，有渐次与商路重合之势。二者，天山南北商业中心城镇或区域经济中

---

① 宋伯鲁等修纂《续修陕西通志稿·征榷》。
② 按，《续修陕西通志稿·征榷》显示，陇海铁路通车后，龙驹寨厘金征收额逐年下降，并有两个标志性节点，即1907年厘金征收117420余两、1909年厘金征收78910两。但是，征收数额仍可占到陕西此类数据总额六分之一，且属最多者。这反映出其重要性及商贸繁盛状况，亦与西北近代交通运输发展滞后而未能发挥其优势相关。
③ 《钦定大清会典·兵部》卷51，中华书局，1990。
④ 按，清代因用兵新疆而兴建的台站体系原初并非民用，因其必经商路节点而在客观上利于商路交通运输条件改善。乾隆时，新疆台站网络体系渐次成型。光绪朝清廷再度用兵新疆，左宗棠、刘锦棠将日渐衰败的旧台站体系改造成新驿站邮传体系，又因与商路多有重合而使其物资转运功能更加突出。其中，新疆建省前，内地通新疆的台站主要北走"大草地"路，即经蒙古草原，或北京南下后经秦晋、沿边西入甘肃走河西走廊而入新疆。此路沿途多有商业中心，如古城、镇西府之巴里坤都是商贾汇聚地。又，以蒙古草原为中介，从北京回龙观→张家口→库伦→乌里雅苏台→科布多→塔尔巴哈台。此线路即是归化→外蒙古→古城（奇台）路。乾隆中后期，迪化已成新疆境内及通内地的交通中心、商业中心、政治中心、军事中心。天山南、北主要台站包括：通北路的阿尔泰军台，镇西府之巴里坤军台与归化相通又号称"大路"，并出嘉峪关台路接大同至巴里坤东路粮道等；勾连天山南北有哈密至喀什噶尔（疏勒）台站，以迪化为中心，可分至吐鲁番、伊犁、喀拉沙尔（焉耆）、阿克苏等南疆商路必经商镇或区域经济中心（周泓：《清末新疆通内外交通的反差》，《新疆大学学报》2002年第1期；潘志平：《清代新疆的交通与邮传》，《中国边疆史地研究》1995年第3期）。另外，晚清清廷在边境地区增设玛纳斯等台站，使新疆境内穿越天山的交通线更趋完整。

心，如巴里坤、古城、乌鲁木齐、库尔喀喇乌苏、塔尔巴哈台、伊犁、喀喇沙尔、库车、阿克苏、乌什、喀什噶尔、叶尔羌、英吉沙尔、和阗等均在台站体系之内。而且，台站间的串联亦在事实上为商道形成奠定了基础。如巴里坤→乌鲁木齐、哈密→吐鲁番、乌鲁木齐→伊犁、伊犁→阿克苏、阿克苏→叶尔羌、阿克苏→和阗等都是新疆境内商路网络的主要构成部分。

二 晚清和民国时期交通条件改善与西北商路演变

晚清和民国时期，新式交通运输方式和工具的出现作为运输条件改善之体现，亦加剧了商路演变。基于表述方便，本节拟从两个方面来描述其产生的新变化。

一方面，旧式交通及其线路仍能发挥作用。区域市场间交通干线，如新疆境内的大车路和马路，总计里程5228公里，[①] 仍能发挥其功能。新疆台站所经节点地区与商路重合趋势明显，加之左宗棠、刘锦棠在治理新疆时整治官道和台（驿）站体系，既有助于新疆与内地联系强化，又有利于新疆商路运输条件改善。"刘锦棠首治邮驿亭障，以通道路，商贾联袂接轨。"[②] 此期，平津商人依此路线随军"赶大营"，晋湘诸省商贾亦依此相继运货入疆。他们所经线路或自陕甘趋哈密，或自归绥走经蒙古草地的商路通道，大都会集于古城。新疆建省后，以军用为主的台站体系演变成驿站系统，形成与商路通道重合且以迪化为中心，能覆盖新疆的交通体系（见表2-20、1-5）。

表2-20 新疆建省后以迪化（乌鲁木齐）为中心的交通线

线路名称	走向	说明
迪化→吐鲁番→哈密	东西向	古城北去外蒙古、科布多、乌里雅苏台、阿勒泰地区等，勾连"大草地"路通华北。镇西府之巴里坤是西去古城、东出河西走廊的必经之地，是商业中心和屯垦主要地区之一。迪化与哈密之间，西沿天山北麓达伊宁的线路是新疆境内东西向商路主干；东出星星峡接柳园达安西抵嘉峪关，接通河西走廊商路主干。伊犁、塔城向西，可连接中亚商路，一直是中、俄边贸中心。伊犁霍尔果斯是历史上著名的边贸口岸
奇台→嘉峪关	东西向	
迪化→镇西→哈密	东西向	
古城→科布多	南北向	
迪化→阿尔泰	南北向	
迪化→塔城	西北向	
迪化→伊犁	东西向	

---

① 周泓：《清末新疆通内外交通的反差》，《新疆大学学报》2002年第1期。
② 周泓：《清末新疆通内外交通的反差》，《新疆大学学报》2002年第1期。

续表

线路名称	走向	说明
伊犁→阿克苏	南北向	吐鲁番南下所接库尔勒、库车、阿克苏、巴楚、喀什、疏勒、英吉莎、莎车、和阗，均是南疆商路必经商镇或区域经济中心，并可南下出乌孜别里山口、喀喇昆仑山口连通南亚、西亚商路
吐鲁番→库车	西南向	
库车→乌什	西南向	
阿克苏→莎车	南北向	
巴楚→喀什→莎车	西南转东南向	
莎车→和阗	东南向	

资料来源：周泓：《清末新疆通内外交通的反差》，《新疆大学学报》2002年第1期。

需强调者，除新疆外，新式交通未大规模发展前，陕、甘、宁三省商路与传统驿路或官道重合，商贾运输大宗商货和贩夫走卒借道官路，甚至政府鼓励发展驿道运输等皆是客观事实。这些都说明近代之后旧式交通运输仍能发挥功能。驿运所经线路即是与商路多有重合的旧驿道大路。例如，甘新驿运所经线路实际多与旧有的台（驿）站体系重合。又如，与新疆台站突出的军事功能相比，陕、甘、宁三省驿道系统的商业功能更加明显。这不仅是因其多与商路要津重合，事实上，自明清始，由西安至天水、兰州、凤翔、平凉、甘州、肃州，并北至长城沿边的驿路系统，或从凤翔南下而入川的驿道，接邛州（邛崃）、成都至雅州（雅安）通乌思藏（拉萨）的驿路，自古即是商贸要道。此即文献记载的"若汉中、西川、巩、凤犹为孔道，至凉、庆、甘、宁之墟……往来交易，莫不得其所欲"。[1] 相较于新疆这类边境地区，在内地，官路拓展与整治亦可助益于统治者实行有效统治，客观上有助于官路所经地商品经济和过境贸易的发展。

另一方面，公路、铁路、航空（商业航空运输量小，对其影响不可高估）等近代交通运输业发展亦是西北商路变迁和商货运输方式、运输量变动的重要影响因素。

首先，就区域内部论，西北新式交通运输业发展可分为初创、发展和抗战顶峰时期。其中，1922年西潼（西安—潼关）公路的建成可视为西北发展近代交通运输业之肇端。此路自1921年动工，"千辛万苦始告厥成，

---

[1] （明）张瀚：《松窗梦语·商贾记》。

旧市场　新因素：商路变迁与西北区域经济非均衡发展（1851—1949）

虽全系土路，未能持久，但总算为陕人开了一新纪元"。① 自此始，西北区域内主要跨境公路相继修建（见表2-21、2-22）。

表2-21　民国西北公路建设简计

省别	公路名称	兴修或通车时间	通商路要津及运输状况	备注
陕西	西兰（西安—兰州）公路	1929—1935—1940	西安至兰州实测长706公里，晴天小汽车两天半、大汽车四天到达，同以前行程天数相比，交通时间大大减少	西兰公路于抗战时整修。1940年又经改建，成为西北路况最好的公路
	宝平（宝鸡—平凉）公路	抗战期间		宝平公路使甘陕川三省公路得以贯通
甘肃	兰宁（兰州—银川）公路	1925初成	初期全长754公里。1939年全线贯通，长1179公里	抗战军兴时建设以兰州为中心的公路交通网是西北交通建设重点。甘新公路于20世纪20年代初修成，1937年重修
	甘新公路兰州至酒泉段③	1929—1937		
宁夏	宁夏—包头公路 宁夏—兰州公路 宁夏—平凉公路	1932		在交通部资助下改建
青海	甘青公路	1927贯通	兰州经永登、西宁至湟源，即传统"官道"。公路修成后，兰州、西宁、湟源间运输条件显著改善。玉树公路全长827公里	1938年3月—1939年9月甘肃重修甘青公路 宁玉公路即青藏公路玉树段
	宁玉（西宁—玉树）公路	1944.9建成		
	宁张（西宁—张掖）公路	抗战期间		
	宁夏（西宁—临夏）公路	抗战期间		
新疆	新绥（新疆—绥远）公路	全面抗战前		迪伊（迪化—伊犁）和迪哈（迪化—哈密）公路属西北国际交通线组成部分

资料来源：秦孝仪：《十年来之中国经济建设》，文海出版公司，1976，第1、7—8、14、25页；魏永理主编《中国西北近代开发史》，第359、370页；杨洪、朱小秋：《试论西北近代交通建设》，《西北大学学报》1994年第4期。

---

① 魏永理主编《中国西北近代开发史》，第353页。

表 2-22 民国西北各省省内公路建设简计

省别	公路名称	兴修或通车时间	通商路要津及运输状况	备注
陕西	西凤（西安—凤翔）公路 西长（西安—长武）公路 西汉（西安—汉中）公路 西朝（西安—朝邑）公路 西周（西安—周至）公路 西南（西安—南五台）公路 西午（西安—午子午口）公路 原渭（三原—渭南）公路 咸榆（咸阳—榆林）公路 渭蒲（渭南—蒲城）公路 渭大（渭南—大荔）公路 凤陇（凤翔—陇县）公路 汉宁（汉中—宁羌）公路 西荆（西安—荆界牌关）公路 绥宋（绥德—宋家川）公路 富宜（富县—宜川）公路 汉白（汉中—白河）公路	1923—1930 1926 1934—1935 20世纪30年代初至全面抗战前 20世纪30年代初至全面抗战前 20世纪30年代初至全面抗战前 20世纪30年代初至全面抗战前 20世纪30年代初至全面抗战前 20世纪30年代初至全面抗战前 20世纪30年代初至全面抗战前 20世纪30年代初至全面抗战前 20世纪30年代初至全面抗战前 20世纪30年代初至全面抗战前 20世纪30年代初至全面抗战前 20世纪30年代初至全面抗战前 20世纪30年代初至全面抗战前 全面抗战期间	西凤公路全长156.9公里，接西潼公路，是贯通关中的干线。西汉公路全长447.6公里	西长公路系重新整修西安至长武两地间原有的大车道而成。1935年1月，全国经济委员会在西安成立西北国营公路管理局，西北公路运输计划大纲随之制定。 汉白公路连接陕鄂，由汉中经城固、西乡入鄂，并回连白河县
甘肃	兰州东梢门至东岗公路 泾川窑店至平凉花所公路 华双公路华天段（华家岭至天水） 兰会（兰州—会川）公路 岷夏（岷县—夏河）公路	1924 1924 1935 全面抗战前 抗战期间	华双公路全长180公里 兰会公路全长140公里	东梢门至东岗公路的修通是甘肃近代公路之始。1938年12月，华双公路延至陕西双石铺成甘川公路一段，路程缩短400公里
宁夏	银盐（银川—盐池）公路 银灵（银川—灵武）公路 银予（银川—予旺）公路 银定（银川—定远营）公路	1932 1932 1932 1932		

旧市场　新因素：商路变迁与西北区域经济非均衡发展（1851—1949）

续表

省别	公路名称	兴修或通车时间	通商路要津及运输状况	备注
青海	宁民（西宁—民和）公路 宁循（西宁—循化）公路 宁门（西宁—门源）公路 宁互（西宁—互助）公路 宁同（西宁—同仁）公路 宁都（西宁—都兰）公路 宁贵（西宁—贵德）公路 省鲁公路（西宁至湟中县鲁沙尔）	全面抗战前 全面抗战前 全面抗战前 全面抗战前 全面抗战前 全面抗战前 全面抗战前 抗战期间		
新疆	迪古（迪化—古城）公路 迪塔（迪化—塔城）公路 塔斜（塔城—斜米）公路 迪伊（迪化—伊犁）公路 迪喀（迪化—喀什噶尔）公路 迪哈（迪化—哈密）公路 额塔（额敏—塔城）公路 迪焉（迪化—焉耆）公路 焉阿（焉耆—阿克苏）公路 阿喀（阿克苏—喀什）公路 喀和（喀什—和阗）公路	1920 1926—1928 1926 1926—1928 1928 1928 抗战期间 抗战期间 抗战期间 抗战期间 抗战期间	迪伊公路和迪哈公路全长1895公里	1920年新疆始有近代公路。 1928年，以迪化为中心，新疆已建成5条公路。 1942年，新疆公路总长已达3423公里。 迪哈公路和迪伊公路于1935—1937年重新整修

资料来源：魏永理主编《中国西北近代开发史》；杨洪、朱小秋：《试论西北近代交通建设》，《西北大学学报》1994年第4期。

表2-21、2-22反映了近代交通运输影响西北商路变迁的下述事实。①总体而论，西北商路商货运输网络主要部分多与西北公路网络重合。②显著者，商路必经地，尤其是商业中心市镇或核心经济区域，同样是西北公路运输网络的节点所在。鉴于西北生产力发展水平较低属客观事实，加之缺乏连续性数据，断言近代交通运输已改变西北商品运输格局或属过于绝对，但是，以上事实仍显示，近代交通运输对商路经济带商品流向和流量变化确已产生显著影响，根本改变商路格局的趋势已出现。而且，区域外近代交通运输业的发展对西北商路格局改变有关键影响，此又与前述趋势变化密切相关。

第二章　西北商路兴衰原因

其次，区域外近代交通运输发展对西北商路变迁产生影响。从地理空间构成的关联性看，区域外近代交通运输发展于西北商路变迁之影响主要体现在西连境外之俄、中亚方向和东出秦晋、内蒙古方向的铁路、公路运输的发展。需说明者，因汉江、丹江近代航运业发展滞后，长江新式航运业发展与铁路、公路相比，对西北商路格局变迁影响相对较弱。

开埠通商后，西部方向，俄国修建能够连通新疆的铁路、公路是其增强在新疆侵略势力的重要基础，① 使新疆勾连内地市场商路的功能弱化。其间，自19世纪末始，俄国为实现其"远东计划"而修筑西伯利亚铁路，成立"西伯利亚铁路特别委员会"，声称"这条铁路是俄国实现世界政府的工具"。② 20世纪初此路修成并连通塔什干，1902年又自塔什干延展至阿拉木图。由此，莫斯科与塔什干间耗时五日即可通达，新疆伊犁、喀什噶尔亦可经相应商路与其连通。③ 另外，俄国于1906年强修从图噶尔特山口至喀什噶尔的道路。④ 在此情势下，新疆商路连通境外的商货运输能力远强于其勾连内地市场的能力，不仅陆路商货运输如此，商货运输量较小并勾连境外的水路运输亦受到影响。⑤ 例如，俄国控制伊犁河后，其"采矿极为便利……木材即可贩运出境。俄国之货运入中国，较之车驮转运，

---

① 晚清时为有效治理新疆并防止俄国侵略，亦是受捍卫民族利权运动和思潮之影响，清廷曾动议在新疆修建喀什—吐鲁番、伊犁—兰州铁路，受形势所限，终未实现。其时俄、英兵窥新疆，巡府陶模认为新疆交通闭塞，调兵运输误时，于1893年上奏光绪呼吁向西展筑铁路（蒋君章：《新疆经营论》，正中书局，1936）。光绪六年（1880），与俄国争夺伊犁界约时，刘铭传亦上疏兴建铁路。继之则有钟天纬"关于中国修造铁路利弊论"之呼吁，论及铁路于有效治理新疆的重要性："沙漠运粮，劳费百倍，如有铁路，新疆早定……且有铁路，则十八省呵成一气，通国筋摇脉动。"宣统三年，袁大化在《请借款修东西铁路以保西域而固全局折》中，再论新疆兴建铁路之重要性和紧迫性。最早规划新疆兴建铁路具体线路者是王梦松。其著《防俄论》言："新疆有警，华兵虽强，远不及速。当因嘉峪关造一铁路至吐鲁番总汇分两支：一向天山北联络各城至伊犁，一向天山南至喀什噶尔。此防俄丁西北也。"（周泓：《清末新疆通内外交通的反差》，《新疆大学学报》2002年第1期）
② 周泓：《清末新疆通内外交通的反差》，《新疆大学学报》2002年第1期。
③ （清）袁大化纂修《新疆图志·交涉志一》。
④ 兰州大学历史系编写组：《马继业在喀什噶尔》，《辛亥革命前沙俄侵略我国新疆历史资料选辑》第3辑，1975，第147页。
⑤ 按，新疆河流多为内流河，无可通航内地者。伊犁河经商路口岸霍尔斯注入俄境内巴尔喀什湖，额尔齐斯河由阿尔泰西向注入俄境内斋桑湖。前此路线亦是经俄国通向欧洲市场的商货运输通道。

旧市场　新因素：商路变迁与西北区域经济非均衡发展（1851—1949）

所省尤多"。① 此外，额尔齐斯河可直通俄境斋桑湖，俄国在布尔津兴建码头，且在辛亥革命之前一直掌控额尔齐斯河航运权。②

近代邮路电传系统是商业繁盛的重要条件之一，亦是影响西北商路变迁的重要因素。于此，仍以新疆相关史实为例。与内地相比，新疆近代邮路电传系统商用功能虽有限，但在较长时段内仍为俄国势力掌控。③ 若此情势下，在新疆，洋商拥有相对于华商的市场竞争优势。例如，1871年俄军侵占伊犁时，为便于与国内联系，在伊犁架设电报设施；伊犁收复后，此设施仍基本为俄商所用。再如，新疆原有军台、营塘系统被改造成近代邮传系统，原台站体系几经兴衰而留存者更呈现出与近代交通网络重合之趋势。1884年新疆建省后，其主要邮路与交通干道重合者有14条之多，里程合计9734.5公里。④ 然而，更关键者，新疆近代邮路电传系统发展，无论是俄人掌控的近代邮传和电讯实业，还是中国官办驿运或邮传电讯系统，均兴办于新疆主要商业市镇中心，这在客观上丰富了商路市场变动的近代化内涵，有利于将商业市镇中心串联成一完整的运输和商务信息传输网络。时人对新疆邮传电讯实业发展之重要性和紧迫性的感言，可折射出此类实业发展对商路变迁和西北社会区域经济发展的深刻影响。如晚清新疆按察使荣霈曾指出："新疆与内地悬隔已久，非函谋交通无以保固有之权利，非速邮政无以杜日后之觊觎。"⑤ 事实上，1890年，俄国便开始在如迪化、塔城、伊犁、喀什这类商路中心市镇开设邮局，传递邮件。西伯利亚铁路修通后，俄国于此类中心接收新疆与内地往来邮件，只需耗时数十日即可从新疆通达北京，远较传统驿道邮传⑥方便快捷。俄商因此而年获邮资之利达10万卢布之巨。而且，时人奏请兴办电报设施的规划路线亦同样试图将新疆与西北商路主要市镇中心紧密串联起来。如肃州至迪化、

---

① 杨增新：《呈覆伊犁河运情形文》，《补过斋文牍》（甲），文海出版社，1972。
② 杨增新：《呈明阿尔泰航运应从缓办文》，《补过斋文牍》（甲）。
③ 周泓：《清末新疆通内外交通的反差》，《新疆大学学报》2002年第1期。
④ 周泓：《清末新疆通内外交通的反差》，《新疆大学学报》2002年第1期。
⑤ （清）袁大化等纂修《新疆图志·道路》。
⑥ 按，晚清之前，新疆邮传事务依赖台站和驿运。1906年北京邮政总局于迪化所设邮务管理局即属新疆近代邮政事业之肇端。至1909年，新疆通内地邮路仅至兰州，主要依靠邮差骑马传递。清末，新疆邮传电讯事务仍属官营。其具体经营，沿袭传统驿站制度者有之，与商办车店或驼帮订约委托其代为运输者亦有之。总体而论，晚清至民国较长时段内，前此情形未有根本改变。

吐鲁番至喀什噶尔、迪化至伊犁和塔城、迪化至古城、迪化至阿尔泰的电报线路建设均体现出此种规划。①

东部方向，近代交通运输发展——陇海铁路和平绥铁路通车为主——仍是影响西北商路变迁的关键因素。其突出表现是：一些商路商贸活动因此或盛或衰，随之而继者是一些商业中心市镇或兴或衰。这对西北商路整体格局改变产生重要影响。

陇海铁路于1904年6月动工，1934年入陕，1937年延展至宝鸡。陇海铁路在陕西的支线，即咸阳至同官（铜川），亦于1941年通车。由此，西北商路经汉江、丹江水道勾连长江流域和东南市场的商贸活动，以及经由秦晋间的蒲津商路勾连华北市场的商贸活动逐渐衰败。与此同时，出潼关经由陇海铁路外运的商货运输量显著增长。一些商业中心市镇乃至区域经济中心亦由此或兴或衰。如汉江商道自古就是西北勾连长江流域和东南市场的重要商路。近代，新式运输未大发展前，尤在陇海、京汉铁路未通前，其较长时段内仍是西北连接口岸市场和海外市场的重要通道，商贸活动活跃。有研究显示，随着长江流域重要口岸渐次开埠通商，"汉水商路'改换门庭'，加入长江轮船运输网络，成为汉口、上海等城市推销洋货、交换农副产品的重要渠道，运输较前更为繁忙。在19世纪60—70年代，平均每年经汉水运往西北及俄国的茶叶，即达十几万担"。② 但是，铁路通

---

① 时人规划新疆电报线路仍主要着眼于加强对新疆的有效治理和防止俄国侵略，未侧重于其商用功能。例如，肃州至迪化电报专线架设肇端于1892年，杨昌浚、陶模二人在奏议中强调："新疆远处边陲，遇有紧要文报，由省城递往肃州转电动需旬日，关外电线极应接办。"（中研院近代史所编《海防档·电线》，1957，第1495页）同年清廷筹银10万两兴办新疆电报事业。1893年李鸿章会同前两者上奏《展设新疆北路电线折》，亦称：俄使屡赴总署纠缠帕米尔边界事，"天山南路情形重于北路……乌鲁木齐去京八千数百里，喀什噶尔又去乌鲁木齐四千里，文报过迟，即电讯事件，亦往往逾月。值边情形紧急之时，消息不通，必致事机多误"[（清）李鸿章：《李鸿章全集·奏议十五》，安徽教育出版社，2008，第175页]。1893年嘉峪关至迪化电线架设完成。同时，天山南路由吐鲁番至库车、阿克苏以达喀什噶尔的电线架设亦被提议。吐鲁番至喀什噶尔的电线架设于1893年完工，迪化经乌苏至伊犁、塔城的电线架设亦于1894年完工。1895年天山南、北两路共架设电报线路4000余公里 [（清）袁大化等纂修《新疆图志·道路》]。1904年迪化与古城电线架通，1910年迪化至阿尔泰电线架设完工。至1910年，新疆电报线路情况是：既可东出哈密勾连内地，又可经塔城西出，由西伯利亚至恰克图、库伦而连通北京。另外，1908年，新疆设一电报总局、四分局、三子局及一报房共九处。

② 何一民主编《近代中国城市衰落史研究》，巴蜀书社，2007，第355页。

旧市场　新因素：商路变迁与西北区域经济非均衡发展（1851—1949）

车后，西北原本经由陕南汉江商道出入境的商货，以及原本由汉江、丹江商道入西北的豫南、鄂北等地商货则改走陇海、京汉铁路，前述繁盛随之改变。一些商业市镇或中心亦开始衰败。例如，襄阳因濒临汉江而号称舟联三湘吴会，商务素称发达，其城外新杉洪码头，"唐白河、滚河、清河之水由此至白河咀入汉，往来行船夹岸停泊，商贾云集"。① 但是，京汉铁路通车后，曾经南北通衢的交通地理优势不再，市面日渐凋零，"商业远不如前"。② 再如，汉江流域的老河口镇（原名新镇）、安陆县亦曾是出入西北的商货和人员的必经地，在近代，繁盛时常住人口有两万之多。其沿江开辟码头即有二十个之多，鼎盛之际驻泊商船可达千艘。秦晋布号、庄客多在安陆收购此地盛产的府布行销陕、甘、新三地，年售府布值银能达一二百万两之巨。③ 火车未通前，安陆府布行销西北，或走南阳经洛阳、潼关，或由老河口入汉江进入陕西。铁路通车后，府布运输改走铁路至郑州转陇海铁路入陕西，上述两地亦因交通优势不再而日趋衰败。再如，豫南赊（社）旗镇濒汉江支流唐河，河运繁盛时，因襄阳、樊城的货船途经此地，可北通汴洛商道而与西北商路连成一体。史载："赊旗店亦豫南巨镇也"，"地濒赭水，北走汴洛，南船北马，总集百货，尤多秦晋盐茶大贾"；繁盛时期，"客妓利薮，笙歌盈衢"，"咸丰兴榷关，其市岁税常巨万"。④ 京汉铁路通车后，加之唐河航道不畅，赊旗镇遂"商贾日稀""商务骤衰"，⑤ 人口亦剧降。据载，"在距今五十年前，赊旗镇商业还盛，据说以前人口超过十万，现在仅一万七千人"。⑥ 于此衰败景象，英人贝思飞有如下记述：

> 豫西南的赊旗镇曾是通过唐河和白河运往汉口的货物集散地。从蒙古和西北来的商队也在那里逗留，将带来的货物装上船；那些从南方来的满载货物的船只，在返回之前先要卸货。总之，赊旗镇一直是

---

① （清）杨宗时修纂《襄阳县志·乡镇》，江苏古籍出版社，2001。
② 湖北省财政厅编《湖北县政概况》第 4 册，国华印务公司，1934，第 1099 页。
③ 何一民主编《近代中国城市衰落史研究》，第 356 页。
④ 潘守廉等修纂《南阳县志·建置·镇店》，光绪三十年（1904）刻本。
⑤ 潘守廉等修纂《南阳县志·建置·镇店》。
⑥ 社（赊）旗县地方志编委会编《社旗县志》附录 1《四邻县旧县志摘抄》，中州古籍出版社，1997。

全国最富有的商业贸易中心之一,直到铁路兴建给它带来巨大冲击,它被剥夺了所有的商业活动,除了麻油、白酒和其他一些产品的地方交易外。到了20世纪20年代,它已沦为满是尘土的小市镇了。[1]

三原、凤翔、宝鸡这类商业中心的兴衰亦堪称典型。未通火车前,"三原实为东南西北之枢纽"。[2] 此故,三原、凤翔作为西北商路要津,既是陕西商路连通西北、西南和长江流域的重要商业中心,也是关中经济区,甚至陕西全省经济中心。渭北的棉花、甘肃岷县的药材、四川的糖、山西的潞盐等于此集中后被分销各地,甘、宁、青、川、鄂、晋等省商贾亦聚集于此。在此,商贾集中和商货运输的线路主要是:甘、宁等省商贸物资和商贾多抵凤翔、西峰而后集中至三原;川、鄂等地则经虢镇、商南进入关中(三原)。火车未通前,此地商贸繁盛。三原棉花年进出境总量高达100万公斤。花行经营者资本四五千两者有之,高达10万两之巨者亦有之;药材年进出境总额值银20万两,药材资本达银五六千两者亦所在多是。[3] 陇海铁路通车后,情况有所改变。正如1944年《陕行汇刊》刊载的一篇文章所言:

> 抗战以来,情形大变,药材市场亦移宝鸡,店仅有三两家,钱庄全部停顿,遂使市面异常萧条,不似昔日之繁荣,其原因由于交通与运输之变迁。从前陇海铁路未达陕境前,西北之药材、羊毛往由淳化、旬邑运至三原,或由邠(彬)县、永寿等地运至三原,始可运销东南,而东南各地运来之布匹,亦顺往三原分销于西北,因此三原即为集散中心。自陇海路达陕境后,宝鸡、咸阳代替了三原之地位,棉花市场移于永乐店、咸阳等地,布业、药材业由宝鸡取而代之,钱庄因商业之萧条,多已停业。[4]

---

[1] 〔英〕贝思飞:《民国时期的土匪》,引自何一民主编《近代中国城市衰落史研究》,第358页。
[2] 陕西省银行经济研究室:《陕行汇刊》1944年第3期。
[3] 陕西省交通史志编写委员会编《陕西公路运输史》,人民交通出版社,1988,第21页。花行、药行总数目及其资本额在此则材料中是指1915年数据。1915年此地有花行40余家,药材店50余家。药材店中资本额值银五六千两者16家。
[4] 引自任军利《铁路与近代陕西的商品经济》,《宝鸡文理学院学报》1998年第2期。

旧市场　新因素：商路变迁与西北区域经济非均衡发展（1851—1949）

与前类史实相反者，是宝鸡这类商业中心或曰经济中心的崛起。宝鸡即古之大散关所在，属经汉中与关中乃至西北商品市场联系的大通道——金牛古道入关中的要津。前论已证明，川陕商路经大散关北上接凤翔这一关西商业重镇后，即可向西经由宝鸡、秦州（天水）连皋兰通兰州，再接河西走廊即"东路"商路入新疆，或经秦州接甘南入涉藏地区；还可以沿千河接平凉，或直至河西商路，或接去宁夏的商路，从而使西北、西南市场勾连成片。其东向则可接通向中原、华北的商路。火车未通前，宝鸡在商路格局中的重要性和区域经济的辐射力远不及三原、凤翔这类商业重镇，但是，铁路、公路的通车改变了这一切。宝鸡、铜川、咸阳这类小县城或曰小市镇因近代交通之便而飞速发展为关中重要工业城市。还有些原商路中并不特别突出的市镇，如蔡家坡、虢镇等，亦因此等交通地理变迁而成为商业中心。以宝鸡为例，铁路通车，加之抗战军兴，西汉、长益、宝平等公路通车，遂使其成为连通西南、西北的交通枢纽和人员、商货的集散中心。原先当地主要是以手工工场形式存在的酿酒、造纸、织布等手工业和伐木、小型采矿业，以及从事转手贸易的传统商业。至1941年，宝鸡已发展成为有厂商达1030户的现代工业中心和商业重镇。经此，六七千人的小城宝鸡遂取代凤翔而成关西经济中心、陕西第二大工业中心和西北重要工业基地之一。

平绥铁路虽只通至包头，其对西北商路变迁的影响却具有与陇海铁路同样大的功效。1920年平绥铁路通车并连通天津口岸，其经济辐射区域囊括黄河流域和长江流域，是勾连西北与华北、东南市场及海外市场的交通动脉。有关研究甚至以为，"平绥铁路的开通标志着西北地区以铁路为主要脉络的现代交通网络体系的初步形成，必将对沿线各地经济社会的发展产生不可估量的影响"。[①] 事实上，平绥铁路通至包头即通贯燕、晋、察、绥诸省。货物在包头这一商路要津经黄河水道至宁夏可通兰州及至河湟谷地，或经包宁公路直抵兰州、西宁；在绥远可经绥新公路达新疆商路的重要商业市镇迪化；在平地泉经由平潾商路可至库伦而连通内、外蒙古市场。平绥铁路在包头连接黄河水运，是商货、人员出入西北的重要通道，其沿线一些重要商业市镇因之兴盛并发展成区域中心市场或重要商品的

---

① 杨文生：《平绥铁路与商人的迁徙及其社会影响》，《历史教学问题》2006年第3期。

转运市场。尤需指出，外蒙古独立使"大草地"商路衰败后，京兰商路勾连甘、宁、青、新与华北的重要性亦得到凸显。于此，笔者赞成胡铁球先生的相关判断，认为西北皮毛输出路线同时也是近代西北商货物流的中心路线。关键者，西北皮毛贸易路线的核心是黄河水运，故皮毛贸易也能助力西北形成沿黄河流域分布的商业带，即"包头、磴口、石嘴山、宁夏城（银川）、吴忠、中卫、张家川、兰州、西宁、导（洮）河（古河州、今临夏）等"。①

西北区域外，可以包头、张家口、归绥商贸活动为例。清代雍乾以前，包头仍是"一片沙漠，人烟稀少，集五家或十家为一村，居民多为蒙人，纯以游牧为生活"。②至"咸丰、同治时期，包头又成了西北地区及伊克昭与乌兰察布进行交易的起点，因此作为一个边界贸易城市发展起来"。③它与"西北地区伊克昭、乌兰察布进行交易。……在以畜牧业为基础的社会中作为商品而生产并转化为商品的皮、毛便成了最重要的物品"，④但是，"皆规模狭小，交易简单"，属时人所谓"小贩子时代"。⑤此后，经

---

① 胡铁球：《近代西北皮毛贸易与社会变迁》，《近代史研究》2007年第4期。中村信所著《蒙疆经济》亦为此种论断提供证据支持（〔日〕中村信：《蒙疆经济》，《内蒙古史志资料选编》第9辑，第198—199页）。胡铁球考证西北皮毛贸易主要输出路线：总体而论，产地市场为甘、宁、青、绥的皮毛商货先被贩运至区域集散中心，经黄河水道〔兰州、中卫、宁夏府（银川）、石嘴子〕集中于包头、归绥（化）、张家口，再经铁路运输至天津口岸。其中又可细分为六条线路。①青海皮毛输出：经大通、上五庄、鲁沙尔、湟源、贵德集中后运至西宁，再经湟水连通黄河到兰州，出黄河水道通平绥铁路。青海湖以南即循化、永安等地和玉树等地连通甘南商路的皮毛，与甘南（主要是洮州、岷州）出产的皮毛一起，集中于洮州，经洮河接黄河入兰州，出黄河水道通平绥铁路。②甘肃皮毛输出：除甘南线路，河西走廊出产皮毛于甘州、肃州、凉州集中，或分途兰州接黄河水道，或走甘宁陆路商路通中卫、银川、石嘴子经黄河水道接平绥铁路。③宁夏皮毛输出：通过黄河水道接平绥铁路。④因甘青川商路仍在发挥作用，甘青地区出产羊毛亦有部分经甘青川商路（主要是经四川打箭炉即甘孜、康定通成都），经长江水运（重庆、汉口、上海）输出。⑤甘肃陇东和宁夏南部海原、固原等地皮毛经平凉接通陕西商路经陇海线输出者亦有之，但是，此线路输出数量不如前述线路。⑥"大草地"商路衰败后，新疆皮毛入内地则经河西走廊商路连通甘宁之间商路接黄河水道进入华北，但是，受新疆与俄边贸影响，此线路数量不可高估。甘青皮毛反向西出河西走廊经新疆输入俄国市场者，数量亦不可高估。胡铁球以为此数量不及甘宁青输出皮毛总量的20%。

② 陈赓雅：《西北视察记》，第47页。

③ 李锐才：《包头之羊毛》，《国货研究月刊》1932年第1期。

④ 〔日〕今永清二：《中国回民商业资本：包头回民皮毛店》，《甘肃民族研究》1991年第4期。

⑤ 李锐才：《包头之羊毛》，《国货研究月刊》1932年第1期。

旧市场　新因素：商路变迁与西北区域经济非均衡发展（1851—1949）

光绪至北洋政府时期，京绥铁路延至包头后，包头遂成为勾连西北市场的商品集散中心，"平、津、陕、甘、内外蒙古之货物，皆聚散于此，在军事上、商业上极为重要"。① 张家口"为商货转运总汇之地，北通内外蒙旗及库仑、乌里雅苏台、科布多等处，西通绥远、宁夏、新疆，为近代西北之咽喉"。② 20 世纪初，特别是 1909 年平绥铁路通至张家口，即京张铁路通车后，西北的皮毛、药材集中于张家口后再由铁路输送至天津口岸或其他市场，京广洋杂货等亦经张家口输往西北。张家口成为勾连西北市场的主要商品集散地，甚至一度成为最大商品集散地。归绥居张家口与包头之间，古时即是蒙汉贸易中心，"西经后套以通甘、新，北越蒙古而至库仑，为西北交通总汇"。③ 平绥铁路通车后，归绥作为转运市场的地位日渐凸显。据 20 世纪 30 年代的调查显示，归绥有从事牲畜皮毛业者 90 家，从事皮货业者 75 家。归绥市场年销售西宁毛 130 万斤、归绥附近毛 40 万斤、套毛 150 万斤、羊绒 160 万斤。④

西北区域内，西宁、兰州、宁夏、石嘴山、吴忠、中卫等堪称代表。

西宁濒临湟水，是唐番古道要津，但是，其真正兴盛并发展成取代丹噶尔的区域经济中心，是在皮毛贸易兴起后。此际，西宁是"行政商业中心地点。青海所产羊毛必由此通过者，约七万担"。⑤ "输入本县（西宁）的商品……据商会统计每年约在六百二十万七千余元，输出商品以羊毛、皮革、牲畜、油木、药材为大宗，每年约计在一千五百四十九万七千余元"，而且，"西宁辖境内，关于工业之原料，以皮毛为大宗"，其皮毛加工品，在 20 世纪 30 年代初，年产值约为 93642 元。⑥

兰州是甘宁青区域最大商业都市，以五条商路勾连全国市场。"东通秦豫为东路，南达巴蜀为南路，北通宁夏、包头、归绥为北路，西通新疆、俄领地为口外，西南通青海、西藏为西路。"⑦ 在兰州市场：

---

① 陈赓雅：《西北视察记》，第 42 页。
② 王金绂：《西北地理》，第 193 页。
③ 汪公亮：《西北地理》，正中书局，1936，第 210 页。
④ 绥远省民众教育馆编《绥远省调查概要》，1936，第 105、108 页。
⑤ 自强：《中国羊毛之探讨（续）》，《新青海》1934 年第 11 期。
⑥ 顾执中、陆诒：《到青海去》，第 304、311、300 页。前述数据据其"西宁主要工业出产品表"统计。
⑦ 王金绂：《西北地理》，第 417—418 页。

葡萄、棉花、桂子皮、尔雅缎等，皆由口外输入。川绸、川缎、茶叶等皆由南路输入。红花、藏香、皮、毛等，皆由西路输入。至于湖南之散茶，汉口之砖茶，三元之大布，湖北之蓝布，及陕西之棉花、纸张等，均由东北路而来。米则来自宁夏。输入总额在一千万两左右。其输出品，以毛为大宗，牛皮次之，杂皮又次之，药品、水烟再次之，毡毯再次之。输出总额，约在七百万两左右。①

兰州亦是西北最大皮毛产品中转市场。在此，"（皮毛商）挟巨资赴各地办货，所办之货，均系生货，剥割未久，血污狼藉，且极坚硬，此项生货运归兰州，即开始硝制"。②鼎盛时，如1932—1934年三年，兰州皮毛输出总值分别达7088670、6640272、10058197元，分占三年出口总值48.37%、43.08%、52.01%。③

至于宁夏城（银川）：

> 西越贺兰山通北至阿尔泰拉善王府（重要的皮毛产地），顺黄河北下，至包头、归化城，东隔黄河与陕西北岸之诸城联络。南至固原、平凉为去陕之大道，兰州、凉州、西宁羊毛经此地以出口。……宁夏套毛又称石嘴子套毛，多来自阿拉善藏古一带，黄河右岸鄂尔多斯、陕西定边一带，及甘肃花马池、平远、惠安堡、灵武、金积一带之出产，以宁夏为金融中枢、羊毛集散地。④

据统计，至民国7年（1918），银川年输出"皮张（含老羊皮、黑羊皮、牛皮）约千担，每担三百六十张……羊毛一千余万斤……驼毛、羊绒四十万斤。……输入各货，约一万三四千担。……通过货物约七千担。东来者以洋货为大宗，西来者以皮毛为大宗"，当时"宁夏全城，计二千三十户，共男女一万九千口。……大小商店三百二十五家"。⑤

---

① 王金绂：《西北地理》，第417—418页。
② 潘益民：《兰州之工商业与金融》，商务印书馆，1936，第68—69页。
③ 朱镜宙：《甘肃最近三年间贸易》，《开发西北》1935年第3、5期。
④ 自强：《中国羊毛之探讨（续）》，《新青海》1934年第11期。
⑤ 林竞：《蒙新甘宁考察记》，甘肃人民出版社，2003，第56页。

旧市场　新因素：商路变迁与西北区域经济非均衡发展（1851—1949）

石嘴子（今石嘴山市）"为阿拉善蒙古与宁夏道属平罗交界之地，黄河纵贯南北，大山回抱东西，形势一束，诚要隘也"。① 它在历史上即是蒙汉贸易集散地，因受益于皮毛贸易而在近代真正发展成宁夏重要的对外贸易城镇和区域中心市场。据载，此地"有洋行三四家，皆设庄号以收皮毛货者，入口皮毛各货，皆于是处装载起运，沿河帆船停泊百余只"，② "各行（即收购皮毛的商行和洋行）专在甘、青一带收买皮毛，集中于此，待梳净后包装，以骆驼或木船载赴包头。岁约皮百万张，毛三千万斤左右"。③

吴忠（今吴忠市），20世纪20年代被称为"小上海"。范长江在考察时曾言："吴中堡虽属一小小集镇，但商业之盛，甲于全省。"④此地：

> 较大的商号主要活动地区在甘、宁、青，采购皮毛和药材销往天津，再换回这里需要品。……至抗战前十三年时间，吴忠地区（包括金积、灵武）能从外地进货的商户达三十多家。据不完全统计，资金在二十万白洋以上两家……资金在十五万元到二十万元的有五家。……资十万元至十五万元的有"谦益店""振兴永"（马五州）"天益合""富顺安"等。⑤

至于中卫，皮毛贸易兴盛使之——居"西宁与凉州之通路"⑥——由一小村发展成为全城"周围五里七分，现住居民六万余"之商贸重镇，⑦文献记载甚至称其是宁夏的商业政治中心。⑧ 在中卫，皮毛输出占其总商品价值额的70%。据载，"羊毛在中卫县内，到处出产，就中以黄河以南之秀山海城一带最多，总额百万斤以上，以中卫、宁安、沓山堡、五佛寺等地为主要集散地"。⑨

---

① 林竞：《西北丛编》上编，1931，第74页。
② 潘复：《调查河套报告书（二）》，大象出版社，2009，第194页。
③ 林竞：《西北丛编》上编，第73—74页。
④ 范长江：《中国的西北角》，新华出版社，1980，第195页。
⑤ 李凤藻：《解放前的宁夏商业》，《宁夏文史资料》第22辑，宁夏人民出版社，1999，第214—215页。
⑥ 自强：《中国羊毛之探讨（续）》，《新青海》1934年第11期。
⑦ 林竞：《蒙新甘宁考察记》，第66页。
⑧ 自强：《中国羊毛之探讨（续）》，《新青海》1934年第11期。
⑨ 自强：《中国羊毛之探讨（续）》，《新青海》1934年第11期。

需特别说明者，交通地理格局变化促进商贸活动兴盛，尤其是近代皮毛贸易的兴盛，亦是西北民族地区其他一些商货集散中心——如洮河（州）、拉卜楞、玉树结古、上五庄、鲁沙尔等[①]——得以兴盛的重要原因。其中，洮河（州）因此而发展成甘肃四大商镇之一，人口聚集一度达6万之多。拉卜楞"市上房屋栉比，且大半楼房，不类藏地。人烟稠密，商业繁盛，一因收买羊毛、羊皮者之汉商，多来此地；一因朝拜嘉木样活佛之藏人，多不远数千里而来，故成今日之廛市"，[②] "其主要输出品即为皮毛。其出口地为天津和汉口。……拉卜楞有店铺百余家，均回汉商人所开设"。[③] 又如，民国之前，玉树结古镇的商货交易是"无铺面，多就家中贸易，所居皆土屋，甚湫隘"，[④] 但是，民初之际，其已有商户200多家。[⑤] 塔尔寺，即著名的鲁沙尔商镇，在"民国元年至二十年，商业兴盛，成为了畜产品和民族宗教用品的集散地，出现了商号、手工业作坊、服务行业等"。[⑥]

除以上史实外，此间商货输入、输出量的迅速增加，或许更能反映交通地理格局的改变对西北商路变迁的影响（见表2-23—26）。需指出，于

[①] 按，学界既有共识多强调西北民族地区，如甘青民族地区商业活动中心市场的形成，常与当地寺庙周围的宗教活动和经济活动相关。此类地区宗教集会之期往往与贸易活动集中之期重合。民国时期一些学者于此多有定论。20世纪30年代，人类学家于式玉以青海涉藏地区实地调查为据，认为"各处寺院建立起来以后，一部分老百姓为了供应活佛差役，也就离开了游牧大队，来到寺旁定居下来，内地商人，为供给寺院用品……也同他们一起住下来。后来，收购皮毛的商人，也从四方聚居到此。百姓、商人乃形成了今日寺旁的村庄"（于式玉：《于式玉藏区考察文集》，中国藏学出版社，1990，第44页）。其他学者的一些实地考察于此亦能给予证实。马鹤天在甘南涉藏地区考察发现，与内地市场的交易迥异者，如拉卜楞地区，交易者多不在固定市场或店铺交易，而是每逢宗教集会，"（交易者）就旷野为市场，物贵者蔽于帐，物贱者曝于外，器物杂陈"，拉卜楞地区"产羊毛，而无售羊毛之所。有制毡房，而无售毡之商店。产各种兽皮，而无确皮售皮之商店"，外地商人要收购各种皮毛"须觅诸民家或喇嘛"（马鹤天：《甘青藏边区考察记》，兰州古籍书店，1991，第101页）。于前此现象之演进或变化，笔者更愿指出，这或与民族地区社会经济发展水平相关。因为，在甘肃洮州这类回汉聚居区，此现象已多有改变。夏河、洮州回商经营就多有固定交易地点和店铺。即便回商深入涉藏地区同藏民单独交易者确属有之，但是，也有经营实力强者在寺庙周围固定交易的现象。因此，笔者以为，从地理空间看，围绕寺庙周围而形成的交易地点实际已是整个商路市场体系中的固定交易地点或曰市场。

[②] 马鹤天：《青海考察记》，第190—191页。
[③] 俞湘文：《西北游牧藏区之社会调查》，兰州古籍书店，1990，第318—319页。
[④] 周希武：《玉树调查记》，第177—178页。
[⑤] 高永久主编《西北少数民族地区城市化建设研究》，兰州大学出版社，2003，第264页。
[⑥] 王恒生主编《百县市经济调查》，中国大百科全书出版社，1996，第20页。

旧市场　新因素：商路变迁与西北区域经济非均衡发展（1851—1949）

前此论断，缺乏长时段内连续统计数据是至为遗憾者，但是，既有数据统计亦能从侧面论证交通地理条件改变对西北商路商品流量、流通路线及经济中心演变有关键影响，即它对商路市场体系（亦即西北商路格局）演变有关键影响。如陇海铁路通车后，陕西棉花外运量巨增。时人调查显示，棉花是当时陕西经商路输出的大宗商货之一，"较之其他农产与铁路尤有密切之关系"。① 通车前十年陕棉年均种植面积、产量长期徘徊在130万亩、30万担，通车后的1934—1938年，年种植面积、产量迅即稳定提升至365万—483万亩、80.2万—107万担，"每年产额，十之七八，出口销售"。②

表 2-23　陇海铁路通车前后陕西商货输出简计

货别	1932年6—12月	1933年9—12月	1934年1—12月	1935年	1936年	1937年
棉花（公斤）	1156940	130987878	18665897	24936340	39371865	13934345
桐油（公斤）	332580	469944	247057	264906.5	995347.5	3896553.5
漆（公斤）	281460	254753	811345	漆油1807775	漆油82570	漆油142210
茶（公斤）	177198	6245	24328			
木耳（公斤）	64073	342925	456756	238861.5	780867.5	222239
麻油（公斤）				407778	432890	98452
山纸（公斤）				444326	794850	215994.5
羊毛（公斤）				684838.5	134525	285359.5
牛皮（张）				26392	12324	24878
花生（公斤）				153990.5	173190	417514.5
麻（公斤）				302509	373958	399550
丝（公斤）				8175.5	5425.5	8040.5
粗紫阳茶（公斤）				493086	550128	399160.5

资料来源：1932—1934年数据依《陕西公路运输史》，第21、23页；1935—1937年数据依陕西省银行经济研究室《陕行汇刊》1939年第10期。

---

① 《咸阳泾阳三原大荔朝邑兴平武功等七县商业概况之调查表》，《交行通信》1935年10月，第4号。
② 《陕西省民国九年至三十一年棉田面积及棉花产量一览表》，《陕西省统计资料汇刊》1942年第3期。按，陇海铁路通车后，陕西棉花对外输出迅速增加。1934—1938年陕西棉花年种植面积分别是3710938、3657014、4252709、4825093、3829892亩，年产量分别达1004114、802053、939865、1067612、1070290担。全面抗战后，加之本地机器纺织业大发展，使棉花本地市场需求大增，输出量迅速下降。

表 2-24　陇海铁路通车前后陕西商货输入简计

货别	1932年6—12月	1933年9—12月	1934年1—12月	货别	1935年	1936年	1937年
绸缎及布（匹）	448009	553443	12331376	中国布（匹）	1987597	1777967	1076456
棉纱（公斤）	33671	473825	233725	外国布（匹）	28412	8528	27670
煤油（桶）	64129	458731	582110	阴丹士林布（匹）	2952	4002	45460
生铁及铁器（公斤）	215039	253422	2264698	中国绸（匹）	30059	18768	37509
红、白糖（公斤）	1077995	1255183	1600395	外国绸（匹）	5992	446	38444
颜料（公斤）	277298	120751	504045	中国缎（匹）	2628	18768	37509
				外国缎（匹）	1535	1110	3281
				中国呢绒（匹）	22539	53492	61898
				外国呢绒（匹）	2371	296	7490
				洋纱（斤）	320897	不详	37156
				鞋（双）	134572	182444	100559
				帽（顶）	16556	28150	444674
				眼镜（副）	10858	1969	81606
				红糖（斤）	1900557	1658950	2873121
				白糖（斤）	2551006	368597	1946454

资料来源：1932—1934年数据依《陕西公路运输史》，第21、23页；1935—1937年数据依陕西省银行经济研究室《陕行汇刊》1939年第10期。

表 2-25　1922—1932年包头主要输商货价值及毛皮类商货比重一览

单位：包平银（万两）

货别	1922	1923	1924	1925	1926	1927	1928	1929	1930	1931	1932	总值
毛类	610	550	551	475	426	807	1118	1512	1920	719	195	8883
皮类	73	55	63	59	50	102	159	188	173	50	16	988
粮类	177	158	159	179	130	123	126	131	82	97	103	1465
药类	56	46	45	65	63	101	114	102	123	83	69	867
总计	916	809	818	778	669	1133	1517	1933	2298	949	383	12203
毛皮类商货比重	75%	75%	75%	69%	71%	80%	84%	88%	91%	81%	55%	81%

资料来源：胡铁球：《近代西北皮毛贸易与社会变迁》，《近代史研究》2007年第4期。

表 2-26　1933 年、1935 年包头火车站发送与到达主要商货种类统计

1933 输出（发送）商货	数量	1933 输入（到达）商货	数量	1935 输出（发送）商货	数量	1935 输入（到达）商货	数量
剪口铁	55 万斤	羔皮	65000 张	羊毛	13000 吨	棉纱匹头	1840 吨
三九砖茶	500 箱	狐皮	11000 张	驼毛	1000 吨	土布	900 吨
生烟	1000 笼	驼毛	100 万斤	甘草	3000 吨	砂糖	1000 吨
糖味	3000 包	羊毛	670 万斤	药材	176 吨	蔬菜	400 吨
棉织品	12500 匹	羊绒	56 万斤	小米	1006 吨	食品	800 吨
丝织品	1500 匹	老羊皮	45000 张	高粱	400 吨	纸	200 吨
羊毛	660 万斤	棉花	5 万斤	农菜	100 吨	烟草（纸烟）	1210 吨
驼毛	98 万斤	剪口铁	50 万斤			小麦	900 吨
羊绒	55 万斤	粗羊皮	50000 张			茶	600 吨
老羊皮	45000 张	冰糖	500 包				
		砂糖	5000 包				
		红糖	5000 包				
		尖茶	1000 支				
		斜纹布	24000 匹				
		火柴	8000 箱				
		三九砖茶	8000 箱				
		二四砖茶	3300 箱				
		生烟	3500 箱				
		水烟	1500 箱				

说明：原材料中，1933 年包头站商货输入、输出量有较大差异。其皮毛产品来源地包括内蒙古后山、后套区域，其余如砖茶、生烟、水烟自鄂省、晋省曲沃和豫省清化镇及天津而来。本书仍引用此材料之关键理由是：其时归绥商会调查显示，包头的皮毛产品皮来自新、甘、青、宁及本省，药材多由甘、宁两省而来，其余的绸缎布匹、洋广杂货和工业品则来自平津。内蒙古后山、后套区域是西北商路连通华北市场的重要组成。本表数据能证明：平绥铁路连接黄河水道和河套地区的商路通道，对西北商路变迁确有关键影响。

资料来源：《包头的一般经济情况》（手抄本），南满株式会社天津事务所调查科，1943，第 79—81、81—83 页。

以上事实说明，无铁路之巨大运输能力支撑，前论现象断难发生。同理可证，京兰商路商品运输量显著提升——尤其是皮毛产品贸易量剧增——亦是以黄河水道连通平绥铁路后，其运输能力快速增长为支撑的。交通地理格局及条件改变——铁路、公路网络通联商路体系——使西北商路商品流

量、流通路线和经济中心变动加剧。此间，市场空间结构拓展并未局限于西北，而是向开放性多极化方向发展，并使西北商路渐次形成完整的初、中、高三级市场结构。[①] 商货经中级市场转运后，亦都依此或顺向或逆向地在供给和消费市场间实现流动，其流向、数量变化对相应经济中心的盛衰有关键影响。

[①] 按，于市场结构标准划分，学界亦有一级原始市场、二级初级市场、三级转运集散市场、四级终端消费或输出市场之区分。本书采用初、中、高三级划分标准。

第三章　商路兴衰与西北市场变动

本章以开埠通商为分界点，讨论西北商路所涉区域商品生产的差异化发展、市场结构变动和要素市场的初步发展，凸显要素市场初步发育是西北市场和区域经济发展开始向近代化转型的突出特征。

第一节　西北商路区域商品化生产

商路市场拓展势必使巨量商货进出西北市场，这亦表明商路商贸活动繁兴，势必促进商路区域商品化生产的发展。但是，于此命题，既有研究多认为，生态环境恶劣，交通运输不便，加之西北商路商贸显见的过境贸易特征，使商路变迁及商贸活动兴盛于西北商品化生产和区域经济发展未有显见之功。而且，即便皮毛贸易乃至鸦片贸易一度兴盛，近代西北商品化生产仍难脱畸形发展之嫌。欲深度讨论前述命题需基于下述事实：西北生态环境较好且交通运输较便捷的主要经济区域——包括牧区地带——形成了以商业中心串联而成的较完整区域市场体系。此市场体系助力西北区域内外人员、商贸物资流通或集聚，是支撑西北区域经济发展的重要基础。因此，学界既有研究所涉前述论断确需商榷。

一　商路商贸与西北粮棉等大宗物资商品率提升

西北商路市场区域粮食贸易兴盛、经济作物种植面积扩大及相应产品贸易活动急剧增加说明，西北商路区域粮食、经济作物商品化生产率已显著提升，并成为商路流通大宗物资之一。二者互为支撑，使商路依托自身市场需求实现发展。

一方面，从明清至近代，西北粮食生产总体上仍带有突出的自给自足特征。以陕西而论，粮食是陕帮商人主营项目之一。他们依赖商路市场进行粮食贸易亦获利丰厚。有研究发现,"本省(陕西)各地城镇的经营行业中,粮商人数最多,每个县城及重要市镇都有经营粮食的粟行"。而且,在"关中地区产粮大县蒲城、富平、临潼、渭南、合阳等县,粮商每年多从这些县贩运粮食到三原、泾阳及西安出售,获得厚利"。① 商品粮市场供给增加,一些区域性粮食集散市场如三原(鲁桥镇)、泾阳(云阳、石桥镇)、永寿(监军镇)、富平(流曲镇)、咸阳、渭南、安康等亦随之出现。例如,鲁桥镇是渭北著名粮市;监军镇属陕陇著名粮市,其粮食多自乾州、礼泉而来,并西运甘肃出售;流曲镇集散粮食依商路运至渭南、泾阳、三原、西安的市场出售。② 又如,在咸阳、渭南,粮商依赖秦晋商路——沿渭河至三河口通黄河,继而北至汾河——进行粮食贸易而获利甚丰。事实上,清中叶后,晋南粮食供应已仰给关中。依此商路,商人常将关中粮食贩运至晋南而换回本省急需的煤、铁等。再如,安康县在清嘉庆后年产粮食 2000 万—3000 万担,其中有 300 余万石是经汉江商道运抵鄂省襄樊后进入长江流域市场——以汉口米市为主。其郡城富商大贾运谷襄樊,获利可以数倍计算。以上史实说明,西北自产商品粮市场供给量当有绝对增加。

在民族地区,商路中心或商货集散中心自产商品粮绝对数量亦有增加。例如,甘肃夏河,"藏民虽主食肉类,但青稞炒面亦为不可少之食品……全县产粮仅供半年之食,其余须仰给临夏(占七成)、临潭(占三成)二县"。③ 在新疆,"回人咸知稼穑,其种植大率以麦为重"。④

> 民贵麦而贱米,米产阿克苏者良,北路三个泉(属迪化县,得乌鲁木齐河之灌溉,辟地数千顷,皆良田。光绪十三年后,湘人之从征者散,无所归,屯垦开聚,获利无算,故其地执业者尽属湘人,省城谷米半仰给焉)玛纳斯、西湖次之。⑤

---

① 田培栋:《陕西社会经济史》,第 795—796 页。
② 钱英男:《墟市之初步研究》,《中农月刊》1946 年第 3 期。
③ 张其昀:《夏河县志稿·农业》,民国 24 年(1935)抄本。
④ (清)苏尔德纂修《回疆志·耕种》,乾隆三十七年(1772)刻本。
⑤ 钟广生:《新疆志稿·农田》,民国 19 年(1930)铅印本。

另如，伽师县"本境植物，每年约产小麦十一二万石，包谷八万余石，胡麻二三百石，杏仁万余斤，尚不敷民食"。① 疏勒府"包谷每年产十一万余石，小麦每年产十三四万石，稻谷每年产二三万石"。②

另一方面，经济作物种植普遍扩展及市场商品供给量绝对增加，显示自然经济日渐解体和商品化生产显著发展——商路市场体系囊括地区此类现象尤著。尤需注目者，经济作物市场供给量显著增加亦主要是在开埠通商后。这就使商路变迁与西北区域经济发展之互动关系演进具有新的时代内涵（表3-1）。

表3-1　西北商路区域市场中心经济作物种植及商贸统计

棉花	
陕西主产区	种植及商贸
泾阳县	"自光绪二十三年始，县境出五十三万三千有奇。三十二年，增至三倍。今又倍增矣。宣统元年，每百斤售银十七八两至二十两。二年，百斤售银十二三两至十五两"，"近来以洋花多收种之，为农家出产大宗"[1]
南郑县	"在民国前，县东北境仅种土棉，后洋棉种输入，种者日多，全境种植地五分之三，为境内出口货大宗，此改良种子之效也"[2]
洋县	"特产者唯棉花、烟叶、木耳为大宗"[3]
澄城县	"棉有旧棉、德国棉两种，近来棉花为陕出产大宗，临渭、同、朝种棉日多，获利颇巨。邑南乡种者亦日加，春种秋熟，每亩给棉花有十斤至四十斤不等，子可取油，较种麦利厚"[4]
咸阳县	"邑之棉种有二……岁产额约三百万斤，行销甘、苏各省，为入款之大宗"[5]
礼泉县	"种棉风气渐开，质地颇佳，去岁运销咸阳棉市。据沪商云，醴棉纤维甚佳，每斤取绒可八九两"[6]
户县	"棉分乡棉、洋棉二种。清光绪初，户产多乡棉，俗名乡花。嗣后洋棉输入，俗名洋花，茎高实大，收数优于乡棉，故种者多。至宣统间，洋棉遂普及，而乡棉日少"[7]
甘肃主产区	种植及商贸
靖远县	"新产棉花，色白丝长，以之织布，光泽细密"[8]

---

① （清）高生岳：《伽师县乡土志·物产》，光绪三十四年（1908）稿本。
② （清）蒋光陞：《疏勒府乡土志·物产》，光绪三十四年（1908）稿本。

续表

棉花	
新疆主产区	种植及商贸
吐鲁番、莎车、温宿、疏勒、和阗、叶尔羌、喀什噶尔、鄯善、伊宁	"吐鲁番岁产三百万斤……惟美种何时移植无可考,自光绪二十九年后输出俄国者岁值五六十万两云,客民之□业者咸聚焉。……南疆岁产棉额不及吐鲁番,大约莎车十之一(莎车产十五万斤,其属叶城,产十三万斤),温宿、疏勒得二十之一(温宿府属共产十五六万斤,疏勒如之),和阗得三十之一(岁约产十余万斤)。"[9]另载,疏勒府"棉花,每年约产三十万斤"。[10]"棉花,天山南路为适宜之物产,其出额甚多,其内最佳者和阗、叶尔羌、喀什噶尔、库车、吐鲁番等,盖自喀什噶尔输出俄国者其数达百数十万两,其输出本部及西藏者亦大,可知为南路一大特产物也。"[11]"棉花则有洋棉、土棉二种……产额以吐鲁番、鄯善为最多,年约三百余万斤,而以库尔勒为最佳。莎车、温宿、新平、和阗、于阗、疏勒亦遍产,近来伊犁、乌苏、绥来一带亦皆传播,气候适宜,不让他处。"[12]"棉花为新省重要经济作物……其在新省分布限于玛那斯以南,在伊宁及哈密所产尚不多,主要产区遍及南疆。……民国七年,全省棉田共二十八万亩,二十九年产花二千八百万斤……棉田约达三十七万亩。当时不但扩充棉田,棉种亦经改良,于是棉产骤增,竟形成生产过剩、棉价暴跌现象,农民颇多放弃植棉不愿再种,故三十一年仅产一千八百万斤。棉产以莎车最多,品质以吐鲁番者最佳。……全省所产棉花,三分之二为本省自用,三分之一过去输往苏联,目前内销,为新省重要外输原料。"[13]
蚕桑	
陕西主产区	种植及商贸
汉中、米脂、紫阳	"丝有水丝、火丝二种"(《汉中府续志》),"有黄、白二色"(《米脂县志》),"生丝岁出二三万斤,行销湖北、河南等处"(《紫阳县访册》)[14]
延长	"延长四乡亦桑,凡川原平地,民家环墙种之,庄地亦间植。……时有晋人购收之"[15]
汉阴	"近数十年,蚕业颇盛,最为出产大宗","嘉庆十三年,通判钱鹤年于湖州携来蚕种,并延善养蚕者来汉劝民饲之,并教以取丝织绸作绵作线之法,仍令隙地广种桑树……南乡民饶钦选植桑千余株,饲蚕取丝,岁入甚厚……自此民竞树桑,地无旷土矣。四乡饲蚕取丝织绸作线者大有成效"[16]
安康	"蚕丝运售甚广,年约六十万斤"(《安康访册》)[17]
商南	"民国八年,知事罗传铭于城外东岗公地二十亩令植桑 万二千株……丝业日渐发达"[18]
甘肃主产区	种植及商贸
康县	"蚕丝,全县皆有之。……所制花线并生丝绸等皆牢守旧法,未加改良,兼之出品不多,不知推广,以致销场仅在兰垣及陇东、陇南各县,不能推销于他省,诚可叹矣"[19]

续表

蚕桑	
新疆主产区	种植及商贸
和阗、叶城、洛浦、皮山	"盖西域蚕桑之利自昔盛行，乱平之后，左文襄于南路创设蚕桑局，试办数年，虽无大效，然风气渐开，和阗、叶城、洛浦、皮山诸地多有以此为业者……丁未之岁，檄已革副将浙江赵贵华考察南疆土宜，设立蚕桑局，教民养蚕诸法，州县官吏即以此为考成。二年以来，丝茧之利多于往年数倍（皮山报称蚕种一两约得黄、白茧五十余斤，每茧一斤售银一钱五六分，近涨至二钱二三分，每十斤可得净丝一斤）。英、俄商贾贩茧出境者岁一百五十余万斤。"[20]另，据近年调查，册报和阗境内植桑近二百万株，岁销英、俄两国茧二十七万斤（约值银12250两）。"莎车岁产茧丝三万斤，叶城产茧十万余斤（每斤约值银二、三钱不等），丝一万三千七百余斤（丝值以两计，每两约值银一钱四五分）。所属皮山一邑产额尤盛……光绪三十二年，岁产茧丝不足七万斤，其明年增至三倍，又明年复增至五倍以上（三十四年皮山土茧出口销数共三十二万三千斤，英、俄商人争相购买，茧价每斤由一钱五分涨至二钱二三分，是年皮山一邑共售银六万一千三百两有奇）。……至其他邑若温宿、库车、沙雅、轮台、焉耆，或宜蚕，或否，大都产额微细，无足比数。然民竞于利，流风所扇，虽吐鲁番、鄯善、哈密偏处山北，不习蚕事之区，闻而兴起，栽秧购种，转相传习。统计，南疆茧丝旧额三十余万斤，近今乃增为七十万斤云。"[21] "蚕桑则盛产喀什一道，每岁产丝百余万斤"[22]

烟草	
陕西主产区	种植及商贸
岐山、凤翔、陇县、宝鸡	"烟草，其叶可制烟，名曰汉烟。又有一种名小烟"（《安塞县志》），"较他邑为胜"（《城固县志》）。"今岐、凤、陇、宝产者最佳"[23]
洋县	"烟草，亩摘三四百斤，卖青蚨二三十千，以为纳钱粮、市盐布、庆吊人情用"[24]
镇安	"旱烟，采烟叶晒干，近为大宗"[25]
甘肃主产区	种植及商贸
兰州	兰州产著名五泉烟，远销江浙、湖广、广东等地。运输推销由陕商控制，泾阳是水烟东运集中地。明末崇祯年间，"五泉烟自泾阳发者，岁约金三万两"，至清咸同时，"五泉烟自泾发者，岁约金三百万"，比明代增长至十倍，销烟数量大约是600万斤，约占兰州全部产量的三分之二[26]
靖远	"产黄烟，邑人资以为利"[27]

染料	
陕西主产区	种植及商贸
汉中府、周至、商南、兴平	"红花，即红蓝花，其花染真红，又作胭脂"（《华阴县志》），"一名黄蓝，出汉中"（《汉中府志》）。"邑产以红花为第一，红花铺所产最著名"（《周至县志》）。"丰原乡产红花，四方商多来购者"（《华州志》）。茜草，即今染绛草，出商南山阳府谷（见各访册）。蓝，染草也，有大蓝、小蓝二种，小蓝特佳，"南乡、西乡多种"（《兴平县访册》）[28]

续表

染料	
陕西主产区	种植及商贸
南郑县	"红花盛种于光绪初年，为境内一时名产，运销重庆、汉口等处作染料，及洋红输入，种植遂废，仅存千分之一"[29]
镇安县	"靛青，以靛叶烂成，近时栽植日见发达"[30]
泾阳县	"蓝，有大小之别，汁可为靛，河下里多种之"[31]
咸阳县	"大小蓝，产于南乡，岁可售金数万。近因洋靛充斥，几灭种"[32]
户县	"蓝，濒山一带产额较多，成色亦好，近为洋靛所侵，产额亦少矣"[33]
洛川县	"靛，昔年农人多种植作染料，迩来因用洋靛，几绝种"[34]
甘肃主产区	种植及商贸
镇原县	"靛，南三镇农人于高原上种蓝叶……自洋靛行，而土靛无人过问矣"[35]
高台县	"蓝，即靛青……成熟后可制染料，利甚厚，今农人多种之"[36]

注：[1]（清）刘懋官修，（清）宋伯鲁、（清）周斯亿纂《重修泾阳县志》，《实业·棉》《地理下·物产》，宣统三年（1911）铅印本。

[2] 郭凤州、柴守愚修，刘定铎、蓝培厚纂《续修南郑县志·政治·实业·农业》，民国10年（1921）刻本。

[3] 佚名编《洋县乡土志·物产》，民国初年修，抄本。

[4] 王怀斌修，赵邦楹纂《澄城县附志·实业·物产》，民国15年（1926）铅印本。

[5] 刘安国修，吴廷锡、冯光裕纂《重修咸阳县志·地理志·物产》，民国21年（1932）铅印本。

[6] 张道芷、胡铭荃修，曹骥观纂《续修醴泉县志稿·风俗志·职业》，民国24年（1935）铅印本。

[7] 强云程、赵葆真修，吴继祖纂《重修户县志·物产》，民国22年（1933）铅印本。

[8]（清）陈之骥纂修《靖远县志·物产》，民国14年（1925）铅印本。

[9] 钟广生：《新疆志稿·农田》；（清）袁大化等纂修《新疆图志·农业》。

[10]（清）蒋光陛：《疏勒府乡土志·物产》。

[11] 张献廷：《新疆地理志·人文地理·产业·农业》，民国3年（1914）石印本。

[12] 林竞编《新疆纪略·实业·农业》，民国7年（1918）铅印本。

[13] 丁骕：《新疆概述·农业》，民国36年（1947）铅印本。

[14] 宋伯鲁等修纂《续修陕西通志稿·物产·货属》。

[15]（清）王崇礼纂修《延长县志·食货志·服食》，乾隆二十七年（1762）刻本。

[16] 宋伯鲁等修纂《续修陕西通志稿·物产·货属》；（清）钱鹤年修《汉阴厅志·疆域志·物产》，嘉庆二十三年（1818）刻本。

[17] 宋伯鲁等修纂《续修陕西通志稿·物产·货属》。

[18] 罗传铭修《商南县志·实业·桑园》，民国8年（1919）铅印本。

[19] 王世敏修，吕钟祥纂《新纂康县县志·物产》，民国25年（1936）石印本。

[20] 王树柑：《新疆小正》，民国7年（1918）铅印本。

[21] 钟广生：《新疆志稿·蚕桑》。

续表

[22] 林竞编《新疆纪略·实业·农业》。
[23] 宋伯鲁等修纂《续修陕西通志稿·物产·货属》。
[24] （清）张鹏翼纂修《洋县志·食货志》，光绪二十四年（1898）刻本。
[25] （清）李麟图纂修《镇安县乡土志·物产·植物制造》，光绪三十四年（1908）刻本。
[26] 田培栋：《陕西社会经济史》，第492—493页。
[27] （清）陈之骥纂修《靖远县志·物产》。
[28] 宋伯鲁等纂《续修陕西通志稿·物产·货属》。
[29] 郭凤州、柴守愚修，刘定铎、蓝培厚纂《续修南郑县志·政治·实业·农业》。
[30] （清）李麟图纂修《镇安县乡土志·物产·植物制造》。
[31] （清）刘懋官修，（清）宋伯鲁、（清）周斯亿纂《重修泾阳县志·地理·物产》。
[32] 刘安国修，吴廷锡、冯光裕纂《重修咸阳县志·地理志·物产》。
[33] 强云程、赵葆真修，吴继祖纂《重修户县志·物产》。
[34] 余正东修，黎锦熙纂《洛川县志·物产·植物》，民国33年（1944）铅印本。
[35] 钱史彤、邹介民修，焦国理、慕寿祺纂《重修镇原县志·舆地·物产·货物》，民国24年（1935）铅印本。
[36] 徐家瑞等纂修《新纂高台县志·舆地·物产》，民国10年（1921）铅印本。
说明：本表主要统计西北商路所涉地方志直接表述为商品者。

表3-1显示下述特点值得注意。第一，经济作物种植面积及商品化生产率确已显著提高，且多在商路所经地。第二，经济作物虽多是初级产品，但是，其为西北商路市场流通主要大宗商货，这表明经济作物种植已成商路辐射区域民众收入主要来源之一。第三，商路与经济作物主产区重合度高，这显示商路商贸活动于西北主要经济区的形成和发展有重要促进作用。第四，洋棉、洋靛青等的输入使本地产经济作物种植结构发生重大变化，而且，经济作物市场供给量显著增加亦主要是在开埠通商后。综上特征显示：西北商品化生产发展与商路变迁及商贸活动之兴盛有显见正相关关系，二者互为支撑，又能使商路依托自身市场需求实现发展。

二 西北商路变迁及商贸活动与农副业、手工业发展

农副业和手工业生产发展与商路变迁及商贸活动兴盛之间显见的正相关关系亦能证明西北商路区域商品化生产有显著发展确属事实（见表3-2）。

表 3－2　西北商路部分区域市场中心农副业和手工业生产及商贸统计

类别	省份	主产区	农副业和手工业生产及商贸情况
林业	甘肃	夏河	本县森林大半在大夏河南岸……林业为藏民利源之一，临潭、循化之番地均以木材为出口大宗，洮漓之运实为木筏，永靖居大夏河口，小木来自夏河，大木来自循化，均由黄河径驶兰州。本县木材价值以株计算，大约直径尺许者二元，六七寸者一元，四五寸者三至五角。顺河下放，直达临夏，其价值可增高二倍至三倍。木商皆为汉、回，伐木多行于夏季，运木则在夏秋水涨之季。木材多供本地及临夏县建筑之用，运销兰州者，居少数[1]
	青海		郭密黄河两岸杉树成林……惜蒙蕃不解培植之法，保护之方，一任商贩采伐，日形减少，近黄河处尤有濯之虞也[2]
畜牧	陕西	兴平县	邑俗，马多产骡，岁售晋、豫、燕、鲁，为数亦巨。近岁，土匪滋横，有者多被劫去，数畜以对，视十年前减半矣[3]
		横山	近年，皮毛昂腾，养户利倍寻常，故牧者恒多。边外伙盘居民，水草便利，大半以畜牧牛、马为生活上主要营业焉。……养则一户有牧至千余者，秋高肥硕，咸至内地贸易，利极居奇[4]
	甘肃	静宁	民性刚直，好施尚义，业农颇勤，广于孳牧，能纺褐毯。营养马[5]
		靖远	此地擅畜牧者百千为群，或至数千几万者[6]
		平凉府海城	汉、回以畜牧为生计，皮毛遂为一大出产[7]
		镇原	骡驹，八镇皆产，惟萧金所产最驰名，每年七月开会，秦、晋、豫客商来县买骡者，络绎于途[8]
		夏河	草地番民不事农耕，专以畜牧牛、羊、马匹为生，皮毛、乳酪，衣食原料多所利赖。本县每年出口五十万元，羊毛占十七万元[9]
	宁夏		风俗，宁夏五邑皆同。中卫、灵州、平罗，地近边，畜牧之利尤广[10]
	青海	玉树	番族十九皆从事畜牧，家有牛、羊、马匹，而牛最多，羊次之，马又次之，问人之富，数畜以对。口乳以为酪，缀皮捻毛以为衣，又斥其余以易所无。……牛一头值银七八两。羊有白、黑二种，白者一头值银八九钱，黑者值银五六钱。马，上者值百金以上，次者五十金以上，又次者二十金以上[11]
	新疆		盖举全疆之人，除少数汉人外，土民冠履、衣裳、饮食，莫不资取于牲畜，盖天方之俗，至今固未尽变。[12]另外，骆驼之产，出南路少，北路多，而故故（古）城附近最盛。盖故（古）城为北洋货物之集散场，自张家口通过蒙古之戈壁带，先集于此地。其运搬机关专用骆驼，饲养之盛之所也，价格自三十五两至四十两；[13]新疆畜牧事业，以北疆为主，天山南麓山地亦尚重要。……新疆全省羊约一千三百万头，约每人可有羊三头强。……以区而论，全疆塔城区产羊最多，伊犁区次之。以县而论，产量多寡按次序排列，则应为额敏、焉耆、叶城、塔城、莎车、伊宁、于阗、洛浦、和丰等九县，其余皆不足三十万头。以此九县计之，所产羊数占总羊数三分之一弱。……新疆羊毛百分之

131

旧市场　新因素：商路变迁与西北区域经济非均衡发展（1851—1949）

续表

类别	省份	主产区	农副业和手工业生产及商贸情况
畜牧	新疆		六十输出……皮革方面，二十一年新疆所产皮张共为九十万张，中以羊皮最多，凡五十万张。目下皮张产量数字不一，约在三百万张即三倍于十年前数字[14]
		沙雅	境内居民耕牧并重，动物以牛、羊为大宗，每年孳生约十余万，民间交相贸易，外贩亦间有之[15]
渔业	青海		鱼，产于青海，名曰湟鱼，冬夏两季取之，售于西宁、兰州一带[16]
	新疆		额尔齐斯为阿尔泰、塔城分界之河，然取鱼者多自塔城往，则仍塔民之生业也[17]
盐业	陕西	同州	蒲城县西南四十里有盐池……盐滩既广，盐质亦厚，开办迄今，最利民食[18]
	甘肃		甘肃产盐地方，系宁夏属之花马、小池及彰县、西和二县[19]
		肃州	肃城东一百四十里，有盐池堡……为甘、肃人民食用。来肃贷实者，并无国税。赴甘贷实者，按车纳税银[20]。另：白盐，出镇盐池堡。……无引课。每载一牛车，给捞晒费四钱[21]
	青海		查青海产盐之处共有四处。……此四盐池，其盐味之美，盐汁之旺，不待日晒火煎，水入隔夜即成盐粒[22]
	新疆		盐池海子二处……堆积岸上，不雪熬淋，味甚佳，军民取食甚便[23]
棉麻纺织业	陕西	兴安府平利县	纺织之事则篝灯机杼，比户皆然[24]
		镇安县	棉布，有纺成土棉纱所织，亦有购洋纱织成者[25]。土布，乡民自织自用，行销本境，间有互换货物。纺织未精，不能行销他处[26]
		南郑	民间多能纺织棉布，惟各为尺幅，疏密不一，只给自用。民国元、二年，用掣梭织布，盛行一时，且畅销西路[27]
		兴平	兴俗勤朴，无女不织。……惟所出之布不惟远逊外洋质美，色泽又次湘鄂。近东关外复幽园及县内城隍庙购小机器织纺。筚路开疆，此后当日益进步矣[28]。另：女勤于织，为关西最；女子十岁或十五岁，举［即］能纺棉织布[29]
		澄城	妇女于烹饪之外，勤于纺绩，无论贫富。……贫者纺绩之声半夜不辍。世出售其余布，以助夫之生理。……故凡治城及乡间会期皆有农媪卖衣物者，恒于无问售之时手纴不辍[30]。境内妇女勤于纺织，故农民衣服皆取足土布，所余之布皆运往北山者[31]
		横山	男女衣服材料纯用本国棉织土布，故舶来外品市场极为罕见[32]
		咸阳	东南商人买花于斯，织为布，复卖于斯，往返数千里[33]
		户县	妇女职业以纺织为主，棉之产额逐年加多，除一般人民衣被外，尤为农产物出境之大宗。惟率用土机，纱粗布劣，不能与洋纱、洋布相颉颃，是又吾邑人所宜讲求改进者也[34]

续表

类别	省份	主产区	农副业和手工业生产及商贸情况
棉麻纺织业	陕西	礼泉	礼俗男耕女织，士商或服舶来品，普通男女概服自织绵布。[35]又邑中妇女素勤纺织，原料既足，其布产较倍往昔，于经济方面补助不少[36]
	甘肃	民勤	无论宦绅士庶之家，妇女皆勤于纺织，为河西诸郡士女之所罕见者[37]
		灵台	衣服，旧皆资用输入外境丝棉布匹，不论贫富，多系以粟易之。嗣于民国10年后，乡间或有自行织纺，专用绵而不用丝，制造亦属紧密[38]
		高台	中产家间衣洋斜梭布，近衣鸦缎或泰西宁绸。[39]棉……近经劝导，农家皆种之，纺纱制布，运销于酒泉、张掖等处，颇能获利。惟仍用土机，工多而货劣，不足抵制外货[40]
		康县	棉布分二种，曰高机布、平机布，盖因机命名也。……平机布一名干线布……曰客布换出，言其出卖换物而不加工者也[41]
		临泽县	本县人民以农业为主，纺线织布织褐或编织毛衣及草帽编为副业[42]
	新疆	新疆	新疆各城除和阗回人知养蚕、缫丝、织绢，他处桑树虽多，食桑甚而已。惟赖种棉花，织布为衣，其织具亦有纺车，机梭形状小异，其则则同远近。各外夷以羊、马诸货贸易，回人口利益，每年额收布匹送官，官乃运送伊犁与哈萨克易换牛、羊、马匹，可以济伊犁、乌鲁木齐、巴里坤等处之用。[43]民国33年前后，新疆工业多以手工业为主，而其产品，又以粗棉为大宗。……天山南路各县产棉，妇女勤于机杼，其纺织方法与内地土法大同小异，惟机械不精，拣棉不洁，纱线粗松，颜色丑劣，多为蓝色，布宽仅尺，俗称"尺子布"。每匹长约二丈，以疏勒、莎车、和阗、喀什、阿克苏、库车、吐鲁番等处产额较多，而疏勒尤为最优。总数全年共约七十余万匹。俄产布匹虽甚畅销，但乡间贫民仍多乐用土布，以其韧厚耐用也[44]。和阗、洛浦、于阗所制洁白棉密（俗名尺子布，和阗岁出十七万余匹，洛浦三万余匹，于阗二万五千匹，平均计之，每匹约合银三钱有另），宽广合度，运销关陇外及俄属安集延，岁额巨万（运销内地约二万余匹，安集延约十二万匹）[45]
		疏勒府	每年约出布五六万匹，亦有商运出境者[46]
		阿克苏	阿克苏区手工业，在全疆占有相当地位，供给全疆所用的达连布，每年可以生产二十万匹。著名的库车毛筒，每年可产十余万张[47]
		和阗	（民国28年以前至民国36年前后）和阗的各种大布，布质精细，颜色美丽，每年产量在三百三十万匹以上，除本地普遍销用以外，有三十八万五千匹运销全疆各地。其生产三十年比二十八年以前增加百分之二十五，织布工人增加百分之二十。最近由土产公司与汉文会积极筹设工厂，土产公司已设立有二百架新式木机工厂一处，布幅增宽到二尺与二尺五，生产量较前增加十倍[48]

续表

类别	省份	主产区	农副业和手工业生产及商贸情况
缫丝业、丝织业	陕西	宁羌州	前州牧刘荣教民缫丝织绸，民利赖之[49]
	新疆		南路喀什一道岁产丝百万斤，居民以之织绸……和阗、洛浦、皮山、于阗均产之，而以于阗属之策勒村为最佳，每岁输出俄国为大宗。又，花布以丝和棉制成，色泽鲜明，无异舶来电光布，只供本地缠回之用。[50]喀什噶尔一带，每年产丝百万斤以上，土人以之制锦，称为"霞夷"。于阗、鄯善、叶城、和阗、皮山诸县，民间多工织绸，机户千二百余家，所制者曰"夏夷绸"，柔韧似江、浙绵绸，而光泽不逮，年产约六十四万九千斤[51]……岁输英、俄属地四五千张。……和阗岁制绒毯三千余张，输入俄属安集延、浩罕，英属印度、阿富汗等处，一千余张，每张价值平均计之，约合银七两左右。于阗、洛浦、皮山三县输出口者，亦千余张，其余小方绒毯、椅垫、坐褥……之类不可胜记[52]
		和阗	和阗为新疆首屈一指之工业区，其丝织品久已驰名。新疆省政府于民国29年发给和阗人民蚕子七万五千八百盒，三十一年又添种八万三千盒外，经赵鸿基带入优良蚕种六千盒，每年生产量已达八十万斤。丝织品出产约七万匹，且缫丝方法亦经赵氏改善，以雪水洗丝，其出品远胜于昔，洁白如脂[53]
造纸业	陕西	商南、蒲城、葭州	构皮可作纸，火纸为邑大宗，草纸、皮纸、引纸稍逊（《商南县志》）。兴市镇一名精纸坊，出纸，洁白精良，东止晋豫，西行甘陕，皆通贸易（《蒲城访册》）。粗制纸出峪口，供祭扫用，工省价廉，销路尚广（《葭州访册》）[54]
	甘肃	康县	治南六十里岸门口，制造二连纸为大宗，查该处业此者五六十家……是以农而代造工业。每家制造之纸，少则三四千合，多则七八千至万二千合不等。以五十家计，平均每家造一千合，共计出纸五万合。其纸价格，每担贱时值洋三十元，平常价四五十元，极贵则六十元。以平常价四十元计算，共值洋二十万元。……其销售地点，近在西礼各县，远至兰州、狄河，次及西宁各县，销路甚广。……县北三十里之大堡子南路尹家沟上至巩家集之蔡家沟一带，所出四裁纸全年不下一千余担。造此业者非专务，约有二三十家，其价格较岸门口略贵，以其帘子宽大之故。其销售武山、西礼以及武都南路各处，计每年能进六七万元有奇。县东四十里窑坪所出板纸，造作者数十余家，有东淮坝、西淮坝、汤家大沟各处聚集成庄者，每年总在一千担以上、二千担以下，其价格较岸门口昂贵，一半销售西宁、兰州等处，名为山纸，约计每年售价洋十一二万元。以上三处总计共售洋四十万元之谱，其余零星制造之纸均未计入。[55]县北蔡家沟产四才纸，县南岸门口周牟二坝、火烧河等地产二连纸，县东窑坪一带改产改连纸、经板纸。经板、改连尺幅较大，销售西宁、兰州等处。四才较小，二连极小，其产额最多者为二连纸焉。此二种销售陇东、陇南各县，实康县第一出品也[56]

续表

类别	省份	主产区	农副业和手工业生产及商贸情况
造纸业	新疆	和阗	和阗能以桑皮造纸……为本省普通常用之纸。全省官厅缮写公文多用之。此外迪化、吐鲁番亦有造纸业[57]
			和阗的桑皮纸，向为名产，造纸量每月平均在一万五千令以上，每令五百张。皮山生产最多，约占全数之半。全部的产量现在较民国27年以前增加百分之十二[58]
皮革业、羊毛纺织业等	陕西	榆林	骚羊每岁至蒙地购之，回回用以制毡袋，近多售于洋商[59]
		洛川	本地重畜牧，产皮毛，故业此者较多。……据民国31年调查，计皮毛作坊九家，每年约产熟羊皮六七千张，牛、马、骡、驴等皮八九百张。又狐、狼、狗、猫、豹、兔等皮，数极少，且大部由黄龙垦民贩售者[60]
	甘肃	靖远	妇女不习纺绩……多拈羊毛作线，挑作毛□货卖[61]
		镇原	清末邑宰宋连贡提倡实业，捐廉派员诣宁夏迎织师来县设厂，使巧手作机，收贫民子弟以教裁毯。未及三年，制成之货已行销陕西省矣[62]
		渭源	工业，则以羊毛织褐、碾毡、口袋、编帽、编袜、织毛连做衣裤，严寒时贫民甚资赖之，惟所出无多，只可供境内之用[63]
		康县	羊，有石羊、绵羊之分。石羊，毛粗无绒，只能做线织毯。绵羊，毛细多绒，用以做毡、织毯、做皮衣，近年来运于四川者日益增多，亦利源也[64]
	青海		（清代）毛毡，蒙古制者甚多，近年毛价甚昂，出售者少。毛褐，多产自玉树，有粗细各种，近番亦有制者，则甚粗矣[65]
		玉树	有木工、铁工、皮工、植皮之工、设色之工、缝衣之工，多川边客民为之，土人能织毛为毯，然甚粗[66]
	新疆		（民国5年）洛浦、和阗以羊毛为经，以棉线为纬，织地毯……较之外来者无不及，每岁输出俄属不下数千条[67]
			（民国33年前后）毡毯，盛产于阿克苏、莎车、英吉沙、塔城、伊犁、疏勒、巴楚、焉耆等地，以喀什、乌什边境山中布鲁特地方所产者为佳，每年销售印度者颇多，但尤不逮于阗、和阗出品之精良。……地毯尤好，年产地毯约计一万七千张，毛毡七十八万三千张，岁输英、俄属地者约四五千张。近来有阿尔曼尼亚人设厂制毯，花样仿土耳其式及波斯式，颇能推销，惟染色欠佳[68]。毛皮盛产于和阗、喀什噶尔及阿克苏等地，皮革业则以叶尔羌、喀什噶尔及伊犁为盛，而阿克苏、喀什两地工匠最称善制皮帽，因回民风俗，男女冠履多以皮造，故制革业较为发达也。和阗精制皮箱，技艺之巧甲于全省[69]
		和阗	（民国36年前后）和阗牛皮箱驰名各地，现已成立一大规模皮箱工厂，出品坚固，其生产量每月可出二百只。自集中生产以来，产量大增[70]
		沙雅	牛皮为靴，羊皮为衣，羊毛作毡，工艺粗俗，只销本境[71]

续表

类别	省份	主产区	农副业和手工业生产及商贸情况
皮革业、羊毛纺织业等	新疆	疏勒	皮帽、皮靴、毛毡,皆系疏附县所出[72]
		温宿	产稀布、栽绒毯,亦在本城销售,岁约数千匹及数十铺之谱[73]
烟草、食品加工等	陕西	宜川	清乾、嘉间,西南两川传已设有水磨,专磨麻子,用以榨油,清末渐废。民国27年,第二战区长官司令部渡河驻境,人口骤增,需面过多,畜力磨面(县城、兴集镇、党家湾等处,居民业畜力磨者极多,均获利)供不应求。经工业家研究,设置水磨于县附近及兴集一带河边……产面之量则一,每盘昼夜不息,可磨麦二石许(每石老秤四百斤),出面粉六百斤。……此本邑工业上之一进步也。二十九年后,长官东渡,营业稍逊[74]
	新疆	伊犁	伊犁区从事于手工烟草工业者,有宁光烟草工艺社、四大烟公司、新民卷烟工厂等[75]
榨油、酿造业	陕西	商南	油庄、富水关、枕洗楼、湘河、清油河等处香油、木油、桐油,有坐销,有行销。酒坊,四乡具有烧廒,惟南一、二区较多[76]
		岐山	烧酒,岐山土无硝质,水味最甜,故造酒较他县尤佳[77]
	甘肃	镇原	胡麻……邑人以此榨油,行销于邻县。菜籽油……行销固原等县[78]
	宁夏		玫瑰露酒,为宁夏特出,白柑烧酒,多出中卫,近宁夏金积均出[79]
陶瓷、砖瓦业	陕西	镇安	南酒坛,出庙坡,乾隆三十六年系冈州客民蒋、姜、陈三姓创始制造,通省惟本境有之,百余年来,独擅利益。瓦碗、瓦盆、瓦罐、亦庙坡所造,运售邻封各厅县,销场畅旺[80]
		兴平	砖瓦陶十五……皆于春间作坯,四时装烧[81]
		米脂	河西地灵岇儿,有兴盛磁窑[82]
		横山	磁厂在县辖之韩岔、吴岔、高崖、殿集市及罗堡之吴□窑等处,设厂二十余处,制造、行销畅旺[83]
矿业	陕西		石炭,龙门内上峪口皆有,荒山绝壑穿山以出,负担驴骡,络绎于道,每数十舸□连尾上下浮于河,由韩而郃而朝而同华,自河达渭以及长安、周至,载以易粟,岁以为常[84] 石油,古称石漆……陕省北部东自延长、延川、宜川,西自安塞、肤施、甘泉、邓州、中部、宜君、同官以至三水一带,沿黄河西岸各支流及洛水流域皆属产油之区,惟延长油矿最著。……光绪三十一年,经巡抚曹鸿勋奏请开采,勘定县治西门外地址筑厂凿井,即今第一官井也。继又凿第二、三、四官井。第一井……日出三千余斤,可提轻油千五百余斤……足与美孚相敌。……自第一官井见油后,延长石油之名震动中外,政府几经派员考察,力图扩充,探得新发见之油苗三十五处,遂向延川、肤施、中部等县次第开凿[85]
		镇安	北一区二台仔铜矿,自前明开采,迄今三百数十载。[86]山中产矿极富……陆运行销邻界,水运则下洵河,每年输出不下数十万斤[87]

续表

类别	省份	主产区	农副业和手工业生产及商贸情况
矿业	陕西	白水	煤炭……足供炊薪，兼资贩易[88]
		沔县	特产者，天荡山阴之石炭……南褒城洋等县俱利赖焉[89]
		神木	神木北境产碱，名曰番碱……年出之碱达三四万锭，运销本省及晋、豫各处[90]
		澄城	澄地无他矿产，惟长闰镇煤炭为出产一大宗。……除境内燃料外，运售大、朝、郃各县[91]
	甘肃	狄道州	临洮南八十里锁林峡有煤山二区焉……由是煤利以开，番民遂服[92]
		肃州	煤炭，产南山垾来泉山内。……雍正初，总兵沈公力学，教民掘取，由是日用必需，连年相望，为利溥焉[93]
		康县	麸金，全县产地虽多，其最旺者惟县北大堡子乡、县南岸门口乡。……陕省及本省各县商人来康，在各地收买，俗称之曰赶金场[94]
		临泽	南、北山之煤炭蕴藏丰富。惟北山之无烟煤品质极佳，除本地需用外，多运往张、高、酒等县销售[95]
	青海		海南、贡尔勒盖、大河、坝河、卡佛山沟至玛沁雪山，皆金厂也，产沙金，亦有块金。黄河一带，沙金随在皆是。铅、锡产于青海王地、图马河及科录、古台吉尔及海西北之乌龙沟，距丹五站许。铜，距切吉迤西三十里之蒙冈山上有铜矿，又海北之完力麻地方乙开连脑有红铜矿，现已开采……煤，产于刚咱地方。[96]青海之煤矿以大通之樵渔堡、俄博城产量最丰富，现为本省主要之矿产。玉树、称多、娘磋界内通天河两岸，皆为产砂金之区域。……且无论土人或客商欲往开采者，必先纳费于土司头目。青海银矿产量亦富，已经采出者，有噶顺山、隆冲河、玛尼岭、希拉朵山、柴达木、郭密、贵德、可鲁西部之大小柴旦一带，以隆冲河所产最佳。现有蒙番人民从事开采，运至湟源销售。青海铅矿盛产于柴达木、图马河、玛尼岭、乌兰代克山、希拉朵山及科鲁克、台吉乃尔、保安一带，土人掘坑镕销，铸成大块，售于内地者甚多，铅质极为优良[97]
		西宁	西宁北山铁矿，曾于明万历时设厂开采，规模甚大，每月约产生铁三千斤[98]
		大通	水金，产于水地，分上、下厂。……惟该二厂昔称旺盛，近产亦五六千两，纳课金百余两矣[99]
		玉树	娘磋河之区多产沙金，土著及客户欲往采者，皆须纳贿于娘磋百户[100]
	新疆		乾隆三十年，办事大臣伍弥泰具奏：查现在铁厂，每月计出生荒铁四千八百斤，一年可得生荒铁五万七千余斤，生熟铁器均能铸造。另，乾隆四十七年都统明亮具奏，迪化州所属南山一带并奎屯河、呼图壁、玛纳斯、库尔喀喇乌苏等处，依山傍水，间产金砂，设立司

137

续表

类别	省份	主产区	农副业和手工业生产及商贸情况
矿业	新疆		金局,发给民人路票,入山淘洗金砂,交纳金课。又,伊犁山中产铜……通行乌鲁木齐、巴里坤等处,又南路例有运送铜斤。阿克苏有上铜厂、下铜厂两处,鼓铸普八钱,各回城行使,至托克逊止。[101]复又,察汗乌苏铁矿,在库尔喀喇乌苏西南四百里……昔年铸造农器,皆取给于此,近为洋［铁］搀夺,停闭。又绥来县属塔西沟铁矿,向有土民开采。昌吉县南孟克图岭北麓为昌吉河发源处,亦产铁,乾隆时置厂,岁出铁五六万斤,今皆停闭[102]
		乌鲁木齐	乌鲁木齐金厂,现有二处,每年共收课金二百余两。内迪化州属金厂七处,共金夫三百名,每名每月收金三分,月收课金九两。库尔喀喇乌苏属金厂二处,共金夫二百六十一名,每名每月收金三分,月收课金七两八钱三分[103]
		伊犁	伊犁环境皆山,土地宽广,有窑矿之富,乾隆三十一年立铅厂,三十六年立金厂,三十八年立铁厂,四十一年立铜厂,四十七年立煤窑[104]
		拜城	境内铜矿三处……道光年间,征粮折铜,每粮一斤,共折铜一万六千一百五十斤。光绪四年开办善后,清丈地亩,添折铜一万三千八百一十五斤之谱。嗣改为官督民办,岁交铜十万。近年因出铜不旺,民有禀请停办之议,另定新章,减交二万一岁,暂准交铜八万,以示体恤,将来畅旺,应复旧额[105]
		孚远	铁产之盛者,惟孚远之水西沟为最……乾、嘉之际,商人崔占元开设铁厂,大兴冶业,居民数千家,隐若巨镇,斧斤之声闻于十里,全陇冶产皆取给焉(水西沟铁厂自崔占元创办,出产畅旺,远近流通,内至甘凉,外及蒙哈,争相运取,朝廷以占元利赖及民,赏给恩骑尉世袭,时人以为荣)。同、光之乱,□为灰烬,虽历年兴复,而墟落萧条,已非昔比。又自俄国通商以来,洋铁之输入益多,价廉于我,几及三分之二(俄商所运,多系熟铁,民乐其便,况价廉于我两倍,宜不足以抵制,惟生铁铸器实较洋产坚而耐久,故桦、犁、鼎、镬之属尚有土产者,然亦仅少数耳),于是水西沟矿利尽为所夺[106]
		库车	库车城北,为苏巴什铜厂……自光绪十五年,即归本地商民承办,采炼铜斤,由地方官发价收买,至今沿为定例[107]
		焉耆	库尔泰山产铜……现经商务总局委员开办,将来若有成效,庶于地方更有起色[108]
		哈密直隶厅	西路三通岭产煤……现归回王开办,仅供本境之需,尚虑不足[109]
		鄯善、吐鲁番	柯柯雅山,在鄯善县西北九十里,煤苗透露,面积五千方里,开窑五六座,汉、回、缠民皆有之。……又吐鲁番城南九十里曰煤窑沟……有缠民开采,其色黟,而质坚,用以冶铁为最宜,销运颇旺[110]

续表

注：[1] 张其昀：《夏河县志稿·林业》。
[2]（清）康敷镕纂修《青海志·森林》。
[3] 王廷珪修，张元际等纂《兴平县志·地理·物产》，民国12年（1923）铅印本。
[4] 刘济南修，曹子正纂《横山县志·实业志·畜牧》，民国19年（1930）石印本。
[5]（清）黄廷钰、（清）王烜纂修《静宁州志·赋役志·风俗》，民国33年（1944）铅印本。
[6]（清）陈之骥纂修《靖远县志·物产》。
[7]（清）杨金庚纂修《海城县志·风俗·物产》，光绪三十四年（1908）铅印本。
[8] 钱史彤、邹介民修，焦国理、慕寿祺纂《重修镇原县志·舆地·物产·货物》。
[9] 张其昀：《夏河县志稿·畜牧》。
[10]（清）张金城等纂修《宁夏府志·地理·物产》。
[11] 周希武编《玉树土司调查记·实业·畜牧》，民国9年（1920）抄本。
[12] 林竞编《新疆纪略·实业·牧畜》。
[13] 张献廷：《新疆地理志·人文地理·产业·牧畜业》。
[14] 丁骍：《新疆概述·畜牧及畜产》。
[15]（清）张绍伯纂修《沙雅县乡土志·物产》，光绪三十四年（1908）稿本，1955年油印本。
[16]（清）康敷镕纂修《青海志·出产》。
[17] 钟广生：《新疆志稿·渔业》。
[18] 宋伯鲁等修纂《续修陕西通志稿·物产·货属》。
[19]（清）佚名：《甘省便览·甘肃盐法》，乾隆五十二年（1787）刻本。
[20]（清）黄文炜、（清）沈青崖纂修《重修肃州新志·杂税》，乾隆二年（1737）刻本。
[21]（清）黄文炜、（清）沈青崖纂修《重修肃州新志·物产·土石类》。
[22]（清）康敷镕纂修《青海志·矿产·盐池》。
[23]（清）和瑛：《三州辑略·物产》，嘉庆十年（1805）刻本。
[24]（清）杨孝宽修，（清）李联芳纂《续修平利县志·土产·风俗附》，光绪二十二年（1896）刻本。
[25]（清）李麟图纂修《镇安县乡土志·物产·植物制造》。
[26]（清）李麟图纂修《镇安县乡土志·商务·本境产物》。
[27] 郭凤洲、柴守愚修，刘定铎、蓝培厚纂《续修南郑县志·政治·实业·工业》。
[28] 王廷珪修，张元际等纂《兴平县志·地理·物产》。
[29] 王廷珪修，张元际等纂《兴平县志·风俗》。
[30] 王怀斌修，赵邦楹纂《澄城县附志·经政·风俗》。
[31] 王怀斌修，赵邦楹纂《澄城县附志·实业·风俗》。
[32] 刘济南修，曹子正纂《横山县志·风俗·习惯》。
[33] 刘安国修，吴廷锡、冯光裕纂《重修咸阳县志·地理·职业》。
[34] 强云程、赵葆真修，吴继祖纂《重修户县志·物产》。
[35] 张道芷、胡铭荃修，曹骧观纂《续修醴泉县志稿·风俗志·习尚》。
[36] 张道芷、胡铭荃修，曹骧观纂《续修醴泉县志稿·地理志·物产》。
[37] 马福祥等主修，王之臣等纂纂《民勤县志·风俗》，成文出版社，1970年影印本。
[38] 高维岳、张东野修，王朝俊等纂《重修灵台县志·风俗》，民国24年（1935）铅印本。
[39] 徐家瑞等纂修《新纂高台县志·舆地·风俗》。
[40] 徐家瑞等纂修《新纂高台县志·舆地·物产》。
[41] 王世敏修，吕钟祥纂《新纂康县县志·物产》。

续表

[42] 章金泷修，高增贵纂《创修临泽县志·民族·生活状况》，民国31年（1942）铅印本。
[43] （清）苏尔德纂修《回疆志·织布》。
[44] 李寰：《新疆研究·经济·工业》，民国33年（1944）铅印本。
[45] 钟广生：《新疆志稿·矿产》。
[46] （清）蒋光陞：《疏勒府乡土志·物产》。
[47] 丁骕：《新疆概述·手工业》。
[48] 丁骕：《新疆概述·手工业》。
[49] （清）马毓华修，（清）郑书香等纂《重修宁羌州志·人物·物产》，光绪十四年（1888）刻本。
[50] 林竞编《新疆纪略·实业·工艺》。
[51] 李寰：《新疆研究·经济·工业》。
[52] （清）袁大化等纂修《新疆图志·实业·工》。
[53] 丁骕：《新疆概述·手工业》。
[54] 宋伯鲁等修纂《续修陕西通志稿·物产·货属》。
[55] 王世敏修，吕钟祥纂《新纂康县县志·丁商》。
[56] 王世敏修，吕钟祥纂《新纂康县县志·工商》。
[57] 李寰：《新疆研究·经济·工业》。
[58] 丁骕：《新疆概述·手工业》。
[59] 张鹏一：《河套图志·物产·动物》，民国11年（1922）铅印本。
[60] 余正东修，黎锦熙纂《洛川县志·工商·工业》。
[61] （清）陈之骥纂修《靖远县志·物产》。
[62] 钱史彤、邹介民修，焦国理、慕寿祺纂《重修镇原县志·舆地·物产·货物》。
[63] 陈鸿宝纂修《创修渭源县志·建置·实业》，民国15年（1926）石印本。
[64] 王世敏修，吕钟祥纂《新纂康县县志·物产》。
[65] （清）康敷镕纂修《青海志·出产》。
[66] 周希武编《玉树土司调查记·实业·工业》。
[67] 林竞编《新疆纪略·实业·工艺》。
[68] 李寰：《新疆研究·经济·工业》。
[69] 李寰：《新疆研究·经济·工业》。
[70] 丁骕：《新疆概述·手工业》。
[71] （清）张绍伯纂修《沙雅县乡土志·物产》。
[72] （清）蒋光陞：《疏勒府乡土志·物产》。
[73] 佚名：《温宿府乡土志·商务》，光绪34年（1908）抄本，1955年油印本。
[74] 余正东等纂修《宜川县志·工商·工业》，民国33年（1944）铅印本。
[75] 丁骕：《新疆概述·手工业》。
[76] 罗传铭修《商南县志·实业》。
[77] 田惟均修，白岫云纂《岐山县志·地理·物产·货物》，民国24年（1935）铅印本。
[78] 钱史彤、邹介民修，焦国理、慕寿祺纂《重修镇原县志·舆地·物产·货物》。
[79] 陈必淮修，王之臣纂《朔方道志·舆地·物产·货类》，民国16年（1927）铅印本。
[80] （清）李麟图纂修《镇安县乡土志·物产·矿物制造》。
[81] （清）张元际编《兴平县乡土志·物产·矿物制造》。
[82] （清）潘松修，（清）高照煦纂《米脂县志·物产志·货物属》，光绪三十四年（1908）铅印本。
[83] 刘济南修，曹子正纂《横山县志·实业·产业》。

续表

[84] （清）刘于义修，（清）沈青崖纂《陕西通志·物产·货属》，雍正十三年（1735）刻本。
[85] 宋伯鲁等修纂《续修陕西通志稿·物产·矿属》。
[86] （清）李麟图纂修《镇安县乡土志·物产·矿物制造》。
[87] （清）李麟图纂修《镇安县乡土志·商务·本境产物》。
[88] （清）梁善长纂修《白水县志·地理·物产》，乾隆十九年（1754）刻本。
[89] （清）孙铭钟修，（清）彭龄纂《沔县志·地理·物产》，光绪九年（1883）刻本。
[90] 宋伯鲁等修纂《续修陕西通志稿·物产·矿属》。
[91] 王怀斌修，赵邦楹纂《澄城县附志·实业·物产》。
[92] （清）呼延华国等修，（清）吴镇纂《狄道州志·物产·明杨继盛〈开煤记〉》，乾隆二十八年（1763）刻本。
[93] （清）黄文炜、（清）沈青崖纂修《重修肃州新志·物产·土石类》。
[94] 王世敏修，吕钟祥纂《新纂康县县志·物产》。
[95] 章金泷修，高增贵纂《创修临泽县志·民族·生活状况》。
[96] （清）康敷镕纂修《青海志·矿产》。
[97] 许公武：《青海志略·青海之经济概况·矿业》。
[98] 许公武：《青海志略·青海之经济概况·矿业》。
[99] 刘运新修，廖溪苏纂《大通县志·物产·体物》，民国8年（1919）铅印本。
[100] 周希武编《玉树土司调查记·实业·矿业》。
[101] （清）和瑛：《三州辑略·物产门》。
[102] 钟广生：《新疆志稿·矿产》。
[103] （清）永保修，（清）达林、（清）龙铎纂《乌鲁木齐事宜·金厂》，嘉庆元年（1796）刻本。
[104] 钟广生：《新疆志稿·矿产》。
[105] 佚名：《拜城乡土志·矿物》，光绪三十四年（1908）稿本，1955年油印本。
[106] 钟广生：《新疆志稿·矿产》。
[107] （清）袁大化等纂修《新疆图志·实业·矿》。
[108] （清）闻瑞兰：《焉耆府乡土志·物产·矿物》，宣统元年（1907）稿本，1955年油印本。
[109] （清）刘润通：《哈密直隶厅乡土志·矿物》，光绪三十四年（1908）稿本，1955年油印本。
[110] （清）袁大化等纂修《新疆图志·实业·矿》。
说明：本表主要统计西北商路所涉地方志直接表述为商品者。

表3-2所示内容更加凸显下述事实，即商路辐射区域商品化生产有显著发展且深度依赖商路商贸活动开展。商路变迁及商贸活动兴衰与西北商路辐射区域商品化生产水平有深度正相关关系。

由表3-2可见，第一，农副产品和手工业产品交换——基于历史、地理环境等影响而有自然分工特征，此分工本是人类商品化生产演进之自然基础——不同于粮食等农产品在自给有余的前提下的市场交换。因为，相较于粮食生产，农副业和手工业生产从明清至近代，私商化特征越发明显，其生产能得以循环更需要依赖市场交换。这使西北商路经济区商品化生产发展具有更坚实的社会生产基础。

第二，农副产品和手工业产品商品化生产发展更依赖销售市场扩张为其提供发展动力。因为，未有近代化生产技术和生产组织形式的刺激之前，农副产品和手工业产品作为西北商路市场流通主要大宗物资，及区域内社会总收入增加主要来源之一，恰恰以商品销售范围的扩展为前提。尤其是，商路区域内外市场总需求增加——包括因应分工进一步发展和因社会总收入增加而产生的市场需求——使其商品化生产与商路总商品量的规模化成长互为因果。

第三，依赖于商路销售市场扩展，农副产品、手工业产品市场销售范围日渐超越本乡、本县而显现出长距离贩售趋势——生产和市场销售非本地化。而且，其扩大商品化生产与区域外同类行业或产品市场竞争因之而日趋激烈的情况已客观存在。要言之，中东部商品输入西北市场时形成以粮食和棉布等手工业品为核心的商品结构虽属客观事实，但是，西北商路区域前此现象的出现和进一步发展更表明二者间日趋激烈的市场竞争亦是客观存在。受生产规模和技术差距影响，二者形成差异化的销售市场格局，如西北此类产品多分布于特色市场或中低端产品市场。同时，其凸显的更关键事实是：商路变迁及商贸活动兴衰不仅加剧了二者间在生产规模、生产组织形式和生产技术方面的竞争，更对区域经济发展有关键影响。尤其是，开埠通商和洋货引入使此种竞争特征体现得更为明显，其市场供给量显著增加亦主要是在开埠通商后。这同样使商路变迁与西北区域经济发展之关系演进具有新的时代内涵。

总之，表3-1、3-2显示：西北商品化生产发展与商路变迁及商贸活动兴衰有显见正相关关系。商品化生产发展与商贸活动兴衰互为支撑，又能使商路依托自身市场需求实现发展；同时，商路市场农产品和手工业品总商品供给量显著增加，商路区域商贸活动更趋活跃，其市场结构及商品结构已变得更加丰富。例如，日杂用品、土产商货、手工业品及种类繁多、具有市场竞争优势的近代工业品不仅遍于市廛，相关贸易活动还取代了乡村市集或市镇商业中心原本主要存在的"唯布粟"的简单贸易。再如，西北商路区域，乡村之间，县与县之间，及区域内外间的贸易活动日渐频繁，打破了传统市场商贸活动客观存在的"贸易不越疆"的狭隘性。这些事实都显示出西北商路区域商品化生产已取得显著进展，而且，此种发展与商路变迁及商贸活动兴衰紧密相关。

第二节 西北市场结构变动

基于学界于市场结构变动研究的共识，本节拟从商品品种结构、市场规模级序结构和市场空间分布结构三方面讨论商路变迁与西北市场变动的关系。

一 商路商贸与商路市场商品结构变动

商路变迁及商贸活动演进促进市场商品品种的丰富。日用杂品、土产商货、手工业品、近代工业品贸易逐步取代乡村或市镇原有的满足基本生活需求的简单贸易。西北商路市场区域的乡村之间、县与县之间，及西北区域内外商贸物资品种的多样性于此可为关键证据（见表3-3、3-4）。

表3-3 陕、甘、宁、青商路市场商品品种简计

陕西境内商路商品品种		
宁羌州（宁强）	输入	外来诸货充斥，川盐鄂布为大宗。盐自广元入境，水陆兼运。陆运至府城，销高寨子、胡家坝一带，岁约千包以上。水运至阳平关，销戴家坝、大安镇及府城，岁约五千包以上。布之销数合城内及各乡镇计算，岁不下四千捆。棉、烟、糖、油、纸料各品，皆自他境运入，外商主持，土著安得不病
	输出	各项土货内销之数，除鸦片一项岁约三万两……木耳为土产一大宗，每岁由陆运至府城者不过二千包，由水运至四川者不过千余包，他如桃饼及药材等项，岁由水运至川，多则数百包，少或数十包不等
镇安	输入	*妇女*……不丁纺织，布匹所需多从西安贩入，价昂数倍，有一时赊用加息以价者。唯杜川一带近知纺织，正亦群相慕效，以振女红。入境销行货品：盐由咸宁引驾卫驮运入山，亦有用人力背运者，年销二千余石，由凤凰嘴、柴家坪转运兴安，售于本境十之三四。棉花，由省陆运入境，亦有由兴安蜀河运来，年约销四五万斤。布匹，水运由洵阳两河关等处入境，在柴家坪、青铜关等处行销；陆运由龙驹寨、蜀河口等处入境，在凤凰嘴、云盖寺、县城等处行销，每年约一二千捆

旧市场　新因素：商路变迁与西北区域经济非均衡发展（1851—1949）

续表

陕西境内商路商品品种		
镇安	输出	苞谷为民食大宗……年丰驮运咸宁，引驾卫销售或易盐入山。……生铁，山中产铁极富，陆运行销邻界，水运下洵河，年输出不下数十万斤；木耳亦出产大宗，水运由襄河至老河口转运汉口，陆运由蜀河等处商人坐庄收买，岁销约七八万斤。五倍子，销行老河口及蜀河各路，岁约百数十石。药材，商人零星收买，运销鄂汉而销南北等省。……皮纸，陆运出西安，水运往老河口……年约销二三千捆；火纸，销路与皮纸同……年销约为万捆有奇；引纸……销路与皮纸同，年销数较皮纸稍逊。漆油，水运鄂省者居多，陆运赴省略少，年销数约一二万斤。桐油，间有运销入鄂，其余运销他境，亦在本境内行销。……生漆，多鄂贩购去。……南酒坛，悉在省城行销，年五六千个之谱
延长	输入	棉花不种……所以地少织布，所需白蓝布率自同州驮来，各色梭布又皆自晋之平绛购以成衣
韩城	输入	地狭，故粟麦独缺而仰给者上郡之洛川、宜川、鄜州、延长诸处，南之郃阳，西南之澄城，每岁负担驴驮，络绎于路。度沟历涧，风雨雪霜，日夜不绝。富室、贫家率饔飧于市集，倘三日闭粜，则人皆不火矣
^	输出	以饶水故裕稻，而土门口以内西山下尤为盛
葭州	输入	市中布匹悉贩之晋地，而黄河一带寔为利源，北通河套，南通汾平，盐粮之舟疾于奔马。 全县食盐大抵由甘肃花马池运来，间有食榆属盐湾之小盐者
佛坪厅	输入	其他由他境行销本境者潞盐、棉花，自周至运入大布，茶叶自石泉运入
^	输出	道光初年，四方商贾来山中采买大木，就地立厂，号曰木厢，境内共有数十厂，每厂辄用数百人，由水路运出，黑水峪口用人尤多，地方赖以富庶。……现由本境行销山外者有药材及杉松板
绥德	输入	纺织非所素习，尺布寸帛皆仰给于境外
蒲城	输出	客商贩运达于远方者，厥惟兴市镇之棉、纸、鞭炮为土货一大宗
华州	输入	输入品则煤铁之舟汛于河渭，来自山西。洋布、洋纱、巾扇、纽扣、绸货，来自西安。粟来自渭北。然独粟为至多矣。约计之，岁可四五百万石。大率以鸦片辗转相贸，然则华之民仰食于鸦片者殆十室而五六
^	输出	输出之品，独竹制器物为大宗，茧丝、靛、棉、苇席、火纸运销不出百数十里。果若桃干、杏干、桃、杏仁、柿饼、万寿果，药若麻黄、防风、苍术，蔬若笋、藕、山药，东输至华阴，西输至西安、三原止矣。而鸦片一宗，远及山西、河南、直隶、山东，每岁以巨万计
城固	输入	由他处运入本境单行之货，有白盐、青盐、棉布、棉花四种。白盐由四川陆运入境，青盐由甘肃陆运入境，每年各销行数十万斤。棉布，每年由湖北水运至本境四五十匹，销行本境无多，余均分销本府及沔县、宁羌、略阳一带。棉花，每年由本省陆运、湖北水运入本境者五六万斤，销行本境或并本境所产之棉花分销别境外，有洋布、洋缎、海产、食品等项，由湖北水运入境销行，而绸缎服用之物，多由四川陆运入境销行，间有由四川之重庆陆运入境销行者

续表

陕西境内商路商品品种		
城固	输出	县境商务以姜黄、木耳为大宗。姜黄每年产一百余万斤，陆运销行甘肃秦州十之一，又水运销行于湖北老河口镇十之九。由老河口镇分水运、陆运销行于山西、河南、山东、直隶，以为制造水烟之用。木耳每年产一二万斤，水运销行湖北，又自沔县、略阳县、宁羌州分陆运、水运购入本境三四十万斤，分销湖北。其余牛皮，每年产一万余斤，水运销行湖北。干姜皮，每年产十余万斤，陆运销行甘肃、新疆，借以避寒。罂粟土药，每年产一万余斤，陆运行销南郑各乡，又或自他境购入本境，陆运分销于本省，水运分销于湖北。烟叶，每年产数千斤，销行本境，制造绸绫，陆运销行本省及甘肃县。药材销行之品惟麝香……分销别境。如乌药，每年产三万余斤，陆运销行于甘肃、新疆。柴胡，每年产一万余斤，水运销行湖北。前胡，每年产五千余斤，水运销行湖北。苍术，每年产五千余斤，陆运销行四川。黄芩，每年产五千余斤，销行本境。半夏，每年产五千余斤，陆运行销本省。桔皮，每年产一万余斤，陆运销行本省。香附，每年产五千余斤，销行本境。大黄，每年产三千余斤，水运销行湖北。柏子仁，每年产二千余斤，陆运销行四川。巴党参，每年产一千余斤，销行本境。芍药，每年产三千余斤，销行本境。食品：丹桔、黄柑产于县北之升仙谷口附近村，每年获数十万枚，销行汉中府全境，及陆运行销本省，为土人之专利。又西瓜子，每年产一百余石，陆运销行四川
南郑	输入	糖由川陆路运入，年约十五万斤；由鄂水路运入，年约十万斤。除行销本境外，转运于甘肃者，陆路年约八九万斤。表纸，由川运入，年约四千五百箱。川纸，由川运入，年约五千担。铁，由川运入，年约二十万斤，转运于甘肃者约占七八万斤。盐，由川运入者年约四五万斤，由甘运入者六千石，每石约六百五十斤。茶，由兴安、湖北等处水路运入，年约十万斤，转运甘肃者约占五万斤。绸缎，由川运入，年约七八千匹。棉烟，由甘运入，年三万斤。棉纱，由汉水运入者日本纱居多，湖北、天津纱次之。……（东关五大商帮输入商品）由汉水运入者，江帮则以瓷器为主，余各帮则运湖布、苏缎、京广洋杂并白□、苏木、黄丹、草果、胡椒、大香、铁丝、连史纸等。……此外亦有由水道零批运方贩者……入则仍多运洋货
	输出	土布，由本境运销甘肃者年五万余匹。棉花，由本境运销四川者年二十余万斤，运销湖北者年约十万斤。东关商业多在河道开行店屯货物，为大批发行者，有山（山西）、陕、怀（怀庆）、黄（黄州）、江（江西）五帮。……出则以西乡、佛坪、略阳、留凤等县所产之木耳、城固所产之姜黄为主
榆林	输入	牛产蒙地，本境销售千余头。酥来自蒙地，以牛羊乳为之
兴平	输入	米粜常仰甘陇
	输出	辣靛、木棉非食品者占十之二三
澄城	输入	惟近年以来，洋布盛行，而土布入北山者寥寥矣……绸缎洋布等及化妆品有由山西解州输入者，有来自同州者，卖此等货者名京货铺，近日风俗稍奢，京货入境有逐渐增加之势。……杂货，兴市镇之纸张、火炮，四川之红白糖，甘肃之水烟，广浙之海菜等，湖北之湖茶，美孚煤油，洋蜡、纸烟、书籍、笔墨等。铁货，铁器及铁由山西运入朝邑，由朝转入境内，钢则来自豫省

续表

		陕西境内商路商品品种
澄城	输出	产出之品，以麦与煤为大宗。制出之品，则仅瓷器、砂器。小麦为邑重要出产，故各镇均有粟商，尤以北乡为最。……又与洛川接壤，洛川亦产麦之区，自洛川由驴骡驮入关家桥，再运至王庄及治城，故北乡人民每于农隙用铁轮车运售于同朝，每年春冬二季络绎不绝，惟有为粟商转运者，有农民自行运售者，无由数计。煤炭，出产于长闰镇之石沟，行销于本境之郃阳之西、蒲城之东、大荔、朝邑各处……近日药材……亦为邑出产要品，运往河南禹州。南乡一带妇女习于纺织，自用衣服外，余布则转售北山鄘洛一带，向亦为一大出产
横山	输出	布匹、百货买自山西、绥德等地……食盐概由花马池运来，棉花来自韩城、三晋
	输入	皮毛、洋绒由晋商、洋行岁来收买，谷类、豆、稻径由农户运销榆、米，油、碳供给南境，磁、酒多贩卖靖定、安定
神木	输入	一切花布、绸缎及日用之物，俱仰给他省
	输出	除盐、碱、皮货而外，并无出产
紫阳	输入	所用棉布皆取给他处
礼泉	输入	北屯镇以甘产皮毛……为大宗。……间有乡人赴甘以棉布易皮革
	输出	所属镇市向惟叱干、南坊两镇以落地粮炭，北屯镇以甘产皮毛，赵村、阡东两镇以泾东及本地产棉为大宗
中部	输入	他境所来货物，仅布匹、纸张、烟、糖、茶叶等项，或由本省，或由三原，或由兴镇，或由同州，均由陆路运入本境
	输出	本境所产麦、豆、草药销行外境
甘泉	输入	运入之货以布为大宗，每岁能销七八十担，值银五千余两。所销棉花、估衣值银约四五百两。居民食麦皆由鄘州贩运
	输出	所产之物运出境外者以猪为大宗，每年能销一千八百余口，值银五千余两。其余羊只、羊毛、烧酒、麻油亦间有出境者
朝邑	输出	近年惟所出棉花尚可成庄。北路运至宜君、洛川，西路运至宝鸡、虢镇……皆外来客商自行运贩，每岁出三十余万斤
大荔	输入	入口有山西之盐、铁、炭等，大宗销售陕西省垣并各县者甚巨
	输出	沙南之渭河出口有棉、粟、金针菜、瓜子等
岐山	输入	初，西盐巴之入岐者最为大宗……其货多从他境运入，畅销西境
	输出	本境所产之物、所制之品，唯酒与土药、挂面出境，除本境销售外，酒售于省城为多，本省亦有各处发售者。土药销售于本省，间及直隶、山西、河南

续表

陕西境内商路商品品种		
	输入	烧酒……由凤翔及礼泉陆运至鄠，年销十余万斤。……盐由山西潞州水运至河口，由河口经渭陆运至省城，以至于鄠，年约销三十万斤。碱，由山西闻喜水运至河口，经渭陆运至鄠，年约销六万斤。枣由同州府陆运至鄠，年约销七万斤。水烟由兰州陆运至省城，由省城运鄠，年销四五万斤。……麻……由富平、凤翔陆运至鄠，年销二十余万斤。菜油……由渭河北兴平、礼泉等处陆运至鄠，年销十余万斤。洋布、洋斜，由省城陆运至鄠，每年销二三千匹。草帽由渭南陆运至鄠，年销七八万顶。……铁磁铁货，如铁钉、铁锁之类除自制外，由山西泽州、潞安等府水运至河口，由河口陆运至鄠，每年共销六七万斤。铧□土，由山西河津樊村镇水运至咸阳，由咸阳陆运至鄠，每年共销十余万叶。镰刀，由省城陆运至鄠，年销七八万张。瓷器，如盆、瓮、碗、罐等物，俱曰瓷器，以驮计，用骡马力由耀州运至鄠，年约销一千驮。石炭，由山西水运至咸阳，由咸阳陆运至鄠，年约销四五万斤。铁锅，由山西运来，每年约销五百口
鄠县	输出	食品。姜……由陆路运至乾凤、甘肃，年销四五十万斤。芋……由陆路运至省城、咸阳、泾原、郿武、临渭，年约销六百万斤，本境二百万斤。乌药，由陆路运至乾凤、兴汉、甘肃，水运至山西，年销五六十万斤，本境约销二十万斤。胡桃……以人力、马力运至省城、咸阳、泾原、郿武、临渭，年销五六万石，本境一万石。百合、木耳……由陆路运至省城，年各销售三四千斤，本境各销千余斤。竹笋、茭白，由陆路运至省城，年各销二万余斤，本境各销五六千斤。藕粉……由陆路运至甘肃、四川，水运至山西、河南，年约销二十万包……本境销四五千包。黄酒……本境年销二三瓮。烧酒，本境亦有制者，每年销十余万斤。……蜜……由人力运至省城、咸阳、兴平等处，每年二三百桶，本境销二三十桶。 用物。茧由陆运至省城，每年销四五千斤，本境销七八百斤。牛羊皮由陆运至省城，年千余张，本境销二三百张。羊毛由陆运至省城，年六七百斤，本境销二三百斤。丝由陆运至省城，年销四五百斤，本境约销二百斤。火纸……由陆运至省城、咸阳、礼泉、乾凤、郿武等处，年销六七百捆，本境销一二百捆，每捆五十余斤、八千张。松柏枋块……由涝水运至咸阳分路，陆路运至甘肃，水路运至山西，每年销七八百副，本境销三四百副。石灰……由陆运至省城、盩、武、咸、渭等处，年销六七十万斤，本境约销十万斤。漆……由陆运至省城，由省城运至乾凤、同朝等处，年销七八千桶。靛……由陆运至省城、咸阳、盩厔、乾凤等处，年销八九十万斤。柏泥……由陆运至省城、咸阳等处，年销二三十万块。木炭……出陆运至省城、咸阳、泾原等处，年销四五百万斤，本境销五六十万斤。扫帚……由陆运至长安、咸阳等处，年六七百万把，本境销一二十万把。雨帽，由陆运至咸阳、扶风等处，年销六七十万顶，本境销五六万顶。竹筛、竹笼，由陆路运至省城、咸阳等处，年约销七八万个，本境销一二万个。……菜油，在本境行销岁约五六万斤。……木箱、竹箱、木匣及小儿顽器，以人力运至咸阳、泾阳等处，年销数无定，大约值钱二三千串

续表

陕西境内商路商品品种		
洛川	输入	所用棉花，大都由关中各县运来。商品多由外地输入，每年出入之数字尚无统计，其为入超自属无疑。至商品之供销，以粮食及食盐、皮毛、棉花、布匹、纸张、杂货、药材为大宗。……其入口者，食盐来自甘边之花马池；碱来自神木；皮毛来自鄜县、甘泉以北；毛织品多来自榆林、绥德、肤施，其染料……多由沦陷区经洛阳或宜川运来；棉花、布匹、纸张、杂货及所需药材等则来自三原、西安、蒲城、寺前镇与大荔、朝邑等处，自往河南采购者间亦有之。如山货、麻纸等来自蒲城，距二百六七十里。土布来自韩城之芝川镇，距二百七十里；或澄城之寺前镇，距二百八十里。铁货来自朝邑，距三百三十里。纸张、糖、药材等来自大荔，距二百九十里。匹头，即洋布、毛巾等，来自洛阳，均须经寺前镇。他如西药、洋袜、教育用品等，则大部来自西安与三原也
	输出	粮食丰年均有出口，药材亦有外销者。近本县工厂所产白细布、纸张、陶瓷等，及土产之畜类与其皮毛、蜂蜜、黄蜡、大麻与麻油等，较称大宗，但出口尚少
甘肃境内商路商品品种		
华亭	输出	谓贫民于农事之暇多猎兽皮或采漆木蜜蜡，以博衣食，可知上数物为明时产物之大宗。今则西山之民……栽大黄、归芎等药，每年陕客来贩，总计所售不下五千担。红山、砚峡二镇之煤，除供本地烧用之外，平、陇、泾、崇皆贩运之，每岁所入亦甚巨。而农作物之大宗，则麻为第一，每年出境不下一万担。窑头镇所烧之土瓷……迄今陕甘贩运亦伙。民国8年，镇绅汪振懋……创制半细瓷，销售亦颇发达
甘州府	输入	布絮其来自中州，帛其来荆扬，其值昂。菽麦贱值，粳稻贵值。粳米常日视粟米等价值倍之。……甘属崇酥，以茶调之，率不可离，而细茶无购者
山丹	输入	布絮其来自中州，帛其来荆扬，其值昂。……甘人用线皆市买，不自绩。其绩多毡。菽麦贱值，粳稻贵值。粳米常日视粟米等价值倍之。……甘属崇酥，以茶调之，率不可离，而细茶无购者。……其木多松，自祁连，其用溥，其值廉。……其器铜、锡倍值，铁三倍之（倍内地也）
夏河	输入	本县境内无产盐池，食盐仰给于青海池盐。茶之来源二种，府茶即普通之官茶或砖茶，松茶来自四川松潘，产于灌附近，为大叶散茶，每包六十斤，在松潘仅售十三四元，至拉卜楞每包售四十八元。藏民所用哈达，来自成都。糖亦以川糖为多。四川货物自松潘经西仓（在洮河上流）至拉卜楞，商旅结队而行，马站十天，牛驮需二十天。藏民所佩刀剑系青海循化撒拉回人所铸，每柄四五元。 本县粮食不敷……汉回商民所用白面、大米、菜蔬等，多来自临夏，价值甚高
	输出	甘青分省后，毗连青海各地之皮毛，青省当局为裕税收计，禁止由夏河出口，但商民为避重就轻减少成本之故，多仍由旧惯，因此，夏河皮毛输出额尚无大减。兰州市上食用牛羊，由夏河供给者居于主要成分，藏民即以牲畜卖价购食青稞

续表

宁夏境内商路商品品种		
固原	输入	至民间所用布匹来至三原，产于鄂省，从前销场尚称踊跃，近年盐务衰，百货因之减色
	输出	固原土产仅羊皮、羊毛为大宗，华商运至津、沪转售洋商，然较宁夏各属究成弩末
中卫	输入	布帛所需俱以粟易。市肆多山陕人，春出布帛售诸居人，夏收取偿；夏售布帛，秋成取偿，必倍之。居人偿，则以谷菽者多，其价复贱
	输出	毛、羊、驼皆有毛……多为外商购去。皮、马、牛、羊皮皆为出境之大宗物品
隆德	输入	居民衣服以棉织品为主要，来至湖北、陕西、河南数省。输入物品有盐碱、布匹、棉花、农具至铁货，家居之什物，为用甚多，农夫之杂粮究不足以抵制
	输出	输出概数小麦、莞豆最为大宗
青海境内商路商品品种		
青海	输出	羊毛，蒙番玉树皆产，唯极西之柴旦台吉乃尔等地有售毛于缠头者，余皆售于丹噶尔贵德大通一带，以丹地每岁计之，出羊毛双秤至四百余万斤，价十两上下。其他各地，暨迤北之甘凉肃边境、迤南之洮河一带，间有售者，又不知凡几。以丹噶尔为青海适中之门户，每年有洋行十余家就地采买，羊毛一项实为海上出产大宗。驼毛出产亦多。牛马皮，蒙番玉树远近皆有，出数甚巨，价值亦廉。野牛皮、野马皮，蒙番玉树各地皆有，出数亦多，尤以野牛皮张最合时用。马、牛、羊，蒙番皆有售者，羊多来自西番，每年出售数亦甚巨。羊皮，大羊皮无多，买者，亦不甚多，唯羔皮运售于甘肃、四川边境者极多，川甘商人出口采买者亦不少。野兽皮，如猞猁皮、沙狐、狼皮等，蒙番玉树皆产之，唯近青海左右者特佳，毛泽润而深长。另，鹿茸、鹿角，蒙番各境皆有……时有京师商人来买者，其鹿角亦多，均系河南人采买
玉树	输入	商货输入品有西藏来者，曰氆氇、藏红花、靛、阿昧、鹿茸、麝香、硼砂、桦文椀、藏枣、乳香、野牲皮（生）、羊皮（生）、羔皮（生）、藏糖、藏香、雪莲、蜡珀、珊瑚、铜铁丝、铜铁板及条、铜锅、铜壶、小刀、碱灰、桑皮纸、洋瓷器（菜盒、锅、碗、钟杓之类，皆自印度转来）、洋斜布、洋缎、洋线、鱼油、蜡、纸烟（以上六件皆印度货）、帽子皮、尼绒布、坎布（以上三件皆俄货）。有自川边打箭炉来者，曰茶（岁至十余万驮，多数运销西藏）、洋布、绸缎、纸类、生丝类、哈达、酱菜、海菜、糖、瓷器、白米、熟牛皮、纸烟、孔雀石（出陕西）。有自甘肃西宁、洮州来者，曰铜铁锅、铜火盆、锅撑、白米、麦面、大布、挂面、葡萄、枣、柿饼、粉条、瓷碗。……结古过载货物以茶为大宗，茶产四川故雅州府六属，销售西藏及海南各番族。贩茶者多系川番伙尔族人，其资本皆出自番寺。……据结古商人称，每年运往拉萨者约在五万驮以上，是多半销于西藏，而少半销于川边及海南各番族也。以五万驮计之，共值本银一百二十万两，获息当在一百三十万以上，而回运藏货其利更不资矣，是茶乃川边之一大利源，而西藏所不能不仰给于内地者也。昌都本由炉赴藏之大道，茶商以山路险峻，又艰于雇牛，故取道结古以期省便，是结古为茶商必由之路明矣

149

续表

		青海境内商路商品品种
玉树	输出	其特别输出土产,曰鹿茸、麝香、冬虫草、大黄、知母、贝母、野牲皮、羊毛、金。另,青海现唯西宁、互助、乐都、民和、贵德各县耕种尚为发达,年来甘肃产粮不足,亦多仰赖青海供给。汉人恒以布匹、糖、茶易其牛羊,而彼亦乐于交易

资料来源:(清)陈岂芬修,黎彩彰纂《宁羌州乡土志·商务》;(清)聂焘纂修《镇安县志·风俗》,乾隆二十年(1755)刻本;(清)李麟图纂修《镇安县乡土志·商务·本境物产》;(清)王崇礼纂修《延长县志·食货·服食》;(清)傅应奎纂修《韩城县志·物产》;(清)高珣修,(清)龚玉麟纂《葭州志·风俗·习尚》;陈瑄修,赵思明纂《葭县志·盐茶》,民国22年(1933)石印本;(清)佚名编《佛坪厅乡土志·商务》,光绪三十四年(1908)抄本;(清)孔繁朴修,(清)高维岳纂《绥德直隶州志·风俗》,光绪三十一年(1905)刻本;(清)李体仁修,(清)王学礼纂《蒲城县新志·地理·物产》,光绪三十一年(1905)刻本;(清)褚成昌纂修《华州乡土志·商务》,民国26年(1937)铅印本;佚名纂修《城固县乡土志·商务》,民国26年(1937)铅印本;郭凤州、柴守愚修,刘定铎、蓝培厚纂《续修南郑志·政治·实业·商民》;张鹏一纂《河套图志·物产·动物》;王廷珪修,张之际等纂《兴平县志·地理·物产》;王怀斌修,赵邦楹纂《澄城县附志·商务》;刘济南修,曹子正纂《横山县志·实业·商务》;宋伯鲁等修纂《续修陕西通志稿·风俗》;张道芷、胡铭荃修,曹职观纂《续修醴泉县志稿·风俗志·职业》;佚名纂修《中部县乡土志·商务》,民国26年(1937)铅印本;佚名纂修《甘泉乡土志·商务》,民国26年(1937)铅印本;朱续馨:《朝邑县乡土志·商务》,民国26年(1937)铅印本;(清)聂雨润修,(清)李泰纂《大荔县新志存稿·土地·交通》,民国26年(1937)铅印本;佚名纂修《岐山县乡土志·商务》,民国26年(1937)铅印本;佚名纂修《鄠县乡土志·商务》,民国26年(1937)铅印本;余正东修,黎锦熙纂《洛川县志·物产·植物》《洛川县志·工商》;张次房修,幸邦隆纂《华亭县志·地理·物产》,民国22年(1933)石印本;(清)钟庚起纂修《甘州府志·食货·市易》,乾隆四十四年(1779)刻本;(清)黄璟等纂修《续修山丹县志·食货·市易》,道光十五年(1835)刻本;张其昀纂《夏河县志稿·商业》;(清)王学伊纂修《新修固原直隶州志·庶务·商务》,宣统元年(1909)铅印本;(清)黄恩锡纂修《中卫县志·地理考·风俗》,乾隆二十六年(1761)刻本;陈必准修,王之臣纂《朔方道志·舆地·物产·货类》;桑丹桂修,陈国栋纂《重修隆德县志·民族·生计》,民国24年(1935)修,石印本;(清)康敷镕纂修《青海志·出产》;周希武编《玉树土司调查记·实业·商业》;许公武:《青海志略·青海之经济概况》。

表3-4 新疆商路市场商品品种简计

绥定县(伊犁)	输入	吐鲁番之棉花、葡萄,湖商、晋商之茶斤,蒙古、哈萨克之牧畜,均行销于境内,增斥漏卮
蒲犁厅(莎车府)	输入	自他境运入本境销售者,每岁销土布棉袷袢五六千件,缠头皮帽三四千顶,皮靴三四千双,土布四五千匹,羊皮汗裆五六千件,土布裤三四千条。以上各物均由喀什、莎车、英吉沙尔等处运来

续表

蒲犁厅（莎车府）	输出	本境所产之物：牛每岁吆往喀什出售计三四百头，吆往英吉沙尔出售计二百余头，吆往莎车出售计三百余头，吆往俄国阿克塔什出售计二三百头。羊每岁吆往喀什出售计四万余只，吆往英吉沙尔出售计七八千只，吆往莎车出售计二万只有奇，吆往俄国阿克塔什出售计二万数千只。牛皮每岁运往喀什、英吉沙尔、莎车各城出售共计不过二三百张。羊皮每岁运往喀什、英吉沙尔、莎车各城出售共计三四千张。羊毛每岁运往喀什出售计二千余斤，运往英吉沙尔出售计一千数百斤，运往莎车出售计二千斤之谱，运往俄国阿克塔什计二千余斤，运往坎巨提（特）出售一千余斤
鄯善县（吐鲁番）	输入	自省城运入本境之大米（陆运），通县销行每岁约一百石。他如桂子皮、鸦儿缎、洋呢、洋布之类，则运自俄罗斯。裁毛绒毯则运自和阗。瓷器、绸缎则由关内运省，由省运入本境销行，每岁值银共数千两
	输出	葡萄、棉、麻运出本境（陆运），在本省各府、厅、州、县销行。芝麻亦然。唯葡、棉两宗并销行甘凉与兰州、西安等处及俄罗斯，每岁百万斤。又有辣末销行省域
伽师县（喀什噶尔）	输入	自阿克苏、库车陆路贩来牲畜每年约羊一万只、牛一千只。自莎车府陆运各色粮食入本境销售，每年二万四五千石。自阿克苏陆路运来大米每年一万六千余斤，自阿克苏、库车陆路运来青油每年约销一万斤
	输出	棉花运出本境陆路赴俄国每年销行八万余斤，又土布陆运赴俄国每年销十一二万匹。又沙枣赴俄每年一万五六千斤
和阗	输入	查卑州货物除本地制产外，所有外来物件均系零星小贩，并无大宗买卖前来销行
	输出	估计每年销羊毛一万余斤，本地毡约销六七千铺，本地毯销一千余铺，棉布销七八万匹，棉花约销一十八万斤，本地绸销七八千匹，皮纸销一千数十万张，本地丝销四万余两，皮货销七百余件，均运往省城、阿克苏、喀什、莎车各处售卖，间有运往外部销售者
巴楚州	输出	牛皮靴鞋二万双，毡帽二万二千顶，土布三万五千匹，粗羊毛毡二万五千条，羊毛六万斤，棉花五万斤，芦席十万张。每年，羊毛、棉花、芦席运喀什噶尔
宁远县（伊犁）	输入	所有本地行销他处各项货物每年三十万有奇（蒙、哈各种人等均系此间购货）。此系华商由关内并俄国运来之货，而俄商销数更当加倍
	输出	宁远县所产之物以牲畜、皮毛、土药为一大宗，牲畜等类销本地，亦有贩售他处者，难查其数，约每月除俄商贩卖不可计外，可获牲税银三百两有奇。皮毛每年经华人卖与俄商者一万四千普筒，经俄人卖与俄商者四万六千普筒，合华秤共一百六十五万斤。此非宁远县一县所产，蒙、哈各游牧所出实多均运来汇总发售耳。土药行销本地，亦有贩销他处者，每年共销二十余万
温宿府	输入	查外洋各色花布自喀什陆运入境，在本城北关市镇销售只数家，岁销不过数千百匹，大帮多在温宿县城故也。又官菜自内地陆运入境，在本城销售，每岁亦只数百块。其余京庄南货岁销无多，其数无定额焉
	输出	皮、毛两宗，间有洋商贩运出境，每岁羊毛不过万斤，羊皮不过千数百张内外

旧市场　新因素：商路变迁与西北区域经济非均衡发展（1851—1949）

续表

沙雅	输出	输出之品，唯牛、羊皮毛，羊毛每年约出五十万斤之谱，每百斤价银六、七两不等，约可售获价银三万余两，运出洋，牛羊皮所余无多，以有运至库车城销售者
轮台	输入	外境运入本境行销货物（均系陆运）：南茶自甘省转运每年约二千石，大米自阿克苏、库车运入每年约二千石，葡萄干自吐鲁番运入，年窭五千余斤，杏干自库车运入每年约五千斤，皮帽自库车运入每年约一千顶，皮靴鞋自库车运入每年约一千双，褡裢布自库车等处运入每年约一千匹，菜籽油自库车运入每年约二千斤，各项杂粮自库车、焉耆运入每年约六千斤，洋绒呢、绸、布自库车、喀什运入每年共估价银一千余两，绸缎自内地运入每年共估价银七百余两，洋、广、京杂货自内地运入每年共估价银一千余两，洋铁自省城运入每年约销三千斤，红铜自库车运入每年约销五百斤
	输出	本境每年行销本境物品：羊一万余只，牛一千余只，马三百余匹，驴四百余头，粗毛毡三千余条，毛线毯一千余条，马苫单二百余条，毛口袋四千余条，皮帽二千余顶，皮靴鞋二千余双，毛绳二千余斤，毛线二千余斤，小麦一万余石，苞谷一万二千余石，葡萄二千余石，棉花二万余斤，稀细布五千余匹，褡裢布八百余匹，印花布三百余匹，棉线花毯二百余条，胡麻油五千余斤，菜籽油六千余斤，杂粮二千余斤，干果二千余斤
疏勒府	输入	由沙雅、乌什、莎叶、蒲犁等处贩来牲畜每年销羊万余只，牛千余头。由库车运来羊皮已成衣者，销行一二百件。由库车运来梨子，每年销行二三百箱。自阿克苏运来青油，每年销售三四万斤。自莎车运来各色粮食，每年销二三千石。自英、俄两国运来各色洋布，每年销行四五万丈。洋油，每年销二三千斤
	输出	本境制造唯罕爱里克庄大布每年出五六万匹，除供用本境外，贩运外部俄国销行者每年三四万匹
呼图壁	输出	米麦由户民运省销行
阜康县	输入	他境贩来之物……哈萨坎、巨提等布
	输出	本境所产唯酒，西运于省，东运古城，岁计销行二万余斤……炭运出东境者岁销数千车
焉耆	输入	各种杂货均由内地运来销售
哈密	输入	缠民与土民喜服斜纹布，销售以此为大宗，每年由津沽驮运而来者尚多。近来俄商由省垣分销各样洋货。缠妇、民妇又喜其花样精致，相率争购，而斜纹之利几为所夺。钢铁等件亦出自俄商。……所产物料（指皮毛类）多被俄商载运本国，制成洋货重入本境，以获利益，价虽倍昂于昔，而洋行杂货亦常有加涨
	输出	本境出产以羊毛为最，仅七八万斤

资料来源：张献廷：《新疆地理志·人文地理·产业·农业》；王树枏《新疆小正》；（清）萧然奎：《绥定县乡土志·物产》，光绪三十四年（1908）稿本，1955年油印本；（清）江文波：《蒲犁厅乡土志·商务》，光绪三十四年（1908）稿本，1955年油印本；（清）陈光炜：《鄯善县乡土志·商务》，光绪三十四年（1908）稿本，1955年油印本；（清）高生岳：《伽师县乡土志·商务》；（清）谢维兴：《和阗直隶州乡土志·商务》，光绪三十四年（1908）稿本，1955年油印本；（清）张操光纂修《巴楚州乡土志·商务》，光绪三十四年（1908）稿本，1955年油印本；

续表

（清）李方学修《宁远县乡土志·商务》；佚名：《温宿府乡土志·商务》；（清）张绍伯纂修《沙雅县乡土志·商务》；（清）顾桂芬纂修《轮台县乡土志·商务》，光绪三十四年（1908）稿本，1955年油印本；（清）蒋光陞：《疏勒府乡土志·商务》；佚名：《昌吉县呼图壁乡土志·商务》，光绪三十四年（1908）稿本，1955年油印本；佚名：《阜康县乡土志·商务》，光绪三十四年（1908）稿本，1955年油印本；（清）闻瑞兰：《焉耆府乡土志·商务》；（清）刘润通：《哈密直隶厅乡土志·商务》。

分析可发现，一方面，西北商路市场，日用品成为市场供给主要大宗物资，表明民众生产和生活用品对商品市场发展具有较大依赖性。同时，市场商品品种、规格各有不同且总量巨大，显示市场总商品供给量剧增，商品供给量剧增则折射出区域经济中商品化生产飞速发展。而且，商路市场商品结构变得相对复杂，表明商路市场经济辐射区域日渐拓展，商路市场自身总规模亦有显著扩展。另一方面，对比主要区域工商中心与初中级市场，前者市场商品品种结构要远较后者复杂，说明商路市场结构复杂性和功能完善性有较大提高。

二 商路兴衰与商路市场级序结构变动

商路变迁及其商贸活动兴衰影响西北商路的三级四类市场体系演变，揭示二者间紧密关系的史实或能丰富学界于"市场的规模级序结构变动"这一命题的相关认识。于此命题，既有研究多认为，未开埠通商前，传统商品市场，尤其是像西北市场，其市场体系结构的单一性、封闭性特征明显，而且市场结构仅有产地市场、销售地市场和城市消费市场，缺乏高层次跨区域中心市场和具有集散转运能力的中间市场；唯在开埠通商后，此情形逐渐改变。[①] 相关史实显示，西北商路市场体系规模级序结构变动过程中，商路商贸活动受运输工具、营销对象及商品流通范围、流向等因素影响，开埠通商亦进一步强化了西北商路市场体系在此命题上的固有特征。但是，与此同时，其市场统一性增强，辐射范围增大；市场规模级序

---

① 见谢亮《社会"自生秩序"的中国经济史镜像：华北棉布市场变动原因研究（1867—1937）》；张利民《近代华北商品市场演变与市场体系的形成》，《中国社会经济史研究》1996年第1期；田培栋《陕西社会经济史》；戴鞍钢《发展与落差——近代中国东西部经济发展进程比较研究（1840—1949）》；魏丽英《论近代西北的地理格局与商路》，《甘肃社会科学》1996年第4期。

旧市场　新因素：商路变迁与西北区域经济非均衡发展（1851—1949）

结构不仅局限于产地市场、销售地市场和城市消费市场三个层次，而且渐次发展出了高层次的跨区域中心市场和具有集散转运能力的中间市场。与中、东部市场演变相比较，尽管二者在发展水平上确有差异，但是，西北商路市场体系演进亦呈现出中、东部地区商品市场变动中自明清甚至近代以来展现出的发展趋势。

（一）高级市场

商路商贸活动繁盛，尤在开埠通商后，市场需求增加，近代交通运输日渐发展。兰州，西安和三原、泾阳，乌鲁木齐和古城等市场依托各自辐射商路经济区域，渐次发展成在西北商路市场体系中居核心地位的高级市场。此类市场——近代尤为明显——多是西北区域经济中心，能提供较好的金融、信息传媒、仓储、加工等辅助服务。而且，市场主体众多，有洋行商、批发商、贩运商等。同时，兰州市场，西安和三原、泾阳市场，乌鲁木齐和古城市场，均属商路要津，即所谓"政繁而道冲"之地。此类市场，商品种类繁多，贩售规模庞大，行业众多，门类齐全，是商货总汇之地。其市场辐射范围可勾连西北区域内外，辐射整个西北市场区域。

西安和三原、泾阳市场是关中经济区和西北商路区域的核心市场。从明清至民国较长时段内，三原和泾阳的商业地位都较西安重要。泾阳、三原两地毗邻，同属西北商路枢纽之地，舟楫或陆运都较便捷。其中，泾阳依泾河可上溯长武、邠州，或西走礼泉通甘省的平凉、凉州，北上或西进而连通整个甘宁青新的商路；向东南出高陵、渭南接潼关、蒲津，经渭河串联黄河、汾河两大水系，可连接秦、晋、豫三省以通华北、东南或江南；向北去富平、耀县、同官可接延绥商路。三原，有泾河、渭水流过，西、西南、东、东南方向分接凤翔、汉中、潼关、商洛等商路要津，并北通延绥商路。近代以后，西安市场地位凸显——尤以陇海铁路通车为肇端。时人曾言："民国以前，陇海铁路距陕尚远，西北物产，如皮毛药材之类，以三原为集散地，水烟以泾阳为中心……故西安之商业，尚无重要之可一言。"① 故而，于此之前，称三原、泾阳是关中或陕西，甚至整个西北的高级市场亦不为过，总体而论，明清两季——尤以清代为最——的较长时段内，进出西北的商货多经三原、泾阳中转或集散。要言之，此两地

---

① 《陕西省银行汇刊》第 1 期，1934，第 78 页。

可通过陕甘间经由平凉、秦州商路通兰州，接"东路"通青藏或新疆，或北上出关中接延绥商路连通蒙古和"大草地"路以抵新疆或华北，或南下通四川等西南市场，或下东南接汉江商路通东南市场，或东出经由蒲津商路而勾连秦晋进而连通华北市场，或自秦豫间东出潼关经洛阳走古汴京再经运河连接江南市场。

两地处商路要津，是商货汇集之都和商业繁盛之地，商货集散或转运四时不绝。皮货、茶、烟等西北商路市场流通主要商货常于泾阳汇聚，此地是"湖茶、兰烟、甘宁皮货廛集之地，成为沟通南北物装制转运之枢纽"，[①] 汉中、四川输入的茶叶亦在此加工成砖茶后分销西北各地。三原号称秦省药、布集散之都。经淳化、旬邑或彬县、永寿而来的西北的药材、羊毛和皮货，及经潼关或由龙驹寨转运而来的东南棉布，都于此加工进而分销各地。同时，亦因其交通便利，渭北各地商货于此汇集和交易，"（经渭水）每年运来山西之铁器甚多"，"（泾水）可供沿岸各都市之盐铁石炭"。[②]

除交通便捷外，商货交易量大且商业门类较齐全，手工业产销规模大，尤其是有相对较发达的金融业，是两地能发展成为西北商路高级市场的更关键因素。即便开埠通商后较长时段内，前述因素亦是支撑两地继续作为西北商路市场体系中的高级市场的重要原因。"（泾阳）东乡一带皮手工匠甚多……县内百货云集，商贾络绎，靠泾水熟皮张，故皮行甲于他邑。每于二三月起至八九月止，皮工齐聚其间者不下万人"；"官茶进关运至茶店，另行检做转运西行，检茶之人亦有万余人，各行店背厢负货，闲人亦多至数千"。[③] 在金融业方面，泾阳、三原为西北金融市场之翘楚，对西北市场甚至有支配之力。三原曾是陕西乃至西北的金融中心，较长时段内，陇、青两地于每岁之际有"标银"盈千累万被解赴三原总店。于此，时谚即称"宁要三原，不要西安"。[④] 再以同为西北商路重要市镇的大荔的商业行情变动为例，据载，大荔"回乱之先，闾阎富庶，街市流通，银每两易钱多则一千二三百，少则一千有余。然价之涨落，率视泾、三为标准，以该处地当秦陇商货孔道，富商大贾皆屯聚于泾、三一带，荔邑钱庄

---

① 泾阳县商业局：《泾阳县商业志》，第17页。
② 刘安国：《陕西交通挈要》下卷，第10、17页。
③ （清）卢坤：《秦疆治略·泾阳县》。
④ 李刚：《陕西商帮史》，西北大学出版社，1997，第59页。

生理多随之为升降"。①

此外，两地自身即构成相对完整的区域市场，规模较大且分工较细致的专业市场是两地能具备高级市场辐射能力的重要基础。在三原，"集四方商贾重货，昏晓贸易"②的数百店舍可相连成街；其城外之市镇或市集亦多是商贸中心，东、西、南、北方向的林堡、秦堡、张村、线马堡均为其例。县城北门至泾阳之鲁桥镇间所经村社市场同样交易活跃。③在专业市场方面，"（三原）南城之东半部自北极宫至东渠岸街一带，满目尽为药材店"。④南大街是粮市所在，交易布匹绸缎则汇聚于城中之山西街。堪称典型者是南关西巷子外的牲口交易市场，一度成为秦省最大牲口交易市场，鼎盛之际的牲畜日交易数额需以千计。每每于腊八古会之期，甘、宁、青及蒙番各地商人结帮而至，进行交易。

区域历史传统和社会思想文化观念对两地成长为区域高级市场同样具有贡献——过往研究于此未曾多加关注。例如，两地自明中叶起商贾渐兴，民风渐成"奢华"之势。有清之季，泾阳"其风弥炽，佣贩修蔫绅之容，舆隶谋姬姜之饰，宛珠阿缟滥及婢妾，张筵召客，动用优伶"。⑤"富商大贾群聚骈瑧，珍错云屯，慕懋迁之美富，忘稼穑之艰难。"⑥数百年间，泾阳"过客如云集，佳人抬翠来，有村尽竹树，无处非楼台"。⑦三原"商贾之习，原民极当，大则经理盐茶，细亦挟资负贩数年不归，饶裕之家，劝令买地，多以为累，万金之子，身无寸土，思欲转移，务本轻末，其道良难"；⑧"婚礼旧俗……未尝较短长。近日竞尚聘币，夸耀妆奁，且送亲杂集，宴会纷繁，习尚侈靡"，⑨其"富商大贾，履厚席丰，甚至践曳绫绮，狼藉膏粱"。⑩由此，三原"高城相对出，流水在中涵，货泉来宇

---

① （清）聂雨润修，（清）李泰纂《大荔县新志存稿·土地·钱法》。
② （清）焦云龙修，（清）贺瑞麟纂《三原县新志·建置》。
③ 马长寿主编《同治年间陕西回民起义历史调查记录》，第239页。
④ 刘安国：《陕西交通挈要》下卷，第10、17页。
⑤ （清）葛晨等纂修《泾阳县志·风俗》。
⑥ （清）刘懋官修，（清）宋伯鲁、（清）周斯亿纂《重修泾阳县志·实业》。
⑦ （清）屈复：《弱水集·泾阳集》，乾隆三年（1738）弱水草堂刻本。
⑧ （清）刘绍攽等修纂《三原县志·风俗》，乾隆四十三年（1778）刻本。
⑨ （清）刘绍攽等修纂《三原县志·风俗》。
⑩ （清）刘绍攽等修纂《三原县志·创建普济堂序》。

内，风物似江南"。①

综上而论，依赖于手工业、金融业和商货聚集，以泾阳、三原为核心的工商兼有的商路市镇体系形成，两地亦成为西北商路市场体系中的高级市场。开埠通商后，尤其铁路通车后，西安、宝鸡逐渐成为西北商路市场体系中近代工商业、银行业等发展的渊薮之地。它们对西北商路市场的控制和支配作用更趋明显。既有研究证明："陇海铁路开通后，在以西安、宝鸡为中心的关中经济区，现代产业主要依托本地生产要素而迅速发展，并日渐显现其发展的专业化和多样化效应。"② 据统计，全面抗战前后陕西兴办的关涉多行业领域的32家近代工厂就集中分布于以西安、宝鸡为核心的关中经济区。③ 又，随着中央、交通、农民、金城、上海等银行的入驻，西安渐成西北区域金融中心。④ 显见事实是，在西北，近代大学和传媒业亦主要出现于西安等经济重镇，这也为其成长为高级市场提供了相应的知识、信息传播基础。

需强调者，前述诸多因素亦同样是兰州、乌鲁木齐和古城市场得以发展成为西北商路市场体系中的高级市场的关键原因。

兰州，近代甘宁青区域最大商业都市，以五条商路勾连全国市场，"东通秦豫为东北路，南达巴蜀为南路，北通宁夏、包头、归绥为北路，西通新疆、俄领地为口外，西南通青海、西藏为西路"。⑤ 在市场辐射能力方面，时人即谓：

> 甘、青、宁三省地居黄河上流，在商业上俨然自成系统，而以兰州为最大焦点。附近复有焦点六处，为各地商业中心，如陇东区之平凉，陇南区之天水，洮西区之临夏，湟中区之西宁，河西区之张掖，宁夏区之宁夏（银川），皆以兰州为其枢轴。言水运，上起西宁，下达包头；言陆路，东起潼关，西至迪化，皆为其贸易区域。上述平凉

---

① （清）屈复：《弱水集·泾阳县》。
② 谢亮：《城市功能转换与后发展地区经济发展内生动力关系分析——以近代西北商路的城市为中心》，《陕西师范大学学报》2011年第2期。
③ 中央银行经济研究处：《西北工业之现状及改进办法》，《经济情报丛刊》第16辑，1943。
④ 谢亮：《城市功能转换与后发展地区经济发展内生动力关系分析——以近代西北商路的城市为中心》，《陕西师范大学学报》2011年第2期。
⑤ 王金绂：《西北地理》，第417—418页。

旧市场　新因素：商路变迁与西北区域经济非均衡发展（1851—1949）

之六镇以外，复有若干城镇，以河西区为例，张掖以外，武威、酒泉、敦煌三城，商业亦称殷盛。若以兰州比于太阳，甘州之类犹行星，敦煌之类犹卫星，甘、青、宁三省自成一太阳系，构成伟大之商业网。①

需指出：1928年甘肃分省前，甘、宁、青三省是统一行政区域；更关键者，前述史实显示三者本是统一的区域市场体系，西宁河湟市场、银川河套市场本在兰州市场辐射范围内。故而，本书将西宁河湟市场、银川河套市场等视为是区域内中级市场而非高级市场是妥当的（见图3-1）。

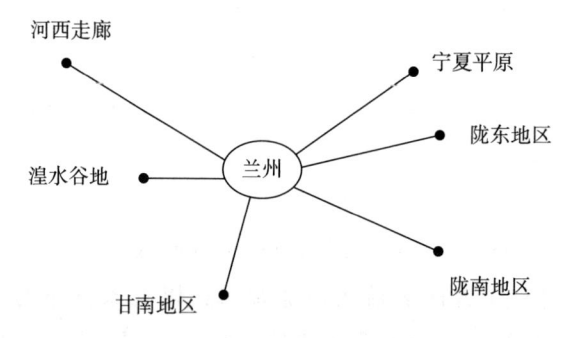

图3-1　甘宁青地区市镇网络示意

说明：笔者绘制。

同时，在商品品种结构层面、商货聚散层面，以及行业门类层面，兰州都符合区域内高级市场标准。如在兰州市场：

> 葡萄、棉花、桂子皮、尔雅缎等，皆由口外输入。川绸、川缎、茶叶等皆由南路输入。红花、藏香、皮、毛等，皆由西路输入。至于湖南之散茶，汉口之砖茶，三元之大布，湖北之蓝布，及陕西之棉花、纸张等，均由东北路而来。米则来自宁夏。输入总额在一千万两左右。其输出品，以毛为大宗，牛皮次之，杂皮又次之，药品、水烟再次之，毡毯再次之。输出总额，约在七百万两左右。②

---

① 任美锷、张其昀、卢温甫：《西北问题》，科学书店，1943，第6—7页。
② 王金绂：《西北地理》，第417—418页。

兰州是西北最大皮毛产品中转市场。"（皮毛商）挟巨资赴各地办货，所办之货，均系生货，剥割未久，血污狼藉，且极坚硬，此项生货运归兰州，即开始硝制。"[1]

尤其是，兰州商业门类较齐全（见表3-5）。有研究证明，开埠通商后兰州与西安等高级市场一样，亦是近代工商业、银行业、现代教育和传媒业的集中地。[2] 以近代工业、银行业兴办为例，左宗棠在兰州创办机器织呢局可视为近代机器工业在西北之肇端，加之中央、交通、农民、金城、上海等银行先后进驻兰州，与其本地行庄共同发力，兰州发展成西北区域金融中心市场的趋势日渐凸显（见表3-6、3-7、3-8）。

表3-5　20世纪30年代兰州主要商贸行业店铺统计

单位：个

行业名称	数量	备注	行业名称	数量	备注
烟丝行	40	水烟业	旅馆、骡马车店	50	
砖茶行	30		浴池	3	
药行	100	主要是中药铺	酒房	20	大食堂、包办酒席
皮货行	30		山货行	30	农副商店
京货行	50	经营绸缎、呢绒、布匹	木厂	8	
杂货行	100	主要经营土布	钢铁行	8	
海菜行	40	自造糕点、酱菜	粮店	30	
行栈行	60	代卸客货	油店	20	
钱行	30	包括金店	当铺	15	其外有估衣铺
盐店	10		手工小作坊	100	鞋铺、打铁、醋房等

资料来源：赵景亨、吉茂林：《原兰州私营商业简况》，《兰州文史资料选辑》，第157—158页。

表3-6　全面抗战时期兰州企业分产业统计

单位：个

行业	企业数目	行业	企业数目
纺织业	27	制革业	14

---

[1] 潘益民：《兰州之工商业与金融》，第68—69页。
[2] 谢亮：《城市功能转换与后发展地区经济发展内生动力关系分析——以近代西北商路的城市为中心》，《陕西师范大学学报》2011年第2期。

旧市场　新因素：商路变迁与西北区域经济非均衡发展（1851—1949）

续表

行业	企业数目	行业	企业数目
机器冶炼业	27	印刷业	12
造纸业	12	化学业	12
制药业	3		

资料来源：中央银行经济研究处编《西北生产现状及改进办法》，《经济情报丛刊》第16辑，1943，第7页。

表3-7　兰州市银行设办事处及同业公会会员一览（1939—1941）

	时间	详情
在兰州设办事处	1939	中央、中国、农民三行在兰州设联合办事处（后1943年，邮政储金汇业局加入）
设银行同业公会	1941	兰州市政府社会局对工商业团体及从业人员进行调查登记，并协助成立各行业同业公会
兰州市银行同业公会会员	1941	中央银行兰州分行、中国银行兰州分行、交通银行兰州分行、中国农民银行兰州分行、邮政储金汇业局兰州分局、中央信托局兰州分局、甘肃省银行、兰州市银行、中国通商银行兰州分行、四明银行兰州支行、亚西实业银行兰州分行、大同银行兰州分行、山西裕华银行兰州分行、华侨兴业银行兰州分行、兰州商业银行、永利银行兰州支行、绥远省银行兰州分行、兰州信托公司等

资料来源：孙汝楠：《兰州设市后的施政概况》，《兰州市文史资料选辑》第2辑，1984。另外，钱业同业公会会员有天福公钱庄、宝庆祥钱号、宏泰兴钱庄、义兴隆钱庄等。

表3-8　甘肃部分银行业经营状况一览（1941—1946）

时间	银行	经营状况
1941	农民银行	向农村贷款1800万元；投资甘肃矿业公司、兴陇公司
1941	中央、中国、交通、农民银行	农贷3200万元。其中：农业信用贷款2400万元，陇东八县农业生产贷款200万元，其他特种贷款600万元（指银行为运输、消费、公用、农工业生产、农田水利建设等提供的贷款）
1946	兰州19家行庄	存款总额达29.3亿元，其中，甘肃省银行存款达14.96亿元，约占其总额的51%。兰州市各商业银行及甘肃省银行放款总额达13.45亿元，其中，甘肃省银行放款5.67亿元。放款中，商业放款70%，工矿业放款15%，其他15%

资料来源：中央银行兰州分行：《兰州市金融业概况》，《中央银行月报》1947年第4期。

需强调者，除西安、兰州外，乌鲁木齐和古城市场此类事实的发生亦能证明，商路变迁及商贸活动兴衰与西北商路市场级序结构变动存在密切关联。乌鲁木齐和古城是"大北路""东路"两大商路在新疆境内的重要中心市场。① 古城市场：

> 绾毂其口，处四塞之地，其东自嘉峪关趋哈密为一路，秦陇湘鄂豫蜀商人多出焉；其东北自归化趋蒙古为一路，燕晋商人多出焉；自古城分道西北方向往科布多，为通前后营路，外蒙古人每岁一至，籴麦谷，并输毛裘皮革易缯帛以归，又循天山而北为北路，取道绥来以达伊犁、塔城；循天山而南为南路，取道吐鲁番以达疏勒、和田。故古城商务于新疆为中枢，南北货悉自此转输，廛市之盛为边塞第一。②

研究显示，新疆近代工商业、银行业、邮政和传媒业以及现代教育的发展亦是沿着以乌鲁木齐和古城为核心的商路市场体系展开的。③同时，前论亦证明近代新疆已形成以二者尤其是以乌鲁木齐为中心的商路交通网络。未有近代交通运输前，晋商掌控的以乌鲁木齐和古城为中心的驮运业甚为发达，晋商经营驮队中运输商货的骆驼、马匹可达二万头之巨。金融业方面，在新疆，华商资本虽较弱，开埠通商前及此后较长时段内，传统金融商如晋商即以乌鲁木齐为中心形成几乎遍及新疆商路体系的金融服务体系，"执新疆金融业牛耳"。④ 例如，前论所及平遥票号在光绪之际即于迪化设"蔚丰厚""天成亨""协同庆"三家分号。学者统计显示，前此两家票号存放款银数额分别高达113741、852903两。⑤ 更需强调者，票号等传统金融商的金融实力及其在开埠通商后的转型能力同样不可小觑。显

---

① 乌鲁木齐古城市场形成于乾隆二十年（1755）。清军在该地筑垒后，此地一度繁荣。同光之役，乌鲁木齐商业衰落，"城中疮痍满目，无百金之贾，千贯之肆"。后经恢复，"商帮"大兴，至清末，乌鲁木齐都不失北疆重要中心市场的地位。同光之后，为恢复北疆经济，巡抚刘锦棠"首治邮骚亭障以开商路"。古城（奇台）相较乌鲁木齐更居商路要冲，一度成为北疆最重要的中心市场和货物集散地，作用超出乌鲁木齐（魏丽英：《论近代西北市场的地理格局与商路》，《甘肃社会科学》1996年第4期；谢亮：《城市功能转换与后发展地区经济发展内生动力关系分析——以近代西北商路的城市为中心》，《陕西师范大学学报》2011年第2期）。
② 钟广生：《新疆志稿·商务》。
③ 谢亮：《城市功能转换与后发展地区经济发展内生动力关系分析——以近代西北商路的城市为中心》，《陕西师范大学学报》2011年第2期。
④ 纪大椿主编《新疆历史词典》，第696页。
⑤ 史若民：《票商兴衰史》，第336页。

见者,左氏用兵新疆时,晋商票号接济西征军饷高达 800 余万两。[①] 辛亥之役,国家政治情势剧变,"蔚丰厚"票号改组银行成功,于商路要津迪化、古城、伊犁、塔城、阿尔泰等广设分行,同俄之华俄道胜银行竞争以捍卫国家利权。另外,自 1900 年始,操纵新疆经济命脉的华俄道胜银行先后在喀什、伊犁、塔城、乌鲁木齐等城市设立分行或办事处,乌鲁木齐分行的作用至为关键。

与西安市场一样,兰州、乌鲁木齐和古城市场商贸活动繁盛,同样能提供较好的金融、信息传媒、仓储、加工等辅助服务,而且市场主体众多。以上事实皆证明,西安、兰州、乌鲁木齐和古城市场已发展成近代西北商路市场体系中的高级市场。

(二)中级市场

西北商路市场变动在近代的新变化是中级市场的出现。与高级市场相比,中级市场主要承担商品集散和转运作用。除金融、行栈、工商业、邮政、传媒、现代教育发展不及高级市场外,其市场影响力往往能辐射邻近数州县;相较于初级市场或产地市场,拥有交通运输、储藏优势,商品品种亦较丰富。同时,中级市场亦多是次级区域市场内"政繁道冲"之地或曰区域经济、文化中心。

陕西形成以凤翔、岐山、扶风、宝鸡为核心的关西市场,以榆林、绥德等为核心的陕北市场,以汉中、南郑、沔(勉)县、西乡、汉阴、镇安、商洛、洵阳、安康等为核心的汉中市场,以户县、同州、大荔、澄城等为核心的关中市场。甘肃形成以洮州(临潭)、河州(临夏)为核心的

[①] 史若民:《票商兴衰史》,第 233 页。外蒙古未独立前,晋商多经"大草地"商路尾随清军入疆。晋商在新疆经营堪称要者数驮业、茶叶、票号三业。近代运输未出现前,内地与新疆之间商货运输大量依靠驮马,晋商执掌传统运输业龙头地位于其商业竞争优势获取具有显见之功。同时,晋商于古城、归化、包头、张家口等多有此业经营。清代对俄贸易最大商行"大盛魁"鼎盛时,伙计六七千人,驮队马匹、骆驼近 2 万头,行走于内、外蒙古和乌鲁木齐、伊犁、塔城、库车等地,远至中亚、俄国等(《新疆通志·商业志·外贸志》编纂委员会、新疆档案馆:《新疆通志·商业志·外贸志》,《新疆商业外贸史料概要》第 1 辑)。晋商在古城有大小 40 家驮店,在呼和浩特有"大盛魁""茂盛魁""德厚堂""福德堂"等驮店数十家。另外,票号在新疆最初除主营协饷外,还经营存、放款业务。光绪后期,山西票号在迪化设立"蔚丰厚""天成亨""协同庆"三家分号,均属山西平遥帮票号。协饷断绝后,票号业务大受影响,"天成亨""协同庆"相继破产,"蔚丰厚"改组为银行在新疆市场继续打拼。

第三章　商路兴衰与西北市场变动

甘南市场，以平凉、秦州为核心的陇东、陇南市场，以甘、肃、凉三州为核心的河西走廊市场。青海则有西宁河湟市场和玉树结古市场。宁夏形成以银川、石嘴山等沿黄河分布商业市镇为核心的河套市场。新疆形成以伊犁、塔城、喀什、阿克苏、疏勒等南北疆商路市镇为核心的北疆市场和南疆市场。尤需说明者，水陆交通便捷是以上中级市场得以形成的重要原因。

关西市场。以凤翔、岐山、扶风等为核心，其南下可东连泾阳、三原高级市场，经凤县、略阳又可通川、甘，或西出经陇县连甘肃秦州、平凉。近代皮毛贸易兴盛后，经此西出可直接连通西北重要皮毛产品专业市场——甘肃秦州之张家川皮货市场。另需关注者，宝鸡取代凤翔成为关西经济中心亦是在陇海铁路通车后。此中级市场于勾连关中与关西及川、甘两省实属重要，而且于前三者间市场联系的建立，尤其是相关高级市场功能的发挥亦有关键作用。例如，在关中重要中级市场——鄠（户）县，姜、乌药、藕粉、火纸、漆、烧酒等本境出产重要商货即陆运经乾县、凤翔而行销甘、川两省，来自川省的盐、糖、土布，以及由甘、青两省西来的皮货，亦经凤翔至此而被转运达泾原高级市场。[1]

在关中和陕北，中级市场与秦、晋、豫或陕、甘、宁之间的商路连通，将西北商路与华北、中原市场串联在一起。于此类事实，前论户县之外，区域内其他类同者所在多是。在榆林，蒙古和沿边或河套的牲畜、皮毛产品，以及其他内地的商货常于此进出。此地牲畜贸易，据载："牛产蒙地，本境销售约千余头。酥来自蒙地，以牛羊乳为之。"[2] 甘泉、富县、洛川、黄陵、澄城、大荔、蒲城、华阴等，属洛河流域，且与渭河、黄河水道相通，陆路可由三原北出富平、同州、宜君接黄陵。水陆运输沿途所至即是一次级区域市场体系，其核心市镇自成商路区域内重要的中级市场。例如大荔，"入口有山西之盐、铁、炭等，大宗销售陕西省垣并各县者甚巨"。[3] 又如澄城：

---

[1] 佚名纂修《鄠县乡土志·商务》。
[2] 张鹏一：《河套图志·物产·动物》。
[3] （清）聂雨润修，（清）李泰纂《大荔县新志存稿·土地·交通》。

163

旧市场　新因素：商路变迁与西北区域经济非均衡发展（1851—1949）

产出之品，以麦与煤为大宗。制出之品，则仅瓷器、砂器。……故各镇均有粟商，尤以北乡为最。……又与洛川接壤，洛川亦产麦之区，自洛川由驴骡驮入关家桥，再运至王庄及治城，故北乡人民每于农隙用铁轮车运售于同朝，每年春冬二季络绎不绝。……煤炭……行销于本境之邻阳之西、蒲城之东、大荔、朝邑各处……药材……亦为邑出产要品，运往河南禹州。南乡一带妇女习于纺织，自用衣服外，余布则转售北山鄜洛一带，向亦为一大出产。……绸缎洋布等及化妆品有由山西解州输入者，有来自同州者，卖此等货者名京货铺，近日风俗稍奢，京货入境有逐渐增加之势。……杂货，兴市镇之纸张、火炮，四川之红白糖，甘肃之水烟，广浙之海菜等，湖北之湖茶，美孚煤油，洋蜡、纸烟、书籍、笔墨等。铁货，铁器及铁由山西运入朝邑，由朝转入境内，钢则来自豫省。①

再如洛川：

棉花，大都由关中各县运来。另：至商品之供销，以粮食及食盐、皮毛、棉花、布匹、纸张、杂货、药材为大宗。……其入口者，食盐来自甘边之花马池，（碱来自神木）皮毛来自鄜县、甘泉以北，（毛织品多来自榆林、绥德、肤施。其染料……多由沦陷区经洛阳或宜川运来）棉花、布匹、纸张、杂货及所需药材等，则来自三原、西安、蒲城、寺前镇与大荔、朝邑等处，自往河南采购者间亦有之。如山货、麻纸等来自蒲城，距二百六七十里。土布来自韩城之芝川镇，距二百七十里；或澄城之寺前镇，距二百八十里。铁货来自朝邑，距三百三十里。纸张、糖、药材等来自大荔，距二百九十里。匹头，即洋布、毛巾等，来自洛阳，均须经寺前镇。他如西药、洋袜、教育用品等，则大部来自西安与三原也。②

以上记载显示，商品流动使商路市场体系串联成一体，中级市场实

---

① 王怀斌修，赵邦楹纂《澄城县附志·商务》。
② 余正东修，黎锦熙纂《洛川县志·物产》。

属功不可没。在陕西，除前述两中级市场，其余如韩城、横山、葭州、洛川亦是如此。如韩城商品粮食供给即依靠商路重要中级市场转运。其县志言："粟麦独缺而仰给者上郡之洛川、宜川、鄜州、延长诸处，南之郃阳，西南之澄城，每岁负担驴驮，络绎于路。"① 在葭州，类似者，"市中布匹悉贩之晋地，而黄河一带寔为利源，北通河套，南通汾平，盐粮之舟疾于奔马"，另外，"全县食盐大抵由甘肃花马池运来，间有食榆属盐湾之小盐者"。②

陕南汉中市场。汉江发源于其境内宁羌（今宁强），沿途流经十二州县即成一区域市场体系。在宁羌，水运可至四川，亦可经汉江商道连通湖北。"外来诸货，则充斥境内，尤以四川之盐、湖北之布为大宗。盐自广元入境，水陆兼运。陆运之城，转销高寨子、胡家坝一带……水运至阳平关，转销戴家坝、大安镇及府城一带。"③ 镇安北连关中，通洵阳、安康后可至鄂省。其商货或可陆运至咸宁，亦可由水道运输，即"水运由襄河至老河口转运汉口"，或由"老河口及蜀河各路"，或经"洵阳两河关等处入境"。在此商路中级市场，龙驹寨、蜀河口等皆属商路要津。④ 汉中府城固，商货在其境内可经沔县、略阳县、宁羌州分陆运、水运而入。其中，陆运可至川、甘两省，水运可经湖北老河口镇勾连长江流域市场。⑤ 汉中南郑曾号称陕西第二大都会，其在商路市场体系中的重要性亦如城固，稍不同者，其勾连陕甘等西北市场与四川等西南市场的作用更为突出。此外，汉中市场还是西乡、佛坪、略阳、留凤等县所产木耳和城固所产姜黄等大宗土特商货的汇集地。⑥

以下讨论在甘宁青地区。

陇东、陇南市场。以平凉、秦州（天水）为核心。平凉傍依翠屏山麓，通泾水可至陕西，既外控河朔，又内扼陇坂，属陕、甘、宁三省之要冲。它成为陇东甚至三省东北部次级区域市场中心属情势所然。秦省

---

① （清）傅应奎纂修《韩城县志·物产》。
② （清）高珣修，（清）龚玉麟纂《葭州志·风俗·习尚》；赵思明纂《葭县志·盐茶》。
③ （清）陈岂芬修，黎彩彰纂《宁羌州乡土志·商务》。
④ （清）聂焘纂修《镇安县志·风俗》；（清）李麟图纂修《镇安县乡土志·商务·本境物产》。
⑤ 佚名纂修《城固县乡土志·商务》。
⑥ 郭凤州、柴守愚修，刘定铎、蓝培厚纂《续修南郑县志·政治·实业·商民》。

旧市场　新因素：商路变迁与西北区域经济非均衡发展（1851—1949）

东来商货经此，或分道宁夏，或西进兰州，连通河西商路而入新疆或青藏市场，反之，西来之甘、宁、青、藏、新五省土特商货经此可至秦省而联通华北或长江流域市场。故而，平凉"商贾云集，街道繁盛不减西安"，可谓是陇东的旱码头。① 同时，平凉本地手工制毛业亦较发达。陇东各县皮毛于此集中加工后即被贩售至津、沪等口岸市场。古之秦州处陇南，于民国之际改号天水。它扼甘、陕、川三省交通咽喉，在民国之际又是陕甘、甘川公路交通之孔道，可通兰州、凤县及双石铺。有鉴于此，将其视为陇南或甘、宁、青三省东南部交通、商贸中心实不为过。作为陇南与陕南、川北之商货和人员往来集散中心，此地"土地肥沃，人民勤朴，物产丰饶，商务风称繁盛"。② 陇南各县的粮食、土特商货或农副产品于此集中，或在本地消费，或被贩售他处（如川陕交界之区、兰州、陇西以及下属州县）。据统计，民国之际，在天水，成规模之重要商家有 350 家，资本总额约计可达 120 万元；本地市场岁入和岁出商货价值分别达 400 万元、140 万元之谱，经此过境商货价值则有千余万元之规模。③

河西中级市场。以凉、甘、肃三州为核心，三州分扼河西走廊之东、中、西三端，是古丝绸之路即"东路"必经地，属西北商路要津。

古凉州即今之武威，是河西走廊入口处一大型商业市镇。其市场辐射范围，东通兰州、宁夏，西抵张掖，北接沙漠，南迄祁连。河西走廊、新疆及内蒙古西部地区的食盐、皮货、羊毛等在此集中后被转运至兰州等地。古甘州即今之张掖，处河西走廊中端，接祁连山北麓，黑水穿流而过，是古之龙城古道与丝绸之路交会点。④ 其市场辐射范围，南出扁都口可及西宁河湟市场，北跨合黎山通内蒙古西部，东过武威连通兰州，西出肃州而进入新疆市场。作为次级区域中心市场，由蒙、青、新三省西来之皮毛、药材和内地东来之粮食、棉布等商货在此集中后被转运贩售至其他市场。张掖被视为"甘省西北交通必由之孔道"。此地"房屋鳞次栉比，

---

① 林鹏侠：《西北行》，第 31 页。
② 甘肃省银行经济研究室：《甘肃省各县经济概况》，1941，第 1 页。
③ 铁道部业务司商务科：《陇海铁路甘肃段经济调查报告书》，1935，第 64 页。
④ 甘肃省公路交通史编纂委员会：《甘肃公路交通史》，人民交通出版社，1987，第 62 页。

人口逾万，汉人居多。城内商店林立，生意繁盛，不让皋兰"。① 古肃州即今之酒泉，处河西走廊西端，时人称其"为甘、新两省之枢纽，甘肃极西之锁钥"。其自古商贸繁盛之况于城内鼓楼铭文——"东迎华岳""西达伊吾""南望祁连""北通沙漠"中可见一斑。晚清之际，此地被强辟为通商口岸。在此时段初期，其商贸繁盛虽不及甘州，但是"贸易额岁在百万以上"。②然而，更值得注目者，是其作为中级市场，商货和人员往来的集散、转运功能突出。据载：

> 输入品由东道来者，以陕西之大布及纸张为大宗。由包头经蒙古草地来者，以洋货、砖茶为大宗。由西路来者，新疆则葡萄干、杏干、杏仁、棉花，而以葡萄为最多，敦煌则以棉花为主，而青海蒙番则以毛皮、牲畜，换米、面、布匹以往，其情形无异于甘州也。1919年时酒泉城内外大小商店共 300 余家，大商店约 100 家，专办京、津货物者 4 家。商人以晋人为多，秦人次之，津人又次之，土著又次之。新疆缠回 60 余家，多贩卖葡萄干。③

宁夏府，即今之银川区域所在。此地黄河襟带于东南，因汉唐兴修水利而灌溉事业发达，成沃野肥土，以兴鱼米之利。作为区域中级市场，银川是宁夏平原商货集散中心，扼甘、宁、青经包头通往京津的商路咽喉。就市场辐射能力而言，它"西越贺兰山通北至阿尔泰拉善王府，顺黄河北下，至包头、归化，东隔黄河与陕北之诸城联络。南至固原、平凉为去陕大道，兰州、凉州、西宁羊毛经此地以出口……以宁夏为金融中枢、羊毛集散地"。④

西宁河湟市场。西宁、湟源（丹噶尔）、湟中是其核心。西宁未因皮毛贸易兴盛而取代湟源的市场地位前，湟源一直是此中级市场的核心，属唐番古道要津，是甘宁青地区重要民族贸易市场，勾连青藏与内地市场。其市场辐射范围东经湟水连兰州，如青藏之皮毛、木材经湟水运至兰州后

---

① 林鹏侠：《西北行》，第 138 页。
② 林竞：《蒙新甘宁考察记》，第 119 页。
③ 林竞：《蒙新甘宁考察记》，第 119 页。
④ 自强：《中国羊毛之探讨（续）》，《新青海》1934 年第 11 期。

旧市场　新因素：商路变迁与西北区域经济非均衡发展（1851—1949）

被转售他处；西进沿青海湖南下通玉树结古市场；北进经大通可抵河西走廊；南下经贵德、循化接甘省之临夏（河州）、夏河、洮州（临潭），进而接甘、青、川、陕四省之间的商路。此外，专业市场兴起，是西宁、湟源（丹噶尔）、湟中之中级市场功能增强的突出体现。

　　文献记载，"青海现唯西宁、互助、乐都、民和、贵德各县耕种尚为发达，年来甘肃产粮不足，亦多仰赖青海供给"。① 另据时人观察，"（西宁已成）行政商业中心地点。青海所产羊毛必由此通过者，约七万担"。② "输入本县（西宁）的商品……据商会统计每年约在六百二十万七千余元，输出商品以羊毛、皮革、牲畜、油木、药材为大宗，每年约计在一千五百四十九万七千余元。"而且，"西宁辖境内，关于工业之原料，以皮毛为大宗"，其皮毛加工品在20世纪30年代初能实现年产值约为93642元。③ 专业市场方面，在西宁，粮麦市场、瓜果市场、柴草（包括硬柴）和石煤、石炭市场、牲畜交易市场、皮毛交易市场集中分布于西宁城之东关、小街口、簧学街、大什字、石坡街、祁家牌坊西、惶中牌楼东、北古城街等处。在近代，皮毛贸易兴盛后，洋行商亦于西宁集中——20世纪初共计有十余家洋行商在西宁观门街、石坡街等地开办分行。其中，英商有"仁记""新泰""聚利""礼和"洋行，美商有"和平"洋行，德商则有"瑞记"洋行等，贩售洋货，收购皮毛等土特商货。④ 以上事实皆显示，西宁作为区域中级市场，其商货、人员的集散和转运功能突出。

　　对于湟源，文献于其作为中级市场之功能发挥有下述记载：

　　　　羊毛，蒙番玉树皆产，唯极西之柴旦台吉乃尔等地有售毛于缠头者，余皆售于丹噶尔贵德大通一带，以丹地每岁计之，约出羊毛双秤至四百余万斤，价约十两上下。其他各地，暨迤北之甘凉肃边境、迤南之洮河一带，间有售者，又不知凡几。以丹噶尔为青海适中之门

---

① 许公武：《青海志略·青海之经济概况·农产》。
② 自强：《中国羊毛之探讨（续）》，《新青海》1934年第11期。
③ 顾执中、陆诒：《到青海去》，第304、311、300页。上述工业产值数据根据《西宁主要工业出产品表》统计。
④ 青海省志编纂委员会：《青海历史纪要》，青海人民出版社，1987，第245页。

户，每年有洋行十余家就地采买，羊毛一项实为海上出产大宗。①

除西宁河湟中级市场，青藏地区另一中级市场是玉树结古中级市场。需说明者，鉴于甘南市场与玉树结古市场商贸联系密切属客观事实，为表述方便，本书将甘南临夏、夏河和青海玉树结古中级市场相关史实合并观察。此区域内，玉树结古处青海之南，是进出西藏的门户，与洮州（临潭）、河州（临夏）、夏河等同为唐番古道要津或茶马古道贸易必经地。经此路线，此区域即成沟通甘青川新月地带的一次级区域市场和民族贸易市场。玉树结古市场可与西宁河湟市场相联系。它在出青海入甘、川后，北向经水路可至兰州市场，或在此经黄河水道进入全国市场，或由陆路商路而通其他地区；东南向经临潭等地入白龙江流域接甘、陕、川三省间商路以连通其他市场；亦可直接在入川省石渠后，或直通川省甘孜、阿坝以与成都市场相连，或经此路线直入甘南市场。洮州、河州、夏河是甘南中级市场核心。临夏地处大夏河谷，是区域内的交通中心。它东向出康家崖可通甘、川两省驿道，南向则直入涉藏地区至甘川边界之朗木寺，西北向经循化、贵德等可连通西宁河湟市场。作为中级市场，其商货和人员往来的集散、转运功能同样突出，繁盛的商贸活动和商货来源地的多元构成能为此论断提供关键证据支持。

在临夏，来源于川康地区或甘宁青地区（包括内地市场经由甘宁青市场转运）的商货、人员在集中于此后即可进出涉藏地区，而涉藏地区、川康之商货、人员亦可由此进入甘宁青市场。在夏河，"拉卜楞为汉藏贸易之一重镇，据丁明德的统计，每年出口货值 50 万元，入口货值 28 万元，出超年 17 万元"。② 另外，文献记载显示，甘宁青分省后，为增加税收，青海当局禁止本省皮毛产品经由夏河出口，但是，此类举措仍不能降低其作为区域中级市场的重要性。因为，商民基于成本考虑仍多走此道，所以，"夏河皮毛输出额尚无大减。兰州市上食用牛羊，由夏河供给者居于主要成分。……本县粮食不敷……汉回商民所用白面、大米、菜蔬等，多

---

① （清）康敷镕纂修《青海志·出产》。
② 张其昀：《夏河县志稿·商业》。

来自临夏"。① 松茶、茧绸、府茶（砖茶或官茶）、青盐等作为夏河主要输入商品，其来源构成的多样性亦能折射出此地作为中级市场的重要性。如青盐即是出自青海之池盐；茶、糖、哈达等则来自川省，其运输路线是自松潘经西仓（在洮河上流）至拉卜楞；藏民携带佩刀则由青海循化而来。②

在玉树结古中级市场，汉藏民族贸易自古不衰，所谓"汉人恒以布匹、糖、茶易其牛羊，而彼亦乐于交易"。③ 其输出商品以皮毛、药材及其他土特商货为主；输入商品品种丰富，且来源地构成多样（见表3-9）。

表3-9　玉树结古市场输入商货品种及来源地统计（1920）

来源地	品名
西藏	氆氇、藏红花、靛、阿昧、鹿茸、麝香、硼砂、桦文椀、藏枣、乳香、野牲皮（生）、羊皮（生）、羔皮（生）、藏糖、藏香、雪莲、蜡珀、珊瑚、铜铁丝、铜铁板及条、铜锅、铜壶、小刀、碱灰、桑皮纸
川边打箭炉	茶
陕西（自川边打箭炉运来）	洋布、绸缎、纸、生丝、哈达、酱菜、海菜、糖、瓷器、白米、熟牛皮、纸烟、孔雀石
西宁、洮州	铜铁锅、铜火盆、锅撑、白米、麦面、大布、挂面、葡萄、枣、柿饼、粉条、瓷碗
印度（经西藏转来）	洋瓷器、洋斜布、洋缎、洋线、鱼油、蜡、纸烟
苏俄（经西藏转来）	㡧子皮、呢绒布、坎布

说明："（结古商贸）特别输出土产，曰鹿茸、麝香、冬虫草、大黄、知母、贝母、野牲皮、羊毛、金。结古过载货物以茶为大宗……销售西藏及海南各番族。贩茶者多系川番伙尔族人，其资本皆出自番寺。……是多半销于西藏，而少半销于川边及海南各番族也。……而回运藏货其利更不资矣。"（周希武编《玉树土司调查记·实业·商业》）

资料来源：周希武编《玉树土司调查记·实业·商业》。

在新疆，以哈密、吐鲁番、伊宁、阿克苏、喀什、莎车、库车、和阗等为核心，沿商路区域形成一完整中级市场网络。依地理位置而论，以哈密、吐鲁番为核心的中级市场可东接河西走廊商路，即古丝路商道；其西北向经巴里坤通乌鲁木齐—奇台高级市场并连通"大草地"商路，即著名

---

① 张其昀：《夏河县志稿·商业》。
② 张其昀：《夏河县志稿·商业》。
③ 许公武：《青海志略·青海之经济概况·商业》。

的驼路；经吐鲁番南下出托克逊、和硕接焉耆则直通南疆商路体系。伊宁西出边界经著名的霍尔果斯口岸可通俄境，东出精河、昌吉可连乌鲁木齐—奇台高级市场，北向可至近代新疆商贸中心之一的塔城。阿克苏、喀什、疏勒、莎车历来是南疆商路的商货、人员集散转运中心，它们既外连中亚、南亚商路，又北向或沿塔里木河与内地市场相连。文献资料于此类中级市场的集散转运功能同样多有记载，繁盛的商贸活动、丰富的商品品种及多元的商货来源地亦能佐证此论断。

北疆东部中级市场。以哈密、吐鲁番、巴里坤为核心。其地扼交通要冲，与商路交通地理改变密切关联。如巴里坤，属镇西府，因清代国家用兵新疆而设为重镇，"乾嘉之际，西师初罢，然犹屯营列戍、烽堠相望。置重镇于巴里坤，伊犁特其北，乌鲁木齐控其南"。① 此地"当驰道之冲。关中商人所聚会，粟麦山积，牛马用谷量"。② 新疆建省和同光回民起义前，作为区域中级市场，巴里坤"城关内外，烟户铺面比栉而居，商贾毕集，晋民尤多"，③ 是"商贾辐辏之所，百货萃集，市廛鳞次"。④ 巴里坤府治之地，"山陕甘肃之商人辐辏已极，除会馆而外，各县之人又重集捐资，分立各县之会，以亲桑梓。维时鸿宫庀才，大兴土木，庙宇之多，巍巍然诚一郡之壮观也"。⑤ 其下辖木垒镇"乃富八站之首，乱前市廛极盛，居民愈万，山西、归化城、包头货物悉屯于此，蒙古诸盟亦来贸易，为西疆一大聚落"。⑥哈密，羊毛能年产七八万斤，斜纹布作为大宗商货之一，"每年由津沽驮运而来者尚多"。⑦ 内地商货、人员于此集中，洋货、洋商亦于此集中。文献记载："近来俄商由省垣分销各样洋货。……而斜纹之利几为所夺。钢铁等件亦出自俄商。……所产物料（指皮毛类）多被俄商载运本国，制成洋货重入本境……价虽倍昂于昔，而洋行杂货亦常有加涨。"⑧ 吐

---

① 中国社会科学院中国边疆史地研究中心编《新疆乡土志稿·镇西厅乡土志》，全国图书馆文献缩微复制中心，1990。
② 中国社会科学院中国边疆史地研究中心编《新疆乡土志稿·镇西厅乡土志》。
③ （清）贺长龄：《皇朝经世文编》卷81，文海出版社，1972。
④ （清）袁大化等纂修《新疆图志·奏议二》。
⑤ 中国社会科学院中国边疆史地研究中心编《新疆乡土志稿·镇西厅乡土志》。
⑥ （清）孙希孟：《西征续录》，兰州古籍书店，1990，第115页。
⑦ （清）刘润通：《哈密直隶厅乡土志·商务》。
⑧ （清）刘润通：《哈密直隶厅乡土志·商务》。

旧市场　新因素：商路变迁与西北区域经济非均衡发展（1851—1949）

鲁番之鄯善，葡萄、棉花"销行甘凉与兰州、西安等处及俄罗斯，每岁约百万斤。……瓷器、绸缎则由关内运省，由省运入本境销行"。① 俄货如洋呢、洋布之类亦于此集中销售，"裁毛绒毯则运自和阗"。② 需强调者，交通地理优势丧失，是巴里坤这类中级市场市场辐射能力下降、市场功能加速衰退的重要原因。

与巴里坤相比，伊犁、塔城这类中级市场于近代兴起，有赖于时势变化而使其交通地理优势凸显。

一方面，两地在历史上即属哈萨克族与内地市场、维吾尔族贸易的集中地。就伊犁而论，从乾隆二十五年（1760）清廷允许与哈萨克族在此贸易，即学界所谓"清哈贸易"计起，至咸丰年间，其中级市场功能日渐凸显，一度有取代乌鲁木齐—奇台高级市场之趋势。其商贸活动亦由此而兴盛。"每年夏秋，其台吉头目等各率所属，分运牛、羊、马匹，并由安集延所贩毡片牛皮等物至伊犁贸易，（清政府）以绸缎、布匹赏之，塔尔巴哈台亦然。"③ 其商货、人员集散、转运功能亦随之凸显。伊犁是区域贸易中心，也是与哈萨克各族进行贸易的枢纽所在。"该部（哈萨克）之人携其牛羊马匹，来伊犁易换绸缎布匹，往来各回城贸易，络绎不绝。"④ 每岁三至九月间，此市场交易鼎盛，每岁可贸易"各色绸缎一万余匹，茶叶九万五千斤，叶尔羌、和阗、喀什噶尔三处，每年共约运回布五万九千余匹，棉花二万一千一百余斤"。⑤ 在塔城，"清哈贸易"始于乾隆二十九年（1764）。与伊犁一样，清廷在此专设各类贸易亭以管理内地商人、官商等与哈萨克商人之间的交易。每年雪融天暖后，哈萨克商人贩运牲口等货物于此集中交易。

另一方面，因应于政治形势变化，尤在俄国入侵我国西北边疆，侵占我国巴尔喀什湖以东、以南44万平方公里领土，并逼迫清廷签订《伊塔条约》后，伊犁、塔城两地遂由清廷用兵新疆之际的军事重镇转变为边境地带与俄国进行贸易的口岸城市，成为与俄边贸的集散转运中心。据载，清末：

---

① （清）陈光炜：《鄯善县乡土志·商务》。
② （清）陈光炜：《鄯善县乡土志·商务》。
③ （清）松筠等：《新疆识略·外裔》，道光元年（1821）刻本。
④ （清）苏尔德纂修《回疆志·外夷·哈萨克》。
⑤ （清）格琫额：《伊江汇览》，甘肃文化出版社，1999，第79页。

172

俄货，凡铜器、铁器、瓷器、木器、绒呢、绸缎、布匹、糖食、鱼油、酒果等货分喀什噶尔、伊犁、塔城三股直入，亦以伊犁为极盛。蒙哈缠回无不喜用俄货，近则旗汉官民亦征尚以俄货为阔绰，以外商言之"伊犁大埠也"……俄货之入皆由彼商巨本大庄运来，自行自销，彼商人系收服浩罕各回……我商欲赴俄购运则力有所不敢，内商之货出俄至伊犁交售而止。从无巨商自运彼，其往者零星，回缠更难与（俄商）抗衡……统计新疆商货价值由内商出口每年不过千万，而俄货之来恒数倍。①

在塔城，俄商依凭不平等条约而建俄国贸易圈，"市满穷庐，航海抗梯山，百货充牣，遂为边疆一大都会"。②至光绪朝，贸易圈已是"人烟稠密，几至无地可容……现计俄官商十余户，男女共四十人，而俄属老弗夷（即新疆西南界外安集延人，今属俄罗斯）及缠民、哈萨克三种，共三百余户，男女共三千八百人"。③

南疆经济虽不如北疆繁盛，亦是丝路古道贸易所经之地，尤因地理环境所致，其市镇分布相对集中。由此，南疆商路核心市镇往往也是南疆商路市场体系中级市场之核心（见表3-10）。

表3-10 近代新疆部分地区商品来源地、转运地统计

地区	商品名	来源地、转运地
蒲犁厅		由喀什、莎车、英吉沙尔等处运来
伽师	牛、羊、粮食、青油	自阿克苏、库车而来
和阗	羊毛、棉花、毡、棉布、丝绸、皮纸	均运往省城、阿克苏、喀什、莎车各处售卖，并间有运往外部销售者
温宿	花布	自喀什陆运入境
疏勒府	牛羊、梨、青油、粮食、洋布	自沙雅、乌什、莎叶、蒲犁、阿克苏、莎车、库车等处及英、俄两国而来

---

① （清）罗迪楚：《新疆政见》，线装书局，2003，第337页。
② 中国社会科学院中国边疆史地研究中心编《新疆乡土志稿·塔城直隶厅乡土志》，第393页。
③ 中国社会科学院中国边疆史地研究中心编《新疆乡土志稿·塔城直隶厅乡土志》，第393页。

续表

地区	商品名	来源地、转运地
轮台	粮食、葡萄干、杏干、皮帽、皮靴鞋、褡裢布、菜籽油、洋绒呢、绸布、洋铁、红铜	分别来自阿克苏、库车、喀什、省城。另,其市场所售之茶来自省转运,洋、广、京杂亦来自内地

资料来源:(清)江文波:《蒲犁厅乡土志·商务》;(清)高生岳:《伽师县乡土志·商务》;(清)谢维兴:《和阗直隶州乡土志·商务》;佚名:《温宿府乡土志·商务》;(清)蒋光陛:《疏勒府乡土志·商务》;(清)顾桂芬纂修《轮台县乡土志·商务》。

表 3-10 显示,南疆市场商货来源地相对集中,主要来自如喀什、阿克苏这类核心市镇,且商品交易规模较大。尤当关注者,南疆市场英俄洋货充斥,除说明外商经济势力入侵中国之深外,更显示南疆商路之喀什、阿克苏这类中级市场,尤其是喀什市场与伊犁、塔城一样,成为新疆与中亚、西亚、南亚贸易的核心区域。

(三)初级市场

西北商路市场体系中的初级市场亦可称为产地市场或终极消费市场,依随商路核心市镇而遍布于乡镇、村落或民族地区宗教场所,常以集市、庙会、寺院会集、花儿会等形式出现。与内地其他初级市场一样,西北商路初级市场一般都有相对固定的交易时间和地点。在关中平原或地理环境相对较好的河谷、川地,市场交易辐射范围从百里之内到一二百里不等。需指出,此类市场发育程度虽不可与江南或华北地区相比,但是,其恰恰是民众交换日常所需及西北商路输出大宗商货的吸纳地和入境大宗商货的最终消费市场。尤应注意者,近代皮毛贸易兴盛,加之西北商路市场囊括畜牧和农耕经济区而具有农牧商品互换的悠久传统,一些专业市场的兴起即是近代西北商路市场变动的主要特征之一。

首先,在关中平原或地理环境相对较好的河谷、川地,初级市场分布密度较高(见表 3-11、3-12)。

表 3-11 民国时期甘宁青地区农村集市数量分布

	陇东	陇右	陇南	河西	宁夏	青海
集市数(个)	157	110	174	81	37	14
每县平均集市数(个)	9.2	7.9	11.6	5.1	4.6	2

续表

	陇东	陇右	陇南	河西	宁夏	青海
每个集市社区人口（人）	7031	14334	9477	13366	12157	30615
每个集市社区面积（平方公里）	249	476	201	1241	965	6542

资料来源：黄正林：《近代甘宁青农村市场研究》，《近代史研究》2004年第4期。

表 3-12　清末陕西集市分布统计

单位：个

府别	州县数量	集市数量	平均	府别	州县数量	集市数量	平均
同州府	8	85	10.6	邠州	2	15	7.5
西安府	10	139	13.9	商州	4	56	14
凤翔府	4	43	10.75	兴安府	6	82	13.7
乾州	3	29	9.7	汉中府	8	177	22.1
延安府	1	8	8	绥德州	1	7	7

资料来源：张萍：《明清陕西商业地理研究》，第159页。

其次，如前文表3-3所示，初级市场商品交易除能满足民众日常所需外，其交易商品又是西北商路流通大宗商货的重要构成。而且，初级市场与高级市场和以商业城镇为核心的中级市场已共同形成较完整的商路市场体系。如三原、泾阳高级市场，是布匹、药材和加工、批发皮毛产品的汇聚地，其市场辐射范围内已形成相对集中的市镇或集市分布。三原境内有九大市镇，是客商和商货汇集地，山西会馆的兴建更显示出其商业辐射范围已越出境内。同时，三原境内村堡间集市数量亦较多，其县之东、西、南、北的林堡、秦堡、张村、线马堡四个村镇，商业交易繁盛；"此外，由（县城）北门到泾阳县的鲁桥一带，沿途各村市场亦相当发达"。[①]

最后，西北商路市场变动中亦出现专业市场，[②] 部分专业市场的盛衰与

[①] 马长寿主编《同治年间陕西回民起义历史调查记录》。
[②] 按，就商品交易集中性、专门性及交易量而论，西北商路的高、中级市场的核心市镇内均有"专业市场"——多处于交通便捷地或某类产品产区，能集散农副产品和手工业品，且市场交易主体较多。作为手工业品最终消费市场，此类市场是西北商路市场体系中不可忽视的环节，但是其商品交易实现度及价格又多取决于高、中级市场。另外，西北商路市场体系中，初级市场中的专业市场往往和其他商品混杂交易，难以彻底区分。基于此，青海丹噶尔、鲁沙尔商镇在本书中被视为初级市场体系中的专业市场；玉树结古镇因玉树中级市场具有较强市场辐射能力而被视为核心商业市镇。

旧市场　新因素：商路变迁与西北区域经济非均衡发展（1851—1949）

近代西北皮毛贸易盛衰相伴。甘肃张家川、拉卜楞，宁夏吴忠、中卫、石嘴山，以及青海丹噶尔（湟源）等专业市场堪称典型。例如，拉卜楞处甘、青、川三省交界地，属商路要津，因应于相应历史传统，自古即为汉藏间商贸交易之所。皮毛产品是其主要输出商品。近代之际，内地汉商、洋商、甘肃临夏回商皆聚集于此，以贩售手工业品、皮毛产品等为要务。其境内商业资本大小不等，发展水平和组织化程度亦不能与中、高级市场比肩，但是，各类商业资本云集于此确属事实。① 据调查，"（在拉卜楞）资本在10万元以上者，仅德商'普伦洋行'、'魁元永皮庄'、'德合成'三家。……10万元以上者，仅外商一家耳。资本在1万元以上者，亦不过20家。此外，毛商多系临夏回民官绅之资本，多财善贾，获利较多。其他津、川杂商及本地小杂货商，共200多家"。②

陇东、陇南之张家川、碧口镇是著名皮货、药材专业市场。前者接甘陕商路，既通三原、泾阳、西安，又通兰州、平凉、秦州，同治回民起义后回商聚集于此而促成皮市贸易兴盛。碧口镇号称"小江南"，临文县东南部白龙江，因航运、栈道之便且处甘川间商路要津而汇集两省往来商货。③ 由此可经陇南商路通陕省凤县、略阳而连陕南商路，或经秦州北上平

---

① 按，拉卜楞市场商业资本较大者即属皮商——川康之皮毛商货亦有于此集中者。此地，较长时段内平津商帮占据市场主导地位。其交易通常是9月挟款运货至此，而于次年4月携皮货返销，故商人被称为如候鸟般之候商或行商。山陕商亦于此收购皮毛产品。皮毛产品多经商路被贩售至平津、西安、大同、汉口、上海市场，口岸或中东部商品亦经商路系统而于此销售。另外，夏河属产毛地，年产达230万斤之巨，故多毛商，毛商中又多是临夏回商。回商在夏河具有其他商人不可比拟之优势，一度曾有主导毛市交易的趋势（谢亮：《近代西北商品市场变动中的回商与京兰商路——以皮毛贸易为中心》，《宁夏社会科学》2011年第1期）。
② 马鹤天：《甘青藏边区考察记》，第59页。
③ 按，碧口镇是甘宁青地区通往四川的水陆交通要津。它顺白龙江而下可至四川广元，进而通重庆；陆路可通四川青川、江油而接金牛古商道。碧口镇药材行店众多，商品结构以药材、烟、棉布为主。甘肃岷县、武都、文县，四川南坪、松潘等地药材（如当归、党参、黄芪、大黄）多由此集散转运。销往甘南的棉布、茶叶、纸张亦多聚集于此转运。药材、水烟系碧口镇首要大宗输出商货，其余则有部分土布、皮毛等。碧口镇往来客商以川商为主。全面抗战时期，国民政府迁都重庆，西北西南人员、物资往来剧增，甘宁青的皮毛、药材、水烟经此入西南市场，区外的茶、烟、酒、纸张、布匹等经此逆向流通至西北市场，碧口镇商贸集散功能遂即凸显，一度成甘川间一大商埠，亦是陇南唯一因水道商货运输而兴起的商业市镇。其药材交易集中性和接近产地的特征突出，故本书视其为初级市场体系中的专业市场。

凉通陕甘宁区域市场，或经秦州直通陕甘间商路入关中高级市场。历史时期，碧口镇已是商货、商客过往不绝，时谚谓"运不完的阶州（武都），填不满的碧口"。全面抗战时期，碧口镇商货转运处高峰期，据1943年调查，1942年碧口镇共输出水烟、药材、皮毛等47474市担，约值5888万元。①

宁夏的中卫、吴忠、石嘴山，如前所述，在近代之兴盛主要关联于皮毛贸易，皮毛产品是此类市场首要大宗输出物资。中卫"位于西宁与凉州之通路……羊毛……总额百万斤以上"。②据1922年调查，皮毛产品占其总输出额70%左右。③石嘴山属宁夏北部贸易门户，濒临黄河而据水运之便。作为蒙汉民族贸易聚集地，附近甘宁青蒙相关区域皮毛等商货亦在此集散转运——经包头转运平津口岸市场即可与西北商路市场连通。"此间，黄河有木船七百余只，往来包头、中卫之间。赴中卫，上水十天，下水四天。赴包头，上水十二天，下水八天。其往来包头者，下水多运皮毛、甘草、枸杞、麻之类，上水则运洋货、糖、茶、上瓷等。"④贸易繁盛时，其作为初级市场中皮毛产品集散市场，年出羊皮、羊毛可分别达100万张、3200万斤左右。⑤吴忠虽属小集镇，但是在其繁盛时，"商业之盛，甲于全省"，时有"小上海"的称号。⑥

青海的丹噶尔，又名东科尔，即今湟源县，属青藏交通要冲。西宁商贸未兴前，既有研究常将其视为青藏市场重要商业中心。⑦其商业地位被

---

① 洪文瀚：《谈谈甘肃的商港——碧口》，《甘肃贸易》1943年第4期。
② 自强：《中国羊毛之探讨（续）》，《新青海》1934年第11期。
③ 林竞：《调查包头附近水陆交通情形意见书》，神州国光社，1931。据1922年调查，此地年输出枸杞18万公斤、甘草1000余担、皮毛100万公斤、红枣2000余担、大米1000余担。
④ 林竞：《蒙新甘宁考察记》，第49页。
⑤ 宁夏回族自治区交通厅编写组编《宁夏交通史》，宁夏人民出版社，1988，第314页。
⑥ 范长江：《中国的西北角》，新华出版社，1980，第195页。
⑦ 按，西宁商贸未兴前，丹噶尔属青海重要商业中心。其作为藏蒙汉民族贸易汇集地，"自明末商贾渐集，与蒙番贸易，有因而世居者，番族亦渐次开垦，牧而兼耕，各就水上之便，筑室家成村落焉"。雍正之际此地成为民族贸易互市之地，商贸活动和商品交易规模一度显著扩张。据载："昔嘉庆道光之际，以丹地商业特盛，青海西藏番货云集，内地各省客商辐辏，每年进口货价至百二十万两之多，故当时奏请改主簿为同知，为理商也。"[（清）张庭武等修纂《丹噶尔厅志》]此后，西宁商贸渐兴而逐渐取代丹噶尔的商业地位。同治回民起义使丹噶尔商贸活动走向衰败，几乎一蹶不振。时至近代，洋行商进驻于此收购皮毛，皮毛贸易兴盛使丹噶尔商贸有复兴之势，但是与往昔不可比肩，其市场功能更多在于转运。

西宁取代后，丹噶尔遂成为向西宁、兰州，甚至是河西市场等高一级市场转运商货的转运地和前此市场转运商品的最终消费地，其作为一专业市场的特征更加突出。同治回民起义使丹噶尔商贸衰败，其后商贸复苏亦与皮毛贸易兴盛使洋行商聚集于此相关。在青藏市场，类似者有鲁沙尔（塔尔寺）市场。它因皮毛商人聚集于塔尔寺周围，形成颇具规模的皮毛交易专业市场。塔尔寺在"民国元年至二十年，商业兴盛，成为了畜产品和民族宗教用品的集散地，出现了商号、手工业作坊、服务行业等"，[①] 发展成著名的鲁沙尔商镇。

另需说明者，受资料所限，笔者未详细描述新疆初级市场体系中专业市场的发展状况，但是，这并不代表新疆市场无此类事实。鉴于皮毛产品仍是新疆主要大宗输出物资，北疆的伊、塔两地，俄商贸易圈内专门的皮毛、牲畜贸易集中地皆可证其专业市场的发展。

总之，初级市场体系中专业市场的形成确属西北商路市场变动中一值得注目的现象。而且，正因有专业市场之功能发挥，西北商路市场体系才能串联成型，并发挥其促进区域经济发展和加强区域内外经济交流的重要作用。

三 商路兴衰与商路市场的空间结构变动

商路变迁对西北商路市场空间结构变动的影响主要体现在下述两个方面。一是，因交通地理、特定商贸活动及政治形势等因素变化，区域内一些市镇或市场在商路市场中的地位演变加剧。即如前论证明，专业市场兴起亦是其空间结构变动的重要内容。二是，商路变迁极大地拓展了西北商路市场外部空间。同时，西北商路市场商贸活动的盛衰亦深刻地受到区域外更高级别市场之变动的影响。

前论实例所在多是。如陇海铁路通车后，陕南商路的关口——龙驹寨商贸地位日渐下降。一些专业市场的出现亦能为此论断提供佐证。需强调者，若认为前述事实多集中于内地农耕经济区，青藏丹噶尔市场、新疆巴里坤市场地位下降等事实，更能凸显商路变迁深度影响西北商路市场空间结构变动。

以巴里坤市场地位演变为例。新疆建省后，尤在经历同治回民起义

[①] 王恒生主编《百县市经济调查》，第20页。

的冲击和外蒙古独立导致的"大草地"路商贸活动沉寂后,巴里坤因丧失交通优势而渐趋衰落。其府治之地"复变为穷乡僻壤,商贾徙居,人民离散,游斯土者,不无兴故宫禾黍之叹,致梓泽丘墟之感矣"。[①] 文献中于此有下述记录:

> (建省前)镇西地尚孔道,为新疆南北路冲衢,自设官分治,商货云集,当商、钱商以及百货商无不争先恐后,道光间颇称繁盛。经兵焚后,当商、大贾百只一二,黎民因以孑遗,商货自难麇集。又以大道改归南路,此处偏僻,荒凉更甚。[②]

交通地理优势丧失和市场交易萎缩互为因果,两者亦加速了其中级市场功能的丧失。

> 畜驼之家,每逢夏秋之交,贩运南疆土产,不过库车之杏干,吐鲁番之葡萄,而本地之土产亦只十之一耳……以城之商小贸生理借资糊口者居其七;余第稍能集资者,尽以土产,不谓集麇以赢利,率为自给。羊马驼厂、人夫日用之需,借以取使已耳。市井因以萧条,货殖顿形缺乏。设有外商贩运来斯,或经年累月不能出售……此镇西府街市愈困顿而愈形凋敝也。[③]

据以上所论,下述判断当可成立,即商路变迁——近代皮毛贸易兴盛之促进作用尤为关键——改变西北商路市场体系空间布局的趋势明显。此趋势是:西北商路自古形成的以丝路古道和"大草地"路或沿边商贸为主的东西走向格局,依随交通地理变化而演变为东西、南北走向并存的十字架布局。[④]

---

① 中国社会科学院中国边疆史地研究中心编《新疆乡土志稿·镇西厅乡土志》。
② (清)孙希孟:《西征续录》,第115页。
③ 中国社会科学院中国边疆史地研究中心编《新疆乡土志稿·镇西厅乡土志》。
④ 按,有研究以为近代以来西北市场格局已转变为以沿黄河分布的南北走向布局为主。其间,皮毛贸易有关键贡献。此前,中小市场布局重心已向青海、宁夏转移。但是,此趋势因皮毛贸易再次转向东西向,且向汉族聚居区转移(胡铁球:《皮毛贸易与近代西北社会变迁》,《近代史研究》2007年第4期)。本书以为,鉴于西北商路东西、南北走向并存之客观事实,此论断当可商榷。

旧市场　新因素：商路变迁与西北区域经济非均衡发展（1851—1949）

具体而论，包括如下四点。①时至近代，以西安、兰州及乌鲁木齐和奇台为核心的区域市场，日渐发展成西北商路市场体系中的高级市场，三者的空间位置结构遂成为西北商路市场东西走向布局结构的主要支撑。对照包头、平津、汉口和上海这类区域外高级市场的空间位置，可发现西北商路连结前述区域外市场的空间布局亦属东西走向。②陕北延绥、榆林，陕南汉中，甘南洮州、河州，青海西宁河湟、玉树结古，宁夏府银川，新疆阿克苏、喀什等中级市场日渐成型，市场辐射能力增强。它们同时是西北商路市场体系中南北走向布局的主要支撑。这表明，西北商路市场体系中的中小市场已有向河套、青藏这类农耕经济与畜牧经济交替并存地区急速扩展的趋势。这也意味着西北商路市场原本较突出的过境贸易特征逐渐弱化，随之而继者，是其市场辐射能力的增强和辐射区域的扩展，使商路商贸活动兴衰及与之伴生的市场变动成为西北区域经济发展的重要影响因素。③总体而论，其南北走向空间布局的日渐成型与沿黄河流域分布的核心市镇或市场（集市）因商路而串联成一体密切相关。诚然，亦需指出，陕甘宁区域及青海湟水流域都可被视为大黄河流域。而且，此布局结构已基本形成今日西北区域商品市场的基本空间结构。④影响西北商路市场空间结构的诸因素中，交通地理因素——西北新式交通运输布局线路与商路多有重合或并行之势——仍是最重要的决定性因素。特别是，就中小市场的空间布局而论，不论农耕经济区抑或畜牧经济区，黄河流域水道和汉江水运的交通优势仍是商路市场空间布局的重要影响因素。即便是新疆伊犁这类市场的空间布局，亦与其地处伊犁河谷地带密切相关。引申而论，以上事实说明，时至今日，交通地理因素仍是影响西北区域经济发展的关键因素之一。

论及商路变迁与西北市场外部空间拓展的关系，本书据相关经典实例而强调下述学界共识，即近代以来，汉口、津、沪等口岸市场变动对商路所涉西北市场变动及商贸活动演变有重要影响。[①] 例如，就包头而言，经

[①] 按，学界研究此问题的学术成果较多，典型者如胡铁球《皮毛贸易与近代西北社会变迁》，《近代史研究》2007年第4期；樊如森《开埠通商与西北畜牧业的外向化》，《云南大学学报》2006年第6期。需指出，于此事实的观察非自近年始，清代和民国时期，时人游记或论述于此类事实已有认识。如嘉道年间张穆的《蒙古游牧记》，民国学者吴兆名、贺扬灵的《西北牧畜业概述》《察绥蒙民经济的解剖》，等等。

光绪至北洋，尤在京绥（张）铁路延至包头后，其地已发展成连通西北市场的人员和商货集散中心。"平、津、陕、甘、内外蒙古之货物，皆聚散于此，在军事上、商业上极为重要。"① 又如，其时天津已是西北首要输出大宗物资——皮毛产品最重要的出口销售聚集地。据载，"近年来吾国输出羊毛之平均额，年有三千三百万斤；此外在国内消费，即羊皮制造，亦有相当巨额！两者合计，当在四千二三百万斤以上……（1925年前后）天津输出之羊毛，青海、甘肃居其五成，山陕居其一成半，蒙古居其二成半，直、鲁约居一成，是西北年产羊毛额之巨可想"。② 同时，口岸市场的手工业品、洋货和其他京广洋杂货亦经商路被反向贩售至西北乡村、牧区这类终端消费市场。是以，口岸市场变动亦已成西北市场变动最重要的区域外影响因素。

第三节 西北商路要素市场初步发育

初步具有近代企业组织形式和特征的新式资本，如金融资本和产业资本的出现，是近代西北商路区域市场的新变化。产业资本和金融资本的出现和发展与土地、资本、劳动力这类要素市场初步发育密切关联。需说明者，鉴于连续性数据资料——以土地、劳动力价格变动数据为要——缺乏，本书于西北商路要素市场初步发育问题仅做描述性讨论。

一 土地市场

商品经济发展过程中自耕农破产现象增加，商人置田买地之风盛行，由此，土地占有关系迅速变化必伴生着土地交易和投机现象的显著增加。这表明西北商路经济区域土地市场已有发育。有研究指出，传统陕商受"以末致富，以本守之"观念影响，大量置田买地，这也是清末陕西出现较大规模土地兼并的重要原因。③ 商人较大规模买田置地现象的增加更是土地交易频繁且规模较大的反映。例如，清后期大荔富商李氏在大荔买土

---

① 陈庚雅：《西北视察记》，第47页；谢亮：《近代西北商品市场变动中的回商与京兰商路——以皮毛贸易为中心》，《宁夏社会科学》2011年第1期。
② 林嘉骏：《开发西北与发展国民经济》，《西北周刊》1925年第15期。
③ 李瑞敏：《近代陕商经营管理制度变迁》，第33页。

旧市场　新因素：商路变迁与西北区域经济非均衡发展（1851—1949）

地近万亩；朝邑富商温纪泰置地万亩，耕畜七八百头，以致邻近张姓村庄全体村民皆为其放牧；渭南阳郭镇富商贺士英甚至买下该镇至县城沿途所有土地。① 不独如此，20世纪30年代，宁夏32.5%的地主集中于中卫。此地据百亩以上耕地的农户446家，"自然其中不一定都是纯农，也许兼商人，或更兼高利贷主"。② 在西北，从清中后期至民国，土地集中趋势已出现。研究表明，黄河上游区域，"占人口10%—20%的地主、富农约占耕地的30%—40%左右，而占农村人口80%的自耕农和贫雇农占有土地约60%—70%左右。大致5%—10%的人口没有耕地，15%—20%的人口耕地不足，需要租种别人的土地维持生活"。③ 土地集中趋势出现表明土地交易渐趋活跃。而且，即便是在西北商路所涉民族地区或加速开发区域，出现的土地集中趋势也能恰当反映出土地交易活跃程度。20世纪30年代，"据岷县、临潭、卓尼、夏河等县三百七十户农家经济调查之结果，自耕农占34.55%，半自耕农占24.7%，租耕农占31.75%"。④ 另据《续修陕西通志稿》，陕西宁陕厅"厅疆辽阔，地土亦广，其未经开垦地，以手指脚踏为界，契买地至数里、十数里者。……所以，川楚各省人民源源而来，有资本者买地、典地，广阔山场；无资本者佃地、租地，耕作自给"。⑤ 此外，农业雇工现象普遍存在也能反映出土地占有关系的变化和土地交易现象的增多。

二　劳动力市场

强调西北商路劳动力市场初步发育，是基于下述事实。

首先，西北商路市场商贸活动的兴盛，手工业的发展，尤其开埠通商后近代工矿业的创办，都在客观上为其劳动力市场发育创造了相应条件。此类事实不胜枚举。例如，泾阳皮毛加工业在其鼎盛时，雇佣工匠能达万人；又如，中央银行在咸阳开办机器打包公司，投资规模达50万银元之巨，招募工人超3000名；西北聚记棉花打包公司，民间集资即达法币1亿

---

① 李刚：《陕西商人研究》，第166页。
② 徐西农：《宁夏农村经济之现状》，《文化建设月刊》1934年第2、3期。
③ 黄正林：《黄河上游区域农村经济研究（1644—1949）》，第133页。
④ 王志文：《甘肃省西南部边区考察记》，第358页。
⑤ 宋伯鲁等修纂《续修陕西通志稿·风俗·宁陕厅》。

元，雇佣工人数量远非手工作坊可比。① 此外，不可胜数的各类专事商货转运的雇佣劳动力，亦可从侧面证明西北商路劳动力市场已有相当发展。如陕商常于家乡挑选掌柜、伙计，在其会聚地常形成颇具特色的劳动力雇佣市场。再如，驿道运输相对发达时期，陕、甘两省聚集了人数众多的驿道运输雇佣劳动力。在甘京商路，专事运输的筏子客多是民间苦力。如兰州专跑运输的筏户有50多家；西宁专跑运输的筏户亦有五六十户；临夏操纵皮筏的苦力，十分之九皆为河州和西宁的回民。②

其次，如前论所及，农业雇工现象普遍存在也说明西北商路劳动力市场已有相当发展。

一方面，与商品经济发展相伴生的自耕农破产现象增加，客观上有利于劳动力市场发育。例如，道咸之际的甘肃敦煌：

> 农民自迁户屯田以来，各种地一分。近来户口殷繁，贫富不一，富者种地至十余分及五六分地不等，贫者或一分而析为五厘，或析为七厘五毫，或析为二厘五毫，甚至一厘之地而无之，为人佣工，日计其值，以养妻子。每日侵晨，无业贫民皆集东关外，候人佣雇，谓之人市。③

再如在宁夏隆德：

> 农民分自耕、半耕，上中等之家全靠雇农，佃农甚少。……至如雇农，生活更苦。每人年得身价最高者不过三十元，最低十元，普通二十元。正月半上工，腊月半完工，食宿由雇主供给。有立约者，有不立约者，但凭一言为据。④

---

① 谢亮：《城市功能转换与后发展地区经济发展内生动力关系分析——以近代西北商路的城市为中心》，《陕西师范大学学报》2011年第2期。
② 李自发：《青海之蒙藏问题及其补救方针》，《新青海》1933年第12期；马通：《中国伊斯兰教派与门宦制度史略》，宁夏人民出版社，1983，第201—203页。另见严梦春《河州回族脚户文化》"前言"，宁夏人民出版社，2007；谢亮《近代西北商品市场变动中的回商与京兰商路——以皮毛贸易为中心》，《宁夏社会科学》2011年第1期。
③ （清）苏履吉等修，（清）曾诚纂《敦煌县志·杂类·风俗》，道光十一年（1831）刻本。
④ 桑丹桂修，陈国栋纂《重修隆德县志·民族·生计》。

此外，关中等地盛行麦子客现象，也属西北商路劳动力市场发展的显见证据。

另一方面，在近代西北，伴随土地集中趋势显现，地主、富农经营土地亦大量使用农业雇工。民族地区亦是如此。以黄正林教授对黄河上游区域地权关系演进研究的结论为据，在青海，"占人口 8% 的地主、富农占有耕地的 26.2%；而占有人口 80% 的中农、贫农、雇农只占有耕地的 61.8%"；宁夏"地权分布更不均衡，不足 20 亩土地的农户占农户总数的 52.1%，只占有全部耕地的 21%，而拥有 100 亩以上土地的大中地主仅占农户总数的 1.8%，却占有全部耕地的 8%"。① 另据 1920 年调查，甘肃庄浪县农业居民 4584 户中自耕兼租种有 1342 户，占 29.3%；租种 460 户，占 10%；1933 年调查，该县 1899 户农民无耕地，占总农户的 26.8%，比 1920 年增加 1439 户。② 武山"占一半人口的贫农和雇农仅占总土地面积的 28.5%"。③ 陕南镇巴县坪落地区，人口共计 388 人，其中，地主、富农 48 人占有 75.8% 的土地，中农、贫雇农 322 人仅占有 24% 的土地。其他人口包括工匠、自由职业者、商人、流民、土匪等共计 18 人还占有土地 0.2%。④ 在民族聚居地，情况亦与之类似。仍以黄正林教授据相关调查数据所得研究结论为据。青海民和、化隆（隆化）、门源三个回民聚居区中，民和"占总人口 3.67% 的地主、富农，占耕地总面积的 71.14%；而占总人口 96.33% 的中农和贫雇农，只占总耕地面积的 28.86%"；化隆"地主、富农占总人口的 4.82%，占有耕地 20.5%；中农、贫农、雇农占总人口的 88.73%，占耕地的 76.22%"；门源"地主富农占总人口的 17.5%，而占有总耕地面积的 44.8%；中农、贫农和雇农占总人口的 78.8%，仅占总耕地的 44.5%"。⑤ 以上事实再次说明，土地集中导致农业雇工增加，使

---

① 黄正林：《黄河上游区域农村经济研究（1644—1949）》，第 136、133 页。
② 庄浪县志编纂委员会：《庄浪县志》，中华书局，1998，第 123 页。
③ 中共甘肃省武山县委：《穷山苦境变了样》，农业出版社，1958，第 6 页。
④ 《坪落调查（1927—1932）》，《川陕革命根据地历史长编》，四川人民出版社，1982，第 9—11 页。
⑤ 《民和回族土族自治县概况》编写组：《民和回族土族自治县概况》，青海人民出版社，1986，第 61 页。青海省编辑组：《青海省回族撒拉族哈萨克族社会历史调查》，青海人民出版社，1985，第 32 页。黄正林教授前论民和、化隆、门源土地占有情况亦引前述资料为关键依据。

西北商路劳动力市场已有相当发展，而且，民族聚居区此类现象出现更表明劳动力市场发育的相对广泛性。

三 资本市场

商品经济日渐发展，与商路远距离商贸活动伴生的货币兑换、信贷之市场需求，促进了西北商路市场的资本市场初步发育。此间，西北商路市场资本市场发展似乎又可分为两个层次和两个阶段。

首先，清中前期直至开埠通商后较长时段内，票号、钱庄、典当业等作为西北商路市场主要旧式金融资本，承担了商路商贸活动货币兑换、信贷的市场需求，形成了遍布整个西北商路的业务网络。在此基础上，西北商路市场形成了本区域内的高、中、初三级金融市场，而高级市场的市场汇率成为整个区域市场内标准市场汇率。强调此事实，是因为异地间货币资金调剂与划拨汇兑，在本质上是商品和物资的运动，其活跃程度又反映出商路市场区域社会经济发展水平。票号、钱庄多分布于西北商路高、中级市场，当商则遍布于商路初、中级市场，如三原、泾阳在很长时段内都是西北金融中心。清前期，陕西600多家当商中，关中当商达570家；嘉庆后，仅关中当商就增至800余家；清末时，西安经营银钱业者有200家之多。[①] 再以西北商路重要市镇大荔的商业行情变动为例，大荔"回乱之先，闾阎富庶，街市流通，银每两易钱多则一千二三百，少则一千有余。然价之涨落，率视泾三为标准，以该处地当秦陇商货孔道，富商大贾皆屯聚于泾三一带，荔邑钱庄生理多随之为升降"。[②] 从清中期至近代，西安、兰州亦相继发展成为区域金融中心，如西安在咸同时即有"万福源""景胜永""景复盛""万顺隆""敬顺往"等票号，以及"天福同""永兴庆"钱庄。[③]

尽管学界常言旧式金融商对西北区域社会经济发展促动乏力，但是，其实力不可小觑亦确属事实，甚至能控制一区域货币市场利率变化。如"景胜永"票号资本能达白银万两之巨，澄城商人开设的"俊源"银号除

---

① 田培栋：《陕西社会经济史》，第823页。
② （清）聂雨润修，（清）李泰纂《大荔县新志存稿·土地·钱法》。
③ 秦孝仪：《革命文献》卷74，1978，第415页。

旧市场　新因素：商路变迁与西北区域经济非均衡发展（1851—1949）

本银二千银元外，尚有每个重达百两的金砖无数。① 渭南阳郭镇郭姓当商势倾秦省，在陕西40余州县有800多个质库，较有名当铺36家，每家当铺还必辅设2家钱铺于一条街上，共计72家钱铺为前此36家当铺提供经营资金。② 渭南孝义镇赵、严两姓当商，在蒲城、户县、周至以及晋、川两省皆有商铺和当铺。其资本构成除私人合伙资本外，还有皇家参与利息分配的"皇本"。渭南当商贺达庭开设当铺30多家，有控制关中市场当铺利息之实力。据载，光绪年间，面对官府要当商将银钱利息由三分减为二分之令，该商即言："此非官力能强也，吾若减则众商皆减矣。"该商"榜于通衢，于是远近质物者皆赴公质库，不数月，西、同、凤、乾、邠五郡四十余州县质库凡八百余，悉改为终年二分，岁省民息四十余万缗"。③

其次，开埠通商后，尤在清末至民国之际，西北商路资本市场发育因近代银行业兴起遂进入新发展阶段。此阶段，其资本市场发展水平虽不能与中东部口岸高级市场比肩，但是，经营业务日渐多元，经营规模迅即扩展，金融资本与社会经济发展的关联度，特别是与近代工商业发展的关联度显著提升。这些都恰是西北商路资本市场已渐不同于传统旧式资本市场——单纯的货币兑换、借贷功能——的显见证据。

一方面，本区域内一批近代金融机构建立，区域外近代金融机构入驻西北商路市场，以及旧式金融机构或被迫开始近代化转型，或因不适应近代化转型而消失于资本市场，都表明西北商路资本要素市场发展具有新的时代内涵。需强调者，民国之际，"四行二局一库"的入驻对西北商路资本要素市场发展产生了重要影响。因为，从清末民初至全面抗战前，随着地方银行的建立，以及国家银行和区域外私人银行逐渐将其业务触角伸向西北商路市场区域，西北商路区域以近代银行业发展为核心的近代化资本要素市场实现了快速发展。全面抗战时期则是其市场体系相对快速完善时期。需指出，尽管抗战结束后此类资本快速撤离，导致西北区域经济发展一度陷入艰难，并显现此种市场网络体系有其特殊时期的脆弱性。但是，"四行二局一库"的入驻确实对西北商路资本要素市场发育及变动产生了

---

① 叶启贤：《解放前的西安银钱业》，《西安文史资料选辑》第10辑，1986，第107—108页。
② 贺志云：《清末民初关中的几家富户》，《西安文史资料选辑》第6辑，1984，第147页。
③ 田培栋：《陕西社会经济史》，第823—824页。

重要影响（见表 3-13—16）。

表 3-13 全面抗战时期四行在西北经营发展情况简计

银行名称	分设机构数（个）	全面抗战时期增添数（个）	较前增长（％）	分设机构省别分布数（个）
中央银行	19	16	533.3	陕9，甘6，宁1，青1，新2
中国银行	17	14	466.7	陕9，甘6，宁1，青1
交通银行	16	12	300.0	陕10，甘5，宁1
中国农民银行	15	7	87.5	陕9，甘4，宁1，青1
合计	67	49	272.2	陕37，甘21，宁4，青3，新2

资料来源：魏永理主编《中国西北近代开发史》，第455页。

表 3-14 全面抗战时期西北各省县地方银行总、分、支行设立情况简计

	陕西省银行	陕北地方实业银行	甘肃省银行	宁夏省银行	新疆商业银行	县银行	合计
陕西	48	7	1			39	95
甘肃	2		45	1			48
宁夏				10			10
新疆					37		37
合计	50	7	46	11	37	39	190

资料来源：李京生：《论西北金融网之建立》，《经济建设季刊》1944年第4期。

表 3-15 全面抗战时期中、东部商业银行内迁西北简计

银行名	陕西	甘肃	宁夏	合计
上海银行	2			2
金城银行	2			2
长江实业银行		1		1
山西裕华银行	1	1		2
河北省银行	1			1
河南农工银行	1			1
山西省铁路银行联合办事处	1			1
绥远银行		1	1	2
合计	8	3	1	12

资料来源：李京生：《论西北金融网之建立》，《经济建设季刊》1944年第4期。

表 3-16　抗战时期在陕西开设办事处的区域外商业银行简计

银行名称	开设行址	经理	总行资本（万元）	入驻时间	备注
上海商业储蓄银行	西安	经春生	5	1934.12	分行
上海商业储蓄银行	宝鸡	吴季虎		1938.12	办事处
金城银行	西安	刘知民	7	1935.10	支行
金城银行	宝鸡	钱遐亭			办事处
金城银行	南郑				办事处
山西裕华银行	西安	姬奠川	5	1942.1	办事处
川康平民商业银行	西安	张六师	10	1943.1	分行
四明银行	西安	蒋鼎武		1943.1	分行
四明银行	宝鸡	钱崇注		1943.11	办事处
亚西实业银行	西安	姚伯言	5	1943.1	分行
云南兴文银行	西安	李敏生	16（滇币）	1943.2	分行
四川美丰银行	西安	周尊生	10	1943.2	分行
建国银行	西安	张洁然	5	1943.4	分行
中国通商银行	西安	王宝康		1943.4	分行
水利银行	西安	郑寐生		1943.7	分行
水利银行	宝鸡	李肇林		1943.12	办事处
中国工矿银行	西安	沈翔令	5	1943.9	分行
华侨兴业银行	西安	陈光	3	1943.12	分行
大同银行	西安	濮思肼		1943.11	分行

资料来源：魏永理主编《中国西北近代开发史》，第461—462页。

表 3-13—16 显示，第一，以"四行二局一库"为代表的国家金融资本在西北商路市场的活动范围逐步扩展，影响力逐步加强。第二，受国家政策推动，地方省、县银行体系日趋完善，业务范围有所拓展，职能日渐健全并增强。而且，县级银行在初、中级市场的设立和推广更有助于西北商路市场整体性和统一性的增强，即资本要素市场形成和发展能真正使商路市场的区域经济发展和商贸活动开展联成一体，这有助于区域经济发展内生动力成长。第三，外来资本涌入和银行业务范围拓展——如黄金、保险和债券市场的初步发育——丰富了资本要素市场的商品结构，有助于资本要素市场规模扩展和近代化水平提升。第四，综合上述统计可知，外来资本多集中于西北商路的西安、宝鸡这类中、高级市场，显示出西北商路

市场级序结构有其自身历史延续性和合理性。

另一方面，银行业多元业务开展及业务量规模拓展，资本要素市场发展出较传统金融市场更完善的汇兑、黄金白银买卖、信贷、保险和债券市场体系。尤需注意者，金融资本投资近代工矿业和建立农村信用合作社等举措，显示出金融资本与区域社会经济发展关联度已显著提升。其具体表现如下。

第一，银行业务量较大拓展。以汇兑市场为例，未有近代银行业前，传统的票号、钱庄和官家钱局是西北商路市场汇兑业务的主要承担者。特别是，协饷未废前，其甚至是票号这类旧式金融资本赢利的主要来源之一。但是，近代银行业——尤在20世纪30年代中期以后——迅即改变了这一切，其经营业务的技术手段远非传统票号、钱庄可比，业务规模亦迅速拓展，取代旧式金融资本的趋势日渐明显。例如，此期银行汇兑业务形式多样，有信汇、票汇、电汇等，从时间上划分有即期汇兑和相当于变相短期存款的远期汇兑业务，也有相当于短期贷款的押汇和转押汇业务。再如，据1946年统计数据，兰州市场各行庄汇出总计17.29亿元法币款项中，银行汇兑已是主要构成部分。其中，甘肃省银行达1000万元之巨，最少者为大同银行，亦有229.55万元之规模。① 此类汇款往来于上海、西安、重庆、天水、岷县等地，关涉西北商路市场与区域外市场间的商货和物资流动，是西北的皮毛、药材、水烟等土特商货与区域外的粮食、茶、布和工业品之间交换的体现，亦是实业投资和劳动力雇佣关系的体现。它促进商路商贸活动兴盛，是西北商路市场与全国市场连通一体的实际呈现。货币兑换业务表明近代银行业相应分支机构或办事处已深入商路的各级市场，是银行业发展与商路区域经济发展构成互为因果关系的明证，也是西北商路市场近代化转型更进一步的体现。

第二，西北商路资本要素市场构成体系初步完善。主要体现为，资本市场除久已存在的汇兑、贷款功能外，还发展出初具近代意义的黄金白银买卖、信贷、保险和债券市场体系。

中国曾长期实行银本位制度，黄金、白银的市场需求极大。西北地区向为黄金出产之地。历史时期，西北的黄金、白银生产和供应为国家和富

---

① 中央银行兰州分行：《兰州市金融业概况》，《中央银行月报》1947年第4期。

旧市场　新因素：商路变迁与西北区域经济非均衡发展（1851—1949）

商巨贾垄断，私商钱庄仅有少量买卖。但是，近代之后，尤在民国时，西北商路黄金、白银买卖市场发展虽不如上海这类口岸市场（上海曾一度形成较自由的并有职业经纪人操作的标金和白银买卖市场），但是通过银行开展黄金、白银买卖亦渐成趋势。例如，1935年法币政策改革，国民政府即行禁止白银、银元流通，以法币收兑白银、银元。中国农民银行在法币面额为1、5、10元的票券上加印蒙古族、藏族文字，以收购白银、银元，这一举措随即为中国银行和兰州四联分处效仿。抗战时期，中国农民银行、中国银行、中央银行以及四联总处等即在商路中、高级市场创设分支机构，开展黄金收兑业务。又如，马步芳主政青海时，为弥补因前述银行机构在青海开展黄金、白银收兑业务而造成的损失，经与中央交涉后即与中央合作成立青海省银行，并以商股的名义攫取国库划拨的中央股金。他依托青海省银行同四大行进行竞争。除利用湟中实业公司和青海省银行操纵青海黄金贸易外，1946年11月，基于宰制青海金融市场所需，他成立湟中实业银行，强令全省麸金、沙金皆由实业银行兑换，严禁私商贸易。① 在宁夏，黄金买卖同样为官商垄断，如"中卫县产金约300余两，为宁夏建设厅及宁夏银行派员经收"。② 民间私商，如银川从事黄金买卖的三家银楼均为国家牌价政策所限，"收兑实感不易"。③

20世纪30年代后，基于银行业存放款业务迅即增长，西北商路市场区域货币间的借贷市场亦日渐发展。此期，各银行、保险公司、信托公司和合作金库等金融机构，特别是地方银行，渐改不重吸收存款之旧习。如陕西省银行成立之时未有存款业务开展，其储蓄业务肇端于20世纪30年代末，总行设50万元本银专事储蓄业务；宁夏银行于1938年始有储蓄业务，以多种形式开展各类存款业务。此类业务或按对象分工商户、个人、党政军机关存款等，或依性质分定期、往来、暂时存款等，或按期限分长、短期存款等。储蓄业务开展极大地丰富了银行款项运用能力，使其贷款业务随之增加（见表3-17）。

---

① 陈秉渊：《马步芳家族统治青海四十年》，青海人民出版社，1986，第205—208页。
② 《官僚资本银行历史档案》，《宁夏金融史近代史料汇编》（下），第251页。
③ 《宁夏中央银行二十九年下期营业报告》，《宁夏金融史近代史料汇编》（下），第251页。

表 3-17 20 世纪 40 年代甘肃、宁夏部分银行存贷款情况统计

银行名称	时间	存款/贷款情况
中国银行宁夏分行	1940—1942	个人储蓄存款占总存款 12%—19.24%
中农银行宁夏分行	1943	存款总额 10358302 元，储蓄存款 1695600 元
兰州市场 18 家行庄	1946	总存款额 29.3 亿元，甘肃银行、中国通商银行、永利银行和甘肃合作金库，分别存款 14.96 亿元、2 亿元余、1.7 亿元，其余如兰州商业银行、亚西实业银行、四明银行、上海信托公司、山西裕华银行等存款均超 1 亿元。 兰州各商业银行及甘肃省银行贷款总额 13.45 亿元，甘肃省银行 5.67 亿元（约 42.2%）、商业银行和四明银行均超 1.1 亿元（约 8.2%）

说明：兰州市场 18 家行庄存贷款系中央银行兰州分行调查所得。
资料来源：《宁夏中国银行档案》《宁夏农民银行三十二年存放汇款情况报告》，《宁夏金融史近代史料汇编》（下），第 228、208—209 页；中央银行兰州分行：《兰州市金融业概况》，《中央银行月报》1947 年第 4 期。

银行存、贷功能的发挥，加强了资金在社会各领域间的流通，对资金融通与生产发展有关键影响。综上，西北商路近代意义上的货币借贷市场已初步形成。

西北商路市场银行间同业拆借和票据贴现业务的开展也能证明近代意义上的资本要素市场已有相应发展，即资金市场及与之伴生的证券市场初步发展——西北商路资金市场以短期资本拆借为主。同时，西北商路各市场此类业务开展情况也各不相同。伴随着渐趋统一的资本要素市场日渐形成，以及金融体系和国家金融法规、政策逐渐完善，西北商路市场区域金融机构间资本拆借市场遂日渐成型。抗战时期，中央银行强势入驻，甚至一度垄断此市场。[1] 除短期资本市场外，长期资本拆借市场，即主要包括

---

[1] 有研究以为，抗战前因金融机构间金融往来较少，西北商路市场同业拆借现象不甚突出，未形成较统一的资金市场。抗战时，因中央银行势力入驻及随后西北金融业快速发展，此现象得以改变，并形成以中央银行为核心的同业拆借市场（王坚：《西北地区货币金融近代化历史进程研究》，硕士学位论文，兰州大学，2007，第 42 页）。本书以为前此论断值得商榷。传统票号、钱庄抑或后续的银行业，相互间资金往来甚至业务合作属客观事实，其规模和深度因缺少连续数据而难以详析。近代西北因各种政治势力反复导致军政、经济活动被割裂属客观事实。抗战结束后，各类资本迅速撤离西北，区域经济发展一度困难。以上皆对统一区域资本市场发展产生关键影响。但是，西北统一资本市场形成一直处于演进过程中。抗战军兴使西北资本市场快速发展，此期中央银行势力入驻属特殊阶段市场特定主体强势主导市场的表现，并不意味着统一的区域资本市场正式形成。

政府公债、国库券及公司股票、债券在内的证券市场也已初步发展。需指出，西北商路长期资本市场并不能与中、东部口岸高级市场——有证券交易所、股票公司等正式、公开交易场所或组织机构的资本市场——相提并论，且其非正式交易场所亦不健全。但是，各级政府大量发行各类公债（详表3-18）以及初具现代企业组织特征的股份公司的出现，客观上为西北长期资本市场的出现和发展创造了相应条件。事实上，大量发行的公债多由各类银行发行或消纳。

表3-18 民国时期西北部分公债发行统计

发行方	公债名称	时间	发行额
陕西省政府	有奖公债	1928	300万元
甘肃省政府	短期金库券	1932	100万元
	建设公债	1934	200万元
	建设公债	1938	200万元
	建设公债	1939	800万元
	民国30年甘肃建设公债	1941	800万元
	民国30年甘肃水利林矿公债	1941.12	1500万元
	整理省债公债	1943.12	100万元
中央政府	复兴公债	1936	-
	救国公债	1937	-
	同盟胜利公债	1942	-

资料来源：陕西省地方志编纂委员会：《陕西省志·财政志》，1991；甘肃省地方志编纂委员会：《甘肃省志·财政志》，1990。

尽管发行公债的实际效果并不理想，且不免有劳民伤财之嫌，但是，类似举措客观上为证券交易的出现和发展奠定了基础，有助于资本要素市场初步发育。

第三，金融资本投资近代工矿业和建立农村信用合作社等金融机构，显示金融资本与区域社会经济发展关联迅速提升。有研究显示，西北商路市场区域，金融资本因投资工矿业和开发农村信贷业务，开拓了完全不同于票号、钱庄等旧式金融资本的经营模式和业务领域，通过发挥存贷功能，促进各类资本在社会各领域间流通。这亦有助于其自身与西北区域经济发展形成良性互动关系。如中央银行投资50万元在咸阳设立机器打包公司，中国农民银行1941年投资创办甘肃矿业公司、兴陇公司等。同年，四大行在甘肃投放农贷达3200万元。① 再以甘肃省银行贷款分类统计为例（见表3-19）。

表3-19 1943—1947甘肃省银行各类贷款统计

贷款类别	历年贷款百分比（%）				
	1943	1944	1945	1946	1947
工矿	42.57	34.45	31.03	21.99	26.65
农林	0.72	9.21	6.14	7.91	11.71
商业	9.09	14.77	55.70	56.69	48.17
交通公共事业	13.87	22.04	3.57	8.84	7.75
教育文化及公益事业	30.17	18.44	3.08	1.61	5.28
个人	0.06	0.02	——	——	——
其他	3.50	1.17	0.48	2.97	0.43

资料来源：王慕：《解放前的甘肃金融》，《甘肃金融》1989年第4期。

若暂不讨论特定时代因素——抗战结束、内战爆发，国民政府实行特定政策导致银行业萎缩——的影响，仅就资本要素市场发育与区域经济发展关联提升而论，表3-19数据折射的下述事实值得注意。其一，多种贷款业务开展表明金融资本已经在事实上深入社会各领域，而且，此类贷款业务的多样性亦远非旧式金融资本单纯的汇兑、信贷功能可比。其二，甘肃银行贷款发放确有下降趋势，商业贷款增加抑或与特定时代的商业投机行为相关——银行资本亦难洗清参与商业投机之嫌，但是，工矿、农林、商业贷款仍是其贷款发放主要领域。这表明资本要素市场初步发育于西北区域经济发展有重要促进作用，二者间的关系变化属西北商路市场变动重要内容。

继而似可引申者——同样暂不论及特定时代因素，如国民政府推动县级银行建设和发展信用合作社的影响——就资本要素市场发育与区域经济发展关联提升论，农村信用合作社和合作金库等金融机构的建立及业务开展或尤值得注目（见表3-20、3-21）。

---

① 谢亮：《城市功能转换与后发展地区经济发展内生动力关系分析——以近代西北商路的城市为中心》，《陕西师范大学学报》2011年第2期。

表 3-20　抗战时西北资本要素市场农村信用合作入社情况统计

年份	陕西 合作社数	陕西 社员人数	甘肃 合作社数	甘肃 社员人数	宁夏 合作社数	宁夏 社员人数	青海 合作社数	青海 社员人数	新疆 合作社数	新疆 社员人数	绥远 合作社数	绥远 社员人数
1938	4569	244	2562	14	–	–	–	–	–	–	59	2
1939	5738	268	4681	230	–	–	–	–	–	–	–	–
1940	9780	428	5561	270	189	16	–	–	–	–	–	–
1941	11542	556	6659	365	359	36	–	–	–	–	299	12
1942	11260	593	6752	373	395	46	–	–	–	–	316	18
1943	12306	1070	6197	444	651	69	–	–	–	–	286	13
1944	11206	1236	6105	510	728	74	–	–	–	–	333	17
1945	9345	1314	5637	577	788	77	218	69	–	–	367	37

资料来源：马建昌：《抗日时期国民政府开发西北农业问题研究》，硕士学位论文，西北大学，2003，第 30 页。

表 3-21　1938—1945 年农村信用合作社贷款和高利贷月利率及农民借款来源占比统计

		1938	1939	1940	1941	1942	1943	1944	1945
贷款月利率（%）	合作社贷款	1.2	1.2	1.2	1.2	1.3	1.5	2.8	3.5
	高利贷	2.7	2.9	2.3	2.8	3.1	4.6	7.6	11.1
借款来源占比（%）	银行、合作社、合作金库	27	33	38	51	59	59	52	50
	高利贷	73	67	62	49	41	41	48	50

说明：此资料中的月利率和借款来源构成系浙、赣、鄂、湘、川、豫、秦、甘、青、宁、闽、粤、桂、滇、黔 15 省的平均数据。

资料来源：马建昌：《抗日时期国民政府开发西北农业问题研究》，第 31 页。

表 3-20、3-21 数据可折射下述事实：西北商路初、中级市场中县级银行的设立和推广，新型农村金融机构如信用合作社与合作金库等的创设及业务开展，显示新式金融资本具备较强的市场竞争力、影响力，更表明西北商路市场新、旧金融资本市场竞争加剧和旧式金融资本正加速退出资本要素市场。甚至有研究以为，抗战时期，覆盖市场范围广泛且功能齐备的金融网络——"以省、县银行为骨干，国家银行和商业银行为两翼，农

村信用合作社和合作金库为支脉"① ——已在西北基本成型。以事实为据：1942年西北五省254县市中有155县市设立银行，61县市设有各银行支行，一地仅有一行的县市18个，一地有两家银行机构的县市105个。在一地两行及以上者中，西安因有16家银行而属分布密度最高者。② 至1946年时，前此数据变化为110个和179个。③

---

① 王坚：《西北地区货币金融近代化历史进程研究》，第31页。
② 李京生：《论西北金融网之建立》，《经济建设季刊》1944年第4期。
③ 刘永乾：《西北区银行动态之偏向》，《西北论坛》1947年创刊号。

第四章　商路兴衰与商人市场行为、资本组织形式演进

本章仍以开埠通商为分界点，考论西北商路兴衰与商人市场行为、资本组织形式演进的互动关系。为凸显开埠通商后商路市场发展近代化转型的突出特征，本章将主要聚焦商人构成、商人市场行为与资本组织形式、新旧制度，及在市场竞争视野下的陕商解体等方面。

第一节　商人构成

商人及商人组织演进是西北商路变迁及市场变动加剧的重要影响因素。本节将主要考察西北商路市场商人构成及其组织演变。其中，尤将重点考察商人间市场竞争与商路变迁及商品市场变动之关系。

一　商人社会构成演变

学界于"商人"群体的界定，除强调其买卖行为外，亦有所谓新旧、古今、广狭之分。例如，有研究将兴办实业者视为广义的商人，有研究则依据营运方式和范围、资本规模、社会地位、伦理道德、受教育程度等对商人进行分类或分层。[①]

就社会构成而论，近代西北商路市场中的商人群体与前述标准有相通或类似之处，又绝非完全对应。例如，有的商人亦"新"亦"旧"，与政治权力若即若离。其商人构成的演进程度和发展水平与江南、华北市场不

[①] 朱英：《近代商人与中国社会》，湖北教育出版社，2002，"序言"，第1—2页；唐力行：《商人与中国近世社会》，商务印书馆，2006，第15—33页；谢亮：《社会"自生秩序"的中国经济史镜像：华北棉布市场变动原因研究（1867—1937）》，第113—121页。

第四章　商路兴衰与商人市场行为、资本组织形式演进

可等同而论，但是仍表现出与二者在发展趋势上的相对一致性。从总体上讲，开埠通商前，西北商路市场体系中的商人的社会构成可描述为：依资本而论，小商小贩与巨商大贾并存；依营运方式与范围、社会地位及与政治权力之关系而论，传统山陕商帮活跃，居市场主导地位。开埠通商后，西北商路市场体系中商人的社会构成演变趋势是：本地商人、外地商人、洋行商、买办商与传统山陕商帮形成竞争之势。尤应注意者，因应于区域内近代化事业肇兴，官、绅因投资商贸活动或兴办近代实业而成为新式商人，这是近代西北商路市场商人社会构成的显著变化之一，尽管此项变化与中、东部发达地区相比仍有差距。

依广义商人之标准而论，官商或绅商应是近代西北商路市场商人群体中社会地位较高者。他们或投资商贸活动，或兴办实业，经营形式包括官办、官督商办、官商合办、商办，经营成效亦各有不同。需说明者，在近代西北，一些商人群体常因显见的军政背景致使难以区分其资本的公私性质，本书统一将其视为官商。因应于皮毛贸易兴盛，左宗棠创办兰州织呢局之"故事"即为其例。此外，马家官商亦堪称典型。青海马麒、马麟因皮毛贸易兴盛而于1910年前后——此期甘肃还未分省——在甘肃循化及河州等地合资设立"德义恒""德顺昌""德源水""德盛厚""步云祥"商号。马步芳于1929年在西宁扩大"义源祥"商号，在青海20余县广设分号，并在包头、天津设办事机构。前述这类商号常多业经营，贩售皮毛产品、药材、军火、烟土、日用百货等。①

除前述事例外，与江南、华北市场类似，西北商路市场体系中兴办近代实业的新式商人中，亦官亦商或纯系商人者所在多有。西北近代实业多集中于西安、兰州这类高级市场和西宁、宁夏这类中级市场，②除中、高级市场外，商路所经其他地区，此类事例同样多有发生，亦更能凸显西北商路市场体系中商人社会构成的复杂性。

官商兴办实业者，如陕西鄠县"涝峪释战沟……煤矿蕴藏甚富。清光

---

① 谢亮：《近代西北商品市场变动中的回商与京兰商路——以皮毛贸易为中心》，《宁夏社会科学》2011年第1期。

② 谢亮：《城市功能转换与后发展地区经济发展内生动力关系分析——以近代西北商路的城市为中心》，《陕西师范大学学报》2011年第2期；谢亮：《近代西北商路与后发展地区的产业升级及其非均衡发展》，《浙江工商大学学报》2011年第2期。

旧市场　新因素：商路变迁与西北区域经济非均衡发展（1851—1949）

绪二十一年，知县万乃庆曾奉道命设厂开采，日数百人工作，买骡六十头，运输两省以供公家之用"；①宜川"民生纺织厂，原系中央赈济委员会……资本由该会出二千元，地方政府二千元，商股一千元"；②洛川"棉毛纺织厂，是为本区兴办工业之先河。……自民国三十年七月由本区专署创办后，次年即交本县接办，扩大经营，复由所创办造纸厂于西沟，三十二年亦交由本县合作社接办"，③"民有煤厂……民国三十一年，专署雇同官技工估测。三十二年六月，县政府筹资三十万元开采"，④该县县志于此还记载："三十二年六月，县集民股资本二十万元，成立煤厂，从事开采"，⑤"民有瓷厂……民国三十二年三月县长周景龙创办，资金十四万元"，"民有铁工厂，民国三十二年二月县长周景龙创办，资金四万余元"。⑥在新疆，此类事例亦较多。在乌鲁木齐—奇台高级市场，"前清光绪二十三、四年，袁大化向上海购办机器，设机器局于迪化南梁"，"民国九年设（电灯）厂于迪化，专供省府及附近各机关安设电灯之用"，"前省长杨增新氏发起，组织阜民纺织公司，于十四年在天津订购三千锭纱机一部，织布机三十部，并附锅炉引擎等物。……十七年工竣……每月可出十丈长棉布约二千匹，销路尚畅，为新省萌芽之纺织工厂"。⑦而且，商路所经其余之地，文献于此类事实亦多有记录。《新疆志稿》记载："咸丰初年，商人刘光和等寻获札工新硐，跟苗追凿，五年而小效，又四年而大赢，造运金砖，获利无算。"⑧新疆精河，处商路要冲，此地"南山之南四十里，有铝矿一所……光绪二十年，张委员遂生禀请开办，领有官款，设置房屋、炉灶，雇佣矿师、工匠"。⑨新疆库尔喀喇乌苏厅独山子油矿之开办，为"光绪三十三年，新疆大吏惩前事之失谋，以全力专办一二矿，改为机器新法，以为之倡……宣统元年，购运俄国机器设厂开办，并购挖油

---

① 强云程、赵葆真修，吴继祖纂《重修户县志·物产》。
② 余正东等纂修《宜川县志·工商·工业》。
③ 余正东修，黎锦熙纂《洛川县志·工商·工业》。
④ 余正东修，黎锦熙纂《洛川县志·工商·工业》。
⑤ 余正东修，黎锦熙纂《洛川县志·物产·矿物》。
⑥ 余正东修，黎锦熙纂《洛川县志·工商·工业》。
⑦ 李寰：《新疆研究·经济·工业》。
⑧ 钟广生：《新疆志稿·矿产》。
⑨ （清）曹浚汉纂修《精河厅乡土志·物产·矿产》，光绪三十四年（1908）抄本。

机一座，运置独山子开掘油井……现在开办伊始，先采独山一处，俟有成效，当添采绥来等处，亦资推广"。① 又如，"伊犁制革公司，旧系官商合办（现统归商办），资本五十万，雇佣德国人，所制皮革殊不亚外来，销售天山南北"。②

亦官亦商或纯系商人者，如在陕西南郑，"惟城西北隅益汉火柴公司尚属工厂性质"；③ 洛川，"重光肥皂厂……民国三十年十月联立洛川中学校长党耕三与士绅屈季农等创办，资金一万元"；④ 新疆莎车，"新设机器公司，雇佣土耳其人，能制火柴，兼印花布，亦为近来新疆之特色"；⑤ 伊犁，"伊市拥有七十万元股本的实业公司，为本省唯一的机械化工厂，经营发电厂及磨面厂，面粉每小时可磨一千二百公斤"；⑥ "迪化电灯厂，创始于民国二十五年七月，由新光电灯公司投资主办，股本为四十万元，于二十六年全市放光"。⑦

另外，受特定历史、文化传统影响，西北民族地区一些资本规模大小不等、经营实力强弱不同的教门商人和以寺庙资本为支撑的商人群体的出现，亦是西北商路市场显见特色之一。这亦可说明近代西北商路区域商人社会构成的复杂性。"教门商人中，依托西道堂而发展起来的'天兴隆''天兴泰''天兴亨'等商号的经营堪称典型。西道堂动员教徒捐献银两作为资（本）金，组建多支行商队，往返于汉、藏两地，并在甘肃临潭和其他各地设立商号，坐地经商。"⑧ 西道堂商人群体属民族商人群体中资本较大和经营能力较强者，此类商人群体中资本较小却活跃于商路市场者亦有不少。此外，在青海，"蒙番人经商多为喇嘛资本，领自寺院，贸易亦大，惟其范围以本省境内为限，无远行至内地者"。⑨ 在新疆，民族商人亦有赴中亚和俄国经商的传统。据记载，南疆商路上，"岁由南路喀什趋英俄之

---

① 钟广生：《新疆志稿·矿产》。
② 林竞编《新疆纪略·实业·工艺》。
③ 郭凤洲、柴守愚修，刘定铎、蓝培厚纂《续修南郑县志·政治·实业·工业》。
④ 余正东修，黎锦熙纂《洛川县志·工商·工业》。
⑤ 林竞编《新疆纪略·实业·工艺》。
⑥ 丁骕：《新疆概述·手工业》。
⑦ 李寰：《新疆研究·经济·工业》。
⑧ 谢亮：《近代西北商品市场变动中的回商与京兰商路——以皮毛贸易为中心》，《宁夏社会科学》2011年第1期。
⑨ 许公武：《青海志略·青海之经济概况·商业》。

属安集延，若阿富汗，若费尔干，若克什米尔，辄数万人，而留贾安集延者尤众多……缠民（多是维吾尔族商人）留贾者二三万人"。①

综上而论，近代开埠通商后，西北商路市场商人群体的社会构成已远较此前复杂，而且，洋商及其代理人或经纪人出现于西北商路市场，亦使此间商人群体社会构成变化更具时代色彩。

二 商人地域构成演变

论及商人地域构成演变及其对西北商路市场变动的影响，下述论述当属妥当：开埠通商前，传统商帮于西北商路市场体系拓展和商贸活动兴盛的影响最大，如山陕商帮曾一度基本控制和主导西北商路主要商品交易及其他市场活动，市场垄断地位明显；开埠通商后，内地其他商帮、洋商迅即进驻西北商路市场，与传统商帮形成竞争之势，回商等民族商人的日渐活跃和崛起，以及咸同后陕帮商人的解体，皆使西北商路的市场竞争加剧。同时，以上变化又显示出商路商贸活动兴衰与商路变迁互为因果。

开埠通商前及其初期较长时段内，山陕商帮活跃于西北商路。受历史传统影响，山陕商帮一度主导明清以来西北市场商贸活动。依据传统的"西北"概念，晋商常因与陕商在经营领域和地域上的相近性，以及经营方式和习惯的类似而被合称为"西商"或"山陕商帮"、"秦晋商帮"。若仅就狭义之"西北"地理概念而言，传统时期至开埠通商后初期的较长时段内，陕帮商人可以说是西北商路市场体系中最重要的本地商人群体。但是，开埠通商后，与其他中国商人群体的近代转型经历类似，陕商在西北商路的市场影响力和控制力亦因市场竞争而下降显著，甚至走向解体——他们同样经历了痛苦的近代化转型。

陕商历史悠久。自丝路商贸兴盛，关中商人即参与其中并远行至西域。在宋代，陕商足迹扩展至青藏。历经唐、宋、元三季，至明代边贸开展，乃至入清后，陕商逐渐发展成中国传统的十大商帮之一。陕商于明代边贸开展有重要作用，其本身亦依赖边贸和与民族地区进行的盐、茶、棉布、粮食等贸易发家。明季"开中法"，即"招商输粮而与之盐"的实施，

---

① 林竞编《新疆纪略·实业·商业》。

或当是陕商真正发展成大商帮的肇端。在西北商路市场，陕商与晋商曾是既合作又竞争的关系。

山陕商帮资本雄厚，市场影响力强，曾长时间主导西北商路市场商贸活动。晋商中的"富商巨贾操重资来市者，白银动以数万计，多或数十万两，少亦以万计"。[①] 陕商以关中商人为主，关中商人又以三原、泾阳商人为主，实力不可小觑。例如，富平县商人李朝观在嘉靖、隆庆年间即能从关中输送数千万石粮食至延安柳树涧，以"供安边、定边、安塞军数万人"。[②] 再如，未受到川帮商人市场竞争之挑战前，陕商在西南市场一度垄断四川盐业和典当业；在江南市场，陕商以扬州等传统商路中心为基地，以西北之土特商货换购江南的盐、棉布等商品返销西北；陕西盐商亦曾是扬州市场主要商人群体。同时，国内东西南北皆有陕西或山陕会馆分布的事实也证明"在明初至民国初年的560余年中，陕西商人的活动几乎是全国性的，一些重要的商业市镇都有他们的足迹"（见表4-1）。[③]

表4-1 陕西会馆分布区域统计

区域	重要商业市镇
东北	吉林
华北	北京、归绥、济南、聊城、唐河、社旗
西北	河州、秦州、临夏、肃州、武威、兰州、西宁、宁夏、镇西、精河、库车、玉树、结古
江南	南京、镇江、苏州、杭州、扬州
华中、中南	汉口、沙市、均州、襄阳、光化、应山、荆门、长沙、安化、益阳、常德、邵阳、铅山
华南	福州、广州、佛山
西南	重庆、成都、自贡、彭县、乐山、贵阳、梧州、邕宁、南宁

说明：依据传统行政区划，本表将河南、广西分列入华北、西南区域。
资料来源：田培栋：《陕西社会经济史》，第856页。

总之，开埠通商前陕商主要以传统商帮的商业经营模式开展商贸活动，于西北商路市场与区域外市场连通一体确实起着关键作用（见图

---

① （清）叶梦珠：《阅世篇·食货》，上海古籍出版社，1981。
② （清）李因笃：《受祺堂文集·先府君李公孝贞先生行状》，道光十年（1830）刻本。
③ 田培栋：《陕西社会经济史》，第856页。

4-1）。诚如文献所载："（关中）自昔多贾，西入陇、蜀，东走齐、鲁，往来交易，莫不得其所欲。"①

```
从江南各地                          销售西北各地
买布、茶、绸缎     ┌──────────┐     （卖以高价）
（一般市价）  →   │关中地区之泾阳、│ →
                  │  三原（加工）  │
销售东南沿海各地   └──────────┘     从西北各地收购药材、
（高价出售）   ←                  ← 皮毛产品
                                    （买以低价）
```

图 4-1 传统陕商的商贸活动

山陕商帮涉猎商业领域确属广泛，在西北商路的市场竞争中曾长期居主导地位。开埠通商后，他们在西北商路市场的地位受到其他商帮的挑战。于山陕商帮之内部竞争论，在明季，二者曾合作控制西北商路商贸活动，但到清前期，晋商——因与朝廷合作而有"皇商"称号之优势——势力已大大增强，陕商则退而与甘肃商人合作，使陕甘商人群体成型。于与其他商帮之外部竞争论，清后期，津商、楚商（两湖商人）、豫商、蜀商等先后进入西北商路市场，与山陕商帮形成竞争之势。

即便如此，及至开埠通商初期的较长时段内，尤在咸同回民起义前，陕商依凭商路交通地理之优势——关中区域市场是西北商路勾连东西南北市场的交通枢纽，加之西北商路市场体系中粮食、棉花、棉布、皮毛、药材等土特商货充足的货源供给，仍发挥了不可小觑的能量。在西北商路市场体系中的主要行业和领域如棉布、药材、皮毛、水烟、典当行中，他们仍是市场翘楚。

在皮毛行业中，陕商依托商路将西北的皮毛产品转运至泾阳、同州加工、销售，使两地成为西北著名的皮毛产品集散、加工中心。卢坤于《秦疆治略》中言，泾阳系商贾集中之地，且皮毛工匠甚多，皮行甲于他邑。皮毛贸易鼎盛之际，每岁由春至秋，皮工齐聚泾阳者不下万人。此地加工销售的皮货，"多产自甘肃、西宁、洮、岷等属，运往湖广、江浙、汴、蜀等处销售"。② 其邻近之礼泉县的北屯镇因地处甘肃皮毛产品转运泾阳的

---

① （明）张瀚：《松窗梦语·商贾纪》。
② 陕西清理财政局编辑《陕西全省财政说明书·岁入部·厘金》。

必经之地，皮毛贸易也随之而兴。《续修礼泉县县志》亦记载，京、津、沪、汉及河北、河南等处皮商多来此地贩卖皮毛产品。至咸同之际，陕商经营皮毛业的鼎盛时期，他们已"长期控制全国许多城市的皮货行"。① 在江南、华中、东南、四川和两湖市场，陕商经营皮毛贸易已颇具规模。例如，川东万县，每岁"由陕西陆运泸州，由泸州水运入境者十余家，每年约可售银一万两上下"；② 在汉口，"陕西帮多客商，其输入品以牛羊皮、羊毛、牛油、生漆为大宗……年贸易额约七八万两"；③ 在湖南攸县，"昔时士大夫家居，非严寒不御裘，今关中裘商来做，岁可得银万余两"。④

与皮毛经营类似，依赖商路市场体系充足的货源供应，加之地理位置接近且久在西北开展商贸的历史传统，陕商在水烟、药材行业的市场地位仍属重要。水烟属甘肃特产，兰州水烟质量又最佳，其销售市场在清嘉道之际即扩展至汉口，咸同之后延展至江浙，此后遍及全国。《甘肃新通志》记载，1891—1928 年是兰州水烟业发展史上的黄金时代。此间，兰州水烟每岁销量可至十万担以上。⑤ 陕商中大举涌入水烟行业者当以大荔、朝邑、合阳的商人为多，渭南商人次之，前者还领有兰州水烟业"同朝帮"称号。渭南孝义之赵姓商人于兰州开设"丰盛兴"（兴记）水烟坊供货于沪是陕商进入此行业之肇端。陕商控制兰州本地水烟业，依托商路转运，亦使泾阳发展成水烟集散地。经此，凤翔的陈村也发展成为兰州之外又一主要水烟加工基地。一般而言，陕商将水烟集中于泾阳后发售至江南、两湖、广东等市场。文献记载显示，在鼎盛时期，泾阳商人每岁发售兰州水烟，岁得金三百万。清末时，兰州水烟销行汉口、上海，全年由泾阳运销者即达两万担（每担240斤），占兰州水烟年产三分之二，是泾阳对外输出大宗商货之一。泾阳经营水烟的商号以"祥盛永""丰盛源""丰盛兴"为首，总计有15家之多。他们各设分庄、本庄，"每年冬由各烟坊制成水烟，于次年春、夏二季运沪销售，凡经过陕西省须先至泾阳加以改装……

---

① 田培栋：《陕西社会经济史》，第753页。
② （清）杜焕章：《万县乡土志·商务录》，民国35年（1946）石印本。
③ 《武汉经济漫谈》，《武汉文史资料选辑》第5辑，1981，第133页。
④ 李文治：《中国近代农业史资料》第1辑，三联书店，1957，第831页。
⑤ 姜志杰、聂丰年：《兰州水烟业概况》，《甘肃文史资料选辑》第2辑，1983，第215页。

每年过境我县数量在250万公斤"。① 在汉口，"山陕大商以烟草为货者，凡九堂十三号，每堂资本出入岁十余万金。号大于堂，兼通岭外为飞钱交子，皆总于衡烟"。② 凤翔之陈村镇，"每家烟坊的资金大都在万两白银以上，甚至有十万银元之多。各家烟坊雇佣的制烟工人、榨油工人连同全体号伙共约一百至三百人"。③

又如药材业。三原既是西北商路市场体系中的高级市场，又属药材汇集之都。清至民国，陕商凭商路交通地理之优势在药材业中占据重要市场地位。陕商经营的药材俗称"西口药材"。其间，陕商将川、甘及本省药材集中于三原，加工包装后贩售至豫、晋、鄂、苏等市场。自乾隆朝始，集中于三原的西口药材已向全国发售，其运输路线主要分作两路，即由西安之东关各药店发临潼县交口（渭河、石川河交集处），经水路运至潼关，进入黄河流域及华北市场；或由陆运至龙驹寨通汉江商路抵华中、华南市场。④ 在全国主要药材聚集市场，如"祁州药都"之安国县药市，以及汉口、亳州等，陕商都甚为活跃。汉口市场经营药材的陕商被坊间称为"西帮商人"。清末及民初，因陕南开发加速，陕西药材商已多集聚于汉中药市。在此地，源自甘肃的药材和汉中本府所产药材经汉江商路可通达汉口市场，且数量巨大。如《安康乡土志》记载，此地每岁输出党参、杜仲、当归、大黄等药材分别高达30万、80万、2万、20万斤。民国时陕南药材外销数量统计，亦能显

---

① 参赵本荫《韩城县续志·左懋第·崇俭书序》，民国14年（1925）铅印本；李元春《桐阁文钞·天下有宜栽之端五论》；《陕西清理财政书说明·厘金》；泾阳县商业局《泾阳县商业志》，第158页。按，本庄、分庄是陕商建立的水烟销售网络。陕商在兰州、关中的凤翔、泾阳等地设立水烟加工基地，在水烟销售市场则建立分庄。前举事例所言赵姓商人于兰州创设烟庄"丰盛兴"，其上海之分庄"一林丰"在南通、苏州、石港、平湖设有支号，于汉中、天津、包头、太原、成都、重庆、潼关、泗水、安化、宝鸡等则或设有分庄，或设有支号，或设立临时驻庄。依赖其庞大销售网络，"一林丰"与"协和成"合作，其销量迅即增加，由2000担提高至3000—4000担，最高年份可达5000担；资本金由三四十万两扩展至百万两之巨（杨重琦：《兰州经济史》，兰州大学出版社，1991，第202页）。需强调者，此类举动并非个例，据统计，清末，陕商在沪、南通、苏州设分庄分别为9、5、4家，共计18家之多（杜景琦：《兰州之水烟业》，《甘肃文史资料选辑》第4辑，1987，第17页）。实力强者如"丰盛兴"之"一林丰"、"丰盛源"之"协和成"、"德隆全"之"德隆彩"、"祥盛永"之"永生瑞"、"义源厚"之"义德厚"，并称为沪上"五大烟行"。

② 田培栋：《陕西社会经济史》，第761页。

③ 冯国琛、李景仁：《凤翔陈村镇的生字水烟》，《凤翔文史资料选辑》第3辑，1986。

④ 见田培栋《陕西社会经济史》，第790页。

示陕商依托商路将西北药材向全国市场销售的重要作用（见表 4-2）。

表 4-2　1932 年陕南外销万斤以上药材统计

单位：斤

药名	年输出量	药名	年输出量	药名	年输出量
当归	300000	厚朴	46870	柴胡	25780
五棓子	300000	乌药	40000	黄柏	24000
党参	207000	杜仲	40000	甘草	20000
蒿木	68000	全皮	35000	紫苏	16000
枇杷叶	50000	大黄	30000		

资料来源：依据《陕西实业考察》第 50—51 页统计表整理所得。另见田培栋《陕西社会经济史》，第 793 页。

陕商活跃时，常依托商路腾挪于西北市场的各类内引外联的商贸活动之中。盐、茶、棉布、粮食一直是陕商向西北贩售的大宗商货。

历史上茶、盐贸易之利甚为巨大。张瀚在《松窗梦语》中曾言，利之聚集西北即在茶，而东南则在盐。自茶马互市，茶即为西北市场输入大宗物资。陕商自明季始即将四川之"五属边茶"[①]集中于康定后分两路向青藏输送，或沿理塘、巴塘西入拉萨，或经道孚、甘孜抵玉树而深入青海市场，以换回民族地区的土特商货。清中叶前，三原、泾阳、朝邑商人曾长时间垄断川甘青藏市场的川茶贸易，是陕商中的主要茶商。清中叶后，陕商则竟趋两湖，尤在汉口茶市收购湖茶，经汉江商路抵龙驹寨后即运至西北茶市中心泾阳，再销至西北各地，向俄罗斯境内输送者亦有之。有研究认为，陕商在明清时一直把持西北茶叶贸易。[②] 即便开埠通商后较长时段

[①] 茶马互市时四川雅安、灌县、名山、邛崃、洪雅是明代边茶主要供应地，五地茶叶亦称"五属边茶"。

[②] 于西北茶叶贸易管理，清初曾长时期承续明制。雍正时改革明制，废"中马"制度而改茶为引，西北市茶商遂分东、西两柜，东柜以秦、晋商为主，西柜以回商为主（进一步论，以泾阳、潼关、汉中回商为主）。咸同回民起义后，西柜茶商凋零。左宗棠改革茶法，改引为票而行"茶票法"，湖湘茶商即"南柜"茶商在西北市场中迅疾崛起。陕西茶商曾长期主营北路官茶贸易。东柜茶商中的部分晋商或日渐转入晋商传统经营领域，或入草地商帮，以"大草地"商路商贸未衰败前为最。光绪至民初，南柜之湖湘茶商在西北市场之贸易亦已开始衰败。另据记载，民初陕商一部，借湖南人雷多寿履职甘肃财政厅长之机获"茶票"而改营茶叶贸易并自成一柜，即为"新柜"。（杨自舟等记述《清末到抗战时期付茶行行销西北简述》，《甘肃文史资料选辑》第 4 辑，1987，115 页；田培栋：《陕西社会经济史》，第 784—785 页）。

内，陕西茶商在西北商路所及茶市仍居重要地位。需指出，茶叶贸易在西北市场的商业运输路线与棉布贸易相同（见表4-3）。

表4-3 铁路未通前陕西棉布贸易商路简计

长江流域—西北区域	
线路	线路一：由苏、松、嘉、湖、沪等经水运走运河至汴梁商路的王家楼、孙家湾，改陆运至三原 线路二：鄂产棉布多集中于汉口，经汉水商路至老河口、龙驹寨，改陆运至三原。西安、龙驹寨、紫荆关、老河口、襄樊是必经地
贩售情形	线路一：布商于江南产布市镇设庄收布，"发银于庄而徐收其布"（《紫隄村志》卷2）。在松江，"奉布商如王侯"。秦晋"富商巨贾操重资来市者，白银动以数万计，多或数十万两，少亦以万计"。当地人"争布商如对垒"（《阅世篇》卷7《食货》）。 线路二：鄂布"货以所名"，又总称"府布"。据载，清末龙驹寨"所收入境之货，为鄂布，每年不下四百五六十万匹"（《续修陕西通志稿》卷34《征榷》）。同治时，"岁销广布值金五百万"。陕西缺布合银六百万两上下，折合布500万匹（《烟霞草堂文集》卷1；《汉江贸易册》，第8页）。陕商收购鄂布多集中于德安、汉阳、黄州、荆州等府。德安府"每年约有十七八万两银子流入安陆"（《德安府布史话》，《德安文史资料》，第89—90页）。汉阳府布多为陕商收购，孝感土布"细薄如绸……西贾所收也，至呼为孝感布"（《孝感县志·土物志》）。汉阳"男女老幼机声札札……乡逐什一者盈千累万，至汉口加染造，以应秦晋滇黔（指在川的陕西布商）远贾之贸"（《汉阳县志·物产志》）。汉川之大布、小布，"秦晋滇黔商贾人争市焉"（《汉川县志·风俗志》）。汉口的葛仙布"多输向河南、山西、陕西、四川、汉中地方"（《中国近代农业史资料》第1辑，第512页）。黄州景布，"每年汉中等地的客贩，则系运桐油、木耳等山货来老河口，再贩景布折回"（《老河口支线经济调查》，第45—46页）。荆州的荆庄大布，清中叶"畅销全国鄂豫川陕十四个省"（《荆庄大布》，《荆门文史资料选辑》第6辑，第196—198页）
河南—西北区域	
线路	经东路潼关陆运至三原
贩售情形	孟县，"陕甘以至边墙一带，远商云集，每日城镇市集收布特多"（乾隆《孟县县志》卷4《物产》）。孟津，"无不纺织之家，秦陇巨商终岁坐贩，邑中贫民资以为生"（嘉庆《孟津县志》卷4《物产》）。正阳，"家设织机，人精纺织，纱细布密，畅行颍及山陕二省，商贩极多，每早晨布市，张灯交易，备极繁盛"（《正阳县志·实业志》）。许昌，"境内业棉者，肩挑襁负，相望于道，该镇遂为布业一大集散场，秦晋京津各地之富商大贾，辇金而来，捆载而去"（《许昌县志》卷8）。临颍以颍布出名，"山陕两省行销尤广……在昔最盛时期……买卖布客络绎于道，县境内大布庄亦有二三十家，以陕帮为最多"（《中国手工业史资料选辑》第3册，第473页）。南阳府之唐河县盛产棉布，"秦晋之氓聚居贸易"（乾隆《唐河县志》卷1）。舞阳，"坐地贸易如花、布、煤、粮各行户……全系西贾"（道光《舞阳县志》卷6《风土》）。嵩县，"商贾多山陕河北之民"（光绪《嵩县县志》卷9）

续表

西北区域内	
线路	平凉是三原棉布转运分销地，经平凉分途，路线有三：西入河州、兰州、凉州、肃州等地，亦可由肃州入哈密，通新疆，再由哈密贩售南、北两疆；或经平凉北上入固原、宁夏等地；或由三原北上至延绥、河套市场 另据记载："客商汇庄于陕西三原县，运销各地，其入甘处分东南、东北两路。东南路则由陕西凤翔府陇州、略阳县等处入境。东北路由陕西邠州、耀州、长武、定边县等处入境。"（《甘肃清理财政书说明》次编上《三原大布统捐》）
贩售情形	固原"民间所需布匹，来自三原"（《固原州志·商务志》）。中卫需三原白布，岁千余捆，"市肆多山陕人，春出布帛，售诸居人，夏收取偿，价必倍之"（乾隆《中卫县志》卷2）。宁夏居民所需布匹久仰于陕西布商供应。陕西长安、蓝田人多在河州设立布庄，向境内的各集镇销售，操纵河州经济（《山陕商人在河州经营土布始末》，《临夏文史资料选辑》第2辑）。兰州南关陕西布商开设布号数十家，"以经营土布为主，即湖北孝感地区产品"（《原兰州私营商业概况》，《甘肃文史资料选辑》第3辑）。出兰州西向凉州、西宁、肃州，布匹皆陕西人经营。凉州布匹供应，"陕商多贩卖土产及湖北白布、蓝布"（《西北丛编》，第161页）。肃州布匹"由东大道来者以陕西之大布……为大宗，商人以晋人为多，陕人次之"（《西北丛编》，第187页）。西宁"山陕商人来湟源贸易最早，原经营内地百货布匹等"（《湟源的歇家、洋行、山陕商人和坐户刁朗子》，《湟源文史资料》第5辑）。哈密是陕西布商集中地方，"来自秦陇者百有余家……初哈人好服斜布，斜布利倾一市"（《新疆建置志》卷2）。哈萨克市场销售布匹，"为内地如三原一带所产，有所谓乾镇驿布，毛青梭子布等……乾隆时运往互市的布匹多达八万余匹"（《清高宗实录》卷104）

说明：本表统计依据田培栋《陕西社会经济史》（第755—777页）内容整理所得。

及至开埠通商后一段时间内，西北商路市场体系中，除传统山陕商帮外，其余商帮虽规模、实力大小不等，但是都已大量入驻西北商路市场，并与前者形成市场竞争。此间令人注目者，为西北本地商人群体中回商的再度崛起和洋行商迅即进入西北商路市场。这些都表明西北商路变迁与其商人群体地域构成演变互为因果。此变化亦表明西北商路市场变动加剧。西北商路所涉民族地区和部分初级市场的华商地域构成变化当能印证前述论断（见表4-4、4-5）。

表4-4 新疆市场商帮行业分布简计

商帮	行业分布
燕帮（分京、津两系）	津人（多杨柳青人）当同、光初……随大军而西……及全疆肃清，遂首先植根于都会，故今日津人之肆遍及南北……惟其俗急功近利，好虚荣……及其弊也，奢侈逾度，外强中干……民国以来，此等习气渐渐革除，故津人犹执牛耳于商界也。京人（多武清人）则远不及，虽设肆遍南北，而在南路者则多为押当业，恣取重利

续表

商帮	行业分布
晋商	多富庶，同光以前，官茶引课咸属晋商，谓之晋茶，乱后流离，渐归湘人。然握圜府之权，关内输辇协饷，皆借其手，故省城一隅，票号十余家。民国以来，协饷断绝，渐次歇业。然根本深固，改图他业，仍属可观
湘帮	湘人从征最多，势亦最盛……惟擅茶引之权，占商务大宗。迩来茶引破坏，利复渐归津晋及俄人，故湘人除在南路从事放账外，北路则寥寥药铺而已
鄂帮	鄂人无大贾，多贩药材或设典肆
陕甘商帮	秦陇之民，昔多贩运鸦片谋重利，近则此业甚微，转而积谷屯金，贱籴贵粜以取利，或资贷以征重息，或辇关中百货以应稗贩之求，号曰行栈。另，由北路出塔城及伊犁趋七河省、斜米省、萨玛、阿里木图等处亦数千人。缠民之外有汉、回，皆陕甘人，俄人称曰东干……岁赴俄属亦不乏人
本地缠回商	吐鲁番、伊犁、和阗、喀什、库车、库尔勒诸处，岁由南路喀什趋英俄之属，若安集延，若阿富汗，若费尔干，若克什米尔辄数万人，而留安集延者尤众（安集延为新疆南路回京取俄境必由之路，缠民贾者二三万人）

说明：本表视新疆本地缠回商为独立商帮。他们主要是维吾尔、哈萨克商人，其经商历史悠久。但是，学界于传统商帮的讨论于此较少关注。

资料来源：林竞编《新疆纪略·实业·商业》。

表4-5 清至近代西北区域部分初级市场商人地域构成简计（不含新疆）

陕西		
区域	统计时段	详情
咸阳县	乾隆—道光	惟花布、米粟即釜甑、镁锄等物，土著之民自行贩卖。至行盐贩木及开张绸缎皮货，多属外省远氓[1]
同官县	乾隆	市肆集场不过日用器皿之属，间有负土产营贩他处者，如冬窑窑之煤炭，陈炉镇之磁器[2]
清涧县	清	清初率多晋商。同光以来人烟稠密，民智渐开，始为入伙学习，继则自行开办。至清末，各商行多系本地开设[3]
直隶州	光绪	绥属货物来自东南，行货之商半属晋人，亦有本境商人运往甘境贸易者。居货之贾则易货于四乡，资本多不丰裕，或借晋商资本四季周转……境内利权半操自商贾[4]
宜川县	乾隆	城内市廛以及各乡镇集，均系隔河晋民及邻邑韩城、澄城等处商贾[5]
安定县	清道光—民国	商贾多山西人。民人耕田外惟重畜牧，其百工技艺，询之悉自外来。即市间小杂货铺数家，亦多系他处人开设[6]

208

续表

陕西		
区域	统计时段	详情
陇州	清乾隆—民国	商贾俱系晋省及西同属县人民，城厢集镇盘踞渔猎，多有赤身赴陇，借资营运，立志奇赢者。土人只以酒、饭、烧饼等铺为业，其解当及粮食布匹诸贸易袖手让人获利[7]。另记，商贾中客民亦多，同光以前，惟晋商为最，同州人次之。迩来岐、凤、宝人甚伙[8]
府谷县	乾隆	向不谙商贾，近稍北贩皮物，南贸谷米[9]
葭州	嘉庆	葭地石厚土薄，非贸易不能养生，故士子居稽之外，半兼货殖，始终卒业者十之二三焉[10]
安康县	嘉庆	流水铺之流水店、大道河之月池，皆有屯户积粟以待籴贩，而锁龙沟南之火石沟尤为聚会要地。岚河自火石沟以下可通小舟，故籴者皆囤积逆旅，待时赁舟东下。衡口多稻，有力者……剩穷民空乏，贱价预籴……此皆郡城富商大贾所营谋，岁下襄樊，其利数倍[11]
洵阳县	光绪	商多流寓，少土著[12]
华阴县	民国	邑人不良于贾……数十年来，亦颇有为者。至本邑镇市之商，则他郡人居十之七八，惟近来业药商者几遍于黄河流域[13]
周至县	民国	花布、米粟及釜甑、镶锄等，土著之民自行贩卖。至行盐贩木及开张绸缎皮革，皆属晋人[14]
安塞县	民国	城镇有贸易，尽山西及本省韩城人为之，县人入伙开张者十不过一[15]
横山县	民国	经营商人则县民、晋人各属其半，贸易品以糜谷、豆类、皮毛、布匹、煤炭、油、盐居大宗，而铜、铁、磁器、麻、棉、纸张、糖、酒、烟叶、蔬菜、瓜果次之[16]
神木县	民国	城内晋商居多，凡土著贾人每赴蒙古各旗贩驼、马、牛、羊往他处转卖，有一种边行专与蒙古交易，携带茶、烟、布匹出口贩卖。其蒙古驮运盐、碱进口，税于其家，谓之主道。至赴远省贸易，只有皮货一行[17]
岐山县	民国	本境民在本境为商者九百三十余人，本境民在他邑为商者二百七十余人。他邑在本境为商者七百四十余人，共一千九百五十余人[18]
洛南	民国	在洛营商各户……远则晋、豫两省之人居多焉[19]

甘肃		
区域	统计时段	详情
永昌县	乾隆	商贾多土著土民，远客不过十之一二，行旅则时有之，无盐茶大贾，亦无过往通商，廛市率民间常需，一切奇巧玩好不与焉[20]
古浪县	乾隆	农……不知逐末。商贾乃多陕、晋人[21]

续表

甘肃

区域	统计时段	详情
镇番县	清乾隆—民国	商贾多土著土民，远客不过十之一二，行旅则时有之，无盐茶大贾，亦无过往通商，廛市率民间常需，一切奇巧玩好不与焉。另记：商贾皆土著，无远商豪客杂居市廛，间有山西云代间人租地而居，及川湖行旅侨寓旅舍互相贸易者不过十之一二，转运盐茶各货于京津山陕，关外诸路往来络绎，皆以本境驮商为最多[22]
平番县	乾隆	士民亦有贸易市井者，不过屯践卖贵，谋蝇头之利，少补日用之需，而行商坐贾几遍闾匮，虽乡村小堡亦多有焉，然巨贩实鲜也[23]
民勤县	民国	商贾多土著土民，远客不过十之一二，行旅则时有之，无盐茶大贾，亦无过往通商，廛市率民间常需，一切奇巧玩好不与焉[24]
崇信县	清乾隆—民国	人稠地狭，终岁勤动……终不谙商业，清乾嘉道咸时，利权为晋人占据，河津县冯村人居多数，呼崇信为小冯村，喧宾夺主……同光以后，节节进化，耕读外，多重实业，往来岐凤泾原者不乏人[25]
敦煌县	道光	商贾先自山西、陕西贸易至此，近亦渐入土著，置田起屋，均列户民[26]
两当县	道光	外商持布缕诸物叩门与乡人市，乡人以粟易之。商索粟寡，无不如意，辄大获以去。民至不识权度量为何物[27]
海城县	光绪	商业贩运百货，随时零售，并无富商可别开生面以期商战者，其资本稍丰之家收集羊皮、羊毛，仍售于外来皮客及各洋行。回民多重贸易，银钱不肯通融，虽起息至三四分之多，亦不出借，固因狡赖者多，亦性原悭吝之故，以致小户于春季期取洋行之银，夏季以羊毛相抵，每斤值百文之毛，被洋行以五六十文得去，甚可惜也[28]
永登县	民国	士民亦有贸易市井者，不过屯践卖贵，谋蝇头之利，少补日用之需，而行商坐贾几遍闾匮，虽乡村小堡亦多有焉，然巨贩实鲜也[29]
渭源县	民国	城乡各镇只小贩零售，并无富商大贾转京津沪汉洋广川陕各货，而在商战场竞争者[30]
镇原县	民国	商有客商、本地商之分，客商属山西、河南、陕西人，资本稍厚，多业棉布京货类。本地商资本较薄，多业麻纸、磁器、药味类，均旅跫旋销，而不能发展[31]
夏河县	民国	本县营业资本较大者为皮商，营是业者多系平津一带之富商……此外有山西陕西及本省资本较小之皮商，收买黑白羔皮运往天水、长安、大同等地[32]
康县	民国	康民……服农而外，半以负贩为生活[33]

第四章　商路兴衰与商人市场行为、资本组织形式演进

续表

青海		
地区	统计时段	详情
青海	民国	凡汉番货物莫不总汇于此。蒙番人经商多为喇嘛资本，领自寺院，贸易亦大，惟其范围以本省境内为限，无远销内地者。汉商贸易以河北山西陕西人为多，资本颇巨，多设庄行，收购皮毛土产运销于天津，再由天津贩运洋货布匹销售于青海……本地土著及汉回多为小本经营，并在乡村设立小店，每于夏秋之际，派其店伙分赴各市镇销售货物并收买土产。蒙番人民每于秋冬之时，运其货物至各县及市镇交易，以羊毛等土产兑换粮食布匹，足供一年之用。本省输出品以羊毛为大宗，次为羊皮、牛马皮及驼毛等，为数亦巨[34]

注：[1]（清）臧应桐纂修，（清）陈尧书续修《咸阳县志·风俗》，道光十六年（1836）刻本。

[2]（清）袁文观纂修《同官县志·习尚》。同官即今铜川。铜川陈炉镇磁器生产甚为出名，历史时期曾是陕西乃至西北著名磁器生产、集散地。

[3] 宋伯鲁等修纂《续修陕西通志稿·风俗·清涧县》。

[4]（清）孔繁朴修，（清）高维岳纂《绥德直隶州志·风俗》。

[5]（清）臧应桐纂修《宜川县志·风俗》。

[6]（清）姚国龄修，（清）米毓章纂《安定县志·风俗》，道光二十年（1840）刻本；宋伯鲁等修纂《续修陕西通志稿·风俗》。

[7]（清）吴炳纂修《陇州续志》卷1《风俗》，乾隆三十一年（1766）刻本。

[8] 宋伯鲁等修纂《续修陕西通志稿·风俗·陇州》。

[9]（清）郑居中、（清）麟书纂修《府谷县志·习尚》，乾隆四十八年（1783）刻本。

[10]（清）高珣修，（清）龚玉麟纂《葭州志·习尚》。

[11]（清）郑谦修，（清）王森文纂《安康县志·建置考上》，咸丰三年（1853）重刻本。

[12]（清）刘德全修《洵阳县志·风俗》，光绪二十八年（1902）刻本。

[13] 米登岳修，张崇善等纂《华阴县续志·风俗》，民国21年（1932）铅印本。

[14] 庞文中修，任肇新等纂《周至县志·风俗》，民国14年（1925）铅印本。

[15] 杨元焕修，郭超群等纂《安塞县志·习尚》，民国14年（1925）铅印本。

[16] 刘济南修，曹子正纂《横山县志·实业·商务》。

[17] 宋伯鲁等修纂《续修陕西通志稿·风俗·神木》。

[18] 佚名：《岐山县乡土志·实业》。

[19] 佚名：《洛南县乡土志·实业》。

[20]（清）张之浚、（清）张玿美修《武威县志·风俗志·士农工商职业》，乾隆十五年（1750）刻本。

[21]（清）张之浚、（清）张玿美修《古浪县志·风俗志·士农工商职业》，乾隆十五年（1750）刻本。

[22]（清）张之浚、（清）张玿美修《镇番县志·风俗志·士农工商职业》，乾隆十五年（1750）刻本；周树清修，卢殿元纂《续修镇番县志·风俗》，民国9年（1920）刻本。

[23]（清）张之浚、（清）张玿美修《平番县志·风俗·士农工商职业》，乾隆十五年（1750）刻本。

[24] 马福祥等主修，王之臣等纂修《民勤县志·风俗·士农工商职业》。

[25] 张明道等修，任瀛翰等纂《重修崇信县志·风俗》，民国17年（1928）铅印本。

[26]（清）苏履吉等修，（清）曾诚纂《敦煌县志·风俗》。

续表

[27]（清）德俊修，（清）韩塘纂《两当县新志·风俗》，道光二十年（1840）刻本。
[28]（清）杨庚金纂修《海城县志·实业》。
[29] 周树清纂修《永登县志·风俗志·士农工商职业》，成文出版社，1970。
[30] 陈鸿宝纂修《创修渭源县志·实业》。
[31] 钱史彤、邹介民修，焦国理、慕寿祺纂《重修镇原县志·职业》。
[32] 张其昀：《夏河县志稿·商业》。
[33] 王世敏修，吕钟祥纂《新纂康县志·工商》。
[34] 许公武：《青海志略·青海之经济概况·商业》。

说明：统计时段亦自方志编纂时间推知。

以嘉峪关为界，西北商路市场体系的西部主要为新疆，洋行商以俄商和英（印）商为主，东部则以欧美洋行商为主。而且，洋行商已深入西北商路各级市场。如在京兰商路，自俄商获准在张家口从事皮毛商贸开始，据清外务部《商埠通商档》记载，至1902年，计有俄、英、美、法等国洋行商40余家在张家口经营此行当。在包头，自1892年英商"仁记"洋行最先获准在此进行皮毛贸易，俄、英、日、德等国数十家洋行亦随之进入。在西宁，20世纪初计有十余家洋行商在观门街、石坡街等地开办分行。英商"仁记""新泰""聚利""礼和"洋行、美商"和平"洋行、德商"瑞记"洋行等皆贩售洋货，收购皮毛等土特商货。[1] 即便偏远如甘肃河州，亦因皮毛贸易兴起而有洋行商入驻。

同时，回商在经历咸同回民起义后的再度崛起，亦是西北商路市场本地商人社会构成演进和市场变动加剧的显著标志。回商四处腾挪，市场影响力和竞争力增强，如在收购皮毛的腹地市场，回商作为中间商已从原初服务于洋行商发展到一度在区域居皮毛贸易中居主导地位。尤需强调者，"回商经营不仅限于皮毛贸易，其多业经营成就同样显著。他们在京津沪汉等地出售皮毛和西北其他土产，回购棉布和京广洋杂货等商品，并在商路沿途设栈经营"。[2] 著名的"天成和"回商商号，除固定资产外，设流动资金19万元，购置骆驼200多峰，在吴忠、包头、归绥等处开设转运货铺达200多间。[3] 而且，回商的诸多商贸活动亦有助于西北民族地区重要商

---

[1] 青海省志编纂委员会：《青海历史纪要》。
[2] 谢亮：《近代西北商品市场变动中的回商与京兰商路——以皮毛贸易为中心》，《宁夏社会科学》2011年第1期。
[3] 李凤藻：《天成和商号》，《宁夏文史资料》第17辑。

业中心的培育。此类商业中心能促进商路市场体系进一步拓展，亦能推动民族地区商品市场进一步发展。①

第二节 商人市场行为与资本组织形式演进

商路市场体系拓展，远距离商贸活动兴盛，使西北商路区域小生产者日渐卷入商路商贸活动。除资本流动和经营方式、组织制度演变必然加剧市场变动，资本组织形式演变亦促进了商人经营行为及相关制度的演变。新式资本隐含的要素市场的培育因素，是对西北商路市场近代化发展的重要推力。

一 商路市场商人资本形式演变

依据功能界分，西北商路市场所涉资本形式大致可分为商业资本、近代金融资本和渐具近代企业特征的产业资本。其中，商业资本又可分为牙行商、零售商、外地客商、产地运销商和各类大商号。需关注者，初具近代企业组织形式和特征的新式资本，如金融资本和产业资本在商路主要市镇的出现，亦是西北商路市场此期的新变化。

（一）西北商路的牙行商、零售商

牙行商和零售商处于西北商路终端市场，或收购皮毛等土特商货，或零售民众日常所需商货，在村落、市镇皆有，起到商业中介或经纪功能。其资本规模小，因经营实力弱而受制于上一级商人是其显见特征。例如，在近代西北皮毛贸易中，一些专事贸易中介和经纪人角色的回商即是此类资本之典型代表。他们多开设歇家、牙行、行店、毛栈、货栈、过载店等，市场能量可谓各不相同，却也是使西北商路市场能发挥自身功能的重要力量。如在甘肃张家川，回商开设"德盛行"店，北山派教主家族开设"天锡""潘盛""桓盛""福来"四个行店。这些行店以皮毛交易中介为主要职能，均雇有专职牙纪（即交易员）负责向交易商人按成交额4%征收行佣。②

---

① 谢亮：《近代西北商品市场变动中的回商与京兰商路——以皮毛贸易为中心》，《宁夏社会科学》2011年第1期。
② 《张家川回族自治县概况》编写组：《张家川回族自治县概况》，第19页。

零售商散布于村落或市镇，零售民众日常所需商货，亦是区域外商货的寄售者。

（二）外地客商与产地运销商

就地域构成而论，外地客商既可指狭义的西北区域之外的外地商帮，亦可指相对于商品供给地而言的外地商。他们之中既有如山陕商帮这类传统商帮，也有至近代而新崛起的外地商帮如湖湘商帮。此外，亦可将在西北各地市场倾销洋货、收购皮毛等土特商货的洋行商视为产地运销商或转运商。他们主要的经营模式一般是：依托西北商路市场体系，直接在产地市场（消费市场）收购皮毛等土特商货，并将其转运至更高一级市场；或依靠牙行商等经纪商在土特商货出产地贩卖盐、茶、粮食、布匹等商货。他们经营实力较强，其经营行为变化乃至自身兴衰更受商路高级市场及口岸市场变动的影响。而且，他们往往会建立起自己的市场营销网络。尤需指出，根据狭义的西北概念，并鉴于西北商路市场日渐显现的整体性，将陕商、回商、缠回商（维吾尔和哈萨克族商人）视为产地运销商或转运商亦是妥当的。陕商未衰败前，一度能主导西北商路商贸活动，具有依托商路市场转运和销售商品的能力，其中实力较强者的商贸活动更具批发商之功能。而且，再度崛起和壮大的回商也具有产地运销商特征。如西道堂商业集团，经营实力强，有依托商路而成的营销网络。他们动员教徒捐献银两作为资本金，组建20支商队，开设"天兴隆""天兴泰""天兴亨"等15家商号，往返于汉、藏两地，并在甘肃临潭和其他各地设商号，坐地经商。[①] 他们既经营布匹百货，又经营畜产和粮食等。其商队足迹遍及西藏、青海、四川、西康及甘肃等藏族牧区。于内地，他们近至甘、青、川主要商业区，远到西安、包头、张家口、北平、上海等主要商业城市，均有商

---

① 按，西道堂商业运营实行经理负责制。其每支商队或每一商号皆由一经理负责经营，经理则向道堂总经理负责，按期汇报商队或商号经营状况。西道堂商业集团堪称回商在西北商路产地运销商中之典型，经营实力确属较强。西道堂商业资本因缺乏数据资料而难以实际统计，在此仅能举例描述。如截至1949年，该商业集团仅在旧城（临潭）就拥有铺面61间、2处旅店，行商驮牛最多时达2000头，骆驼60峰，驮骡40余头。仅1958年，在平叛反封建斗争中，其被没收现金计白洋22万元、黄金1000两、大烟3万余两。以上还不包括数十万公私合营资金和公债券。至于转移到涉藏地区和其他区域的资金亦无法估计（马通：《中国伊斯兰教派与门宦制度史略》，宁夏人民出版社，1983，第201—203页；谢亮：《近代西北商品市场变动中的回商与京兰商路——以皮毛贸易为中心》，《宁夏社会科学》2011年第1期）。

贸活动。其"天兴隆"商号在甘肃、四川、青海、河北等地设分号。西道堂商业集团转运和销售的商品主要是：

> 输入藏区民众所需要商品，如砖茶、松茶、茯茶、绸缎、土布、洋布、洋火（火柴）、纸张、黄烟、瓷器、棉花、青盐、清油、酒类、食糖、面粉、挂面、纸烟、铜器、针线、洋蜡（蜡烛）、毛巾等，运回牲畜、羊毛、皮张、鹿茸、麝香、虫草、贝母、蘑菇、酥油、牛油、羊油、蕨麻等。①

另外，有研究表明，受皮毛贸易带动，回商中的驮运商和筏子客亦当被视为产地转运商的特殊构成部分。他们也是此类行业中不可或缺的底层商人，小本经营或依靠劳力谋生是其基本特征。②据记载，宁夏磴口至北平间的货物运输"几全系用驮运，驮运商亦几全为回民，所有西北商货，统通由驮商包运"。③从事筏子运输者以回民为主。20世纪20—30年代，仅青海民和就有回民专业筏子客五六十户。④甘肃筏户有兰州帮、靖远帮、条城帮之分，其中，兰州帮跑长途筏的有50多家，他们亦几乎全是回民，而且，当地政府委派的筏子客行头亦是回民。在甘肃临夏，"操纵皮筏的苦力，十九为甘肃河州（临夏县）的回民，亦有西宁方面者"。⑤

（三）各类大商号

各类大商号或曰批发、加工商多处西北商路市场体系中的中、高级市场，他们或通过下级市场的牙行商与产地转运商合作，或自行设庄收购土特商货，批发销售西北区域内外的盐、茶、棉布、粮食等商品。实力强者，将门店与加工作坊结合，其所经营的商货集中于相应中、高级市场，经过加工、包装后，再分销西北商路之内外市场。

以陕帮商人之经营为例。在泾阳，陕商经营皮货加工行达数十家之

---

① 谢亮：《近代西北商品市场变动中的回商与京兰商路——以皮毛贸易为中心》，《宁夏社会科学》2011年第1期。
② 谢亮：《近代西北商品市场变动中的回商与京兰商路——以皮毛贸易为中心》，《宁夏社会科学》2011年第1期。
③ 李兴华、冯今源：《中国伊斯兰教史参考资料选编》，宁夏人民出版社，1985。
④ 崔永红等主编《青海通史》，青海人民出版社，1999，第730—731页。
⑤ 范长江：《中国的西北角》，第167页。

多，雇佣皮匠达万人之巨。在同州与羌白镇，时人调查发现，鼎盛时皮货加工坊有百余家之多。著名的"敬信义"皮货庄，创立于道光年间，经营此业达80余年。① 清末，凤翔发展成新的皮货聚集、加工、转运中心。此业兴盛之际，当地有皮货庄40余家，"万泰成""万顺生""永兴合""振兴"皮店是其中经营实力较强者。例如，"永兴合"皮店每岁营业额达十万两白银之谱。② 在兰州市场，渭南皮商以开设估衣铺起步，将皮毛加工技术远播至甘肃地区，形成以"正端成""公盛元""怀迁元""同结元""兴义福""义同德""大德源"为代表的陕西皮货商群体，一度垄断兰州市场皮货业。③ 另如，山陕商人在青海湟源经营羊毛贸易的"万盛奎""宝盛昌""福兴源""顺义兴""德兴成""福兴连"等号，本银均有10—40万两之巨。④ 在兰州水烟业鼎盛之期，水烟被陕商集中至泾阳后即向其他市场销售，每岁销售所计可达300万金。而且，陕商在加工、销售水烟的过程中，常在兰州、泾阳、凤翔设本庄，而于全国各地遍设分庄，形成较完整且具全国规模的兰州水烟销售市场网络。在兰州，渭南赵姓商人及另一陕商分别创办的"丰盛兴"（兴记）、"丰盛源"（源记）烟坊与湘商创办的"德隆彰"烟坊并称为兰州水烟市场"三老行家"。陕商于此聚集，形成此业中著名的同朝商帮。在凤翔，光绪初至民国初年，陕商经营烟坊规模较大者有十家，本金多在万两白银以上。他们之中甚至有本金达10万银元之巨者，其雇佣伙号、工人在100—300人不等。⑤ 在盐业领域，陕商是实力最强的盐商之一，他们或以扬州为基地，或南下四川。有清一代，甚至一度垄断四川之盐业。在棉布业，他们自明季始即有南下至江南市场设庄收购棉布的传统。同时，在西北布匹之都三原设总商号，将自江南或鄂、豫两省收购的棉布运至三原漂染、加工、包装后再销往西北各地。

需指出，开埠通商后较长时段内——尤在陕商因咸同回民起义影响而

---

① 陕西实业考察团：《陕西实业考察》，第448页。是书此页还记录，"民国十六年前有（皮货庄或加工坊）之多，营业年达七八十万元"。
② 陕西省凤翔县地方志编撰委员会：《凤翔县志》，陕西人民出版社，1991，第47页。
③ 田培栋：《陕西社会经济史》，第751—752页。
④ 廖霭庭：《解放前西宁一带商业和金融业概况》，《青海文史资料选辑》第1辑，第117页。
⑤ 冯国琛、李思仁：《凤翔陈村镇生字水烟》，《凤翔文史资料选辑》第3辑。

解体前，此类商业资本在西北商路市场的影响力、控制力和竞争力仍不可小觑。仅就批发销售功能发挥和市场销售量大小而论，经历近代化转型之刺激，此类资本虽最有可能转型发展成如中、东部口岸高级市场中出现的新型百货公司一类商业资本，但是，目前掌握资料显示，此类情况并未在西北区域出现。纵然此类事实有可能发生，其发展水平也无法与中、东部地区的商业资本比肩。

（四）初具近代企业组织特征的新式资本——金融资本和产业资本

初具近代企业组织特征的新式资本——金融资本和产业资本的出现，是近代西北商路市场中的重大变化。此类资本仍主要出现于西北商路市场体系的中、高级市场中，它在西北的出现与发展可分全面抗战前和全面抗战时期两个时段来阐述。

金融资本方面，直至开埠通商后较长时段内，票号、钱庄甚至典当业等皆是西北商路市场中主要旧式金融资本。本书视其为旧式金融资本的关键理由是：此商业活动是旧式商品经济发展到更高级阶段的产物，与远距离商贸活动伴生的货币兑换、信贷之市场需求相适应。它表明此类行业尤其是票号、钱庄的资本积累规模已达到相当水平，而且，其经营业务已由单纯货币兑换发展到信贷业务。在西北商路市场，经营此业者主要是山陕商帮。其中，晋商主要经营票号，实力强，其在西北商路主要市镇或商业、经济中心皆有业务开展，有执金融业之牛耳的市场地位（见表4-6）。

表4-6　西北商路中、高级市场晋商票号分布简计

市镇	票号名称
西安府	日升昌、协同庆、新泰厚、合盛元、蔚丰厚、蔚盛长、百川通、大德通、天成亨、蔚泰厚
二原县	新泰厚、百川通、蔚泰厚、蔚丰厚、日升昌、协同庆、蔚长厚、蔚盛长、大德通、天成亨
汉中府	协同庆
兰州府	蔚丰厚、协同庆、天成亨
宁夏府	协同庆
凉州府	蔚丰厚、协同庆、天成亨
甘州府	协同庆、天成亨

续表

市镇	票号名称
肃州府	蔚丰厚、天成亨
迪化府	蔚丰厚、蔚成亨

资料来源：陈其田：《山西票号考略》，中国经济管理出版社，2008，第104—105页。

表4-6显示，旧式金融资本主要依托商路中、高级市场分布，与此对应，西北商路高级市场如关中之西安、三原、泾阳、兰州、迪化也同时是西北商路的高级金融市场。如清中期后相当长时段内，关中的银钱汇兑皆以泾阳、三原市场的银钱汇率为标准。时至近代，西安经营银钱业者已有二百家之多。[1] 事实上，若仅就狭义地域构成论，至晚清回民、捻军起义前，陕商在西北商路旧式资本市场或俗称的钱业市场的能量亦不可小视，尽管他们在商路中、高级市场经营钱庄、典当、票号业务较晋商要少。如据记载，咸丰年间陕商在西安经营票号仅"万福泉""景胜永""景复盛""万顺隆""敬顺往"，[2] 及至清末，仅"景胜永"本银就达万两之巨。

陕商经营钱庄、典当业素有传统，其在四川市场甚至一度垄断典当业务。陕商之钱庄经营当肇端于晚清同光之际，兴盛于清末，以汇兑和存放款为主。其活动范围广泛，影响遍及西北商路内外。在西北商路中、高级市场，陕商经营票号、钱庄乃至典当业务仍多以西安、三原、泾阳为总号所在，并开设分号于西北商路其他中、高级市场所在地。如兰州市场，其金融业务也一度操之于陕商之手；在西宁，"（金融业）多由善于经营的山陕帮商人垄断"。在迪化，"典肆者多陕甘人，典息取至五六分，取三分者，则谓之官当"。[3] 西北商路区域外，陕商主要在汉口、沙市、重庆、成都、自贡等地开展业务，市场能量大，影响不小。另如，在鄂省之沙市，"西帮（即陕商）在沙市的业务主要是开票号和当铺，有'鸿泰''长兴''履泰''义丰'等，他们的生意主要是放银子，经常有百八十万两银子在沙市放高利贷"。[4]

---

[1] 田培栋：《陕西社会经济史》，第823页。
[2] 秦孝仪：《革命文献》卷74，第415页。
[3] 钟广生：《新疆志稿·商务》。
[4] 毛鸣峰：《沙市的工商业与十三帮》，《沙市文史资料选辑》第2辑，1987，第18—19页。

近代银行业的出现是西北商路市场变动中值得关注的现象。仍依社会构成和地域构成论，西北商路市场金融资本构成可分华商资本、洋商资本。俄商开设的华俄道胜银行堪称洋商资本中之典型者。它经营汇兑、货币发行、存放款业务。而且，华俄道胜银行"向违银行通例，于银行业务之外，兼营贩卖土货及各项商品为副业，垄断中商利权，中民蓄忿已深"。① 它利用政治特权及相对票号业之经营管理优势，使晋商票号在天山南北的相应业务一度也只能委托其办理，这也迫使经营票号的晋商不得不经历痛苦的近代化转型。是以，辛亥后"蔚丰厚"票号改组银行成功，于迪化、古城、伊犁、塔城、阿尔泰等商路要津广设分行，同华俄道胜银行竞争以卫国之利权。

华商资本中实力较强者如中央、交通、农民、中国、金城、上海银行，或属官商或官款背景的大银行，或属实力较强的区外私人银行。它们于1934年先后在西安设地区总部，其后则在西北各省设办事处和分行。实力稍弱者，包括官商合办、官营或商营的地方银行。西北近代银行兴办过程中，陕、甘、宁、青、新五省皆相继创设各自的地方银行。其中，"1910年，大清银行入陕，在西安梁家牌楼筹设分行，并发银行票数种，这是陕西有银行之开始"。② 秦丰银行是陕西省属最早的地方银行，系1911年11月由秦丰官银钱局遵陕西军政府命令改组而成。该行业务经营颇费周折，1917年更名为富秦银行，1927年西北银行入陕时该行遂告停业。③ 1930年陕省又办陕西银行。1922年，甘肃官银号停止经营，甘省财政厅筹办甘肃银行。1928年该银行遵冯玉祥令受西北银行管辖，1929年被改组为甘肃农工银行。④ 该行于西宁设办事处经营汇兑和存放款业务。1929年该行改组后，其驻西宁办事处遂更名。甘肃未分省前，宁夏、青海两省皆未创办银行。1925年中国银行于宁夏设立寄庄，但"设立不久，即以种种阻

---

① 杨增新：《补过斋文牍·外交下》。
② 陕西银行经济研究室：《十年来之陕西经济》，1942，第275页。
③ 该银行曾发行面额1、2、3、5两银票，1919年因经营不善而停止兑现。1920年该银行恢复兑现，并发行面额为1、3、5、10元银行券。1927年冯玉祥力主筹办的西北银行入陕经营，该行业务遂告停止。
④ 张令琦：《解放前四十年甘肃金融货币简述》，《甘肃文史资料选辑》第8辑，1980，第134—135页。

旧市场　新因素：商路变迁与西北区域经济非均衡发展（1851—1949）

碍而撤庄"。① 1931 年马鸿逵创办宁夏省银行。甘肃分省后至 1945 年青海省银行创办前，青海由省财政厅所设平市官钱局发行维持券，调剂全省金融。1911 年新疆藩司陈际唐利用藩库拨款创办兴殖银行（兴疆银行），次年因亏损而告停业。1915 年，杨增新从省库拨款白银 3.6 万两，创办殖边银行。② 1930 年 7 月，新疆省银行成立，次年遂告停业。需注意者，银行业已将业务触角伸向西北商路初、中级市场，并迅即对金融市场相应竞争产生影响。例如，在陕西宜川，1942 年，"始成立县银行。由县长会同地方士绅及筹备人员募股筹备，延至是年正式成立，开始营业。原定股本二十万元，续募四十万元，复奉省令已筹足股本数为一百万元"。③ 在黄陵，"金融机关，民元以前有小当商，以物质金，赖以周转……二十九年奉令筹设县银行，招集股本，于三十一年七月十五日正式成立，股本计二十五万元，开业时仅收二分之一"。而且，"自县银行成立后，曾办放款，暂定月息三分，农民高利贷渐平"。④ 在洛川，"自当商停业后，迄无银钱行号，亦无通汇铺户，地方金融殆无可述，民国二十九年……陕西省银行在县设立分行，三十年开始筹备，至八月十五日正式营业……原定股本二十万元，截至开幕时已收足八万元"。同时，"三十一年，中、中、交、农四行联合（在洛川）办理陕北贷款……月息仅八厘，农村高利贷之风，因而渐少焉"。⑤

产业资本方面，兰州、西安、三原、泾阳、同州这类西北商路的中、高级市场有皮毛、水烟、棉布加工及制磁等较发达的手工业，其鼎盛之际亦大量雇佣劳动力。此类资本虽属商业资本经营领域拓展，且亦有向近代产业资本演化之可能，但是，不可将其与按近代企业组织方式进行组织的、具有生产和销售功能的产业资本等同视之。产业资本发展需金融、交通运输、近代知识等资源配套支持。它们一般多集中于相应经济资源富集区。据此而论，本书以为近代西北产业资本亦主要分布于商路的中、高级

---

① 郭荣生：《中国省银行史略》，文海出版社，1975，第 56—57 页。
② 杨增新 1915 年创办的殖边银行属于北京殖边银行在新疆的分行。该分行后因北京总行停业而歇业。
③ 余正东等纂修《宜川县志·财政·附金融》。
④ 余正东等纂修《黄陵县志·财政·地方金融》。
⑤ 余正东修，黎锦熙纂《洛川县志·财政·金融》。

市场。同时，以资本来源构成论，其可大致分为两类，即有官款背景的大资本和由士绅、官僚私人投资转化而来但实力较弱的产业资本。例如，中央银行在咸阳开办机器打包公司，投资规模达 50 万银元之巨，招募工人 3000 余名，生产能力能月达 3 万包。西北聚记棉花打包公司于 1933 年在渭南西关创办，投资则来源于民间集资法币 1 亿元。[①] 就发展之过程论，左宗棠于兰州创办机器织呢局或当是近代西北产业资本的萌芽。该局发展延续至民国，其鼎盛阶段则是受益于抗战时东部工业内迁和民国政府开发西部之举措。就其关涉领域论，它们主要是依托商路市场丰富的棉、皮毛、煤炭等资源而发展纺织业、皮革业和初级的机器加工业等。近代西北产业资本发展水平与东部口岸高级市场相比，差距仍然较大，发展程度却可谓显著。例如，抗战前陕西已兴办各类工厂 32 家，涉及机器制造、电气、制粉、漂染、火柴、印刷、制革、化学酸、制药等产业。[②] 兰州产业资本发展较好时期，新式工厂则由战前 25 家迅即增加至 97 家。[③] 西宁和银川的产业资本发展虽不如兰州、西安显著，其出现领域及发展趋势却类似。在新疆，近代实业的发展亦是集中于如乌鲁木齐、伊犁、塔城、喀什、阿山等商路城市。[④]

二 资本构成与西北商路商贸的经营、组织制度演进

西北商路市场，传统商业资本与近代金融、产业资本并存，华商资本与洋商资本并存。据此，本节拟从资本构成和组织形式变化视角讨论合伙制和近代企业制度于西北商路市场变动的影响。前者主要以传统商业资本为主，后者主要是指近代工厂、公司制度，尤其是股份公司制度。

(一) 西北商路市场较广泛存在的合伙制

合伙制属中国古已有之的一种商业资本组织经营制度，通常是指两个

[①] 谢亮：《城市功能转换与后发展地区经济发展内生动力关系分析——以近代西北商路的城市为中心》，《陕西师范大学学报》2011 年第 2 期。

[②] 中央银行经济研究处：《西北工业之现状及改进办法》，《经济情报丛刊》第 16 辑，1943，第 6 页。

[③] 中央银行经济研究处：《西北工业之现状及改进办法》，《经济情报丛刊》第 16 辑，第 7 页。

[④] 谢亮：《城市功能转换与后发展地区经济发展内生动力关系分析——以近代西北商路的城市为中心》，《陕西师范大学学报》2011 年第 2 期。

或两个以上者共同出资、共负盈亏、共同负担无限责任。①除近代金融资本和产业资本外，西北商路市场中主要是多元的华商资本，其整体近代化转型未彻底完成，且传统商帮经营制度多大同小异，合伙制经营制度亦较广泛存在。尤其是在相对偏远的初、中级市场，此制度更是本地小规模商贩与富商巨贾合作或自我成长的重要制度路径。以绥德清涧县、延安安塞县为例，清涧县"清初率多晋商，同、光以来，人烟稠密，民智渐开，始为入伙学习，继则自行开办。至清末，各商行多系本地开设"。②安塞县"城镇有贸易，尽山西及本省韩城人为之，县人入伙开张者十不过一"。③陕商于此领域相应事实说明，西北商路市场资本构成与商人经营制度演变互动关系明显。文献记载显示，清中叶后陕商中合伙制迅速发展。陕商合伙主要是家族内部合伙、乡党合伙以及与晋商合伙联号经营，并通过契约协调管理。而且，陕商合伙制经营中，钱财、人力、产权和设备皆可入伙。合股的确认及利益分配亦通过契约进行。于此事实，道光十八年，陕西高姓商人以契约股份的形式与川人王朗云合办高产盐井一事堪称典型。双方签订契约明定出资经营，管理责任和股权、利益分配等诸多事项。④商号经营盈余的分配比例，财东（股东）间的分配比例，以及财东与伙计间即资本与人力间的分配比例虽各有不等，但以银为主属多。

（二）合伙制向雇佣制转化

西北商路市场合伙制向近代公司企业制度转变的史实确属客观存在，尽管与口岸高级市场相比，此趋势较弱。在三原、泾阳这类高级市场，如前论所言，各类手工坊采用雇佣劳动属普遍现象，陕商商号内部经营管理，尤其是商号内部伙计管理即为其例。以近代公司制度对应陕商内部管理结构，可发现，陕商内部，财东即为出资人角色；商号经营方向、股权确认和分红事项及经营人才选拔则由"财神会""神仙会"等类似于股东大会的组织确定。以"天增公"商号为例，此号"每年旧历七月有财神会……请现有伙员前来敬神聚餐……除娱乐外……协商号事，安排人选，订伙员入川

---

① 谢亮：《社会"自生秩序"的中国经济史镜像：华北棉布市场变动原因研究（1867—1937）》，第131—134页。
② 宋伯鲁等修纂《续修陕西通志稿·风俗·清涧县》。
③ 杨元焕修，郭超群等纂《安塞县志·风俗·习尚》。
④ 罗筱元：《自流井王三畏堂兴亡纪要》，《四川文史资料》第7辑，第165页。

时间等等……这笔费用，由号上开支，东家只备办招待并不出钱"。① 有研究显示，类似股东会议常设机构的董事会制度，如"大关"制度亦在陕商商号内部少量出现。② "大关"制度，是陕商解决股权和其他重要经营事项纠葛的制度设计，此间，大关负召集之职责，协商解决股权或其他重要经营事项纠葛。仅就此职责论，"大关"制度设计似有近代公司董事会之雏形。

陕商商号出现经营权与所有权既分离又互相制衡现象，亦能证明合伙制有向近代公司企业制度转化的可能性。就其相互关系论，如"协兴隆"商号，每三年即下帖请财东到总号算账分红，赢利按股银均分，归财东自行支配。但是，"平时股东不得在总号或任何子号支配分文，也不得在总号或子号查账。平时股东不得在号上住宿，即使是暂时的，也不得在号上吃饭"。③ 一般无股权的掌柜从财东处获得资本，独立组织生产经营，属高级雇员，与近代职业经理人颇类似。掌柜即经理层和普通伙计皆属雇佣员工，实行工资制度。但是，为激励经理层尽心效命于商号，财东或对掌柜实行与近代股权激励类似的"记名开股制"即领东掌柜制度，或依凭掌柜经营业绩直接予以聘任或辞退，即水牌掌柜制度。④ 同时，为激励员工效命，商号还辅之以年终分红、退休分红等福利制度。于商号经营业务的管理，掌柜成

---

① 姚文青：《泾阳社树姚族起源和其一支的商业衰落概述》（手稿）。
② 李瑞敏：《近代陕商经营管理制度变迁》，第 11 页。
③ 黄植青：《李友四堂从发轫到衰亡》，《四川文史资料选辑》第 4 辑，1979，第 188 页。
④ 按，陕商经营实行"记名开股制"，又称"份子伙计"，即财东根据掌柜经营业绩令后者以人力参股，享财东地位。此举又俗称"订生意"。此制度下掌柜遂成领东掌柜（陕商曾多在四川经商，川言称此是"带肚子掌柜"）。此制度类似于近代公司企业中股权激励制度，它使二者利益趋同，激励掌柜尽心服务商号。水牌掌柜制度，掌柜只承担经营责任，依凭经营绩效从商号当年盈余中分取红利，但是不可向本号投资或占银开股。另外，激励掌柜的制度设计还有各类物质、福利分红制度。如陕商"德泰合"茶庄，每岁核算各号经营状况，将经营红利计提二厘本息后，拿出其余若干红利在掌柜和其他伙员间分配，即"依等级分配各司员，掌柜分最多，剩余之数，分配二柜以下，成分不一"。每隔六年重选各分号掌柜。对经营业绩佳且能连任达相应服务年限者，实行退休照常分红制度。掌柜股权可在十年后退还本金，若不退者，则许其选送子弟入号为伙做学徒，继承股权。另据记载，"德泰合"茶庄南、宋两姓财东告老还乡后，其在康定茶庄的业务即由贺姓掌柜打理，使茶号本金增至三万以上，贺因此功而成"德泰合"的领东掌柜。其后，贺告老还乡，刘姓掌柜接办茶号事务，费心尽力，使号银提升至五六万两。据此功，刘姓掌柜遂要求按"人六银四"分配红利，三财东闻讯至康定，一进茶号，扔其被盖等用物并即行辞退刘姓，而提二掌柜陈冠群为大掌柜。由此可见，财东与掌柜间的制约与制衡关系中，财东仍权势不小（杨益三：《陕帮"炉客"在康定》，《户县文史资料》第 3 辑，1987，第 25 页）。

为领东掌柜前，不能就股权问题拥有实质决策权；领东掌柜有独立决策权，且财东不能随意干预其经营权与人事权，但是，其需定期向财东报告经营情况。①例如，"天增公"商号"既委（总经理）之后，由新任总经理，自选二柜（即副经理）和沙市、建昌两分号经理和其他各岸人选，东家不得干涉"。②同时，陕商还以领本分红制为核心制度雇佣、管理商号内部伙计中的普通员工。③如此这般，陕商建构起一个从财东到掌柜、伙计、学徒的以乡缘情谊关系为核心的人际网络。及至开埠通商后较长时段内，前述制度于陕商商号仍较为盛行。这是因为，在既无近代信息交流沟通方式，又不能以近代法治为支撑的传统商业环境中，以乡缘情谊为感情纽带在熟人社会具有相应交际成本优势，它可使商号有效控制和减少伙员招收成本，降低潜在风险。仍以"天增公"商号为例：

> 初入号的学徒，称为新客，全系号上掌柜、二柜，以及其他老客的侄男子弟亲戚，由他们举荐入号，间有本县乡绅们的亲友，但仍须由本号人员推荐才能入号。新客既属本号伙员的子弟亲友，故基本上全是泾阳人，间有礼泉人（礼泉与社树相距只一二里，等于连村）。④

---

① 按，掌柜定期报告制度在陕商中实施较广，是财东制约掌柜的重要措施之一。如渭南阳郭镇贺姓商人于陕西40余州县开设当铺、钱铺，分计36、72家，其每岁于阳郭本家设分隔招待房间，对掌柜按绩效论功行赏（参李瑞敏《近代陕商经营管理制度变迁》）。
② 姚文青：《泾阳社树姚族起源和其一支的商业衰落概述》（手稿）。
③ 按，领本分红制较能体现陕商商号内部对普通员工实行管理的特点。以"天增公"商号为例，新伙客即新员工初入伙，领本银300两（属虚银，为参与分红标准），以两年为财务核算期参与分红。新进伙员平时在商号谋生，以四年即"两账"为期方可回乡探亲休整，一年后计为老员工，按惯例增领银100两，称为"复本"。获此资格后，据经营之功过，酌情增领本银或处罚，其领本银或增或减，总体上增加者居多。该商号在四川雅安经营各分号，员工新入伙者每一财务期有银300两，掌柜者即总经理级别分红至多可达6000两。但是，新、旧员工均需除去100两本银。此100两为"薄本金"，供男行结算分红用（有研究以为此100两类似于近代公司内部的公积金之功能，如李瑞敏在《近代陕商经营管理制度变迁》中即持此论）。员工平日除少量衣物和日常开支外，不开领工资，"薄本金"之外的余本依财年算账之际产生的分红按伙、东各半计算，即实行五五开比例。员工若亡其账，应领分红后方可除名。各分号掌柜者常留用两账，有功者亦有在留3—5账后方下本除名。此外，为保障经营，商号实行内部员工交流沟通制度，即各号全体员工按新旧资历分次团坐一堂（一般新员工都居末座），就经营事务发言以检讨得失。另外，每月初一、十五，晨起洗漱后，全体员工需至商号客厅彼此抱手一揖，以求去嫌隙而求内部和气（参李瑞敏《近代陕商经营管理制度变迁》，第14页）。
④ 姚文青：《泾阳社树姚族起源和其一支的商业衰落概述》（手稿）。

第四章　商路兴衰与商人市场行为、资本组织形式演进

但是，此类制度又或是传统商业资本具有相对保守、封闭的制度根源——此种特性在陕商内部曾长期存在并发挥作用。除员工激励制度外，陕商商号对掌柜至员工的管理在劳动关系上的雇佣制特征亦较突出。[①] 而且，于后两者管理，陕商不仅有招商合约约束，学徒入店亦需呈具契约保证书。

需说明者，就资本金管理方式显示特征论，西北商路市场合伙制有向合伙股份制演进的趋势。这是论及西北商路市场变动内涵时必须注意的。关注此类事实有助于避免单纯以"传统"与"近代"之二分法去审视西北这类后发地区的区域经济发展内生动力机制生成问题。因为，此类事实能恰当地说明一种社会经济自生秩序之生成与其内在历史基础关联密切。例如，陕商商号资金管理常采用"万金账"和"联号制"，此类制度具有显见的合伙股份制特征。它集资入伙，风险共担，按出股比例确定分红，具有传统时代确定商业资本产权归属的契约化形式。如"万金账"——取商家鼻祖范氏所谓富室巨万以求生意发达之意——即纸心布皮的账簿，具有明定产权归属之功效。此账簿使财东股权及其分红和债务承担之权利、义

---

① 总体而论，陕商商号员工管理制度体系的突出特点是道德与制度、资本与人力、民间组织与官府惩戒相结合，以促使其员工各就其位、各司其职。如陕商会根据商号经营所需，以乡缘情谊网络为依托，及早确定需要雇佣之伙员、学徒，即常言所谓"一家经商，全村致富"。陕商雇佣伙员或学徒要审视个人及其三代品行，要求伙员或学徒有乡缘情谊网络中有名望、实力之士甚或亲人作保，录用后属经商之材的亦重金培养。陕商的掌柜或经理选拔实行内部选拔制度，即员工需在其各自职位干满年限方可晋升上级职位，及至掌柜或经理。此举既提升员工积极性，亦能降低商号外聘掌柜或经理的成本。对员工经营绩效考核，陕商多设"循环簿"（以资产盈利考量，此簿为商号每一财务期结算后的记录，以粉纸妆之，红缎封面，商号盈利状况与东、伙分红情形可一览无遗），以"东西制"的方式考核。"东西制"指财东多居乡下或本庄以账本记录考核，掌柜及以下之伙员、学徒等奔波于四方以求生意。如前论"一林丰""协和成"等大烟坊，其总号掌柜、二掌柜或曰经理、副经理除常年不定期巡视各分庄业务外，平日则依"号信"制度远程管理各分号经营事务。"号信"即商号内部记录经营管理事务的报告，一般每周一期。若遇特殊事务，以"加期信"报告。总号设人专门处理此类事务，并编号留底备查。总号按月、季、年整理账单，汇总计算亏盈，依此按一年或三年为期向财东报告，以定分红，并作为下一经营期的经营方略确定、员工安排的根据［参黄植青《李友四堂从发轫到衰亡》，《四川文史资料选辑》第4辑，第157页；李刚《陕西商人研究》，第154、171页；（明）来严然《自喻堂集》，上海古籍出版社，1987，第5页；吴钢《高陵碑石》，三秦出版社，1983，第180页；李瑞敏《近代陕商经营管理制度变迁》，第11—14页］。

务无比明晰。①"联号制"促进各商号确保自主经营的同时，统一调配商号系统内资金，以图能较有效防范各类经营风险，特别有助于防止因资金周转不灵或经营不善而出现的"倒账""折股"等连锁反应。"联号制"的典型形态是"栓两头，驻中间"。此间，陕商于商品产地、销售地设庄销货，自主决策、独立核算、自负盈亏，但是，由总号总揽全号业务，并居间协调管控，统一调配资金。依此制度，"各方能顾利，人人各乐于努力，故号业有兴无败者"。②

（三）西北商路近代企业制度初步发育

开埠通商后，尤在民国，近代工矿业、金融业日渐发展促进西北商路市场近代企业制度孕育及发展。相较于传统商业资本的生产、组织形式，除主要出现于商路高级市场——以西安、兰州为中心——的地理特征外，此类行业主要特征是采用近代机器生产，资本组织形式主要是股份制、合股制或合伙合作制。其内部管理规章、制度建设的近代化色彩相对突出。企业内部劳动关系基本是雇佣制。如据统计，截至1942年，陕、甘、青、宁四省有839家工厂，资本总额合计16917.5万元，雇佣工人达32857人，工厂动力合计达151718匹马力。新疆1944年有工厂44家。③机器工业资本比例显著提高，亦显示在西北商路高级市场中近代企业制度发育水平虽不可与中东部口岸地区高级市场比肩，但是也已初步发育。此类事实更丰富了西北商路市场变动的近代化内涵（见表4-7、4-8）。

---

① 按，"万金账"是近代陕商采用的资本组织和管理制度。财东于每一财务周期聚会讨论商号事务。财务周期通常是每两年或三年"破账"——以商号利润总额除以财东人数即股权数，即财东间按商定比例分配商号经营利润。为达风险共担目的，每遇商号经营亏损，财东需退还预领资金。而且，财东当以自有入伙资本及财产为保以承担商号经营债务，属无限责任。
② "联号制"下，总号既关注资金调度，亦负责同一商号系统经营业务协调。如陕商"德泰合"茶庄设坐号即总庄于西安，专门负责号内资金调度、汇兑事务、分红事务；总庄之下设总号于康定，在雅安、巴塘、果塘、成都、重庆、上海遍设分号，各分号掌柜由总号选派和考核。各分号负责相应经营业务。雅安分号采购茶、布，巴塘、果塘分号专事茶叶分销和药材、皮毛等土特商货收购，成都、重庆分号负责汇兑和采购川货出口转运，上海分号负责其商货的出口市场营销（王振忠：《豆腐、老陕、狗，走尽天下有》，《读书》2006年第4期）。
③ 戴鞍钢：《发展与落差——近代中国东西部经济发展进程比较研究（1840—1949）》，第239页。

表4-7 甘肃工业资本各行业所占比例统计（1943）

行业	资本总额（元）	占机制工业资本总额的百分比（%）
面粉	5900000	42.6
纺织	1870000	13.5
制革	2564500	18.7
制药	1040000	7.7
印刷	810000	5.8
机器冶炼	534000	3.8
纸烟	500000	3.6
化学	215000	1.5
火柴	209000	1.4
制纸	159680	1.2
玻璃	27000	0.2
合计	13829180	100

资料来源：据《经济部西北工业考察通讯（1943）》（《民国档案》1996年第1期）资料整理而得。

表4-8 资源委员会所属企业西北地区省别、行业统计（1945）

单位：个

省别	机电	化工	煤矿	其他矿	电厂	合计
陕西		2			4	6
甘肃	2	2	2	1	3	10
青海					2	2
新疆				1		1
合计	2	4	2	2	9	19

资料来源：《中国近代经济史研究资料》第5辑，上海社会科学出版社，1986，第24页。

表4-7、4-8说明，在西北商路的高级市场，近代企业制度发育水平虽不可与中东部口岸地区高级市场比肩，但是已初步发育。需说明者，就资本来源论，在此类市场，近代工矿企业和金融业的资本来源虽官款居多。如据中央银行经济研究处统计资料，1942年甘肃97厂，政府投资占72%，私人集股占16%，私人与政府合伙投资占8%。[1] 再如，近代银行

---

[1] 中央银行经济研究处：《西北生产现状及改进办法》，《经济情报丛刊》第16辑，第7页。

业方面，陕、甘两省虽有当地地方银行创办，但是，中、中、交、农四大行的经营实力仍居市场主导地位。同时，除独资自营外，其资本组织形式仍是以股份合作制居多。以其中规模较大且较有影响者为例。西安西京机器修造厂，属机械行业中规模较大者，由中华实业促进社、西安红十字会及西北高级机械职业学校于1937年合股创办。[①] 西北聚记棉花打包公司于1933年在渭南西关创办，投资来源于民间合股集资的法币1亿元。[②] 在兰州，脱胎于兰州洗毛厂的西北毛纺股份有限公司，能年产毛呢10万米；西北地区最大的机械制造工厂甘肃机器厂（原甘肃制造厂），系国民政府资源委员会与甘肃省政府合股创办。[③] 宁夏兴夏织呢厂，资本达150万元，系宁夏省府与宁夏银行合股创办。[④] 在新疆，阜民纺织公司系杨增新发动，集官、民力量合股创办，成新疆近代纺织工厂之萌芽。[⑤] 而且，股份合作制在西北商路初、中级市场的出现，更显示出商路市场近代企业制度初步发育的相对广泛性。如陕西宜川县民生纺织厂，系中央赈济委员会、地方政府、绅商合股5000元创办。南郑县益汉火柴公司[⑥]与洛川棉毛纺织厂、煤矿、瓷厂、铁工厂、重光肥皂工厂皆是以股份合伙的形式创办的。[⑦] 陕西省银行在黄陵、宜川、洛川等设立的分行亦系合股创办。[⑧] 在新疆，伊犁制革公司、伊犁机械化工厂、莎车机器公司皆属合股创办。需强调者，此类合股资本不乏官款背景、官绅背景、民间绅商背景，无论是官、民合股还是商民独立合股，虽不能与西安、兰州这类高级市场中股份公司的机器装备水平、市场竞争力和影响力相提并论，但是，此类事实确实证明近代企业制度在西北商路市场已初步发展且具有相对广泛性。

---

① 国民政府财政部档案：《经济部西北考察通讯（1943）（上）》，《民国档案》1995年第4期。
② 谢亮：《城市功能转换与后发展地区经济发展内生动力关系分析——以近代西北商路的城市为中心》，《陕西师范大学学报》2011年第2期。
③ 谢亮：《城市功能转换与后发展地区经济发展内生动力关系分析——以近代西北商路的城市为中心》，《陕西师范大学学报》2011年第2期。
④ 国民政府财政部档案：《经济部西北考察通讯（1943）（上）》，《民国档案》1995年第4期。
⑤ 李寰：《新疆研究·经济·工业》。
⑥ 郭凤州、柴守愚修，刘定铎、蓝培厚纂《续修南郑县志·政治·实业·工业》。
⑦ 余正东修，黎锦熙纂《洛川县志·物产·矿物》。
⑧ 余正东等纂修《黄陵县志·财政·地方金融》；余正东等纂修《宜川县志·财政·附金融》；余正东修，黎锦熙纂《洛川县志·财政·金融》。

（四）西北商路市场商人社会组织演进

传统时期，西北商路市场商人社会组织主要是以常设的各类会馆为主。其中，山陕会馆遍布于西北商路要津，以承应联络同帮商人、接洽、招待和商务交流事务。开埠通商后，西北商路市场制度环境发生根本变化，商人群体亦被裹挟进痛苦的近代化转型进程中，如"清末民初，在洋布和外国机制卷烟的打击下，陕西布商和水烟商纷纷破产直至死亡"。[①] 由此，商人群体的社会组织亦开始由会馆向商会演进。西北商路市场本地商会的规模、发展水平及其对区域社会经济发展的影响，确实不能与东部口岸地区商会比肩，但是，就商路市场变动内涵而论，商人创设商会应是西北商路市场商贸活动由传统向近代演进在社会制度领域的重要内容和标志，即开埠通商后，在日渐兴起的近代化语境中，商会作为商人社会组织，既继承会馆相应功能，又因其超越会馆功能而具有新时代内涵。它自然成为西北商路市场近代化演进中日渐成长且不可或缺的促动力量。时至近代，因应于商贸活动开展和近代工商业成长，华商在痛苦的近代化转型过程中，不仅需合力应对洋商、洋货之竞争，向政府表达诉求，更需协调行与行、帮与帮间，甚至商户之间因旧式市场竞争而形成的相互倾轧问题。受此时代影响，在全国兴办商会的热潮中，1908年，陕、甘两省商务总会分别于西安、兰州成立，1911年新疆商务总会于迪化成立。继此，商路所涉各市镇亦有分会相继设立，并迅速成为商路市场的重要组织力量。如咸阳（1911）、陇县（1912）、三原（1919）相继设商会，1915年前后，陕西各县成立的商务分会计有15个。另外，甘肃未分省前，西宁分会虽未正式成立，此类事务已执掌于"泰源涌"商号经理张经如手中，会所亦设立于西宁山陕会馆内。于此，有研究以为"西宁的商业情况，完全操纵在这个会馆会首手中"。[②]

第三节 非正式制度艰难演进：以习俗、思想观念为中心

以社会习俗、思想观念为中心的非正式制度变迁——如价值观念、伦

[①] 李刚：《陕西商人研究》，第324页。
[②] 魏丽英：《明清时期西北城市的"商帮"》，《兰州学刊》1987年第2期。

旧市场　新因素：商路变迁与西北区域经济非均衡发展（1851—1949）

理规范、道德观念、风俗习惯、意识形态等的变化[①]——是西北商路市场变动的重要内容，由此更能凸显西北商路市场整体近代化转型，及传统传承与演化如何以自生秩序的形式出现。此转型过程艰难曲折，甚至是近代陕商解体的重要原因之一。本书强调此类变化的关键理由是：传统市场变动中国家虽有税收、市场公共秩序维护之功能，却缺少近代以法治为核心的正式制度供给。即如学界所论："中华帝国的官僚机构尽管精致繁复，但它从未确立过几项有助于经济发展的基础性政策。它从未制定过全面的商业法规，也未确立过旨在保护私人财产的司法制度；它从未发展过一种用以减轻商业风险的保险体系。"[②]这必然使市场主体间的关系——商人之间市场经营关系主要靠非正式制度维持。此情形下非正式制度在商人经济活动中往往具有类似"法律约束"和"道德规范"之功能。或许由于文化传统，国人往往将价值取向和信念伦理置于重要地位，此前较长时段内，商人间市场经营关系演变深受非正式制度影响。但是，近代西北商路整体制度环境加速演化，商人惯常依赖的旧式非正式制度与新制度环境间的不适应加剧，影响其经营管理制度效能提升，其命运兴衰亦被此时代大势裹挟。基于表述方便和研究目标所限，本节拟从社会环境和商人经营行为两个层次论述西北商路市场所涉非正式制度变迁。

一　社会演变与西北商路市场的非正式制度变迁

生产、生活习惯及相应思想文化观念改变，作为一种非正式制度变迁，虽常隐而不显，却能对市场变动乃至区域经济发展产生重要影响。

其一，特定生产、生活习惯及思想文化观念改变产生的市场需求和交易行为是导致西北商路商贸活动盛衰的重要原因，西北商路的粮食、布匹、茶叶和畜牧产品等大宗商货交易即根因于此。西北，尤其是民族地区，向为粮食、布匹、茶叶等大宗商货输入地，其皮毛、水烟、药材等土特商货亦向外输。此类商货亦依托商路转运而形成全国销售市场，时谚曾谓"天下之利，东南在茶布，西北在皮毛"。[③]此类事实更表明，社会的生

[①] 卢现祥：《西方新制度经济学》，中国发展出版社，1996，第21页。
[②] 〔美〕罗溥洛：《美国学者论中国文化》，中国广播电视出版社，1994，第236页。
[③] 张瀚于《松窗梦语·商贾记》即言："余当总览市利，大都东南之利，莫大于罗绮绢纻，而三吴为最……西北之利莫大于绒褐毡裘，而关中为最。"

产、消费习惯演化往往关涉市场变动。如皮货和棉布的市场销售，咸丰时人"弃棉而裘，厌常而珍，则口外之狐、海龙、百兽之皮，外洋羽毛大呢哈喇之属，布于中国，而布帛絮丝蚕之利微矣"。① 即便边远如哈密，"缠民与土民喜服斜布，销售以此为大宗，每年由津沽驮运而来者尚多。近来俄商由省垣分销各样洋货。缠妇、民妇又喜其花样精致，相率争购，而斜纹之利几为所夺"。② 另如兰州水烟因品质良好而盛销全国市场，但是，至宣统时，西风东渐，纸烟盛行，水烟袋即被弃之不用。③ 故而，一度繁盛之水烟行业因近代化转型遂呈衰败景象。

其二，特定生产、生活习惯及改变产生的市场需求和交易行为是影响市场及其商贸活动发展水平的关键因素。及至开埠通商后较长时段内，西北商路市场的经济交换因广大民众注重本业而不谙商务，加之受区域社会经济发展水平所限，停留于简单商品交换层次，故其市场商品结构、级序结构远不如经济发达之区，商品交易水准、交易方式都较落后。如甘肃两当县志记载："外商持布缕诸物叩门与乡人市，乡人以粟易之。商索粟多寡，无不如意，辄大获以去。民至不识权度量为何物。"④ 商路所及多数初、中级市场，从事商贾者亦皆因地狭民稠、地贫民穷而不得不负贩零售，并多为小商小贩转鬻于邻近之地，鲜见长途贸易之富商巨贾。陕帮商人群体也多集中于关中，空间分布不均衡特点较突出。而且，陕商盛兴又深受明代边贸之历史因素影响，较长时段内，西北商贸活动具有显见的过境贸易特征。但是，时移世异，尤在开埠通商后，民智日渐苏醒，风气渐开，加之受外地商人经营活动之刺激，西北商路市场所及之地，包括初、中级市场在内，民众渐渐不再视商为末务，甚至日益形成趋商求利之趋势。如绥德府清涧县志记载，此地"清初率多晋商，同、光以来，人烟稠密，民智渐开，始为入伙学习，继则自行开办。至清末，各商行多系本地开设"。⑤

其三，因应于时代风气变化，尤其是受到兴商战以捍卫民族利权思潮

---

① （清）徐鼒：《未灰斋文集·务本论磬辨篇》，巴蜀书社，2009。
② （清）刘润通：《哈密直隶厅乡土志·商务》。
③ 见贺长龄辑《皇朝经世文编》卷36，文海出版社，1972。
④ （清）德俊修，韩塘纂《两当县新志·风俗》。
⑤ 宋伯鲁等修纂《续修陕西通志稿·风俗·清涧县》。

旧市场　新因素：商路变迁与西北区域经济非均衡发展（1851—1949）

影响，各类官员、士绅于西北商路市场近代工矿业、金融业之兴办更有促进之功。这亦再次显示，受晚清以来重商主义思潮影响，西北商路市场贱商观念日渐向重商、慕商转变，"言商""逐利"不再是"小人"的行为。例如，杨增新领头集股创设阜民纺织公司，于新疆现代纺织业发展有促进之功。马氏军阀在甘宁青地区，曾集股开设"德义恒""德顺昌""德源水""德盛厚""步云祥"等商号，有兴办富宁公司和湟中实业公司等举动。马鸿逵执掌宁夏之际，推行的诸多改革举措即是对民初国民政府政策的复制。马步芳在游历江南口岸地区后，"耳目为之一新"，并"很快接受了近代都市中的一切先进之处"，力图"凡外边有的也在西宁仿照兴办"。① 前述事例皆属位阶高者所为，在西北商路初、中级市场，位阶低者领头兴办实业之举动更能折射出风气渐开之社会影响。例如，光绪三十一年（1905）陕西鄠县县令领头集股开凿煤矿；宜川县民生纺织厂改由地方政府经营后，县长、商会主席分任经营之要职；洛川民有煤厂开办之际，专署雇佣同官技工估测，县府集股资本达32万元；洛川棉毛纺织厂由本区专署创办后交由地方经营，后又复归商办；洛川县长周景龙领头集股14.4万元创办瓷厂、铁工厂；洛川中学校长党耕三和士绅屈季农合股1万元创办重光肥皂厂；② 新疆迪化电灯公司、新光电灯公司、莎车机器公司、伊犁机械化工厂、伊犁制革公司皆由民商合股创办。③ 需说明者，前举事例中诸多官商举动虽不乏逐利之嫌，但是其折射出社会习俗、思想观念正在发生近代化演变亦确属事实。

二　商人经营行为演进与非正式制度变迁

商人经营行为演进亦关涉其经营习惯、经商理念和管理制度等变化。它既有其积极作用，亦有不适应时代变化的现象。因此，近代西北商人群体命运转换与此类虽隐而不显却有重要作用的非正式制度变迁密切相关。

商人经营习俗和思想观念变迁影响其商业伦理、规范及经营方式演

---

① 杨效平：《马步芳家族的兴衰》，青海人民出版社，1986，第126页。
② 强云程、赵葆真修，吴继祖纂《重修鄠县志·物产》；余正东等纂修《宜川县志·工商·工业》；余正东修，黎锦熙纂《洛川县志·物产·矿物》。
③ 李寰：《新疆研究·经济·工业》；丁骕：《新疆概述·手工业》；林竞编《新疆纪略·实业·工艺》。

变。西北商路市场商人群体于此概不例外。仍以陕商为例，与其他商人群体类似，他们深受儒家仁、义、礼、智、信的伦理观念影响，陕商中影响较著者皆能秉持诚信为本的经营理念。清末文人郭嵩焘言中国商贾夙称山陕，山陕人之智不及江浙，其权算不及江西湖广，而世守商贾之业，唯其心朴、心实也。时至近代，陕西户县药材商人郭仰山因诚信经商，被时人称为"不二郭家"。三原张姓商人在苏州经商，其经营之道是"贾不二价，不欺人，有误增其值以易而去者，立追还之"，① 借此经营之道，张姓商人名满苏浙市场，经商大获成功。泾阳典当商张香享依凭诚信而成渭南典当市场中的大当商。陕商于商号内部经营管理中坚持以和为贵的用人方式。前论合伙股份制下针对掌柜及其下的内部伙计实行的"计名开股""份子伙计"制度，既能促使商号员工积极效命，又能保证财东与掌柜及员工之间建立恰当的信任、合作、竞争关系。如渭南板桥富商常锦春，在四川开办"义兴珍"商号，至为信任掌柜岐山人马朝贵，实行计名开股，在家乡为其置办田地，每于"账期"汇报业务时，必以鼓乐于十里外开始盛装迎接。② 类似举动非是个案。如在川省雅安、康定创设"天增公"茶号的泾阳社树富商姚文清与其掌柜同乡高四爷亦秉持诚信经商、以和为贵的经商理念。③ 再如渭南信义镇焦氏之"万盛"商号，念系同宗，将同村焦承武携入号内为伙；④ 户县南瑞卿经营"德泰合"茶号，收同村孤儿为学徒，认为义子；在甘省凉州经商的韩城商人苏汉章与朝邑赵氏因为人忠厚而誓订盟交，一世情同手足。在兰州经商的泾阳同乡商人张魁、李扶荆，结生死盟交，张氏抚养李氏遗孤，视为己出，收其为婿，助其复兴家业，更成秦省商家美谈。⑤ 最可称道者，清末，四川匪患，"义兴珍"伙计携号银逃散，数月后如数奉还财东。⑥ 与其他传统商帮类似，陕商虽有旧式商人注重规矩固习，但是，其也善于利用乡缘情谊网络中内在的亲缘意识、乡缘意识强化彼此间的认同，故而在经商过程中，他们亦多习惯雇佣乡党或与

---

① （清）焦云龙修，（清）贺瑞麟纂《三原县新志·祠祀》。
② 李刚：《陕西商人研究》，第 276 页。
③ 见姚文清《社树姚家经营天增公情况》（手稿）。
④ （清）樊增祥：《樊山公牍》卷 2，光绪三十一年（1905）刻本。
⑤ 李刚、梁丽莎：《陕西商帮十讲》，陕西人民教育出版社，2008，第 95 页。
⑥ 李刚：《陕西商人研究》，第 274 页。

乡党合作。如在甘省经营药材的陕商因同属韩城而成"韩城帮";在川省经营茶号生意的多为户县牛东人,结成"牛东帮";在鄂省经营布匹之陕商则以长安商人居多,结成"长安帮"。① 同时,陕商雇佣乡党时,入伙之人需有乡缘情谊网络中的名望之士、亲人作保,并上查入伙之人三代品行。综上,在缺少近代正式制度供给时,乡缘情谊网络中内在的亲缘意识、乡缘意识,即是约束商人之间和商号内财东与伙计之间市场行为的机制。从经济角度而言,上述非正式制度,既能确保财东与伙计、伙计之间彼此认同,强化他们对商号的忠诚度,又能降低商号雇佣人员的选拔成本。同时,考虑到情感成本和人格信用成本,此举又有助于降低商号内部经营管理的成本。

西北商路市场商人社会组织由会馆到商会之演进折射出下述关键变化,即不仅社会贱商观念已有向重商、慕商转变之趋势,而且更关键者,就社会习俗、意识演变而论,更表明商人的社会角色不再是传统的士、农、工、商四民社会秩序中的"底层",商人群体之先觉者已经对自身社会角色及其相应的社会参与乃至政治参与有了更新的认识。陕商中体现此类观念变化且堪称典型者即有"罢学就贾"的三原富商胡汝宽,"不学而贾"的王一鹤、王一鸿、王一鸣三兄弟。又如,在葭县,即便"科举时代,士多不专力诗书而兼营贸易"。②前述变化虽不及东部口岸地区普遍和深刻,但其中出现的指向近代化的新趋势确属客观存在。这种滞后性或更说明相对封闭的西北商路市场非正式制度变迁并非一蹴而就。例如,相比于东部口岸地区变化之深刻,时人曾感言:"今日富人无不起家于商者,于是人争驰骛奔走,竞习为商,而商日益众,亦日益饶。近者里党之间,宾朋之间,街谈巷议,无非权子母征贵贱矣。"③ 同时,官僚、士绅重视和兴办实业,在西北商路市场成开风气之先者,其在经商过程中相互合作不仅属社会风气转变之征候,亦是商人群体自身社会角色、地位乃至经营理念逐渐转变之体现。例如,陕商促进本省近代机器纺织业兴办的相应举措是"商管银钱账项买卖,绅管学习机器教训学徒,官主保护而不侵利权,

---

① 田培栋:《陕西社会经济史》,第869页。
② (清)王致云等修纂《神木县志》,第2页。
③ 郑永禧:《衢县志》,成文出版社,1983,第664页。

即有事涉衙门，有绅承担，不累商民，无可疑惧"。① 再如，至 1910 年时，甘肃商务总会已由商人公举董事，专司商会事务，一改成立之时由政府委派官员之旧例。

西北商路市场之本地商人、外地商帮甚至洋行商，坐地经商者日渐居多。西北商路传统商贸活动具有显见的过境贸易特点，时至近代，此特点虽未被彻底改变，但是因应于开埠通商后商人经商范围拓展，富商巨贾在商路初、中级市场设铺独立经商或设分庄、分号与当地商人合作营商之事例确已显著增多。同时，文献记录中小商小贩列肆据铺面经商者也有所增多，外籍客商在西北商路市场的初、中级市场坐地经商者亦日渐增加。前文表 3-18 当能为这一变化提供史实根据。例如，陕西咸阳在道光之际的市场地位虽不如三原、泾阳，但是，其城内"各铺皆系浮居客商"。② 宜川"地当秦晋东西交通之要害，复绾韩鄜延绥南北之枢纽，昔时交易频繁，商业兴盛……商贾多为外籍"。③ 澄城"清末时，商号共计有一百四十余家。近因兵旱频仍，商务停顿……现计商号大小共计七十余家"。④ 在宁夏隆德，"溯自光绪二十年中，铺户多系山、陕人……现在多系微小铺户"。⑤ 甘肃临泽，"商业方面，在县城、沙河、旧坝、威狄堡四处设有小铺二十余家，均系小本经营，贩卖土产，资本千元者数家而已"。⑥

需强调者，学界常将西北商路民族地区的外来经商者视为行商，一些方志或时人游记中亦将其称为"候鸟商"。但是，他们深入此类地区设分庄、分号或据铺面而经营之事实又表明，相应商人群体在商路初、中级市场确有坐地经商之发展趋势。如本书前论已证明，商人已深入宁夏石嘴山、吴忠，青海玉树、湟源、结古，甘肃之临、洮两地及天山南北两路除迪化和奇台外的其他市镇，设分号、分庄，或依托回商之铺面合作经营。以回商为例，据统计，临夏 10 家回商全系坐商；拉卜楞 11 家皮毛商中回商就有 8 家，且全系坐商。四道堂商业集团在临潭营运铺

---

① 章开沅：《辛亥革命与近代社会》，天津人民出版社，1985，第 137 页。
② （清）卢坤：《秦疆治略·咸阳县》。
③ 余正东等纂修《宜川县志·工商·商业》。
④ 王怀斌修，赵邦楗纂《澄城县附志·商务》。
⑤ 桑丹桂修，陈国栋纂《重修隆德县志·食货·商》。
⑥ 章金泷修，高增贵纂《创修临泽县志·民族·生活状况》。

面达64家，开设旅店2处。在吴忠，四大回民商号亦是坐商。在包头，资本额在万元以上的6家回商皮毛店亦可视为坐商。① 总之，前此事实表明商人经营习惯的改变确使西北商路传统商贸显见的过境贸易特征有所淡化。

除前述积极现象外，非正式制度变迁带来的消极影响亦不可小觑。仍以陕商为例，与其他传统商帮一样，陕商中仍有许多商人经商成功后，或热衷捐官、买地、义捐，或建豪宅，或好设当铺以谋利，或陷于贱买贵卖的传统商业模式"不能自拔"，从整体上讲，其投资兴办近代实业的积极性不如东部商人群体。于此，有学者断言，陕西商人和商业资本对本区域经济发展促动乏力。② 以上事实表明，在相对封闭的西北商路市场，非正式制度的变迁道阻且长。

第四节 市场竞争视野下的陕商解体

承续前论，陕帮商人以明季边贸之兴为契机，并以关中为根据地而活跃于西北、江淮、江南及四川、云贵等地。较长时段内，甘肃商人群体与陕商并称陕甘商人。同时，因陕帮商人与晋商长期合作，且习俗、观念乃至商业文化多有相通之处，二者被合称为山陕商帮。陕商在近代渐趋解体是西北商路市场变动的重要内容，亦能体现时代大势与西北商路变迁及市场变动之关系。咸同回民起义之前陕商甚为活跃，此后，陕帮商人势力急剧下降并最终走向解体。本小节拟在市场竞争视野下讨论近代陕帮商人解体及其原因。

一 咸同之前的陕帮商人

咸同前，陕商是西北商路本地商人群体中的"代表者"和市场主导力量，也是活跃于全国市场的著名商帮或曰商业资本集团。依托商路市场，陕商在盐业、粮食、布、茶、皮毛、药材、木材、钱业领域具有重大影

---

① 上引回商史实均请见谢亮《近代西北商品市场变动中的回商与京兰商路——以皮毛贸易为中心》，《宁夏社会科学》2011年第1期。
② 张海鹏等：《中国十大商帮》，第96、98页。

响。时至近代，转型缓慢的陕商在前述领域仍具有重要影响。兹举例论述如下。

盐业是陕商发家的主要行业。陕西盐商因晋商、徽商竞争而退出江淮盐场后，清代之际因南下四川投资井盐而再度崛起。据载，"乾嘉时期，商人、高利贷者，特别是陕西商人，利用他们的巨额财富，投资于井盐的生产"；自贡富荣盐场外地商人，"尤以陕西盐场实力为强大"。[1]有研究指出，川商未崛起前，陕西在川盐商依靠井盐成为19世纪中叶前中国西部最大盐业资本集团。他们在咸同之际掌控的盐场能岁产井盐三百多万担，居川盐之半。其市场网络遍及川、滇、黔、湘、鄂两百多个州县。[2] 在经营制度方面，陕西在自贡的盐商还创设了可能与近代股份制较类似的契约股份制，属近代以来陕商"对中国经营管理做出的最出色的贡献"。[3]

茶、布贸易方面，陕商久营湖茶，长期在鄂、豫两省贩布。泾阳、三原亦是西北商路的茶、布商品汇聚地。泾阳从道光至宣统年间一直是茶叶加工转运中心。据载，"泾阳为茶总汇，就近发卖三原，纳税甘抚"，[4] "盖自道咸以来，豪商大贾，群聚骈臻，珍错云屯……西北殷实富户，多以商起家，其乡之姻戚子弟，从而之蜀之陇之湘之鄂者十居六七"。[5] 清季陕商常赴鄂、豫贩布，至三原集中后，转输甘、宁、青、新的各府、州县，鼎盛时陕商每岁贩卖两省土布达300万匹之巨。[6] 在同光两朝，鄂省汉阳盛产土布，"远者秦晋滇黔贾人争市焉"。[7] 德安府出产梭布，"西商（即陕商）每买布成蜷，行西北万里而遥"。[8] 陕省学人刘光贲于前述事实曾言，陕商鼎盛时赴鄂省贩布，值银岁计能达五百万金，陕省乃至西北布匹皆来自东南，每岁"溢出之财仍与所获之利相等"。[9]

---

[1] 张学君、冉光荣：《明清四川井盐史稿》，四川人民出版社，1984，第200页。
[2] 参宋良曦《自贡盐业会馆的兴起与社会功能》，《盐业史研究》2001年第4期。
[3] 李刚：《陕西商帮史》，第273页。
[4] （清）焦云龙修，（清）贺瑞麟纂《三原县新志·田赋》。
[5] （清）刘懋官修，（清）宋伯鲁、（清）周斯亿纂《重修泾阳县志·实业》。
[6] 李刚：《陕西商帮史》，第332页。
[7] （清）黄式度：《续辑汉阳县志·货属》，同治七年（1868）刻本。
[8] 刘国光：《德安府志·地理·物产》。
[9] （清）刘懋官修，（清）宋伯鲁、（清）周斯亿纂《重修泾阳县志·实业》。

旧市场　新因素：商路变迁与西北区域经济非均衡发展（1851—1949）

陕商久营西北皮毛产品、药材、兰州水烟，一度居市场垄断地位。他们亦因此而被称为西口皮货商和西口药商。因陕商的努力，泾阳、大荔、礼泉、凤翔在清末即便深受市场竞争和商路变迁影响，其皮货作坊依然数量多、规模大，一度作为西北皮货加工、转运中心。泾阳作为皮货中心，鼎盛之际能聚集皮货工匠达万人之多。大荔、羌白诸地，是继泾阳之后又一皮毛聚集、加工、转运之重镇，最盛时曾有百余家作坊。"敬信义"皮货庄依靠祖传秘方，经营皮货八十余年。① 凤翔皮货业肇端于同治，兴盛于光绪。光绪年间此地有皮货庄40余家，"永兴店"年营业额可达十万两白银之谱。②陕商垄断兰州水烟业，形成著名的同朝商帮。较著名者"一林丰""协和成"本银达百万银两。③ 据记载，1932年，"兰州水烟外销者共计约8833096斤，价值2174099元"。④此外，受惠于陕南开发，陕商在木业领域亦甚为活跃。较知名者如"祝方厚"即因经营木业发家，遂"置产连阡陌，佃户数百家"。⑤ 在钱业领域，陕商经营票号、钱庄、当号可谓风生水起，一度垄断四川典当行业。总之，咸同前，在西北商路及至全国市场，陕帮商人皆具有举足轻重的影响力和发展态势较好的市场力。然而，经过开埠通商后，尤在咸同回民起义后，陕商在中外商人间的市场竞争中最终走向解体。

二　咸同后市场竞争与陕帮商人渐趋解体

近代陕商渐趋解体的原因虽甚为复杂，但是，市场竞争或是此间的关键所在。西北商路市场商人地域构成变化显示，除晋商外，其他华人商帮和洋行商及本地回商的崛起，使得陕商久已经营的主要领域都面临着激烈市场竞争。本节基于前此事实，为表述方便，将市场竞争划分为行业竞争及商品竞争和与之伴生的社会经济发展水平竞争。

（一）行业竞争

唐力行以为，界定商帮兴衰当以商帮主营商业领域之兴衰为标志⑥。

---

① 李刚：《陕西商帮史》，第374页。
② 陕西省凤翔县地方志编纂委员会：《凤翔县志》，第47页。
③ 严树堂：《解放前的兰州水烟业》，《甘肃文史资料》第14辑，1983，第68页。
④ 李刚：《陕西商帮史》，第519—520页。
⑤ 张沛编著《安康碑石》，三秦出版社，1991，第171页。
⑥ 唐力行：《商人与中国近世社会》，第70页。

依此而论，咸同后，陕帮商人在川盐贸易中的市场地位演变当能恰当说明行业竞争与其在近代渐趋解体的内在关系。自明季起，盐业即是陕商主要经营领域。其在江南的江淮盐场败退后，因投资四川井盐而在19世纪中叶再度崛起为西部最大商业资本集团。但是，伴随着咸同后川盐市场川商的迅速崛起，陕商的市场优势地位——"川省各厂灶，秦人十占七八，蜀人十居二三"①——随即消失，其曾执川盐生产与贸易之牛耳的市场地位遂转变成与蜀、楚商帮平起平坐，三分四川井盐生产与贸易，光绪后更是退居于川、黔等商帮之后。②经历咸同回民起义造成的战乱后，陕商失去了川盐运销、生产主导地位。文献于此记载："其时西商（即陕商）遭害者亦十之八九，遂各歇业不前，黔省盐务势以中绝。"另言："边岸行号（销往滇黔等地）向属西商，自军兴以来，口岸废弛，于是川、黔、陕之人凑充资本，设立行号。"③陕商退出四川典当业等领域的情况亦与盐业类似。在西北商路，陕商在茶叶贸易市场中的地位演变也是如此。在这一领域，陕商此前一直面临晋商的挑战。据《甘肃新通志》记载，在"边茶"市场，经历回民起义后，西柜回商死伤无数，存者寥寥；东柜山陕茶商中，陕商逃亡避乱而资本荡然无存者所在多是。左宗棠改革茶引制度后，南柜湖湘商人携乡谊优势迅速崛起于西北茶市，东柜茶商被压制排挤，实力更趋衰微。④除面临湖湘商人和晋商的挑战，陕商还需同俄商、英（印）商人竞争。西北商路市场一度出现"俄茶倒灌"现象；英（印）商人贩卖印度茶叶至西藏等地，使陕商在西南边茶贸易中的地位急剧下降。⑤辛亥后，

---

① 彭泽益：《中国近代手工业史资料》卷2，中华书局，1962，第124页。
② 唐炯：《四川官运盐案续编》卷27，光绪七年（1881）刻本，第9页。
③ 唐炯：《四川官运盐案续编》卷1，第2、7—8页。
④ 李刚：《陕西商帮史》，第441页。
⑤ 按，茶叶是国内商贸的主要大宗物资，亦是主要大宗出口物资。但是，印度茶因其科学培植和机器加工优势，已于19世纪70年代取代华茶在国际茶叶贸易市场中的主导地位。英国殖民势力入侵西藏，印度茶遂渐入西藏市场，长期垄断西南边茶贸易的陕西茶商在竞争中渐趋下风。本书以为此市场变动拐点应在1880年西藏亚东口岸开埠通商。因为此后，尤在1889—1894年，含茶叶在内的英（印）商货在西藏地区的价值总额猛增四倍，即由1889年的149254卢比提升至1894年的701384卢比。与之对照，陕商以经营藏区边茶贸易为核心的传统商贸，即由涉藏地区至打箭炉（康定）交换花茶及其他商货的贸易额随即下降至原先的一半。其后，尤以1944年印度茶进入青海市场为界，经营西南边茶的陕西茶商遂一蹶不振（四川民族志编辑组：《清代四川藏区的边茶贸易》，《四川文史资料选辑》第11辑，第42—43页）。

东柜茶商虽有短暂复苏之象,但是,军阀为乱更使"西南边茶呈现出凋零败落的局面","西北陕西茶商陷入苟延残喘之中"。① 由此,在西北茶叶集散、加工、转运中心泾阳,"茶叶帮号大多歇业散伙,此后业此者为数甚鲜耳"。② 综上事实显示,因其他商帮崛起,陕商已在盐、茶两行业的竞争中败退下来。盐商的衰落和茶商的分化或可视为陕商在近代开始解体的标志。

(二) 商品竞争及与之伴生的社会经济发展水平竞争

商品质量竞争关涉商品生产技术、消费习惯和社会整体经济发展水平。陕西布商、水烟商的衰败于此论断可予恰当证明。土布贸易曾长期是陕商的主要经营领域;兰州水烟生产、销售亦长期为陕商垄断。但是,开埠通商后,民众日渐喜服洋布,不事土布生产;兰州水烟主要销售市场亦开始萎缩,虽有其他地区烟业销售后来居上及因倭人侵略而丧失东北市场的显见原因,但是,机制卷烟口味新,吸食和携带方便,加之洋商宣传手段新颖,才是其市场萎缩的真正根因。在此两大领域,陕商终因经营商品不具质量竞争优势而失去依托并日渐消失。现分论如下。

1. 土布市场竞争

开埠通商后,质优价廉的洋布——外洋、国产机制布——泛滥,遂使陕商经营的土布(或曰大布)日渐丧失销售市场。咸同之际是此市场变动的时间拐点。如文献记载:"盖陕西当同治之时,岁销广布值银四百万,今不及百万,洋布盛行,银泻于外洋也。"③ 在西北商路主要市场,洋布销售大行其道,如归化,1893 年"销售和运出的棉布及纺织品几乎全是外国货"。④ 与之对应,陕商经营土布的传统市场则大举萎缩,此市场变动即如《清续文献通考》所谓"陕西土布行,家家倒闭"。⑤ 如在兰州布市,"俄国布匹大量进口,盛行陇西,日本布自天津运来,充塞铺面,前门入虎,后门进狼,不唯奄奄一息之鄂布,愈见退却,即国产它种布匹,亦受压

---

① 李刚:《陕西商帮史》,第 441—442 页。
② 泾阳县商业局:《泾阳商业志》,第 156 页。
③ 李文治:《中国近代农业史资料》第 1 辑,第 496 页。
④ 苑书义等:《艰难的转轨历程:近代华北经济与社会发展研究》,人民出版社,1997,第 245 页。
⑤ 李刚:《陕西商帮史》,第 444 页。

诚"。① 在西安，"东关正街还有'焕兴'布店'乾顺'布店，都是卷湖北土布业务，自洋匕上市，这些行业都淘汰了"。② 在商路转运中心和次级市场，以及关中靠近秦岭地带的南山这类初级市场，"二三十年代，洋布进入陕北地区……传统织布业逐渐被洋布强占了有限的市场"。③ 再如，洋货进入西北商路市场后，洋布、洋纱、各色洋缎渐成出入汉中市场主要大宗商贸物资（见表4-9）。

表4-9 宣统二年（1910）汉中洋货输入、输出统计

品名	产地/制造地	运输路线	洋货入境 数量	单价	金额	销售地	洋货出境 数量	单价	金额
洋布	泰西各国	汉水	120捆	100两	12000两	本省西北部	100捆	120两	12000两
洋纱	同上	同上	100捆	70两	7000两	同上	70捆	75两	5250两
各色洋缎	同上	同上	1000匹	5两	5000两	同上	900匹	5两	4500两
洋杂货	同上	同上	120捆	32两	3840两	同上	80挑	40两	3200两
洋油	同上	同上	500箱	3两	1500两	同上	500箱	3两	1500两

资料来源：李文治：《中国近代农业史资料》第1辑，第488页。

表4-9显示，洋布、洋纱、各色洋缎等各类洋货已大量进入西北商路市场，且利润较高——据表4-9推知，其价差利润大多在12.5%—25%之间。由此可见，经营鄂、豫两省土布的传统陕西布商因洋布输入而势微确非虚言。这实际也是近代之后中国土、洋布之间市场竞争的缩影。这一事实折射出市场变动趋势是：在近代中国，无论东西南北，传统纺织业若不经历近代化转型就势必衰落。此大趋势下，近代化转型滞后的陕西传统布商因此而退出棉布市场属情势使然。因为，自1865年后，中国贸易入超日渐加剧并成为一种不可逆转的趋势（1872—1876年间稍有例外），"洋布、洋纱在整个中国进口贸易中的地位逐步提高……到1885年，棉制品已经以35.7%的优势压倒鸦片（28%）而居进口第

---

① 萧梅性：《兰州商业调查》，陇海铁路管理局，1935。
② 郭敬仪：《旧社会东关商业掠影》，《陕西文史资料选辑》第16辑，1984，第166页。
③ 陈国庆：《经济·文化·社会》，西北大学出版社，1995，第74页。

一位。棉制品的地位，一直维持到20世纪的20年代"。① 与之对应，棉布市场自光绪中期后，"迄今通商大埠，及内地市镇城乡，衣大布者十之二三，衣洋布者十之七八"。②受此趋势影响，商人在西北商路大量贩售洋布——尤自19世纪七八十年代起，在东部如津、沪等口岸的高级市场，洋布行业商或兼营批发或专事批发，这就更加速了洋布在包括西北商路在内的中国市场的泛滥——并与陕西布商竞争，使近代化较滞后的传统陕西布商失去市场竞争能力，消失于市场。例如，在沪经营洋布业的批发商常"通过外地来沪商帮将洋布推销到全国各地"。又如晋商常常"从天津大批购买棉布匹头，分销四方，甚至远及蒙古、西藏地区"。③ 20世纪末"平津一带和陕西、四川、山西、河南的鸦片商，还将时兴的印花布、斜纹布、绸缎等百货运到藏区"。④在由此而至的市场变动中，陕西布商传统的销售市场日渐消失殆尽。

2. 烟业市场竞争

兰州水烟属西北名产。前论已说明，其产业形成与发展，以及在鼎盛时销售市场能遍及江南、华南、西南和东北，陕商皆有重要贡献。但是，开埠通商后，机制洋卷烟和洋烟草泛滥，兰州水烟遂因销售不敌而败退。例如，在上海市场——兰州水烟在江南市场的主要销售中心，洋烟泛滥使水烟交易"在很短的时间便由十万担沉到六七万担"，20世纪20年代后至1949年前，又"由六七万担沉到三万多担"。⑤ 不仅传统市场丧失，而且据文献记载，20世纪20年代初，英美烟草公司的卷烟业已大量进入陕南市场，这标志着西洋机制卷烟、烟草商品及英美烟草商人势力已大举进入西北商路市场。此间，英美烟草"起初是免费让当地人吸用……吸食纸烟在当时似乎成为一种时尚，土产的黄烟和水烟丝失去了传统的主导地位"，⑥ 文

---

① 孙健：《中国经济通史》，中国人民大学出版社，2000，第702页。
② 李文治：《中国近代农业史资料》第1辑，第495页。
③ 吴申元、童丽编《中国近代经济史》，上海人民出版社，2003，第371页。
④ 田澍主编《西北开发史研究》，中国社会科学出版社，2007，第345页。
⑤ 胡伯盖记述之文，见《陕西文史资料选辑》第23辑，1990，第152页。
⑥ 陈国庆：《经济·文化·社会》，第72页。近代洋卷烟、烟草输入量巨大。"到民国元年外国烟草输入达1221万两，其中卷烟867万两，烟叶308万两，雪茄烟46万两。"（胡伯盖记述之文，见《陕西文史资料选辑》第23辑，第152页）此统计数据于西北一域尚属较大，准确性亦需考证，但可说明兰州水烟在市场竞争中不敌机制洋卷烟、洋烟草属客观事实。经营兰州水烟的陕商由此衰败是必然的。

献记言水烟作坊与水烟销售商的破产事例不胜枚举。经营此业的陕西商人亦因此败北，四散飘零。如凤翔陈村"因纸烟的畅行……（水烟业）步入每况愈下的道路，烟坊的工人由多减少，由少到无，各大烟坊在民国三十年前后相继歇业倒闭"。① 至于驻津、沪口岸市场的陕西水烟商人，"小烟商都赔累破产……许多驻天津等地的庄客由于烟价跌落……有的弃货逃走……有的勉强维持，也是赔累甚巨"。② 水烟加工、集散主要中心兰州，鼎盛之际的130多家水烟加工作坊锐降至仅十数家而已。③长期垄断经营兰州水烟业的陕商势力之衰败于此可见一斑。

3. 经营制度和经营实力变化

陕商在皮毛业、金融业领域的衰败关涉经营制度和经营实力变化。在金融领域，陕商经营的票号、钱庄、当号等旧式金融资本在市场竞争能力上最终未能与近代银行业一较高下已为前论所证明，无须赘述。在皮毛贸易领域，陕商依靠地缘优势依托商路市场长期占据西北皮毛产品收购、加工、销售的主导地位，但是，开埠通商后，陕西皮毛商遂一蹶不振。此间，除咸同回民起义造成的影响，主要原因是：洋商势力进入西北商路市场后，二者在制度和经营实力上存在显著差距。洋行商依靠商业制度和资本优势深入西北商路皮毛产地和转运市场，夺取陕商曾经长期把持的优势货源，天津口岸市场40多家洋行商一度把持甚至垄断了甘宁青地区经商路要津的皮毛贸易。陕西皮毛商货源被夺，幸存者多是仰洋商鼻息，成为其在西北收购皮毛产品的经纪人——学界过往常因此类经商角色转换而视其为"买办商"或"买办化"的皮毛商。洋行商中较有名者，英商有"居里""兴隆""仁记""高林""新泰兴""商瑞记""平和"七家，④ 在兰州、西宁、凉州、甘州有"兴隆""德义""瑞记""禅臣""礼和""和昌""志诚"七家德商，肃州等处有"大隆""隆吉""周生""利运""同益""力兴""牡泰"七家东洋日商，此外，甘州尚有名"良济"的比利时洋行商。⑤ 即便于陕西本省皮毛收购，陕商亦难敌洋行商。如陕北向

---

① 冯国琛：《凤翔陈村镇的"生"字水烟》，《陕西文史资料选辑》第23辑，第65页。
② 姜志杰：《兰州水烟业的历史概况》，《陕西文史资料选辑》第23辑，第227页。
③ 李刚：《陕西商帮史》，第447页。
④ 顾谦吉：《西北羊毛调查调查报告》，《资源委员会季刊》1942年第1期。
⑤ 杨绳信：《清末陕甘概况》，三秦出版社，1997，第98页。

为秦省皮毛出产地，传统时期，河套和蒙古的皮毛制品亦经榆林、延绥南下入关中皮毛集散、加工和转运中心。但是，开埠通商后"洋商深入陕北，大量收购羊毛、皮革"。据记载，皮毛贸易较盛时期，秦省定边地区岁有白羔皮3万多张，经秦晋商路集中至晋省交城、大同，被卖给洋商；外销的三四万斤黑羊皮或在山西绛州卖于洋商，或运至天津口岸出口；每岁另有2000多张黑羔皮被运至直隶顺德后售卖给洋商。京绥铁路通车后，每年出口的20多万斤白羊毛在宁夏横城下黄河经包头至天津。神木县皮毛产品也多由洋商收购。①

不仅如此，陕西皮毛商人还面临其他商人群体的竞争，如青海之"歇家"和其他从事皮毛贸易的回商。一战时期，洋行商一度从西北商路市场退出，但是陕商亦与其他商人群体一样沦为代洋行商收购皮毛产品的中间商或经纪人。京绥铁路通车后，西北皮毛产品运输路线急剧改变，陕商曾长期凭借的地缘优势旋即荡然无存。同时，洋行商或口岸市场其他华商日渐兴办皮革加工厂，如1876年、1882年两年洋行商在汉口、上海兴办压革公司、熟皮公司，更对陕西皮毛商参与市场竞争形成巨大打击。加之，开埠通商后，洋货涌入，民众购买外洋毛线与厚料呢绒制品御寒，西北皮毛加工制品曾经的销售市场加剧萎缩，近代化转型缓慢的陕商日渐退出甚至消失于此一领域即是必然。西北商路曾经的皮毛商货集散、加工、转运中心泾阳，鼎盛之际皮毛工匠齐聚不下万人，至此则演变为同光之际皮毛加工作坊仅存六七家的情形。② 陕西皮毛商人之衰败由此可见一斑。

三 制度竞争与咸同后陕帮商人解体

市场竞争总关涉特定社会环境。就此而言，咸同后陕帮商人解体的深层原因关涉社会环境构成的正式制度和非正式制度竞争。特定政治、经济、文化演化困境则构成陕商在近代参与市场竞争的制度环境。

（一）正式制度竞争：政治、社会条件恶劣

西北商路市场区域开近代风气较东南和口岸市场滞后，开埠通商后，

---

① 郭琦等主编《陕西通史·明清卷》，陕西师范大学出版社，1997，第223—224页。
② 见（清）卢坤《秦疆治略·泾阳县》；《陕西西口皮货》，《公益工商通讯》1947年第1期。

陕商发展外部制度环境显著改变。此间，纵然受洋商竞争刺激，清末诸多新政举措之推动亦使近代化已成不可更移之时代趋势。但是，民穷财困、社会动荡、政府频繁更迭的大环境最终从根本上造成近代陕商的渐趋解体。

一方面，民穷财困、社会动荡，在根本上动摇了陕商发展的社会经济基础。显见事实是，官家财政需索无度使民商和社会脂膏耗尽。例如，咸同时，国家内经太平天国和回民起义，外受列强侵略，清廷财用枯竭，陕商汇聚之地随之赋役沉重。《清实录》言此期京饷及各军饷粮均赖川、陕两省接济。再如，秦、晋两省同为承担《北京条约》赔款最多者，其中陕西担负款额达白银30万两。另如，1902年后陕省因担负庚子赔款，每岁须上解征银40万两。此外，陕西还有"辛丑回銮皇差开支共计190余万两"的税赋。①"陕西为财赋之邦，西、同、凤三府又为精华荟萃。近来用兵各省，皆借陕西协饷聊以支持，即京饷巨款亦多取此。"② 于此，可以陕西田赋、捐输变化史实为据。道光以来"陕西百姓的田赋增加了1倍左右"。③ 咸丰初年陕西田赋被加派征收，"后来成为定例的附加税有60种。每正银一两连同正耗平余有一两五六钱之多，附加税已达正额的50%—60%"。④ 更为不堪者，政府甚至预征田赋税额达白银160万两。此外，陕西地方当局于各州县普设差徭局，按田亩强收兵差、流差费用，每岁收钱即有百万串之巨。⑤ 辛亥之后，西北更成兵祸、匪患重灾之地，军阀、匪首贪欲不减，使民不堪重负。此动荡社会，"民力愈行不支……以有地为累，争相贱售"。⑥ 于此情景，陕西巡抚痛陈："陕省民力之竭，苦在差徭。役车载道，摊派频仍，官吏借此开销，书役从而需索。脂膏竭矣，追呼如故。"⑦而且，陕省绅商、百姓的捐输可谓不亚于田赋正解。战乱、动荡之际，捐输往往是官府解决财政困难的重要手段。如1852年，因军饷、治河费用浩

---

① 西北大学历史系：《旧民主主义革命时期陕西大事记述》，陕西人民出版社，1984，第126页。
② 宋伯鲁等修纂《续修陕西通志稿·奏议一》。
③ 郭琦等主编《陕西通史·明清卷》，第272页。
④ 郭琦等主编《陕西通史·明清卷》，第272页。
⑤ 郭琦等主编《陕西通史·明清卷》，第272页。
⑥ 李文治：《中国近代农业史资料》第1辑，第319页。
⑦ 李文治：《中国近代农业史资料》第1辑，第381页。

旧市场　新因素：商路变迁与西北区域经济非均衡发展（1851—1949）

繁，清廷遂令陕西等省开展捐输。1852 年时任陕西巡抚王庆云更改捐输由"暂行挪借，以助国用"为"劝借并施"，行强征之实，三年内筹银 200 多万两。① 此后，继任者于此风不减，仅"咸丰九年（1859）全年捐输共收银 80 余万两"，更为甚者，"竟至给照允许云南等省提饷委员在渭南劝捐"。② 凡此乱象，时人感言："（陕西）今则富户及小康之家，资财多遭焚荡；加以措办捐输，已属筋疲力尽竭，难望其再行义举。"③

回民起义后兵匪为乱，更给陕商造成毁灭性打击。陕甘回民起义肇端于同州府首邑朝邑（大荔、渭南），由此，八百里秦川兵燹持续七年。"关中三府二州 39 个州县几乎全都卷入起义烽火之中，同州、西安、凤翔三府是回民围攻的重点，受其进攻县城有 23 座。"④此外，兵匪作乱使陕商和普通民众的生存处境雪上加霜。例如，胜宝军在西安"兵勇成群结伙，在城内恣意烧杀抢劫……楼阁、铺户、民房尽数拆毁"；⑤ 大荔富商窖藏百万两白银被多隆阿派人盗挖；⑥ 清军统领黄鼎率"兵勇三百人自三原至泾阳……入北街强掠，杀伤数人，登城聚啸……掳金币万余而去"；⑦ 在平凉"团丁擅劫城内当铺糟贡生，而分其财物，致酿变乱"。⑧ 此间，陕商身死家灭者所在多是。⑨ 幸存陕商或捐资助剿，或抽资回乡重建故园，又使巨

---

① 郭琦等主编《陕西通史·明清卷》，第 274 页。1852 年清廷下令陕西等省实行捐输，并规定捐输可给官职、功名。据《泾献文存》记载，是次捐按银两配定功名，并分文武学额、定额两种。前者属增加学额一名，后者属增加定额各一名。此项政策于 1868 年再度扩展，捐输标准提升一倍，即需专请增加学额者，银数照旧酌加一倍，一厅州县捐银超过 2 万两可酌加文武学额各一名。据统计，1853—1861 年，陕省有 17 县捐输军饷加增学额 90 名。依此计算，值银 38 万两，是清末总督年俸万两的 38 倍。其中，陕商捐输当不在少数（宋伯鲁等修纂《续修陕西通志稿·学校一》）。
② 郭琦等主编《陕西通史·明清卷》，第 274 页。
③ （清）焦云龙修，（清）贺瑞麟纂《三原县新志·杂记》。
④ 钞晓鸿：《明清时期的陕西商人资本》，《中国经济史研究》1996 年第 1 期。
⑤ 郭琦等主编《陕西通史·明清卷》，第 304 页。
⑥ 马长寿主编《同治年间陕西回民起义历史调查记录》，第 102 页。
⑦ （清）刘懋官修，（清）宋伯鲁、（清）周斯亿纂《重修泾阳县志·武事》。
⑧ 马长寿主编《同治年间陕西回民起义历史调查记录》，第 393 页。
⑨ 按，陕甘回民起义所成战乱中陕商身死家灭者多有。为免罗列文献之嫌，仅补充举例如下。渭南县每乡镇村落，火过之处，以财主房产居多。孝义镇有民万余家，以富商巨贾会集著称，严、赵两家有家财数百万，赵家又为首富，在山、陕、川皆有商号、当铺、盐号。《秦陇回务纪略》记载，是次战乱，回民火烧该镇，两家一同被焚，赵家家主赵权中——亦为渭南团练积极举办者，属渭南头目——被戕杀。大荔属陕西状县，其八女井村焚杀甚烈。该村以李姓族人为主，且多财东，皆难逃厄运。华县崖坡因属富商会聚之

246

额资金限于非生产性投资。经此之乱，曾经盛极一时的陕商几乎资财散尽，"元气大伤，从此一蹶不振"。①此即文献所谓陕西各处富户"物力既已浅消默耗，又加本藉被灾，资产悉付兵燹，耕牧多废"。②

鸦片泛滥、饥荒频发、民脂民膏耗尽，导致社会经济困顿，亦是陕商近代化转型外部制度环境恶劣的重要体现。1859年后，鸦片贸易合法化。陕西于1860年开始征收土药厘金，鸦片种植遂即泛滥。时至清末，陕西每岁能产鸦片5万担，征收鸦片税收30多万两，是近代中国三大鸦片产区之一。时人曾感言，鸦片为祸中国，"以陕省为害最深"。③ "关中渭河南北为罂粟主要产区"，④1906年陕西鸦片种植面积达531990多亩。⑤鸦片耗尽民力、使民众破产并沦为盗贼而打家劫舍的事例不胜枚举。民不务农，导致陕西粮食短缺而仰赖他省供给。⑥同时，家无盖藏之民更难抵御天灾人祸。民众为乱、作匪，富人商户亦成其打家劫舍的首要对象。据载，1846年关中"刀客"和饥民"或聚众黑夜抢劫，或结伙白日乱掠"。⑦

再如光绪三年关中大饥：

地而号"银崖坡"，被回民焚毁，姬、王、刘三大富户身死家灭。在泾阳，回民"劫城内富户郭氏……于二十七日烧尽街衙，满载而归"。商贾集中的南关遂被焚掠而空，"韩家湾、阎家堡、陶家村，原多富户……血流成河"。陕商的发源地之一三原，500多乡村镇落，唯有菜王、东里两地完好。礼泉城外朱姓富商居住地被焚掠，从此破产［郭琦等主编《陕西通史·明清卷》，第293页；马长寿主编《同治年间陕西回民起义历史调查记录》，第49、102、101、73、263、274、293页；（清）刘懋官修，（清）宋伯鲁、（清）周斯亿纂《重修泾阳县志·武事》］。战乱所经即是废墟之地。时人痛陈："繁华自古说瀛洲，一夕严霜冷变秋。赵李经过新岁月，尹邢识面旧风流。西市烟花南市酒，酿成苦海古今愁。"［柏堃：《泾献诗存》，民国14年（1925）铅印本。另注，此诗中赵（居新街的赵姓富家）、李（居骆驼湾的李姓富家）、尹（居东关茶商）、邢（经营运输的骡柜店主）皆是富商；泾阳西市是店铺集中地，南市多戏楼酒馆，皆指泾阳富商］还应指出，此次战乱中回商身死家火者同样不在少数。

① 李刚：《陕西商帮史》，第456页。
② 彭泽益：《中国近代手工业史资料》卷1，第601页。
③ 宋伯鲁等修纂《续修陕西通志稿·征榷二》。
④ 郭琦等主编《陕西通史·明清卷》，第365页。
⑤ 宋伯鲁等修纂《续修陕西通志稿·征榷二》。
⑥ 陈国庆：《走出中世纪的黄土地》，西北大学出版社，1994，第90页；郭琦等主编《陕西通史·明清卷》，第366页。
⑦ 孙志亮等主编《陕西近代史稿》，西北大学出版社，1992，第19—20页。

旧市场　新因素：商路变迁与西北区域经济非均衡发展（1851—1949）

　　　　白昼行劫之事各州县多有发生……蜀军彝字营哨官江明中率兵勇数百人，在泾阳哗变，焚西街九间楼，抢掠大批财物。饥民向富室展开吃大户斗争。……米脂县田家渠村饥民数十向富户索要粮食，各携囊袋载粮而去，四乡贫民闻风竟起，向富家掠粮，半月之间，纷起已数千人矣……①

　　另如1939年陕西再发饥馑，"田园荒芜，路断人稀，牛马绝迹，鸡犬寂声，商业衰蔽，机关停闭"。②

　　另一方面，若前论多是从整体政治、社会条件讨论陕商发展制度环境，那么，最直接的制度因素中尚有下述两点值得注意：一是，开埠通商后，陕商传统的经营管理制度模式逐渐显露其弊端，失去效能；二是，政府错误经济政策形成的恶政是陕商解体的直接诱发因素。

　　以晚清、民国陕省厘金征收对陕商发展的影响为例。陕省厘金征收自咸丰八年（1858）正月省城设厘金局始，③加重商人负担，是病商、残商之举。文献记载表明，清末陕省商民税负比清前中期——此期陕省商税不过四五万两——猛增12倍。④一则，陕省厘金征收尤较他省为重。这主要体现为其征收标准重且征收数量大。就前者论，其虽名1%，常实收5%，至于"药材、木料等有用之物反或取百之二十至三四十"。⑤就后者言，晚清较长时段内，厘金收入是陕西财政收入主要构成。⑥据统计，陕西平均每岁征收厘金达283559两，"低于福建，高于河南"。⑦在厘金加收庚子赔款后，1901年秦省解款总计不下60万两；1902年秦省厘金征收，采取"烟酒糖加厘"方式，即征收标准烟翻倍，糖由二成改为八成征收，共增

---

① 郭琦等主编《陕西通史·明清卷》，第363页。
② 张铭洽、刘文瑞编《长安史话·宋元明清民国》，陕西旅游出版社，2001。
③ 按，晚清政权镇压太平天国时，由于财政困难而在商路要津强征过往商货税收，此为征收厘金之肇端。它分为过境税行厘和坐贾货物交易板厘两种，征收标准即为交易额的1%。一般而言，州县地方官员征收板厘向上报解，行厘则设卡专收。以咸丰三年（1853）扬州仙女庙等地的厘金局开设为标志，此一临时财政应急之举因各地效尤而渐成定例，并持续至民国的废厘改税（营业税、统税）之时。
④ 宋伯鲁等修纂《续修陕西通志稿·征榷二》。
⑤ 宋伯鲁等修纂《续修陕西通志稿·征榷二》。
⑥ 杨绳信：《清末陕甘概况》，第199页。
⑦ 郭琦等主编《陕西通史·明清卷》，第273页。

收厘金银50000两。①

二则，陕省厘卡多，几乎遍布境内商路，东西南北皆有。"（陕省）东有同州、潼关、大庆关、三河口、芝川、龙驹寨；南有兴安、白河、紫阳、汉中、略阳、阳平关；西有凤翔、褚镇、长武；北有宁条梁镇，久之又益以四关，三原、石泉、沔县蜀河、漫川关、龙王迪（今属山西）、宋家川，临、渭二华府，神、葭、扶、鄜、咸、礼等局。"另据记载，1909年，陕西31局126卡总计征收厘金已达468894两之巨。②

据以上事实而论，厘金使各处市面萧条，使近代商业发展遭遇了严重的税收制度瓶颈。

> （厘金）征之商而取诸途……各卡委员往往以局驻某属，即于所属之内密布巡丁，四处搜查。遇有包贩，不问来历，借口境地，恣意需索，索而遂尽饱馋囊，不遂则指为偷漏，邀功图赏。若或界涉疑似，则又两局相争……或一货而完两厘，或一厘而分两截。③

而且，此项制度下：

> 行商坐贾于发货之地抽之，于卖货地抽之，于以货易钱、以钱换银时又抽之。即降而资本微末，铺户肩挑背负生涯，行人之携带川资，女眷之随身包裹，莫不凯觎干涉。④

行商坐贾皆困于厘金制度，商贸活动亦渐趋萎缩。显见事实是，至民国废厘改税时，陕商已势衰而奄奄一息。与之形成对照者，1876—1881年，陕西未经报部之款尚存留银292636两。⑤ 然而，除此之外，陕省地方官员还有"盐斤加价"这一祸民残商之举。例如，为筹措庚子赔款，1901年陕省巡抚李绍菜强令在盐商贩卖晋省潞盐和甘肃花马池盐入陕时，有盐

---

① 宋伯鲁等修纂《续修陕西通志稿·征榷》。
② 宋伯鲁等修纂《续修陕西通志稿·征榷》。
③ 宋伯鲁等修纂《续修陕西通志稿·征榷》。
④ 宋伯鲁等修纂《续修陕西通志稿·征榷》。
⑤ 朱伯康、施正康：《中国经济史》（下），复旦大学出版社，2005，第311页。

票者每斤分别加价 4、8 文，无票者则各加 16 文，致陕省市场盐价由光绪初年每斤 16 文暴涨至每斤 60—70 文，甚至 100 文者亦有之。此等恶政最终导致民生大乱。1903 年"凤翔、岐山、宝鸡等县爆发了反对盐斤加价的斗争，捣毁了当地的官盐局"。① 如此境遇下，盐商发展已成虚言。

总之，前述恶劣环境最终使陕商无法优化自身商业资本结构以夯实自身近代化转型基础，错失开埠通商后近代化转型良机，其中很多人退而成为小商小贩，甚至是困守土地、足踏手耕的农民，终未能东山再起。

（二）非正式制度竞争：思想观念转型滞后

从思想文化观念转变看，相较于其他传统商帮，特别是与东南沿海商帮相比，陕帮商人的观念转型滞后是导致其解体的又一深层原因。其经商模式，追求社会地位的方式，及对财富的理解和使用方式等，表现出与"近代"的隔膜。

经商模式。前论已证明，整体上讲，陕商投资兴办近代实业的积极性不如东部发达地区的商人，其商路商贸活动具有显见的过境贸易特征。这表明陕商深陷贱买贵卖的传统商业模式。于其商号内部经营管理，陕商确实摸索出了传统市场模式下较为有效的"记名开股制""领本制""万金簿""联号制"等，以及独具特色并有可能向近代股份制演化的"契约合伙"制度，但是，其注重以乡缘情谊雇佣、管理员工的传统，是对农耕商业文明传统的坚持，难改其与注重开放、竞争特质的近代化市场格格不入的封闭性。尤其是，因开埠通商和洋商势力进入，前述制度日渐出现失效现象，这是陕商坚持传统经商模式而致使其近代化转型艰难的体现。就此而论，除区域经济发展水平差异这一根因外，经商模式守旧亦是开埠通商后较长时段内，西北商路市场区域商贸活动在艰难近代化转型过程中难改其过境贸易特质的又一重要原因。这也是近代西北区域经济发展滞后的又一重要原因。

追求社会地位的方式。"士农工商"的传统社会制度安排对陕商近代化转型同样具有深刻影响。"财东乡居"传统可谓是陕商在家乡建构自身社会地位和获得社会认同的一种非正式制度安排——经商成功后或热衷捐官、买地，或建豪宅，或渐去勤俭美德转而注重奢侈消费。需说明者，受

---

① 郭琦等主编《陕西通史·明清卷》，第 525 页。

第四章　商路兴衰与商人市场行为、资本组织形式演进

"耕读传家"思想影响，陕商"一心向儒"——如嗜书课子、结交名儒、兴办书院和文庙——的诸多举动，不乏倡导社会德行、传播文化、力行传统的作用，更有以此追求社会地位的考量。此类在道德层面值得鼓励的举动使陕商难脱其与权力之千丝万缕的联系，更使其经商过程中难逃权力之侵扰。于其近代化转型影响最著者，此类举动使陕商在非生产性领域大量耗费资财，其商贸经营遂失去向扩大化商品生产活动演进所必需的物质基础。开埠通商后，在近代化已属势所必然的市场环境中，此类举动又阻碍陕商及时吸纳近代商业文明，使其近代化转型缺乏相应知识、道德、文化观念根基，其自身秉持的商业文明表现出显见的封建保守性。加之近代以来，"财东乡居"传统这一非正式制度安排，使陕商与时代潮流及瞬息万变的市场更加隔膜。有研究指出，此项非正式制度安排，"使他们更多和更容易地向农民阶层流动，更多地转化为富民，而不可能转化为'市民'，失去了与近代化接轨的历史机遇"。[1]

对财富的理解和使用方式。与其他未完成近代化转型的传统商帮类似，陕商受"以末致富，以本守之"观念影响。如他们多喜好买田置地而成为在乡地主。将大量商业利润转投传统农业生产领域，虽能使陕商实现农商兼营并获利颇丰，但是，此类举措不能促使其注重提升手工业生产技术、规模或投资兴办近代工矿实业等，这势必导致西北区域经济发展所必需的技术进步因素缺乏。再如，"财东乡居"传统使陕商习惯为保存财富而窖藏银两、粮食等。此举虽多有防止灾荒的考量，但亦是陕商不愿投资兴办近代工矿实业的又一体现。有研究于此即言："关中地区的地主，往往大量储藏粮食，也是财富集中体现的一种形式，而且储藏数量也是非常惊人的。"[2] 例如，前已论及的渭南孝义镇赵姓富商，采用人挑、马驮的方式，从川省运回钱财，"镖银的前半部分已经到家了，后半部分仍在渭河岸上"；[3] 渭南八女井李姓富商家中窖藏白银一千多万两；大荔盐商温纪泰窖藏白银数千万两；[4] 三原孟店周姓财东家中藏银36万两。[5]

---

[1] 李刚、梁丽莎：《陕西商帮十讲》，第280页。
[2] 田培栋：《明清时代陕西社会经济史》，第128—129页。
[3] 马长寿主编《同治年间陕西回民起义历史调查记录》，第64页。
[4] 李刚：《陕西商帮史》，前言，第6页。
[5] 李刚：《陕西商人研究》，第189页。

此外，近代陕商渐失其勤俭美德，养成喜好奢侈之风，这或可说明陕商财富观念变化。① 文献记载，近代之际，咸阳一些商人"一饭百金，一衣千金，一居万金"。② 清末时泾阳富商安吴寡妇吴周氏，建豪宅以紫禁城为范本，"日常起居也极为富贵奢华，仆役人数达 2000 余人，全年花费十余万银两";③ 旬邑唐姓财东，家中人口 60，役使丫鬟达 165 人之多，家中有轿 66 台。④ 再如，学者吴宓回忆其家道中落，即源于其嗣父仲旗公"喜阔，取用吾家诸商号资本金过多"，遂使自家经营的"崇厚堂"下数家商号亏空无数，"且至涉讼"。⑤

综上，如此财富观念下，冀望陕商能将其商业资本转化为产业资本并迅速扩张或属奢望。此一结果是近代陕商依赖的非正式制度在日渐近代化的市场境遇中已呈失败之势之写照。更关键者，前此事实本身恰恰又是陕商近代化转型中必然仰赖的内部制度环境的重要构成部分。

---

① 伴随商品经济发展而渐兴奢侈之风往往是传统社会及其商人的必备特征。就西北和陕商此类情形论，有研究以为，自明季弘治朝始，关中社会风气渐奢，清时尤甚（钞晓鸿：《传统商人与区域社会的整合》，《厦门大学学报》2001 年第 1 期）。
② （清）臧应桐纂修，（清）陈尧书续修《咸阳县志·艺文》。
③ 陕西省泾阳县地方志编撰委员会：《泾阳县志·人物志》，陕西人民出版社，2000，第 793 页。
④ 李刚：《陕西商人研究》，第 193 页。
⑤ 吴宓：《吴宓自编年谱》，三联书店，1995，第 39 页。

第五章　商路兴衰与西北区域经济非均衡发展

西北商路商贸活动显见的过境贸易特征与近代西北区域经济非均衡发展密切关联。受长时段商品交易价格连续数据缺乏所限，本章依据文献资料，从西北商品化生产非均衡发展和经济发展内生动力生成的地区差异两个层次，讨论近代西北区域经济非均衡发展问题。需说明者，此非讨论纯粹价格意义上的生产供给与市场需求的非均衡性——近代西北区域经济发展中，此问题已属客观存在。近代西北与其他区域市场——以沿海沿江口岸市场为主——区域经济发展的非均衡性已属学界共识，无须赘言，故而，本章将在前述共识基础上重点讨论西北商路变迁及其商贸活动演进与西北区域内经济非均衡发展问题，以图为近代中国区域经济非均衡发展命题讨论提供个案支持。

第一节　西北商品化生产非均衡发展

商品流向、流量变化和商品结构变化表明，西北商路的过境贸易特征与其区域内商品化生产的非均衡发展互为因果。

一　商品流向、流量、结构与西北商品化生产非均衡发展

历史时期以来，西北商路流通的大宗商货物资以皮毛等土特商品和农耕经济区的茶、布、粮食等商品为主。西北商路市场内，既有关中、陇东这类商品化生产相对发达的经济区，亦有以民族地区为主的商品化生产不甚发达的畜牧经济区。但是，西北商路商贸活动显见的过境贸易特征使区域内部相应市场商品品种结构以农牧初级产品和手工业品或工业品为主。总体而论，商品流向基本呈东西向，商品流量大小亦依不同市场层级而变

化。除兰州外，兰州以东，西安、三原、泾阳、汉中等是进出西北商路的主要中、高级市场所在；兰州以西，除乌鲁木齐、奇台这类高级市场外，西宁河湟市场、银川市场、河西走廊市场基本都是在以兰州为核心的陇东市场和以西安、三原、泾阳为核心的关中市场的市场辐射范围内。即前述市场可被视为此类高级市场的次级区域市场。

二 本土商人构成与西北商品化生产非均衡发展

区域经济发展历史过程显示，农业领域分离出的剩余劳动力大量进入手工业和商业领域是商品化生产发展的重要标志，因此，兰州以东农耕经济区商品化生产发展程度明显高于西北商路区域内的畜牧经济区。在商贸发展方面，本地商人群体构成状况演变或较能体现区域内商品化生产发展水平的差异性。本书前论已明，近代西北本地商人群体虽有陕商、回商、哈萨克族商人和维吾尔族商人之分，但是，明清以来，以关中三原、泾阳、渭南商人为主的陕帮商人，已发展成全国著名的十大商帮之一，其商业实力要高于本地其他商人群体。就形成历史、活动范围，以及在西北商路的市场地位而言，回商、哈萨克族商人和维吾尔族商人群体都不能与陕帮商人相提并论。同时，较长时段内，陕商与晋商合称山陕商帮，同属西口商人；甘肃商人也与陕商合称陕甘商人。加之，回商在咸同回民起义前主要聚居于陕、甘两省农耕经济区域内，依地域而论，其亦可被视为陕商的重要构成。这些都反映出兰州以东区域内商品化生产发展水平明显高于西北商路区域内其他地区。同时，手工业生产的发展，更能凸显区域经济非均衡发展问题。文献资料记载已反映出，商路主要高级市场手工业生产发展水平同样明显高于其他地区，如泾阳是西北皮毛产品加工中心，三原是布业加工整理中心，同官陈炉镇是西北瓷都，兰州、凤翔是西北水烟作坊聚集地。

三 市场级序结构与西北商品化生产非均衡发展

除中、高级市场外，西北商路市场体系内核心商业市镇分布密度，农村集市分布密度，都能凸显西北区域经济发展的非均衡性。前论相关部分及既有研究都能为此论断提供恰当论据支持（见表5-1、5-2）。

表 5-1　民国时期甘宁青集市数量及分布简计

经济区	面积（平方公里）	县数（个）	村数（个）	集数（个）	户数（户）	人口（人）	人口密度（人/平方公里）	平均每县集数	平均每个集市社区户数（户）	平均每个集市社区村数（个）	平均每个集市社区人口（人）	平均每个集市社区面积（平方公里）
陇东	39158	17	1104	157	184061	1103812	28.2	9.2	1172	7.0	7031	249
陇右	52347	14	1036	110	316892	1576710	30.1	7.9	2881	9.4	14334	476
陇南	35034	15	1153	174	373544	1648984	47.1	11.6	2147	6.6	9477	201
河西	100502	16	756	81	192517	1082640	10.8	5.1	2377	9.3	13366	1241
宁夏	35699	8	-	37	66100	449813	12.6	4.6	1786	-	12157	965
青海	91588	7	681	14	99564	428605	4.7	2.0	7112	48.6	30615	6542

资料来源：黄正林：《近代甘宁青农村市场研究》，《近代史研究》2004 年第 4 期。

表 5-2　清末陕西部分地区集市统计

单位：个

府别	州县数量	集市数量	平均	府别	州县数量	集市数量	平均
同州府	8	85	10.6	西安府	10	139	13.9
邠州	2	15	7.5	商州	4	56	14
凤翔府	4	43	10.75	兴安府	6	82	13.7
乾州	3	29	9.7	汉中府	8	177	22.1
延安府	1	8	8	绥德州	1	7	7

资料来源：张萍：《明清陕西商业地理研究》，第 159 页。

表 5-1、5-2 显示，甘宁青 77 县有乡村集市 573 个，平均每县约 7 个；陕西 47 县有集市数量 641 个，平均每县约 14 个。尽管乡村集市商品品种以初级产品为主，但是，从乡村集市分布数目看，两地乡村集市分布密度差异势必与其相应区域商品化生产发展水平差异紧密关联，亦必然关涉区域经济非均衡发展。即便在甘宁青内部，以甘、青两省对比为例，甘肃每县村庄数、人口密度、平均集市数目均高于青海。其中，甘肃平均每 2144 户、11502 人有一集市，青海平均每 7112 户、30615 人才有一集市；甘肃平均每 8 个村庄、社区面积平均每 541 平方公里有一集市，青海则平均每 48.6 个村庄、社区面积平均每 6542 平方公里有一集市。综上说明，甘宁青区域内商品化生产非均衡发展现象较突出。

旧市场　新因素：商路变迁与西北区域经济非均衡发展（1851—1949）

兰州以东，包括兰州，商路要津多是初、中级市场的核心商业市镇所在。它们扼商路要冲，是商货物资流通、人员往来必经地，其分布密度与区域内商品化生产发展程度成正相关。例如，澄城有寺前镇、韦庄镇、长润镇三镇，分处县东南、县南、县西各45、60、20里处。其中，"寺前镇……当同鄜孔道，属邑东南往朝必经之地"，"韦庄镇……当往同孔道，为南路要地"，"长润镇……当东西通衢……为县西重镇"。① 宜川县"地当秦晋东西交通之要害，复绾鄜韩部延绥南北之枢纽，昔时交易频繁，商业兴盛"。其东南100里的集义镇能成为商货物资集散地，在于其"昔为交通之枢纽，北达延安，南通韩城，东接山西，西北至县城"。② 再以汉江水运商路通道为例，褒城长林镇即因濒临汉江水道而成繁华之地；③ 西乡县子午镇，位于县城东北160里处，其商贸兴盛皆因濒临汉江水道之故；④ 南郑是陕省第二大都会，西可通川、甘，东经水路可联鄂、皖，作为商路要津，此处"商贾辐辏，货物山积……尤以东关及县东十八里铺为最，皆设有商会董理"。⑤

需强调者，西北商路核心商业市镇多依商路走向而在平原、河谷、丘陵地带分布，这更是西北商品化生产非均衡发展于地理空间分布的集中反映。如有研究指出，西安府未经咸同战乱前，内辖220多个市镇，数量甚至超过江南，足证其商品化生产发展水平较高。⑥ 在新疆，受自然地理条件、政治和军事时势变化以及经济水平等因素影响，其商业市镇亦主要沿天山南北而成的商路分布。此间，以天山为分界，新疆商业城镇基本是依天山北麓和几大盆地边沿分布的，且大多在绿洲地带，形成一完整的依随商业城镇而进行商货物资和人员集散的市场体系。商业城镇在空间布局总体上呈现的不平衡态势，同样是其区域内经济非均衡发展——商品化生产

---

① 王怀斌修，赵邦楹纂《澄城县附志·城镇》。
② 余正东等纂修《宜川县志·商业》。
③ （清）光朝魁纂修《褒城县志·疆域图考》。
④ （清）薛祥绥：《西乡县志·关隘》。
⑤ 郭凤州、柴守愚修，刘定铎、蓝培厚纂《续修南郑县志·实业》。
⑥ 按，既有研究表明，明清之际西安府有市镇220多个，江南市场，1900年苏州府下辖市镇数目在220个之下，常州府不足200个，杭州府不足140个市镇，嘉兴和湖州府分别不足80、60个市镇。仅就前此数目共涉商品经济发展程度而论，西北商路如关中这类高级市场，战乱前或战乱结束经济恢复后，商品化生产水平确有显著发展（刘石吉：《明清时代江南市镇研究》，中国社会科学出版社，1987）。

非均衡发展为主——在地理空间上的具体反映。再如，在南疆，形成了以喀什为中心，环绕塔里木盆地的环状结构的商业城镇群，此区域之外的南疆广大地区则是人烟稀少之地。

第二节　西北区域经济发展内生动力生成的地区差异

言商路商贸活动变迁是近代西北区域经济发展内生动力非均衡发展现象加剧的重要原因，是因为西北商路商贸活动显见过境贸易特征未根本改变前，商品、生产要素流通必使西北区域经济非均衡发展出现下述两种情形。一是，商路商贸活动使商路城市或市镇的经济功能凸显，并成为不同级别、区域市场间商货物资和人员往来的集散中心。由此，相对于广大乡村或农牧地区，城市和商业市镇——以主要商业城市为主——经济发展内生动力更强。二是，商路商贸活动开展，尤在开埠通商后，除商业贸易功能外，主要商业中心城市的生产要素聚集功能凸显，使其成为区域经济内生动力成长的核心区域。但是，根因于商品化生产非均衡发展，除此类城市外，其他中小城市或商业市镇则因生产要素聚集功能相对弱化而产生经济发展内生动力不足的问题。

一　商路城市、市镇功能转换与商品流向、流量、结构变动

过往学界论及西北城市时，鲜见强调其经济功能增强而多言其体现农业社会的乡土特征；于近代西北城市发展史的研究，学界似乎又多强调近代化现象对其影响有限。本书更愿强调下述事实，即因商品化生产非均衡发展，商路主要城市、市镇的功能转换与区域间主要商品流向、流量、结构变动密切关联。这是因为，商路市镇日渐大量出现，显示近代西北商路的城市发展演进机制——"村—市（集）—镇—城"的发展——建基于商品经济发展。但是，在此类市镇（集市），市场商品交换主要是小生产者间的交换，是初级产品与手工业品、工业品之间的交换。由此而至者，必是区域间主要商品流向、流量、结构演变的非均衡发展。

城市、市镇经济功能的级序结构基本对应于商路市场体系的级序结构，这根源于西北商路商贸活动显见的过境贸易特征。从总体上看，在"村—市（集）—镇—城"这一等级结构中，每一下级市场皆为上级市场输

送初级产品，并成为上级市场手工业品、工业品的销售市场。同时，鉴于西北商路市场长距离贸易中，本地出产的主要大宗商货，如皮毛、药材、水烟，与初、中级市场本地民众生活关联度不高——此类商品主要销售市场在商路高级市场或区域外口岸地区高级市场——属客观事实，在并非完全等价交换的商品贸易中，下级市场相对于上级市场的商业贸易多处于贸易逆差状态，即区域间主要商品流向、流量、结构的非均衡现象亦属客观存在。

城市、市镇经济功能的级序结构基本对应于商路市场的商品结构和流量。前论对西北商路部分市镇和集市输入、输出商品品种的统计（表3-3、3-4）清楚显示，在西北商路初、中级市场的主要市镇和集市贸易中，本地民众间的商品交易主要是本地自产日常用品，而长距离贸易商品中，多是本地自产但民众不甚消费的土特商货或民众不能自产的手工业品。如开埠通商后的较长时段内，除皮毛这类大宗商货外，盐、铁、茶、粮食、瓷器即成为区域外市场输入西北商路市场的大宗商货。同时，"村—市（集）—镇—城"四级结构清楚地显示，在西北商路区域的整个生产体系中，每一高级市场均较下一级市场具有更重要的地位和市场影响力。需说明者，本节在此所言商品流量、结构变动主要指西北商路各级市场商品总流通量和结构变化。所以，尽管较长时段内连续性商品交易价格数据缺乏，但是，我们仍可据有限的数据资料大致推断区域间主要商品流向、流量、结构的发展状况。

表5-3 甘肃省银行1939—1945年汇兑数额统计

年度	汇出（元，法币）	汇入（元，法币）	比例（以汇出为100）
1939年下半年	9946633.20	9480694.31	95.3
1940	15757103.20	14913252.55	94.6
1941	190803416.88	13885869.06	72.8
1942	357308414.91	442406424.33	123.8
1943	1411345575.59	1243543002.59	88.1
1944	4437049699.37	3777430211.19	85.1
1945	11842883560.09	10366127867.19	87.5
合计	18265094403.24	15867787321.22	86.9

资料来源：由《甘肃省银行三十六年度业务报告书》附表4《甘肃省历年汇款数额表》整理而成。

皮毛、水烟、药材等是近代甘肃对外输出主要大宗商货,其主要销售市场为商路高级市场或口岸地区高级市场,加之表5-3显示甘肃此时段内汇出款项数额高于汇入款项数额,这说明,甘肃依赖大宗商货而进行的区域贸易处于入超状态。因此,甘肃欲实现商品交易价值量在数字上的基本平衡,势必要更大量地出售本地商品。然而,甘肃本地手工业品、工业品本多依赖区域外市场供给。同时,其仅处于初步发展阶段且又多以主要商业中心城市为依托的劳动力、资本要素市场,亦不可能大规模输出区域内外各级市场所需的劳动力和资本这类要素商品。因此,若暂且不论西北与全国其他区域的区域经济非均衡发展之客观事实,仅就其区域经济发展水平而论,这种入超在本质上即是西北商路市场体系内各级市场商品流向、流量、结构的非均衡发展状况的实际反映。尤当注意者,此种状况非仅限于甘肃,如在宁夏,据记载,1940年、1945年上半年、1946年上半年,宁夏各银行汇出汇入比例分别为1∶0.228、1∶0.797、1∶0.531。[①] 此种情况说明,西北商路各级市场间商品流向、流量、结构的非均衡发展状况普遍存在。

二 商路城市、市镇功能转换与市场要素商品集中趋势变动

下述趋势日渐凸显更强化了商路市场变动与西北区域经济非均衡发展的关联性,此即商贸活动拓展使各类生产要素——作为特殊商品——加速聚集于商路主要城市、市镇。这使后者凭借此发展而成区域工商业中心。而且,此类城市、市镇功能的加速转换又进一步强化了前述趋势。但是,根因于商品化生产发展程度差异,此趋势日渐增强的过程中,因各类城市、市镇在商路市场级序结构中位置的不同,其聚集生产要素的能力出现巨大差异。这也进一步强化了生产要素分布不均衡现象。于此,本书前论已证明:西北主要城市、市镇基本沿商路分布,即主要分布于交通要道、河流、川地要冲处;商路市场级序结构中,初、中级市场中的工商业中心基本是市镇;高级市场则基本对应大、中城市。同时,在东西向的地理分

---

① 《宁夏中央银行二十九年下期营业报告》,《宁夏金融史近代史料汇编(下)》(油印稿),第233—234、257—258页。此条资料显示,1946年上半年宁夏各银行汇出汇入款额比例分计如下:中国银行1∶0.373,交通银行1∶0.228,农民银行1∶0.224,邮汇局1∶0.416,大同银行1∶0,通商银行1∶0.322,绥远省银行1∶0.795。

布格局中，城市、市镇、集市的分布密度也对应于前此结构，因而，其非均衡分布之事实也是生产要素非均衡分布的反映。

需说明者，西北商路许多城市的形成和发展与政治、军事形势变化密切相关，而商路商贸活动拓展也使此类城市的经济功能日渐凸显，如新疆伊犁之九城、塔城等。再如兰州这类大中型商业城市，得益于商路商贸活动拓展，不仅依然保有政治、军事功能，经济功能凸显更使其成为西北商路的一重要高级市场。尤需指出，市镇、集市中的贸易，虽然主要是小生产者间的交换，但是，手工业品、工业品等市场交易量的快速增加已使市场商品结构发生显著变化。

（一）商路工商市镇的传统产业聚集与区域经济非均衡发展

及至开埠通商后较长时段内，市镇皆是包括乡村市场在内的广大初、中级市场的工商业中心，此由前表3-3、3-4对西北商路市镇输入、输出商品品种结构统计可见一斑。此外应指出，西北商路所涉经济相对发达区域，工商业市镇日渐增加是客观事实，尽管其总体发展水平，尤其是开埠通商后近代工商业发展水平不及江南和其他口岸高级市场。正如前论证明，西安府曾有220多个市镇；渭南在明季嘉靖年间有16个市镇，至清光绪朝，增长至30—36个，较前朝增加一倍有余。[①] 而且，此类市镇或是县州治所在，或是商路要津，如陕西户县秦渡镇，朝邑县赵渡镇，渭南县孝义镇，乾县冯市镇，保安县沙家镇，蒲城县兴市镇，三原县鲁桥镇，永寿县监军镇，凤翔县柳林镇，同官县陈炉镇，长安县引镇，周至县的终南、马召两镇；甘、青两省华亭县窑头镇、临夏县拉卜楞镇、鲁沙尔镇、古河州镇、玉树县结古镇；等等。其皆以工商业发达而著称。关键者，此类市镇的经济商贸功能已显著增强。例如，陕西户县秦渡镇"商贾辐辏，为邑中最盛"；[②]同朝烟帮商人聚居地——朝邑县的赵渡镇，不仅烟户云集，还有"被服济楚"的商业辐射能力。[③] 渭南县孝义镇属陕西著名商业市镇，此地居民有万余家，百货聚集，市场交易从晨至晚，不分风雨和昼夜，是秦省巨室富户会集之都。于其繁华，文献有言："人语喧哗之遥闻，城市

---

① 请见《渭南县志》，三秦出版社，1987，第313—314页；（清）严书麟修，（清）焦联甲纂《新续渭南县志·四乡》。
② （清）穆彰阿：《嘉庆重修一统志·西安府三》，民国24年（1935）影印本。
③ （清）李天受：《来紫堂集》卷1，咸丰二年（1852）刊本。

之繁庶，他属莫能与并。"[①] 再如乾县冯市镇、宜川县百直镇、保安县沙家镇等皆属商贸活跃之地。

更需注目者，此期间亦出现了一批专业性工商业市镇，这表明因工商业发展而出现生产要素加速聚集的趋势。例如，三原县鲁桥镇是渭北著名的粮食市场；[②] 永寿县监军镇处陕甘间的交通要地，是两省间著名粮食市场，有"百日集"之俗称；蒲城县兴市镇是西北著名造纸中心，该镇民众皆以造纸为业，采买纸张的商贾常于此云集；[③] 凤翔县柳林镇能年产烧酒400万斤，该镇专以酿造烧酒为业的商号达20余家；[④] 同官县陈炉镇号称西北"瓷都"，全镇皆以烧陶制瓷为业，文献记载该镇烧陶作坊纵向绵延5里，有3里之阔；长安县的引镇，周至县的终南、马召两镇皆是著名木材市场。此外，在甘、青两省，古河州镇号称甘肃三大名镇之一；张家川是西北著名的皮毛贸易集散中心；华亭窑头镇是甘肃著名的瓷器产地；拉卜楞、玉树结古皆是区域贸易中心，皮毛产品集散地。

以上史实当可证明下述论断：专业性工商业市镇开始较大量地出现，表明商业资本、劳动力、土地等传统要素商品向一定区域集中的趋势有相应发展。这在客观上为区域经济发展内生动力增长奠定了一定的物质基础。

（二）商路城市近代产业聚集与区域经济非均衡发展

近代产业向商路大中型商业中心城市——高级市场集中的趋势日趋明显，这表明，城市是近代西北区域经济发展内生动力生成的市场依托。但是，城市间经济发展水平差异增大，又表明近代西北区域经济发展内生动力增长机制的生成和演进处于非均衡发展状态。

一方面，在近代西北区域经济非均衡发展日渐加剧的过程中，城市，尤其是大中型工商业中心城市突出的生产要素聚集能力，使城市、市镇相较于广大乡村或农牧区更具有不可比拟的市场主导能力和发展方向上的引导能力。城市、市镇，甚至乡村市集的形成与发展与商路市场变动相伴生之客观事实，或曰二者间的互动关系，即是此种现象的反映。更关键者，

---

① （清）严书麟修，（清）焦联甲纂《新续渭南县志·艺文志》。
② 徐志祯：《解放鲁桥镇侧记》，《三原文史资料选辑》第23辑，2011，第37页。
③ （清）屈复：《弱水集·蒲城县》。
④ 《陕行汇刊》1934年第1期，第184页。

旧市场　新因素：商路变迁与西北区域经济非均衡发展（1851—1949）

城市市场的商品结构与区域产业结构演进具有高度关联性。之所以要讨论商路市场商品结构与区域产业结构演进的高度相关性，是因为商品结构演进与区域市场商品总供给能力变化密切相关。这也是讨论区域经济发展内生动力生成命题的基本条件。[1]

西北确实形成了以商路城市为中心的经济区，如以庆阳、平凉为中心的陇东经济区，以兰州为中心的陇右经济区，以天水为中心的陇南经济区，以张掖、酒泉为中心的河西经济区，以西宁、湟源为中心的河湟经济区，以银川为中心的河套经济区，等等。它们分别处于"甘京水路""甘陕""甘川""东路""青藏路"这类商路市场体系。[2] 类似者，陕西关中、陕南和陕北经济区亦分别以关中商路的城市（市镇），汉江商道的城市（市镇）和出三原、泾阳而北上至延绥商路的城市（市镇）为核心。这些经济区的产业结构或以农业为主，或以牧业为主，或农牧兼有。因此，西北商路的城市（市镇）作为区域性中心市场或地区中心市场，其市场商品结构及商品总供给能力演进与此区域产业结构及生产供给能力变化相适应，即输出商品大多以本地土特商货为主，对内则输入本地所不能生产之工业品、手工业品、农产品。

总之，西北区域经济非均衡发展过程中，未出现近代意义上的产业分工前，城市（市镇）作为区域性或地区中心市场，其商品结构及供给能力变化，与本区域产业结构和商品化生产发展水平密切关联。而且，其商品结构及供给能力变化的高度同质性更说明，城市经济功能凸显使其作为区域或地区中心市场，又确实是西北区域经济发展内生动力生成的具体依托。

另一方面，若前述分析多与传统产业分工相关，那么，城市近代产业聚集功能凸显更是西北商路市场变动的重要内容，是其区域经济内生动力生成非均衡发展特质的反映。本书前论有关西北商路高级市场及要素市场

---

[1] 按，从产业结构讨论区域经济发展状况——以产业结构升级为主，必关涉相关因素的相互作用问题。此类因素包括：自然条件及资源禀赋、人口数量、人力资本与技术因素、资金供应状况、商品供应状况、环境因素、管理因素、制度因素、基础设施。需说明者，本书假定区域内的人口、自然禀赋、环境因素相对恒定，其余如人力资本与技术、资金供应状况、管理因素、制度因素、基础设施等在下文讨论。

[2] 黄正林：《近代甘宁青农村市场研究》，《近代史研究》2004年第4期。

发展问题的分析均已证明，近代西北商路市场，其近代产业发展肇端于晚清洋务运动和清末新政，发展水平远不如东南口岸地区。埃德加·斯诺以为，福特汽车公司一个大工厂某一大装配线上的投资额就远超整个西北（包括陕、甘、青、宁和绥远）的机器工业投资额。[①] 但是此后，尤在民国政府因抗战军兴而加速开发西北的时期，西安、兰州、西宁、银川、乌鲁木齐等作为商路核心城市，近代产业聚集功能日渐增强确属客观事实，尽管这也属其区域经济内生动力生成具有非均衡发展特质的反映。

在此历史进程中，关中经济区的西安和陇右经济区的兰州发展成西北近代产业发展根据地。在此两地，近代工矿产业的门类较为齐全，涵盖纺织、机器制造、电气、制粉、漂染、火柴制造、印刷、制革、制酸、制药、发电等产业。[②] 而且，其近代产业发展的专业化、多样化特征已日渐显现。这也使像西安、兰州这类曾经的传统城市因得益于近代产业的发展，由荒凉之地一变而成繁荣商埠。[③] 西宁和银川的近代产业聚集功能虽不如兰州、西安显著，前此趋势亦客观存在。它们的近代产业发展主要集中在面粉加工、制革、纺织、造纸、印刷、制药等领域。乌鲁木齐、伊犁、塔城、喀什、阿山等是新疆境内主要工商业城市。它们沿商路分布，其近代产业聚集功能日渐凸显。以其近代产业发展较鼎盛时期的资料为据，新疆兴办的电厂、机械厂、印刷厂、木材加工厂、食品加工厂、金属冶炼厂、制酸厂、化工厂、纱厂、玻璃厂、陶瓷工厂、工艺厂、制皂厂、自来水公司、制毡厂、皮革厂、缫丝厂等，均分布于迪化、伊犁、塔城、喀什、阿山等地。

需指出，一些学者曾从资本属性和所有权变更的角度，判定像西宁和银川这类城市中初步出现的诸多近代产业带有官僚资本的特点。于此，本书无意否定，但更愿从产业结构及其地区分布变化的视角，强调下述事实：因产业结构变迁，城市经济功能转化加速是近代西北区域经济发展内在动力生成与演进的重要基础。

---

① 〔美〕埃德加·斯诺：《西行漫记》，董乐山译，解放军文艺出版社，2002，第156页。
② 见中央银行经济处《西北工业之现状及改进办法》，《经济情报丛刊》第16辑，1943，第6页。
③ 《大公报》1934年4月20日，第9版。

(三) 要素商品非均衡分布与商路产业聚集功能凸显的原因分析

商路主要城市在生产技术、资金供应、管理方式、制度规则、基础设施等方面的变化，也是其近代产业聚集功能凸显的主要原因。这些变化还是西北商路城市产业聚集功能凸显与其区域经济发展中要素资源非均衡分布密切相关的实际体现。

第一，交通基础设施完善和商路固有功能的继续发挥，促进区域内生产要素流通和商品流通体系扩展。近代交通运输业在西北区域经济发展中的地位和实际作用虽不可高估，但是，日渐成型的近代化交通运输网络和旧式驿道运输体系，所经区域多与商路市场体系重合，可见近代交通运输业和商路固有功能的继续发挥，都对促进区域内生产要素流通和商品流通体系的扩展具有关键作用。

近代交通建设方面，除陇海铁路建设外，就区内而言，公路交通网络已基本成型。西安、兰州、乌鲁木齐、银川、西宁等已经成为各自区域内主要交通中心，此类中心也是商路主要中、高级市场所在地。如以兰州为中心，东西以西兰、兰新公路，南北以兰宁线为主干道；东北以银川为水陆交通枢纽，西北以武威、张掖、酒泉为节点，西南以西宁、河州为节点，东南以天水、陇西为节点的水陆交通网络已基本贯通。[①] 此外，传统的驿道系统仍在发挥作用，甘肃驿运业仍相对发达，形成以兰州为中心的运输网。主要干线有兰星线（兰州—星星峡）、兰天线（兰州—双石铺）、兰西线（兰州—西安）、兰宁线（兰州—中卫）等；其支线则遍及全省，且与近代公路交通线路多有重合。就区外联络而言，中苏公路可接通西北商路多座城市，是沟通西北市场和其他国内市场，乃至内地市场与国际市场的孔道。[②]

显然，交通条件的便利，对促进区域内生产要素流通和商品流通体系扩展确有关键作用。仍以兰州为据，张其昀将其称为"中国陆都"。在他看来，甘、宁、青三省形成了以兰州为核心，平凉、天水、临夏、西宁、张掖、武威、酒泉、敦煌等区域经济中心环绕的一个太阳系式的自成体系

[①] 申晓云：《国民政府西北开发时期城市化建设步骤述论》，《民国档案》2007年第1期。
[②] 中苏公路实分两段：第一段，自俄境入新疆，经乌苏、迪化、鄯善、哈密至星星峡，再经安西、玉门、武威、永登至兰州；第二段从兰州经定西、静宁、平凉抵咸阳，再转陕川路，经汉中、广元至成都。

的商业网。交通条件便利是此商业网络得以形成的关键因素。以兰州为中心，沿黄河水路，货物运输可上至西宁，下至内蒙古包头；在陆路运输方面，可东至陕西潼关，西向到达新疆的乌鲁木齐。[①]

第二，城市的资本供应能力增强。区域经济发展中，这亦是城市近代产业聚集功能得以凸显的重要原因。如1906年，甘肃省官银钱局在兰州设立，为甘肃首个地方性金融机构。新疆建省后第一年（1885），巡抚刘锦棠拨官款白银1万两，在迪化设官钱局，其后又在阿克苏、喀什、伊犁、塔城先后设立官钱局。其主要任务是兑换和发行纸币。1908年藩司王树楠改组官钱局，成立新疆官钱总局，各道、府设分局，除发行纸币外，新增了存款、放款和汇兑业务。

近代西北，传统的票号、钱庄多为山陕商把持。如晋商相继在新疆设立票号，其著名的"蔚丰厚""协同庆""天成亨"三家票号就负责"协饷"和新疆汇往内地的商业汇款。辛亥后，"协饷"断绝，前述票号才于1918—1921年间相继歇业或被迫改组。

近代银行业方面，西安、兰州等商路城市因近代银行的出现加速发展成西北区域金融中心。如中央、交通、农民、金城、上海等银行为进入西北市场，先后在西安设地区总部，其后又在西北其余省份设办事处和分行。1940、1941年两年，甘肃省银行经政府注资，加上从银行提拨公积金后，实收资本达800万元，比1939年增加7倍。至1945年，该行开设8个分行，2个外省办事处，68个省内办事处和分理处。[②] 此外，1900年，操纵新疆经济命脉的华俄道胜银行先后在喀什、伊犁、塔城、乌鲁木齐等城市设分行，在其他地方设办事处。西北商路区域银行业的发展从其银行同业公会发展状况中也可见一斑（见表3-7）。

[①] 张其昀：《陆都兰州》，《大公报·星期论文》，1942年10月12日。张其昀曾作为国民政府资源委员会地理学专家考察西北开发建设，此文是其在《大公报》上发表的评论文章。文中写道："甘宁青三省地居黄河上流，在商业上俨然自成系统，而以兰州为其最大焦点。附近复有焦点6处，为各地方之商业中心，如陇东区之平凉，陇南区之天水（旧秦州），洮西区之临夏（旧河州），湟中区之西宁，河西区之张掖（旧甘州），宁夏区之宁夏，皆以兰州为其枢轴。言水运，上起西宁，下达包头，言陆路，东至潼关，西至迪化，皆为其贸易区域。上述平凉等六镇以外，复有若干城镇，以河西区为例，张掖以外，武威（旧凉州）、酒泉（旧肃州）、敦煌，商业也称殷盛。若以兰州比于太阳，甘州之类犹行星，敦煌之类犹卫星。甘、宁、青三省自成一太阳系，构成伟大之商业网。"
[②]《甘肃省银行总行致兰州市银行业同业公会的公函》，甘肃省档案馆藏，档案号：53-1-391。

旧市场　新因素：商路变迁与西北区域经济非均衡发展（1851—1949）

西北近代金融业的较快发展和其资本供应能力的增强更说明，城市近代产业聚集功能凸显是以区域产业结构变迁为基础的。此基础亦是西北作为后发展地区能适应产业结构变迁而逐渐获得自我发展能力的明证。如银行资本变动已显示出银行业对区域市场变动和区域经济发展的影响力。以兰州汇兑行市为例，未有近代银行前，其汇兑行市基本为传统钱商操控，近代银行业的发展改变了此种情况。对比1934年和1936年兰州汇兑行市，可发现在1934年夏，兰州汇兑货币仍然为银两，即双方付款时，旧式钱商确定银两汇兑比例折算现洋。但是到1936年7月，中央银行从上海运"一元券"共50万元到兰州，依据市场利率，不到半月就将其全部发行净尽。① 与传统钱商相比，近代银行业对市场的资本供给和调剂能力明显增强。

不独如此，银行业对工业、农业发展的资本供应作用同样突出。仍以甘肃为例，研究证明，银行投资已成为工农业经济发展的重要资金支持（见表3-8）。

第三，生产技术、管理方式、制度规则等的变化亦是城市能聚集近代产业的重要原因。从产业结构变迁看，西北商路的城市形成近代产业聚集区，说明其区域经济发展中生产技术具有更为关键的作用。作为后发展地区，尽管其管理水平和制度变革程度与先发展地区确有差距，但是，其城市经济功能转换加速无疑受到了近代化转型发展逻辑的影响，加之又受政府推动，管理方式和制度规则在其区域经济发展中的作用同样得到提升。

西北区域经济发展过程中，资本供应主体呈现出多样化特征，资本组织形式已开始转型，这些都促进了城市的自我管理和组织能力的提升。

需说明者，一些学者曾撰文指出，西北城市在抗战后因外部的资本供应能力和技术支持迅速下降而一度出现近代工、商业衰败的景象。② 于此，本书无意否认，但更愿强调以下几点。第一，上述现象是城市近代产业聚集功能已深度影响近代西北区域商品市场变动和区域经济发展的关键证据之一。第二，其外部的资本供应能力和技术支持迅速下降，与当时中国特定的政治社会环境，特别是与通货膨胀因素密切相关。即使如此，已发展

---

① 《各地金融市况》，《中央银行月报》1936年第8期。
② 向达之：《论近代后期西北地区工商业经济的严重萎缩》，《甘肃社会科学》1993年第6期。

的一些近代产业在地方政府的帮助下仍能保持一定程度的营业亦是客观事实。这说明，其自身的生产技术、管理方式、制度规则方面的变化，尤其是地方政府作用的发挥，对其近代产业发展有重要影响。如在甘肃，当外部的资本、技术支持迅速撤离时，省政府曾筹措资金帮助企业复工，因而至1948年，甘肃阿干镇煤矿、永登煤矿、甘肃水泥公司都一度复工。第三，西北商路市场的近代产业发展虽有特定时代因素，但是，其发展方向已逐渐转向以服务于西北市场为主或以西北特定优势资源为基础。这表明其近代产业发展具有依托本地产业实现资本积累的发展能力。如前论甘肃阿干镇煤矿、永登煤矿、甘肃水泥公司，其产品主要销售于西北本地市场。再如，西北电力工业规模相对较小，主要是服务于本地市场，西北纺织工业发展与对本地优势资源的利用密切相关，西北近代银行也主要投资于本地工矿业和农业。总之，上述事实说明，抗战后外部的资本供应能力和技术支持的下降虽一度使西北出现近代工商业衰败的景象，但是不能就此认为西北商路的城市甚至整个西北区域经济发展欠缺内在发展动力。

结　语

商路变迁关涉近代西北商品市场变动和区域经济非均衡发展，三者间的互动关系演进是近代西北区域经济史研究必须面对的重要命题。开埠通商后，"近代"因素又成为影响西北商路变迁诸多因素中的至关重要者。

本书以前述三者间的互动关系演进为核心线索，着力探究其如何反映为西北商路市场区域商品生产和贸易条件在时间、空间上的变化。本书主要考察商路变迁原因与商品市场变动的互动关系，分析商路变迁与区域市场主要商品流向、流量和生产力布局调整的内在关系，试图对近代西北区域经济非均衡发展的成因给出答案。

本书研究表明，商贸活动的发展与西北商路区域商品化生产趋势增强密切相关，它促进区域内外商货流通和人员往来，加速区域市场网络的建立和深度拓展，使西北区域市场与其他地区市场，甚至与国际市场形成统一市场体系。是以，商路商贸活动兴衰以及商路变迁是加剧西北市场变动和区域经济非均衡发展的关键原因。

概言之，人口分布、城镇布局及农牧经济的互补性是历史上西北商路形成与发展的客观基础，区域经济开发是西北商路市场体系得以加速拓展的推进力量。开埠通商后，西北商路所涉制度环境发生根本改变，突出表现为开埠通商和市场需求变动成为加剧西北商路区域市场变动和区域经济非均衡发展的主要原因。同时，除前述所论，西北商路变迁、市场变动和区域经济发展始终与商人的市场开拓行为和交通地理格局变化深度关联。

综上，商路变迁对区域市场变动和区域经济非均衡发展的突出影响主要表现为商路变迁使区域商品市场结构变动加速。商品——尤其是要素商品——流向、流量的结构变动，在客观上有助于要素市场初步发育。这是近代西北商品市场变动中最具有时代内涵和发展模式转型特征的突出体现。此间，商人的构成、市场行为及其组织演进加速变化，以习俗、思想

结　语

观念等为代表的非正式制度也经历了一个长期的艰难变迁。此种变迁与近代陕帮商人渐趋解体密切相关。同时，西北商路变迁及其商贸活动显见的过境贸易特征，使区域内商品化生产非均衡发展现象加剧，亦使区域经济发展内生动力生成机制处于非均衡发展状态。据此而论，商路变迁与区域商品市场变动的互动关系演进可谓在客观上导致西北区域经济非均衡发展现象加剧的关键原因。

参考文献

1. 古籍

（清）陈宏谋：《培远堂全集》，道光十七年（1837）刊本。

（清）方士淦：《东归日记》，中央民族大学图书馆，1983。

（清）格琫额：《伊江汇览》，甘肃文化出版社，1999。

（明）顾炎武：《读史方舆纪要》，上海书店，1998。

（明）韩邦奇：《苑洛集》，乾隆十六年（1751）刻本。

《汉书》，中华书局，2007。

（清）何秋涛：《朔方备乘》，光绪七年（1881）刊本。

（清）贺长龄：《皇朝经世文编》，文海出版社，1972。

（明）黄汴：《一统路程图记》，山西人民出版社，1982。

（清）纪昀：《纪文达公遗集》，兰州古籍书店，1990。

（清）尼玛查：《西域闻见录》，乾隆四十二年（1777）刻本。

（明）来严然：《自喻堂集》，上海古籍出版社，1987。

（清）李鸿章：《李鸿章全集》，安徽教育出版社，2008。

（清）李天受：《来紫堂集》，咸丰二年（1852）刊本。

（清）林则徐：《荷戈纪程》，中央民族大学图书馆，1983。

（清）林则徐：《林则徐日记》，海峡文艺出版社，2002。

（清）刘古愚：《烟霞草堂文集》，三秦出版社，1994。

（清）刘锦藻：《清朝续文献通考》，浙江古籍出版社，2010。

（清）卢坤：《秦疆治略》，成文出版社，1970。

（清）罗迪楚：《新疆政见》，线装书局，2003。

（清）祁韵士：《西陲要略》，成文出版社，1969。

（光绪）《钦定大清会典事例》，宣统元年（1909）石印本。

《清高宗实录》，中华书局，1985。

《清史稿》，中华书局，1977。

《清宣宗实录》，中华书局，1985。

（清）屈复：《弱水集》，乾隆三年（1738）刻本。

《史记》，中华书局，2009。

（清）孙希孟：《西征续录》，兰州古籍书店，1990。

（清）唐炯：《四川官运盐案续编》，光绪七年（1881）刻本。

（清）汪廷楷辑，（清）祁韵士编纂《西陲总统事略》，中国书店，2008。

（明）王士性：《广志绎》，中华书局，1981。

（清）严如熤：《三省边防备览》，西安交通大学出版社，2018。

（清）叶梦珠：《阅世篇》，上海古籍出版社，1981。

（清）佚名：《甘省便览·甘肃盐法》，乾隆五十二年（1787）刻本。

（清）永保：《塔尔巴哈台事宜》，线装书局，2006。

（明）张瀚：《松窗梦语》，中华书局，1985。

（清）张庭武修《河州采访事迹》，宣统元年（1909）抄本。

2. 方志

陕西

（清）臧应桐纂修《宜川县志》，乾隆十八年（1753）刻本。

（清）梁善长纂修《白水县志》，乾隆十九年（1754）刻本。

（清）聂焘纂修《镇安县志》，乾隆二十年（1755）刻本。

（清）王崇礼纂修《延长县志》，乾隆二十七年（1762）刻本。

（清）袁文观纂修《同官县志》，乾隆三十年（1765）刻本。

（清）吴炳纂修《陇州续志》，乾隆三十一年（1766）刻本。

（清）邱大英纂修《西和县志》，乾隆三十九年（1774）刻本。

（清）葛晨等纂修《泾阳县志》，乾隆四十三年（1778）刻本。

（清）刘绍攽等修纂《三原县志》，乾隆四十三年（1778）刻本。

（清）郑居中、（清）麟书纂修《府谷县志》，乾隆四十八年（1783）刻本。

（清）傅应奎纂修《韩城县志》，乾隆四十九年（1784）刻本。

（清）仇汝瑚修，（清）冯敏昌纂《孟县志》，乾隆五十五年（1790）刻本。

（清）彭良弼纂修《正阳县志》，嘉庆元年（1796）刻本。

（清）高珣修，（清）龚玉麟纂《葭州志》，嘉庆十五年（1810）刻本。

（清）赵擢彤、（清）宋绍等纂修《孟津县志》，嘉庆二十一年（1816）刻本。

（清）钱鹤年修《汉阴厅志》，嘉庆二十三年（1818）刻本。
（清）光朝魁纂修《褒城县志》，道光十一年（1831）抄本。
（清）臧应桐纂修，（清）陈尧书续修《咸阳县志》，道光十六年（1836）刻本。
（清）王致云等修纂《神木县志》，道光二十一年（1841）刻本。
（清）姚国龄修，（清）米毓章纂《安定县志》，道光二十六年（1846）刻本。
（清）郑谦修，（清）王森文纂《安康县志》，咸丰三年（1853）重刻本。
（清）焦云龙修，（清）贺瑞麟纂《三原县新志》，光绪六年（1880）刊本。
（清）孙铭钟修，（清）彭龄纂《沔县志》，光绪九年（1883）刻本。
（清）马毓华修，（清）郑书香等纂《重修宁羌州志》，光绪十四年（1888）刻本。
（清）樊增祥修《富平县志》，光绪十七年（1891）刻本。
（清）严书麟修，（清）焦联甲纂《新续渭南县志》，光绪十八年（1892）刊本。
（清）张鹏翼纂修《洋县志》，光绪二十四年（1898）刻本。
（清）孔繁朴修，（清）高维岳纂《绥德直隶州志》，光绪三十一年（1905）刻本。
（清）李体仁修，（清）王学礼纂《蒲城县新志》，光绪三十一年（1905）刻本。
（清）吴命新修《定边县乡土志》，光绪三十二年（1906）抄本。
（清）佚名纂修《大荔县乡土》，光绪三十二年（1906）修。
（清）张元际编《兴平县乡土志》，光绪三十三年（1907）抄本。
（清）李麟图纂修《镇安县乡土志》，光绪三十四年（1908）刻本。
（清）潘松修，（清）高照煦纂《米脂县志》，光绪三十四年（1908）铅印本。
（清）佚名编《佛坪厅乡土志》，光绪三十四年（1908）抄本。
（清）刘懋官修，（清）宋鲁伯、（清）周斯亿纂《重修泾阳县志》，宣统三年（1911）铅印本。
罗传铭修《商南县志》，民国8年（1919）铅印本。
王廷珪修，张元际等纂《兴平县志》，民国12年（1923）铅印本。
庞文中修，任肇新等纂《周至县志》，民国14年（1925）铅印本。

杨元焕修，郭超群等纂《安塞县志》，民国 14 年（1925）铅印本。

（清）陈之骥纂修《靖远县志》，民国 14 年（1925）铅印本。

王怀斌修，赵邦楹纂《澄城县志》，民国 15 年（1926）铅印本。

刘济南修，曹子正纂《横山县志》，民国 19 年（1930）铅印本。

刘安国修，吴廷锡、冯光裕纂《重修咸阳县志》，民国 21 年（1932）铅印本。

赵思明纂《葭县志》，民国 22 年（1933）石印本。

强云程、赵葆真修，吴继祖纂《重修鄠县志》，民国 23 年（1934）铅印本。

宋伯鲁等修纂《续修陕西通志稿》，民国 23 年（1934）铅印本。

田惟均修，白蚰云纂《岐山县志》，民国 24 年（1935）铅印本。

张道芷、胡铭荃修，曹骥观纂《续修醴泉县志稿》，民国 24 年（1935）铅印本。

（清）陈岂芬修，黎彩彰纂《宁羌州乡土志》，民国 26 年（1937）铅印本。

（清）褚成昌纂修《华州乡土志》，民国 26 年（1937）铅印本。

（清）聂雨润修，（清）李泰纂《大荔县新志存稿》，民国 26 年（1937）铅印本。

佚名纂修《城固县乡土志》，民国 26 年（1937）铅印本。

佚名纂修《甘泉乡土志》，民国 26 年（1937）铅印本。

佚名纂修《岐山县乡土志》，民国 26 年（1937）铅印本。

佚名纂修《中部县乡土志》，民国 26 年（1937）铅印本。

朱续馨纂《朝邑县乡土志》，民国 26 年（1937）铅印本。

余正东等纂修《黄陵县志》，民国 33 年（1944）铅印本。

余正东等纂修《宜川县志》，民国 33 年（1944）铅印本。

余正东修，黎锦熙纂《洛川县》，民国 33 年（1944）铅印本。

（清）薛祥绥：《西乡县志》，民国 37 年（1948）石印本。

（清）汪鸿孙修，（清）刘儒臣纂《恩县乡土志》，成文出版社，1969。

佚名：《榆林县乡土志》，成文出版社，1970。

佚名：《神木县乡土志》，成文出版社，1970。

泾阳县商业局：《泾阳县商业志》，1985。

澄城县地方志编纂委员会：《澄城县志》，陕西人民出版社，1991。

陕西省凤翔县地方志编撰委员会：《凤翔县志》，陕西人民出版社，1991。

西乡县地方志编纂委员会：《西乡县志》，陕西人民出版社，1991。

陕西省泾阳县地方志编撰委员会：《泾阳县志》，陕西人民出版社，2000。

甘肃、青海、宁夏

（清）黄文炜、（清）沈青崖纂修《重修肃州新志》，乾隆二年（1737）刻本。

（清）张之浚、（清）张珆美修《古浪县志》，乾隆十五年（1750）刻本。

（清）张之浚、（清）张珆美修《武威县志》，乾隆十五年（1750）刻本。

（清）张之浚、（清）张珆美修《镇番县志》，乾隆十五年（1750）刻本。

（清）呼延华国等修，（清）吴镇纂《狄道州志》，乾隆二十八年（1763）刻本。

（清）钟庚起纂修《甘州府志》，乾隆四十四年（1779）刻本。

（清）和瑛：《三州辑略》，嘉庆十年（1805）刻本。

（清）苏履吉等修，（清）曾诚纂《敦煌县志》，道光十一年（1831）刻本。

（清）黄璟等纂修《续修山丹县志》，道光十五年（1835）刻本。

（清）德俊修，（清）韩塘纂《两当县新志》，道光二十年（1840）刻本。

（清）杨金庚纂修《海城县志》，光绪三十四年（1908）刻本。

（清）王学伊纂修《新修固原直隶州志》，宣统元年（1909）铅印本。

刘运新修，廖㵎苏纂《大通县志》，民国8年（1919）铅印本。

周树清修，卢殿元纂《续修镇番县志》，民国9年（1920）刻本。

徐家瑞等纂修《新纂高台县志》，民国10年（1921）铅印本。

张鹏一：《河套图志》，民国11年（1922）铅印本。

陈必淮修，王之臣纂《朔方道志》，民国16年（1927）铅印本。

张次房修，幸邦隆纂《华亭县志》，民国22年（1933）石印本。

高维岳、张东野修，王朝俊等纂《重修灵台县志》，民国24年（1935）铅印本。

钱史彤、邹介民修，焦国理、慕寿祺纂《重修镇原县志》，民国24年（1935）铅印本。

桑丹桂修，陈国栋纂《重修隆德县志》，民国24年（1935）修，石印本。

张其昀：《夏河县志稿》，民国24年（1935）抄本。

王世敏修，吕钟详纂《新纂康县县志》，民国25年（1936）石印本。

章金泷修，高增贵纂《创修临泽县志》，民国 31 年（1942）铅印本。

（清）黄廷钰等纂修《静宁州志》，民国 33 年（1944）铅印本。

许公武：《青海志略》，民国 34 年（1945）铅印本。

（清）康敷镕纂修《青海志》，成文出版社，1968。

（清）张金城等纂修《宁夏府志》，成文出版社，1969。

马福祥等主修，王之臣等纂修《民勤县志》，成文出版社，1970 年影印本。

周树清纂修《永登县志》，成文出版社，1970。

庄浪县志编纂委员会：《庄浪县志》，中华书局，1998。

新疆

（清）苏尔德纂修《回疆志》，乾隆三十七年（1772）刻本。

（清）松筠等：《新疆识略》，道光元年（1821）刻本。

（清）高生岳：《伽师县乡土志》，光绪三十四年（1908）稿本。

（清）蒋光陞：《疏勒府乡土志》，光绪三十四年（1908）稿本。

（清）佚名修《塔城直隶厅乡土志》，光绪三十四年（1908）抄本。

（清）张廷武等修纂《丹噶尔厅志》，宣统元年（1909）排印本。

张献廷：《新疆地理志》，民国 3 年（1914）石印本。

（清）袁大化等纂修《新疆图志》，民国 12 年（1923）铅印本。

钟广生：《新疆志稿》，民国 19 年（1930）铅印本。

（清）曹浚汉纂修《精河厅乡土志》，光绪三十四年（1908）抄本，1955 年油印本。

（清）陈光炜：《鄯善县乡土志》，光绪三十四年（1908）稿本，1955 年油印本。

（清）顾桂芬纂修《轮台县乡土志》，光绪三十四年（1908）稿本，1955 年油印本。

（清）江文波：《蒲犁厅乡土志》，光绪三十四年（1908）稿本，1955 年油印本。

（清）刘润通：《哈密直隶厅乡土志》，光绪三十四年（1908）稿本，1955 年油印本。

（清）萧然奎：《绥定县乡土志》，光绪三十四年（1908）抄本，1955 年油印本。

（清）谢维兴：《和阗直隶州乡土志》，光绪三十四年（1908）稿本，1955年油印本。

（清）闻瑞兰：《焉耆府乡土志》，宣统元年（1909）稿本，1955年油印本。

（清）佚名：《昌吉县呼图壁乡土志》，光绪三十四年（1908）稿本，1955年油印本。

（清）佚名：《阜康县乡土志》，光绪三十四年（1908）稿本，1955年油印本。

佚名：《温宿府乡土志》，光绪三十四年（1908）稿本，1955年油印本。

（清）张操光纂修《巴楚州乡土志》，光绪三十四年（1908）稿本，1955年油印本。

（清）张绍伯纂修《沙雅县乡土志》，光绪三十四年（1908）稿本，1955年油印本。

高耀南、孙光祖：《镇西厅乡土志》，中央民族大学图书馆，1978。

（清）李方学修《宁远县乡土志》，全国图书馆文献缩微复制中心，1990。

中国社会科学院中国边疆史地研究中心编《新疆乡土志稿》，全国图书馆文献缩微复制中心，1990。

3. 报刊

《大公报》《边政公论》《方志》《甘肃贸易》《国货研究月刊》《国史馆馆刊》《建国月刊》《经济建设季刊》《经济情报丛刊》《开发西北》《抗战》《兰州之工商业与金融》《陕行汇刊》《西北导报》《西北经济通讯》《西北论衡》《西北论坛》《西北日报》《西北周刊》《新青海》《新西北月刊》《新中华》《中农月刊》《中央银行月报》《资源委员会季刊（西北专号）》

4. 档案、汇编资料、调查报告

甘肃省银行经济研究室：《甘肃省各县经济概况》，1941。

《甘肃省银行总行致兰州市银行业同业公会的公函》，甘肃省档案馆藏。

贺杨灵：《察绥蒙民经济的解剖》，商务印书馆，1935。

李文治：《中国近代农业史资料》第1辑，三联书店，1957。

林竞：《调查包头附近水陆交通情形意见书》，神州国光社，1931。

孟宪章：《中苏贸易史资料》，中国对外经济贸易出版社，1991。

潘复：《调查河套报告书》（二），大象出版社，2009。

彭泽益：《中国近代手工业史资料》，中华书局，1962。

陕西实业考察团：《陕西实业考察》，陇海铁路管理局，1933。

陕西银行经济研究室：《十年来之陕西经济》，1942。

《绥远省调查概要》，绥远省民众教育馆，1936。

铁道部财务司调查科：《包宁线包临段经济调查报告书》，1931。

铁道部业务司商务科编《陇海铁路甘肃段经济调查报告书》，1935。

中国第二历史档案馆编《中华民国史档案资料汇编·财政经济》，江苏古籍出版社，1997。

5. 专著

〔美〕埃德加·斯诺：《西行漫记》，董乐山译，解放军文艺出版社，2002。

曹树基：《中国人口史》，复旦大学出版社，2001。

陈秉渊：《马步芳家族统治青海四十年（修订版）》，青海人民出版社，1986。

陈赓雅：《西北视察记》，甘肃人民出版社，2002。

陈国庆：《走出中世纪的黄土地》，西北大学出版社，1994。

陈良学：《湖广移民与陕南开发》，三秦出版社，1998。

崔永红、张得祖、杜常顺主编《青海通史》，青海人民出版社，1999。

戴鞍钢：《发展与落差——近代中国东西部经济发展进程比较研究（1840—1949）》，复旦大学出版社，2006。

党诚恩、陈宝生主编《甘肃民族贸易史稿》，甘肃人民出版社，1988。

范长江：《中国的西北角》，新华出版社，1980。

方行、经君健、魏金玉：《中国经济通史：清代经济卷》，经济日报出版社，2000。

甘肃省公路交通史编纂委员会：《甘肃公路交通史》，人民交通出版社，1987。

高长柱编著《边疆问题论文集》，正中书局，1941。

高永久主编《西北少数民族地区城市化建设研究》，兰州大学出版社，2003。

顾执中、陆诒：《到青海去》，商务印书馆，1934。

郭琦等主编《陕西通史·明清卷》，陕西师范大学出版社，1998。

郭荣生：《中国省银行史略》，文海出版社，1975。

何一民主编《近代中国城市衰落史研究》，巴蜀书社，2007。

华立：《清代新疆农业开发史》，黑龙江教育出版社，1998。

黄奋生编《蒙藏新志》，中华书局，1938。

纪大椿主编《新疆历史词典》，新疆人民出版社，1993。

蒋君章：《新疆经营论》，正中书局，1936。

〔俄〕库罗帕特金：《喀什噶尔》，商务印书馆，1982。

李刚：《陕西商帮史》，西北大学出版社，1997。

李刚：《陕西商人研究》，陕西人民出版社，2005。

李刚、梁丽莎：《陕西商帮十讲》，陕西人民教育出版社，2008。

《历代西域诗选注》，新疆人民出版社，1981。

厉声：《新疆对苏（俄）贸易史（1600—1990）》，新疆人民出版社，1993。

林竞：《蒙新甘宁考察记》，甘肃人民出版社，2003。

林鹏侠：《西北行》，甘肃人民出版社，2002。

刘迈：《西安围城诗注》，陕西人民出版社，1992。

刘石吉：《明清时代江南市镇研究》，中国社会科学出版社，1987。

卢现祥：《西方新制度经济学》，中国发展出版社，1996。

〔美〕罗溥洛主编《美国学者论中国文化》，包伟民、陈晓燕译，中国广播电视出版社，1993。

罗正钧：《左宗棠年谱》，岳麓书社，1983。

罗志刚：《中苏外交关系研究》，武汉大学出版社，1999。

马鹤天：《甘青藏边区考察记》，兰州古籍书店，1991。

马敏：《官商之间》，天津人民出版社，1995。

马汝珩、成崇德主编《清代边疆开发》，山西人民出版社，1998。

马通：《中国伊斯兰教派与门宦制度史略》，宁夏人民出版社，1983。

芈一之编著《青海地方史略》，中共青海省委统战部民族处，1978。

〔美〕默利尔·亨斯博格：《马步芳在青海（1931—1949）》，崔永红译，青海人民出版社，1994。

〔俄〕尼古拉·班蒂什－卡缅斯基：《俄中两国外交文献汇编》，中国人民大学俄语教研室译，商务印书馆，1982。

宁夏回族自治区交通厅编写组编《宁夏交通史》，宁夏人民出版社，1988。

〔苏〕齐赫文斯基主编《中国近代史》，北京师范大学历史系、北京大学历史系、北京大学俄语系翻译小组译，三联书店，1974。

任美锷、张其昀、卢温甫：《西北问题》，科学书店，1943。

陕西省交通史志编写委员会编《陕西公路运输史》，人民交通出版社，1988。

史若民：《票商兴衰史》，中国经济出版社，1992。

孙健：《中国经济通史》，中国人民大学出版社，2000。

孙志亮等主编《陕西近代史稿》，西北大学出版社，1992。

《塔吉克族简史》编写组：《塔吉克族简史》，新疆人民出版社，1982。

唐力行：《商人与中国近世社会》，商务印书馆，2006。

田培栋：《明清时代陕西社会经济史》，首都师范大学出版社，2000。

田培栋：《陕西社会经济史》，三秦出版社，2007。

田澍主编《西北开发史研究》，中国社会科学出版社，2007。

王公亮：《西北地理》，正中书局，1936。

王佳贵主编《盟国军援与新疆》，新疆人民出版社，1992。

王金绂：《西北地理》，立达书局，1932。

王志文：《甘肃省西南部边区考察记》，兰州古籍书店，1990。

魏永理主编《中国西北近代开发史》，甘肃人民出版社，1993。

吴宓著，吴学昭整理《吴宓自编年谱》，三联书店，1995。

吴申元、童丽编《中国近代经济史》，上海人民出版社，2003。

谢亮：《社会"自生秩序"的中国经济史镜像：华北棉布市场变动原因研究（1867—1937）》，世界图书出版公司，2012。

新疆社会科学院历史研究所：《新疆简史》第3册，新疆人民出版社，1987。

许涤新等主编《中国资本主义发展史》第3卷，人民出版社，2003。

严梦春：《河州回族脚户文化》，宁夏人民出版社，2007。

杨绳信：《清末陕甘概况》，三秦出版社，1997。

杨重琦主编《兰州经济史》，兰州大学出版社，1991。

杨再明、赵德刚主编《新疆公路交通史》第1册，人民交通出版社，1992。

于式玉：《于式玉藏区考察文集》，中国藏学出版社，1990。

俞湘文：《西北游牧藏区之社会调查》，兰州古籍书店，1990。

苑书义等：《艰难的转轨历程：近代华北经济与社会发展研究》，人民出版社，1997。

张海鹏等：《中国十大商帮》，黄山书社，1993。

张铭洽、刘文瑞编《长安史话》，陕西旅游出版社，2001。

张沛编著《安康碑石》，三秦出版社，1991。

张学君、冉光荣：《明清四川井盐史稿》，四川人民出版社，1984。

章开沅：《辛亥革命与近代社会》，天津人民出版社，1985。

周希武编《玉树土司调查记》，民国九年（1920）抄本。

朱伯康、施正康：《中国经济史》，复旦大学出版社，2005。

朱英：《近代商人与中国社会》，湖北教育出版社，2002。

〔美〕E.A. 罗斯：《E.A. 罗斯眼中的中国》，晓凯译，重庆出版社，2004。

6. 论文

钞晓鸿：《传统商人与区域社会的整合》，《厦门大学学报》2001年第1期。

程牧：《清代西北城市的外贸与洋行》，《兰州学刊》1987年第3期。

党瑜：《论历史时期西北地区农业经济的开发》，《陕西师范大学学报》2001年第2期。

樊如森：《天津开埠后的皮毛运销系统》，《中国历史地理论丛》2001年第1期。

樊如森：《民国时期西北地区市场体系的构建》，《中国经济史研究》2006年第3期。

樊如森：《开埠通商与西北畜牧业的外向化》，《云南大学学报》2006年第6期。

凤良：《清代进行丝绸与马匹交易的新疆城市》，《中国历史地理论丛》1994年第1期。

高占福：《回族商业经济的历史变迁与发展》，《宁夏社会科学》1994年第4期。

葛剑雄：《从历史地理看西北城市化之路》，《毛泽东邓小平理论研究》2005年第4期。

郭蕴深：《论新疆地区的中俄茶叶贸易》，《中国边疆史地研究》1995年第4期。

侯风云：《抗日战争时期的西北国际交通线》，《江苏社会科学》2005年第4期。

胡铁球：《近代青海羊毛对外输出量考述》，《青海社会科学》2007年第2期。

胡铁球：《近代西北皮毛贸易与社会变迁》，《近代史研究》2007年第4期。

黄正林：《近代甘宁青农村市场研究》，《近代史研究》2004 年第 4 期。
黄正林：《近代西北皮毛产地及流通市场研究》，《史学月刊》2007 年第 3 期。
金峰：《清代新疆西路台站（二）》，《新疆大学学报》1980 年第 2 期。
靳瑞明、宁宇：《近代甘宁青商路分布探究》，《新学术》2009 年第 1 期。
阚耀平：《近代新疆城镇形态与布局模式》，《干旱区地理》2001 年第 4 期。
喇琼飞：《民国时期的回族皮毛生意》，《宁夏大学学报》1989 年第 2 期。
李刚、刘向军：《试论明清陕西的商路建设》，《西北大学学报》1998 年第 2 期。
李建国：《简论近代甘肃的驿运业》，《甘肃社会科学》1995 年第 2 期。
李建国：《略论近代西北地区的陆路交通》，《历史档案》2008 年第 2 期。
李明伟：《中苏西北边境贸易历史与现状研究》，《甘肃社会科学》1989 年第 4 期。
梁占辉：《20 世纪前期俄（苏）蒙贸易及其对中国的影响》，《历史教学》2001 年第 11 期。
刘文鹏：《论清代新疆台站体系的兴衰》，《西域研究》2001 年第 4 期。
刘正美：《抗战前的西北交通建设》，《民国档案》1999 年第 2 期。
马安君：《近代青海歇家与洋行关系初探》，《内蒙古社会科学》2007 年第 3 期。
马平：《近代甘青川康边藏区与内地贸易的回族中间商》，《回族研究》1996 年第 4 期。
牛海桢、李晓英：《近代包头商业城市的兴起及回族商人的作用》，《回族研究》2007 年第 1 期。
潘志平：《清季新疆商业贸易》，《西域研究》1995 年第 3 期。
潘志平：《清代新疆的交通和邮传》，《中国边疆史地研究》1996 年第 2 期。
彭传勇：《20 世纪 20 年代苏联在外蒙古的贸易活动及影响——以苏联国家进出口贸易管理局西伯利亚部的活动为中心》，《西伯利亚研究》2008 年第 6 期。
渠占辉：《近代中国西北地区的羊毛出口贸易》，《南开学报》2004 年第 3 期。

任军利：《铁路与近代陕西的商品经济》，《宝鸡文理学院学报》1998年第2期。
申晓云：《国民政府西北开发时期城市化建设步骤述论》，《民国档案》2007年第1期。
石慧玺：《透析抗战时期国民政府对西北及甘肃交通运输业的开发》，《开发研究》2008年第3期。
陶德臣：《晋商与西北茶叶贸易》，《安徽史学》1997年第3期。
王静：《民国时期陇海铁路对咸阳城市化的影响》，《洛阳师范学院学报》2006年第1期。
王茜：《清代开发：对新疆民族分布格局与关系的影响分析》，《黑龙江民族丛刊》2009年第6期。
王少平：《中俄新疆贸易》，《史学集刊》1989年第4期。
王婷梅：《近代西北城镇的发展及制约因素》，《绥化学院学报》2008年第6期。
王永飞：《民国时期西北地区交通建设与分布》，《中国历史地理论丛》2007年第4期。
魏丽英：《明清时期西北城市的"商帮"》，《兰州学刊》1987年第2期。
魏丽英：《论近代西北市场的地理格局与商路》，《甘肃社会科学》1996年第4期。
吴松弟、樊如森：《天津开埠对腹地经济变迁的影响》，《史学月刊》2004年第1期。
向达之：《论近代后期西北地区工商业经济的严重萎缩》，《甘肃社会科学》1993年第6期。
谢亮：《近代西北商品市场变动中的回商与京兰商路——以皮毛贸易为中心》，《宁夏社会科学》2011年第1期。
谢亮：《城市功能转换与后发展地区经济发展内生动力关系分析——以近代西北商路的城市为中心》，《陕西师范大学学报》2011年第2期。
谢亮：《近代西北商路与后发展地区的产业升级及其非均衡发展》，《浙江工商大学学报》2011年第2期。
谢亮：《政治形势与近代西北商路的商贸活动变迁——以苏俄因素为中心》，《湖南工程学院学报》2012年第4期。

许建英：《试论杨增新时期英国和中国新疆间的贸易（1912—1928）》，《近代史研究》2004年第5期。

许建英：《金树仁时期英国和中国新疆之间的贸易（1928—1933）》，《西域研究》2006年第1期。

阎东凯：《近代中俄贸易格局的转变及新疆市场与内地市场的分离》，《陕西师范大学学报》2000年第2期。

杨俊国、杨俊强：《清代新疆晋商初探》，《晋中学院学报》2008年第1期。

杨文生：《平绥铁路与商人的迁移及其社会影响》，《历史教学问题》2006年第3期。

杨琰：《清季新疆屯田对当地少数民族人口的影响》，《中央民族大学学报》2002年第1期。

殷晴：《古代新疆商业的发展及商人活动》，《西北民族研究》1989年第2期。

〔美〕詹姆斯·艾·米尔沃德：《1880—1909年回族商人与中国边境地区的羊毛贸易》，《甘肃民族研究》1989年第4期。

张利民：《近代华北商品市场演变的与市场体系的形成》，《中国社会经济史研究》1996年第1期。

张正明：《明代北方边镇粮食市场的形成》，《史学集刊》1992年第3期。

钟银梅：《近代甘宁青皮毛贸易中的回族商人》，《回族研究》2009年第4期。

周泓：《清末新疆通内外交通的反差》，《新疆大学学报》2002年第1期。

周泓：《盛世才及国民党统治时期新疆对苏联的贸易关系》，《西南民族大学学报》2004年第12期。

7. 学位论文

董倩：《明清青海商品经济与市场体系研究》，博士学位论文，华东师范大学，2008。

黄强：《晚清陕西与湖北双边贸易研究——以陕西为中心》，硕士学位论文，陕西师范大学，2002。

黄正林：《黄河上游区域农村经济研究（1644—1949）》，博士学位论文，河北大学，2006。

勉卫忠：《近代（1895—1949）青海民间商贸与社会经济的发展》，博士学位论文,中央民族大学,2009。

刘卓:《新疆的内地商人研究——以晚清、民国为中心》,博士学位论文,复旦大学,2006。

张保见:《民国时期青藏高原经济地理研究》,博士学位论文,四川大学,2006。

张萍:《明清陕西商业地理研究》,博士学位论文,陕西师范大学,2004。

后　记

这本小书的写作源于我2009年申请的教育部人文社科基金青年项目"非均衡发展中的商路变迁与近代西北商品市场变动"（09YJC770028），课题研究以免于鉴定结项，如今再做整理后，幸受学校资助得以正式出版。此时此刻，除了有一些期待，更多是担心因自己的识见粗疏而仍有存诸多漏缺之处。是以成此篇"后记"。

关注和思考"西北"根因于我的经历。大学毕业后我回家乡做公务员。基层政府任职的经历使我在"现实"中思考人生、历史，促我考到兰州大学读研，后又到中国人民大学和复旦大学读书。王劲教授、郭双林教授、邓正来教授三位恩师从根本上改变了我的阅读习惯和思考方式，使我于为学问道心向往之。从到兰州大学读书算起，在西北生活前后有二十余年，我将想象中的"西北"落实于"现实"，也在"现实"中将对人生、历史的思考定格于"西北"。我以"边疆"与"中原"互观，又辅之以地缘政治视角，更觉出"西北"的重要——因为它关涉现代中国之研究的一些根本命题。综上情势，促使我审视商路变迁与西北市场变动、经济非均衡发展三者间的关系，及此间变化所涉观念、知识、制度变迁乃至环境问题。这便是写作小书之"肇端"。

就资料而言，较多运用方志、报刊、调查统计资料等虽可算是小书的特色，但是，因近代西北长时段的经济统计档案确属数量较少且难以搜集，故此类史料运用不足的局限客观存在。又需说明者，一则，小书虽重点分析了西北商路各方向线路关键隘口、节点市镇的商业地理条件及商贸发展情况，却因资料和研究目标所限，对西北各方向商路在各县内的隘口、路桥、村镇等的商业地理演变状况未加详论。二则，小书所谓"旧市场""新因素"，"旧市场"实际是把既定行政区域和文化单元内的西北商路所涉区域界定为一个区域市场——西北市场；对"新因素"的考察则是基于开埠通商、商人市场行为、交通格局、制度变迁为核心的市场发展模式转型等，分析区域内商品化生产、市场结构、商人结构、商品流向与流量等新变化，以及开埠通商后其要素市场形成与非均衡发展等"新"特征。此番"新""旧"比较或许正是呈现商路变迁于西北市场变动和区域经济非均衡发展的关键所在。至于关涉知识、观念变迁和制度建构的学理提炼，小书所做尝试恐未必有足够功力，还请学界同人不吝指正。

小书最终能够出版，我还应感谢诸多不吝提供诚恳帮助之人。其中，西南政法大学马克思主义学院学术委员会全体同人和学院领导都对此给予了帮助，令人感动！社会科学文献出版社郑庆寰老师及其团队的认真负责，亦为小书得以呈现在读者面前提供了关键支持！